Der Unbeugsame

Monika Koch und Heiner Tettenborn

DER UNBEUGSAME

Das Leben
des Khazan Gul Tani
für Afghanistan

Kahl
Verlag

Inhalt

Geleitwort von Johanna Aab

»Das Leben wird vorwärts gelebt und rückwärts verstanden.«
                                                    Kierkegaard

»Es klingt vielleicht seltsam, aber ich habe damals oft großes Glück empfunden. Ich liebe diese Berge und dieses Land. Es hat mich glücklich gemacht, nicht nur für mich, meine Familie und meinen Stamm zu kämpfen, sondern für ganz Afghanistan, für mein Land und unsere Freiheit. Auch wenn ich hungrig oder müde war, hat mich dieser Gedanke froh gemacht.«   *Khazan Gul*

»Der Unbeugsame. Das Leben des Khazan Gul Tani für Afghanistan«. Ein Geleitwort zu diesem Text wollte ich gern schreiben, einerseits, und ich wollte es nicht gern schreiben, andrerseits, weil ich involviert bin in diese Geschichte, und das ist heikel; man gilt leicht als befangen, zu Recht. Denn ich bin verwandt mit Afghanistan, mit diesem Menschen und mit dieser Familie: was da erzählt wird, ist auch Teil meines Lebens, sozusagen die Rückseite des Mondes. Ich las diese Texte, als ich über die Weihnachtstage in Polen war, zum Teil atemlos, denn obgleich ich weite Teile seit Jahrzehnten kenne, las ich nun mit zeitlichem und räumlichem Abstand ganz neu – und von Vielem hatte Khazan Gul mir gegenüber bisher geschwiegen.

Überhaupt: was für eine Art Text ist das – eine Biografie? Eine Heldengeschichte womöglich? Das sei ferne! Eine erstaunliche Geschichte ist es immerhin: von Entscheidungen und von Kämpfen, von Gefahren und Bewahrungen. Sagen wir so: eine Lebensgeschichte in Gesprächen an Ort und Stelle; eine Erzählung von Afghanistan in den Zeiten des Krieges; Geschichte von unten, denn sie berichtet vom Leben der Menschen in den Dörfern in der afghanischen Provinz Khost. Ein Dokument der Zeitgeschichte.

Die aber, denen wir diesen Text verdanken, sie sind zwei junge Deutsche aus der Gegend um Ulm. Monika Koch, Tierärztin und Heiner Tettenborn, Rechtsanwalt. Auf zunächst nicht geplante Weise geraten sie an Afghanistan und begegnen dort Khazan Gul, der sie einlädt nach Khost, wo ihr Leben eine andere Wendung nimmt. Jedenfalls auf etliche Zeit. Die beiden hatten einen Traum: in die Mongolei wollten sie reisen, dort Pferde kaufen und dann zurück nach Deutschland reiten. Afghanistan sollte ausgespart bleiben: zu fremd, zu gefährlich. Und dann geschah, was geschah. Das Erstaunliche für mich an diesen beiden ist ihre Fähigkeit, ihre Entschlossenheit, bei der Ausführung ihres Vorhabens in einer Situation umzusteuern, wenn sie den Eindruck gewinnen, das wärs, das wollen sie tun. Als folgten sie einem inneren Kompass: mit großem Vertrauen begeben sie sich in die gefährliche Provinz Khost, freilich unter der Obhut von Khazan Gul. »Eine Reise im Schutze der Blutrache« werden sie später ihren Bericht nennen. Starkes Stück. Sie sehen und hören wie es dort ist, beobachten und kommunizieren mit den Menschen, die sie treffen, geraten im Fragen, Zuhören und Weiterfragen hinein in diese Welt und in diese Geschichte. Sie beginnen, die Menschen in dieser ihnen zunächst fremden Welt aus deren Voraussetzungen her zu verstehen und – doch wohl zu lieben.

In über neun Jahren freundschaftlichen Umgangs ist dies Buch entstanden als ein Projekt, das nicht vorgesehen war. Gesprächsweise haben sie die Erinnerungen von Khazan Gul aufgeschrieben, wie eben Erinnerungen heraufkommen beim Wiederbegegnen mit bestimmten Orten, oder hervorgerufen durch die Fragen von Monika und Heiner. Immer genauer fügt sich das Bild dieses Lebens zusammen.

Keine Heldengeschichte. Und doch hat das Buch eine heimliche Heldin: Gul Ghuncha, die Mutter von Khazan Gul. Ihr, die ihn, den jüngsten ihrer fünf Kinder als Witwe unter kümmerlichsten Bedingungen allein aufzog, denn Khazan Guls Vater starb bereits, als er drei Jahre alt war; ihr, die bereits schwerkrank, ihn aufforderte, sein Studium in Deutschland auf jeden Fall fortzusetzen – sie werde sowieso sterben; ihr hat er versprochen, er werde aus Deutschland zurückkehren und für ein besseres Leben der Menschen in Afghanistan arbeiten, besonders für ein besseres Leben der Frauen.

Zurück in Afghanistan überfällt ihn, der inzwischen mühsam genug europäisch zu leben gelernt hat, die Realität des Lebens in seiner Heimat. Doch für ihn steht fest, dass er die Lebensbedingungen der einfachen Leute verbessern möchte, dafür muss er mit ihnen leben, wieder richtiger Afghane werden. Erst nach einem Jahr spürt er den Schmutz und die Fliegen nicht mehr.

Damit sind die Wegweiser gesetzt: ein Versprechen, ein Ziel und ein Weg, ein wieder und wieder zu korrigierender Weg. Khazan Gul kämpft um die Freiheit und Unabhängigkeit der Afghanen, dieses nie wirklich kolonisierten Volkes, als Anführer einer unabhängigen Mujahedingruppe gegen die Russen, und nach deren Abzug weiter ohne Waffen. Mit Bildung und Landwirtschaft will er Afghanistan befreien.

DER UNBEUGSAME, ein Titel, der mir erst gar nicht recht war, dachte ich doch dabei an Wolf Biermanns »… die allzu hart sind stechen und brechen ab zugleich …«, und das passte mir nicht zu Khazan Gul. Als ich dann aber das Titelfoto sah, wurde mir klar, *das* ist ja nicht gemeint, *das* genau nicht. Das Titelbild zeigt einen Mann im Gehen, zeigt ihn von hinten, wir sehen ihm nach, wie er seinen Weg geht inmitten seiner Felder, die Berge der Horizont.

Khazan Gul ist ein Muttersohn, kein Muttersöhnchen. Ein grundwichtiger Unterschied. Wir sehen ihn weinen an einigen Wendepunkten seines Lebens, wenn er davon berichtet.

Nachdenklich geht er da, ein Einzelner. Entfernt er sich, oder nimmt er uns mit auf seinen Weg? Das wird auf die Perspektive der Lesenden ankommen, denn im Text, in dieser Textur eines Lebens, entfernt er sich gerade nicht, sondern kommt uns als Mensch entgegen, ist Weggenosse in dieser einzigen uns vertrauten, uns anvertrauten Welt und zugleich Zeitgenosse dieser unserer unsäglich zerrütteten Epoche der Geschichte mit Nationalismus und Kolonialismus seit der französischen Revolution.

Er ist vertraut mit zwei Welten: das sind Afghanistan, sein Land, das er liebt, und Europa, wo er studiert und gelebt hat in den wichtigen Jahren seines Erwachsenwerdens, in Deutschland, im Frankfurter Westend während der sechziger Jahre, inmitten von »Achtundsechzig«. Wo sein erster Sohn, unser Sohn, zur Welt kam, der in den ersten drei Jahren seines Lebens über weite Zeiten von seinem Vater betreut wurde und der ihn dann an Afghanistan verlor. Uns war sozusagen der russisch-afghanische Krieg ins Leben geknallt.

Zum guten Schluss: Nach dem Abzug der Taliban, als Khazan Gul eine Zeitlang Erziehungsminister der Provinz Khost war, erreichten mich eines Tages zwei Telefonate: »Heute«, erzählte er, »wird unsere Universität Khost aus dem Exil in Pakistan zurückkehren, Studenten und Professoren. Wir wollen ihnen zur Grenze entgegengehen.« Ein paar Stunden später dann ein Anruf: »Hör mal, wir tanzen zusammen!« Ich konnte die Musik hören und die freudigen Zurufe. Das ist mir im Gedächtnis geblieben, schließlich bin auch ich eine alte Lehrerin und weiß, wie es zugeht im Schulbetrieb. Da aber tanzen nun welche schier außer sich vor Freude, weil sie ihre Schule heimholen können samt ihren Lehrern, den Professoren. Das macht mich glücklich und lässt mich hoffen.

Bleibt mir noch, allen denen »Danke!« zu sagen, die beim Zustandekommen des Buches geholfen haben.

Bücher, meinte einst Jean Paul, Bücher seien nur längere Briefe an Freunde. In diesem Sinne grüße ich Euch mit einem Wort von Hannah Arendt:

»Dass man im Guten und Bösen dem Wirklichen die Treue halten muss, darauf läuft doch alle Wahrheitsliebe hinaus und alle Dankbarkeit dafür, dass man überhaupt geboren wurde.«

Frankfurt, 9. März 2013

Zeitlicher Überblick

Khazan Gul weiß nicht, in welchem Jahr er geboren wurde. Es gab in der Zeit seiner Geburt – und gibt zum Teil bis heute – in vielen Gegenden Afghanistans keine Aufzeichnungen über Geburten. Geburtstage werden in Afghanistan kaum gefeiert, sodass viele Menschen auch das eigene Alter irgendwann nur noch näherungsweise wissen.

In Afghanistan werden drei Zeitrechnungen parallel genutzt: der islamische Mondkalender, der iranische Sonnenkalender sowie bei der Zusammenarbeit mit westlichen Ausländern der gregorianische Kalender. Dies erschwert die Verankerung von Datumsangaben und Jahreszahlen im Gedächtnis zusätzlich. In Gesprächen und Erinnerungen werden daher Zeitpunkte meist durch das Nennen des damaligen Regimes und genauer durch davor und danach liegende Ereignisse angegeben, sodass eine Zuordnung zu einer Jahreszahl oft nur »etwa« möglich ist.

Viele Jahreszahlen des folgenden Überblicks sind daher nicht als gesichert zu verstehen, sondern lediglich als Ergebnis dessen, was wir gemeinsam mit Khazan Gul aus seinen Erinnerungen rekonstruieren konnten.

1945:	Geburt in Dragai
1948:	Tod des Vaters
1952 bis 1957:	Dorfschule in Dragai
Winter 1954/1955:	Landwirtschaftshelfer und Bettler in Pakistan
Winter 1955/1956:	Bauarbeiter in Pakistan
Winter 1957/1958:	Maurer in Pakistan
1958 bis 1963:	Internatsgymnasium »Rahman-Baba-Lisee« in Kabul
Herbst 1958:	Familienkrieg in Dragai

1964 bis 1973:	Stipendiat in Deutschland, Studium der Mathematik und Physik in Frankfurt am Main
1966:	Hochzeit mit Hekmat in Alizai, Kurram
1973 bis 1979:	Lehrer und Lehrerausbilder in Khost und Kabul
1979:	Politischer Gefangener in Kabul
1980 bis 1989:	Guerillakampf, Anführer einer unabhängigen Mujahedingruppe gegen die sowjetische Besatzung, Landwirtschaftsprojekte
1986:	Hochzeit mit Sultana in Spin Thal, Nordwaziristan
Seit 1991 bis heute:	Landwirtschaft auf eigenem Land
2001 bis 2003:	Erziehungsminister der Provinz Khost
2005:	Kandidatur für das nationale Parlament in Kabul
2009:	Wahlkampf in Khost für Ramazan Bashardost
Juli 2009:	Mordanschlag in Dragai
Seit 1973 bis heute:	Einsatz für Bildung und Landwirtschaft in Tani, Khost und Afghanistan

Unsere Reisen, Erlebnisse und Gespräche mit Khazan Gul zwischen 2004 und 2013 werden im Buch weitgehend chronologisch wiedergegeben.

Übersichts- und Detailkarte

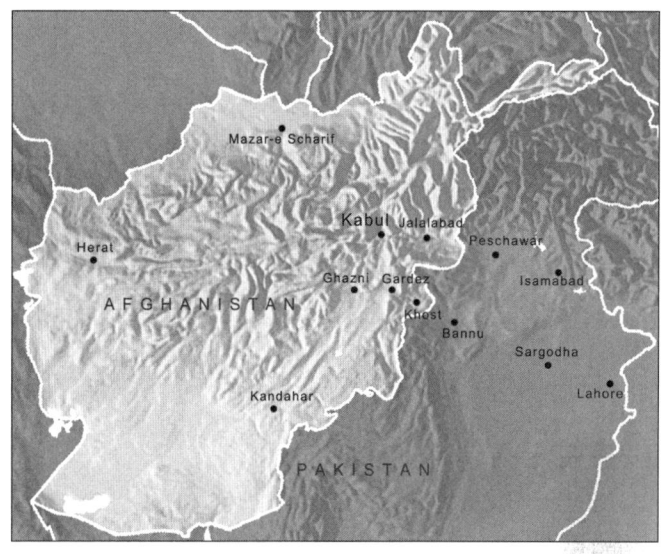

Zu Sprache, Umschrift und Aussprache

Khazan Gul hat auf Deutsch einen deutlichen Akzent. Doch er versteht es, die deutsche Sprache so zu verwenden, dass beim Zuhörer der Eindruck entsteht, er spreche fast perfekt Deutsch. Weil dies in einer geschriebenen Fassung zwangsläufig verlorengeht, haben wir für das Buch seine Ausdrucksweise grammatikalisch und in der Wortwahl so angepasst, dass sich seine Schilderungen flüssig lesen lassen.

Paschtu und Dari, die meistgesprochenen Sprachen Afghanistans, sind indoeuropäischen Ursprunges. Sie werden in Afghanistan mit arabischen Buchstaben geschrieben. Für die Umschrift gibt es viele denkbare Möglichkeiten. Wir haben uns für die meisten Laute an der im englischsprachigen Raum üblichen Umschrift orientiert, weil gerade geografische Bezeichnungen in Karten und Namen kaum wiederzuerkennen wären, wenn wir uns ausschließlich am deutschen Lautsystem orientiert hätten. Zum Beispiel müsste »Afghanistan« auf Deutsch eigentlich »Afranistan« geschrieben werden, denn der Landesname wird nicht mit »g«, sondern mit einem nicht gerollten, im Rachen gebildeten »r« gesprochen. Bei allen Vokalen und dem Laut »sch« dagegen, wie zum Beispiel im Wort »Paschtu« (im englischen Sprachraum meist »Pashto«) haben wir uns an der deutschen Aussprache orientiert, weil uns dies die Lesbarkeit zu erleichtern und die Wiederkennung in Landkarten oder anderen Werken nicht zu behindern schien. Betonung und Länge der Aussprache von Vokalen haben wir allerdings in der Umschrift nicht kenntlich gemacht, beispielsweise müsste die Provinz sonst »Khoost« geschrieben werden. Nun zur Aussprache der von uns in der Umschrift verwendeten Buchstaben, soweit sie von der im Deutschen üblichen Aussprache abweichen:

»kh« – Diese Buchstabenkombination wird wie »ch« in »Bach« oder »Sache« ausgesprochen und auf Hochdeutsch nicht am Anfang eines Wortes verwendet. »Khazan Gul«, »Khost« und »Khan« beginnen also – für die meisten deutschen Zungen geradezu halsbrecherisch – mit diesem im Rachen gebildeten Laut, was aber den Einheimischen in der deutschsprachigen Schweiz, in Südbaden, im Oberallgäu und in den westlichen Teilen Österreichs keinerlei Probleme bereitet. Und wer weiß, ob zwischen diesen Bergbewohnern und den Afghanen nicht doch eine lange vergessene Verwandtschaft besteht?

»gh« – Dies wird, wie oben bereits erwähnt, als ein nicht gerolltes, im Rachen gebildetes »r« (ähnlich wie im Französischen) ausgesprochen.

»j« – Dies wird als stimmhaftes »dsch« ausgesprochen, die Namen der Stadt »Jalalabad« und der pakistanischen Provinz »Panjab« werden also »Dschalalabad« und »Pandschab« ausgesprochen, Schreibweisen, die im deutschen Sprachraum auch teilweise verwendet werden.

»z« – Dies wird als stimmhaftes »s« ausgesprochen, also wie im Wort »Rose«. »Khazan Gul« wird also wie »Chasan Gul« ausgesprochen, eine Schreibweise, die zwar auf Deutsch konsequent aber doch unüblich wäre und damit eine Wiedererkennung erschweren würde.

»ch« – Dies wird stimmlos als »tsch« ausgesprochen, »Charpoi« und »Chudry« werden also »Tscharpoi« und »Tschudry« ausgesprochen.

Für alle Mütter

Unterm Maulbeerbaum

von Heiner

»Im Winter hatten wir immer sehr wenig zu essen. Ich erinnere mich, dass wir einmal gar nichts mehr hatten, meine Mutter, meine Schwester, mein Bruder und ich. Mein Vater war schon gestorben, meine älteren Geschwister lebten nicht mehr bei uns. Wir hatten großen Hunger. Meine Mutter ist mit unserem und einigen geliehenen Eseln in die Berge gegangen. Sie hat Sisal gesammelt und mit nach Hause gebracht. Aus den Blättern machen wir in Afghanistan Teppiche. Mit dem Sisal wollte sie in das Gebiet der Zadran gehen, das liegt westlich von hier.«

Khazan Gul deutet in Richtung einer weiter entfernten Kette von Bergen, die sich dunkel gegen den hellblauen, wolkenlosen Himmel abzeichnet. Seine Hand und sein Gesicht sind braun und zerfurcht, in seinem langen Bart mischen sich graue und weiße Haare. Die Luft ist staubig, es weht ein heißer Wind. Die Berge sind nicht sehr deutlich zu sehen, mehr als

Silhouette, und davor erstreckt sich steiniges, teils hügeliges, teils flaches Land, auf dem kaum etwas wächst.

»Die Zadran sind auch ein Stamm, so wie die Tani, zu denen ich gehöre. Bei den Zadran gibt es keinen Sisal. Meine Mutter wollte ihn dort gegen Weizen oder Reis oder irgendetwas eintauschen. Ich habe gesagt: ›Ich gehe auch mit.‹ Aber sie wollte mich nicht dabeihaben. Ich war der Jüngste und noch sehr klein. Da habe ich so geweint, dass sie mich am Ende doch mitgenommen hat. Wir sind in das Zadran-Gebiet gelaufen. Das ist einen Tag zu Fuß entfernt.«

Wir sitzen auf einem Teppich im dichten Schatten eines großen Maulbeerbaumes neben einer Dorfmoschee. Gerade haben wir zu Ende gegessen, Linsen und Reis mit zerlassener Butter. Khazan Gul spricht mit uns auf Deutsch. Unsere Gastgeber, Freunde von Khazan Gul, dösen oder unterhalten sich auf Paschtu. Wir sind satt, etwas müde und bewegen uns kaum, so lässt sich die Hitze einigermaßen aushalten. Das Dorf liegt auf einem Hügel am Fuß von schütter bewaldeten Bergen. Schaut man in die entgegengesetzte Richtung, so wird es flacher, dahinter erheben sich weitere Bergketten, auf eine von ihnen hat Khazan Gul gerade gezeigt. Ich stelle mir vor, wie ein kleines, vielleicht vierjähriges Kind mit seiner Mutter über das karge Land wandert. Beide sind hungrig, die Mutter zieht beladene Esel hinter sich her. Kein Baum und kaum ein Strauch schützen vor Wind und Sonne. Schon mir als Erwachsenem scheint der Weg endlos. Wie es hier im Winter aussieht, kann ich mir im Augenblick schwer vorstellen.

»Wir haben für den Sisal etwas Reis und Weizen bekommen. Danach sind wir zu einer Frau gegangen, sie hieß Jima Gula, das bedeutet Freitagsblume. Sie war auch Witwe, wie meine Mutter, eine sehr arme Frau. Wir haben bei ihr übernachtet. Als wir am nächsten Morgen aufgestanden sind, lag Schnee, hüfthoch, und es war sehr kalt. Aber wir mussten nach Hause. Meine Schwester und mein Bruder hatten nichts zu essen, meine Mutter musste für sie sorgen. Ich hatte nur zerrissene Kleider, keine Schuhe und auch keine richtige Hose. Jima Gula hat mir eine Jacke gegeben, aber auch die war alt und hatte Löcher. Meine Mutter hat mich auf einen der Esel gesetzt. Es hat geschneit und gewindet. Man konnte den Weg nicht sehen, oft ist sie tief in den Schnee gefallen. Ich wurde so kalt, dass der Schnee auf meinen nackten Beinen liegen blieb. Zwei oder drei Kilometer vor Dragai, unserem Dorf, war ich fast bewusstlos vor Kälte. Meine Mutter hatte große Angst, dass ich sterbe, wenn sie mit mir weitergeht. Einige hundert Meter vom Weg entfernt gab es ein Haus. Da wollte sie mich hinbringen. Sie musste mich mit Gewalt vom Esel herunterziehen, ich war richtig festgekrallt. Dann hat sie mich auf ihre Schultern gelegt. Aber ich konnte mich nicht festhalten, ich war schon zu schwach. Damit ich nicht herunterfalle, ist sie auf allen vieren gekrochen, durch den Schnee. Sie hat an dem Haus geklopft, und zwei junge Frauen sind herausgekommen. Meine Mutter hat gesagt: ›Das Kind muss hierbleiben, es geht ihm nicht gut. Ich muss weiter.‹ Sie ist gegangen, die Frauen haben mich ins Haus gebracht. Sie haben ein Feuer gemacht und Tücher mit warmem Wasser auf meine Arme und Beine gelegt. Ein Maisbrot haben sie in kleine Stücke gebrochen und in meinen Mund gegeben. Eine Frau ist aufgesprungen und meiner Mutter nachgelaufen. Sie sollte auch ein Maisbrot bekommen, sicher hatte sie Hunger. Nach einer Stunde ging es mir wieder ganz gut. Am nächsten Tag war es wärmer, es lag nicht mehr so viel Schnee, und ich bin alleine nach Dragai gelaufen. Am Friedhof vor Dragai habe ich einige Männer gesehen. Ein alter Mann war beim Schneesturm gestorben und wurde beerdigt. Auch ich hätte sterben können.

Dann bin ich weiter ins Dorf nach Hause gegangen. Meine Mutter saß vor unserer Tür und ihre Beine waren voller Blut. Ich habe schrecklich geweint, als ich das gesehen habe. Ich habe gedacht, jemand hat sie geschlagen. Sie hat mir erklärt: ›Das hat der Schnee gemacht.‹ Sie hatte Schnitte und Erfrierungen. Im Haus brannte ein Feuer. Meine Mutter war am Morgen ganz früh aufgestanden und in die Berge gegangen, weil wir kein Holz mehr zu Hause hatten. Meine Schwester hat mir erzählt, dass sie Maisbrot bekommen hat. Unsere Mutter hat das Maisbrot, das ihr die Frau gegeben hatte, nicht gegessen. Sie hat es nach Hause mitgebracht und mit meiner Schwester und meinem Bruder geteilt.«

Khazan Gul kann nicht mehr weitersprechen, er bedeckt sein Gesicht mit den Händen. Auch Monika und ich können nichts sagen. Nach einem kurzen Moment hat er sich wieder gefasst und spricht weiter. »Ich erzähle euch das, damit ihr mich besser versteht. Meine Kindheit, besonders die Armut und die Arbeit, haben mich so gemacht wie ich bin. Nie habe ich aufgegeben, immer habe ich weitergearbeitet, ich war nie hoffnungslos. Immer dachte ich, dass ich etwas ändern kann, zum Positiven. Das glaube ich heute noch. Die Zugehörigkeit, die Zusammenarbeit, das Mitgefühl spielt in armen Gebieten eine viel stärkere Rolle, als in der zivilisierten Welt, bei den reichen Leuten. Die haben nicht so viel Mitgefühl. Unser Dorf war arm. Nur ein oder zwei Familien hatten genug, die anderen hatten ständig Sorge ums Essen. Meine Familie hatte zwar selbst Land, aber nicht viel, und wir waren abhängig vom Regen. Wenn es ausreichend geregnet hatte, dann hatten wir etwas, sonst hatten wir nichts. Im ganzen Dorf war das so, es ist bis heute so in Dragai. Für das Wasser gab es große Becken, drei Stück, eins fürs Vieh, eins zum Waschen und das kleinste für die Menschen. Dafür wurde eine große Landfläche brachgelegt. Wenn es regnete, sammelte sich das Wasser in den Becken. Natürlich war es schmutzig, aber es ging. Wir haben es einfach so getrunken. Die, die krank davon wurden, sind gestorben, die Stärkeren sind geblieben. Jetzt gibt es Medizin, jetzt leben manchmal auch die, die nicht so stark sind. Aber sonst ist vieles noch wie damals.« Khazan Gul lehnt sich auf ein großes Kissen zurück und schließt die Augen.

Meine Gedanken beginnen zu wandern. Erst gestern Abend waren wir bei Khazan Gul zu Hause, etwas außerhalb der Stadt

Khost, angekommen. Khost ist die Hauptstadt der gleichnamigen Provinz im Südosten Afghanistans. Khazan Gul hatte eigens den weiten Weg nach Kabul, mehr als zweihundert Kilometer meist ungeteerte Piste, auf sich genommen, um uns abzuholen.

Jahrelang haben wir Geld gespart für unsere große Reise. Seit knapp fünf Monaten sind wir nun unterwegs. Unsere Idee ist es, in der Mongolei Pferde zu kaufen und mit diesen nach Deutschland zu reiten. Der Weg soll der alten Seidenstraße folgend durch den Nordwesten Chinas, Zentralasien, Iran und die Türkei gehen. Wir haben uns mit den Ländern auf dem Weg beschäftigt, Persisch und Türkisch gelernt. Um Afghanistan hatten wir bei unseren ersten Überlegungen für die Reiseroute einen Bogen gemacht. Mit oder ohne Pferde, zu schwierig und zu gefährlich erschien es uns, in diesem Land zu reisen. Aber interessiert hat uns Afghanistan doch. Nicht ganz zufällig hatte ich deshalb etwa ein dreiviertel Jahr vor unserer Abreise einen Vortrag von Dr. Reinhard Erös besucht. Zusammen mit seiner Familie hat er, ehemals Militärarzt bei der Bundeswehr, die »Kinderhilfe Afghanistan« gegründet. Mit privaten Spendengeldern baut und unterstützt die Kinderhilfe als kleine Initiative hauptsächlich im Osten Afghanistans Schulen, Universitäten und medizinische Einrichtungen. Dieses Engagement hat uns so begeistert, dass wir Dr. Erös gefragt haben, ob und wie wir die Projekte durch einen Arbeitseinsatz in Afghanistan unterstützen könnten. Wir haben ihm erklärt, dass wir für unsere Reise gespart haben und daher kein Geld benötigen. Doch er war etwas skeptisch. Normalerweise arbeitet er in Afghanistan ausschließlich mit Afghanen. Drastisch hat er uns vor Augen geführt, wie ein Verstoß gegen die afghanischen Sitten oder das afghanische Gastrecht das von ihm durch jahrelange Arbeit erworbene Vertrauen zerstören könne. Wohl weil er merkte, dass es uns ernst damit ist, etwas über Afghanistan zu lernen und die afghanischen Sitten zu respektieren, hat Dr. Erös schließlich zugestimmt. Wir durften in Jalalabad im Osten Afghanistans im Büro der Kinderhilfe wohnen, haben Deutsch und Englisch unterrichtet und die Lehrer in Computerklassen unterstützt; Monika an zwei Mädchenschulen, ich an einer Jungenschule. Drei Monate haben wir so in Jalalabad verbracht. Für danach hatten wir geplant, unsere Reise fortzusetzen, über die nahe Grenze nach Pakistan und von dort nach China und in die Mongolei.

Dass es möglich sein würde, in Afghanistan umherzureisen, hatten wir nicht einmal zu hoffen gewagt. Seit dem Ende des Taliban-Regimes, das inzwischen zwei Jahre zurückliegt, gibt es immer wieder Anschläge auf Ausländer, vor allem im Süden und Osten Afghanistans. Und im ganzen Land gehen zusätzliche Gefahren von allgemeiner Kriminalität aus.

Doch dann hatten wir Khazan Gul kennengelernt. Er war nach Jalalabad gekommen, um Dr. Erös zu treffen, einige Wochen ist das jetzt her. Uns stellte er sich gleich auf Deutsch vor. Nach wenigen Minuten waren wir in eine kontroverse Diskussion verstrickt. Khazan Gul sagte, dass er uns Europäer und besonders die Deutschen nicht verstehe. Wenn wir ein bisschen bescheidener leben und die produktive Arbeit gleichmäßig unter uns aufteilen würden, müsste jeder in Deutschland doch höchstens vier bis sechs Stunden täglich arbeiten. Das Land sei aufgebaut, und die Arbeitsproduktivität würde eine solche Verkürzung der Arbeitszeit leicht ermöglichen. Stattdessen würden viele immer noch mehr schuften, um unnötigen Wohlstand anzuhäufen, oder einfach, um ihren Arbeitsplatz zu behalten. Viele würden davon krank werden, andere dagegen seien arbeitslos. »Das ist doch nicht intelligent!«, rief er aus.

Zu diesem Zeitpunkt lebten wir seit knapp drei Monaten in Jalalabad. Ständig funktionierten Dinge nicht, Erledigungen wurden verschoben. Wenn etwas getan werden sollte, stieß das auf Hindernisse, oder es war gerade an diesem Tag keine Zeit mehr dafür. Zum Freunde treffen, Gäste empfangen, Teetrinken und Ratschen dagegen schien immer Zeit zu sein. Darüber hatten wir uns mittlerweile schon so oft geärgert, dass wir Khazan Gul widersprachen. Wir wiesen darauf hin, dass man in Deutschland für viele Berufe eine lange Ausbildung benötigt, und Schüler und Studenten mit vier Stunden am Tag nicht weit kämen. Außerdem erklärten wir, dass Deutschland mit vier bis sechs Stunden Arbeit am Tag niemals aufgebaut worden wäre. Wir argumentierten, dass Erfindungen, Infrastruktur und Wohlstand nicht darauf beruhten, dass jeder nach sechs Stunden Arbeit pro Tag die Hände in den Schoß legt, sondern im Gegenteil darauf, dass unsere Eltern, Großeltern und Urgroßeltern bereit waren, hart und ausdauernd zu arbeiten. Das war natürlich nicht wirklich ein Gegenargument. Denn Khazan Gul hatte ja nicht von der Zeit gesprochen, in der Deutschland aufgebaut wurde, sondern von der Gegenwart. Mit ein wenig Abstand mussten wir uns eingestehen, dass er nicht ganz falsch gelegen hatte mit seiner kurzen Beschreibung der Situation in Deutschland. Was uns hier widersprechen ließ, waren eher Gefühle. Damals nahmen wir an, dass viele Probleme in Afghanistan mit einer anderen Arbeitseinstellung bald nicht mehr existieren würden. Wir glaubten und glauben, dass die in einem Land vorherrschende Einstellung zur Arbeit auf Dauer mitentscheidend dafür ist, ob die Bevölkerung in Armut oder Wohlstand lebt, und wir meinten, hierbei in Afghanistan ein gewisses Defizit erkannt zu haben. Und jetzt sahen wir ausgerechnet von einem Afghanen die deutsche Arbeitseinstellung kritisiert und wollten dem etwas entgegensetzen. Mittlerweile wissen wir zum einen, dass unzählige Afghanen und Afghaninnen extrem hart und ausdauernd arbeiten. Zum anderen denken wir inzwischen, dass die Arbeitseinstellung in einer Region das Ergebnis der dort über einen längeren Zeitraum herrschenden Lebensumstände ist. In Afghanistan ist das Klima zum Teil sehr günstig. Entlang von Flüssen, die genug Wasser für die Bewässerung der fruchtbaren Felder führen, muss für die Nahrungsmittelproduktion nur relativ wenig Arbeit eingesetzt werden. Die Unsicherheit dagegen ist groß. Angriffe durch Räuber und rivalisierende Stämme waren seit jeher häufig, die Rückzugsgebiete von Angreifern konnten vom Staat kaum jemals kontrolliert werden. Um sich zu schützen waren intakte Sozialstrukturen – und das Teetrinken und miteinander Sprechen erfüllt dafür wichtige Funktionen – von größerer Bedeutung als

Investitionen durch Arbeit. Denn nur gegenseitiger Beistand konnte Angreifer zurückschlagen oder abschrecken. So gesehen ist es auch verständlich, wenn die Betreuung eines Gastes zu jedem Zeitpunkt Vorrang hat vor der Erledigung anstehender Arbeiten. Hinzu kommt die Erfahrung der Afghanen, dass immer wieder Krieg und Bürgerkrieg, unbeeinflussbar wie Naturkatastrophen, über ihr Land hereinbrechen und alles, was man sich mühsam aufgebaut hat, zerstört wird.

Obwohl wir uns gerade erst kennengelernt hatten, verlief das Streitgespräch mit Khazan Gul recht hitzig. Aber nach einer Weile mischten sich die anderen anwesenden Afghanen ein. Von der auf Deutsch geführten Diskussion hatten sie kein Wort verstanden, und sie wollten wissen, worum es ging. Nun wurde das Gespräch auf Paschtu fortgesetzt. Monika und ich konnten schon nach wenigen Worten nicht mehr folgen. Auch zwischen den Afghanen schien sich eine erregte Debatte mit zwei Fronten zu entwickeln: Khazan Gul auf der einen Seite, alle anderen Afghanen auf der anderen Seite. Nach einer Weile drehte sich Khazan Gul zu uns um, lächelte uns zu und sagte: »Sie sagen natürlich jetzt das, was ich vorhin zu euch gesagt habe. Und ich sage das, was vorhin ihr gesagt habt!«

Danach hatte uns Khazan Gul eingeladen, ihn in Khost zu besuchen. Gerne würde er uns seine Heimatregion und seine Schulprojekte zeigen. Diese Einladung elektrisierte uns. Khost ist eine entlegene Provinz im Südosten, vor der uns selbst viele Afghanen gewarnt haben. Als wir einwandten, dass wir nicht wüssten, ob und wie wir überhaupt dorthin kommen könnten, antwortete Khazan Gul: »Aber natürlich hole ich euch in Kabul ab! Das ist meine Verantwortung!«

Kurz nach diesem Gespräch fragten wir unseren engsten afghanischen Freund in Jalalabad, ob Khazan Gul vertrauenswürdig sei, und ob eine Reise mit ihm zusammen nach Khost gefährlich wäre. Er antwortete, er selbst würde nicht in diese Gegend fahren, aber er sei sicher, dass wir Khazan Gul vertrauen könnten. Zudem sei dieser ein ehemaliger Mujahedin-Kommandant, ein alter Kämpfer also. Wenn es daher jemanden gebe, mit dem eine solche Reise für uns möglich sei, dann sei das Khazan Gul.

Innerhalb weniger Stunden warfen wir unsere Pläne, die wir für die nächsten Wochen hatten, über den Haufen. Selbst wenn das bedeuten würde, dass wir nicht ganz so wie geplant mit Pferden durch Asien reisen könnten: Afghanistan hatte uns in seinen Bann gezogen. Wir hatten schon in Jalalabad erfahren, dass das Leben der Menschen hier völlig anderen Gesetzen folgt als denen, die wir bisher kannten. Jeden Tag hatten wir etwas dazugelernt. Wir verstanden inzwischen etwas Dari, den afghanischen Dialekt des Persischen, und Paschtu, das im Osten und Süden Afghanistans, also auch in Jalalabad und Khost gesprochen wird. Die Gelegenheit, mehr von diesem Land zu erfahren, die Menschen hier besser verstehen zu lernen, wollten wir ergreifen und die Einladung von Khazan Gul annehmen.

Für unsere Eltern musste unsere letzte E-Mail ein richtiger Schock gewesen sein. Sie hofften, uns in Kürze in Pakistan und dann in China zu wissen und lasen nun, dass wir weitere Wochen oder vielleicht sogar Monate in Afghanistan bleiben würden. Sie schrieben uns, dass die Lage in Afghanistan unsicherer geworden sei, und wir das Land unbedingt sofort verlassen sollten. Über die Medien in Deutschland fühlten sie sich wesentlich besser informiert, als wir es ihrer Wahrnehmung nach in Afghanistan sein konnten. Zwar verstanden wir unsere Eltern, hatten aber in den letzten Monaten mehr und mehr festgestellt, dass die über Zeitungen und Fernsehen in Deutschland verbreiteten Informationen im Vergleich zu dem, was wir hier erfuhren, extrem lückenhaft waren. Wir redeten jeden Tag mit Freunden und Bekannten in Jalalabad. Einige waren selbst viel im Land unterwegs, andere telefonierten täglich mit Freunden und Verwandten in verschiedenen Regionen. Für Afghanen ist es lebenswichtig, gut informiert zu sein über die Situation in ihrer Gegend. Das allgegenwärtige Mobiltelefon hat die Mund-zu-Mund-Propaganda stark beschleunigt. Wenn in der Nacht Flugzeuge zu hören gewesen waren, hatten wir in Jalalabad oft schon beim Frühstück erfahren, wo gerade gekämpft wurde. Von meinen Schülern bekamen wir häufig aktuelle Informationen über die Sicherheitslage auf den möglichen Routen nach Kabul. Afghanistan ist kein sicheres Land, aber es war jetzt auch nicht gefährlicher als bei unserer Ankunft vor einigen Monaten.

Unsere Eltern rieten uns, die Reise durch Afghanistan um zwei oder drei Jahre zu verschieben, bis die westlichen Truppen die Lage stabilisiert und für Sicherheit gesorgt hätten, offenbar wurde dies in Deutschland als realistisch dargestellt. Aber das konnten und können wir uns hier in Afghanistan nicht vorstellen. Im Gegenteil befürchten wir, dass die Situation eskalieren wird, wenn die jetzige Politik nicht grundsätzlich geändert wird. Die Frustration vieler Afghanen über die Politik der USA und der Europäer ist jetzt, im Frühjahr 2004, mit Händen zu greifen.

Und so waren wir nach Beendigung unserer Arbeit für die Kinderhilfe, anstatt nach Pakistan und China weiterzureisen, nach Kabul gefahren. Als wir Khazan Gul abends in Khost anriefen und ihm mitteilten, dass wir in Kabul sind und ihn tatsächlich gerne besuchen würden, war er hocherfreut. Das Gespräch dauerte aber nicht einmal zwei Minuten. Er fragte nur noch kurz, wo er uns finden würde und sagte dann: »Morgen oder übermorgen bin ich bei euch!« Und tatsächlich stand er tags darauf am Nachmittag vor der Tür unserer Freunde.

»Die Straße von Kabul nach Khost ist nicht ungefährlich. In den Bergen gibt es Widerstandskämpfer. Die wollen Unruhe stiften, am liebsten wollen sie, dass alle ausländischen Soldaten das Land verlassen«, erklärte uns Khazan Gul. »Es ist am besten, wenn euch auf dem Weg niemand als Ausländer erkennt.« So fuhren wir am nächsten Tag – dass das erst gestern war, kommt mir unwirklich vor, nachdem wir seitdem so viel erlebt haben – frühmorgens aus Kabul hinaus, in einem Toyota Corolla, dem in Afghanistan am häufigsten benutzten Fahrzeug. Mein Bart ist für afghanische Verhältnisse sicherlich noch nicht beeindruckend, aber er ist schwarz, hat nach über drei Monaten immerhin eine gewisse Länge erreicht, und ich gehe damit inzwischen meist als Paschtune durch. Monika kann ihr weißes Tuch schon fast so gekonnt wie afghanische Frauen um den Kopf schlingen, sodass nur noch ein Spalt für die Augen offen bleibt. Sie bemühte sich, nicht aus dem Auto hinauszuschauen, sondern wie afghanische Frauen den Blick abzuwenden, sobald auf der Straße Personen erschienen.

Wir hatten bereits zwei hohe Gebirgspässe überquert, waren aber noch weit von der Stadt Khost entfernt, da machte der Motor plötzlich seltsame Geräusche. Khazan Gul meinte, wir könnten hier nicht anhalten, es sei zu gefährlich. Die Geräusche wurden immer lauter, doch der Fahrer fuhr unbeirrt weiter. Die Straße führte über eine Brücke. Kurz darauf kamen wir zu einer Ansammlung von Containern, die neben der Straße standen. Vor den Containern lagen Autoreifen. Khazan Gul erklärte uns, dass es hier sicherer sei. Zusammen stiegen wir aus und stellten uns in den Schatten eines Baumes. Der Fahrer fuhr mit dem Auto zu einem der Container, in der Hoffnung, dass das Auto repariert werden könne. Keine Minute später kam ein Mann auf uns zu, offenbar ein alter Bekannter von Khazan Gul. Er begrüßte uns und bestand darauf, dass wir nicht hier im Freien warten, sondern ihn in seinen Container begleiten. Dieser war mit einigen Hockern und einer Liege ausgestattet. Wir setzten uns und bekamen Tee und Kekse.

Khazan Gul erklärte uns: »Das Gebiet, durch das wir vorhin gefahren sind, wird von Jalaluddin und seinen Leuten kontrolliert. Er ist ein großer Kommandant und kämpft gegen die ausländischen Soldaten, so wie er es auch schon gegen die sowjetische Besatzung getan hat. Damals habe ich auch gekämpft. Manchmal haben wir im Krieg sogar mit den Männern von Jalaluddin zusammen Aktionen gemacht. Ich hatte eine Gruppe von etwa zweihundert Kämpfern. Als unabhängiger Kommandant einer kleineren Gruppe habe ich die sowjetischen Truppen vor allem mit Guerillataktik angegriffen. Während meines Mathematikstudiums in Deutschland habe ich Mao, Tito und Che Guevara gelesen, vor allem aber Mao. Ich bin kein Maoist geworden, aber viele Ideen fand ich interessant.

Ich war ein richtig guter Theoretiker im Guerillakampf. Damals herrschte kein Krieg in Afghanistan und der König war noch an der Macht. Eigentlich wollte ich eine Revolution gegen den König organisieren. Aber das haben schon andere vor mir getan, bevor ich zurück nach Afghanistan kam, und der König war schon weg.«

Vom Container aus blickten wir auf die Straße und hinunter ins Flusstal. Entlang des Flusses sahen wir Baumstämme, Äste und Wurzeln liegen. Viele waren ordentlich sortiert und aufgeschichtet, wie zur Abholung bereit. Wir fragten Khazan Gul, ob die Bäume hier aus den Bergen stammten. »Ja, das ist wirklich traurig. Die Bäume, die noch stehen, sind nur der Rest von einem dichten Wald. Als Jugendlicher bin ich fast jedes Jahr von Khost nach Gardez[1] gelaufen. Das ist etwa die halbe Strecke nach Kabul. An jeder Wegbiegung hier in den Bergen war ein kleiner Bach oder eine Quelle. Jetzt gibt es kein Wasser mehr, es regnet auch nicht mehr so oft wie früher. Der Wald ist nicht mehr da, dadurch hat sich das Klima verändert. Aber was kann man zu den Leuten sagen? Sie sind sehr arm. Die meisten haben nicht genug Land, um ihre Familie zu ernähren. Sie müssen zusätzlich noch etwas Geld beschaffen. Wenn sie die Bäume fällen und das Holz verkaufen, reicht es vielleicht zum Überleben.«

Nach etwa einer Stunde war das Auto repariert, jedenfalls soweit, dass der Fahrer die Weiterfahrt wagen wollte. Nach kurzer Fahrt hob Khazan Gul die Hand und ließ den Fahrer wieder anhalten. Als die Fahrgeräusche verstummten, verstanden wir, warum: Ein Telefon klingelte. In den Bergen gibt es viele Gegenden ohne Mobilfunknetz, und so waren wir nicht überrascht, dass Khazan Gul ein Satellitentelefon dabeihatte. Er stieg aus, zog die Antenne lang und nahm das Gespräch an. Zu unserem Erstaunen telefonierte er auf Deutsch: »Johanna, ich freue mich, deine Stimme zu hören! Wie geht es dir?« Er erzählte

---

1   Gardez ist die Hauptstadt der Provinz Paktia, die nach Nordwesten an die Provinz Khost angrenzt.

der uns unbekannten Frau namens Johanna, dass Monika und Heiner aus Deutschland – unsere Nachnamen schienen nichts zur Sache zu tun – mit ihm nach Khost fahren würden, um seine Schulen zu besichtigen. Die Fahrt sei gut verlaufen, nach Khost sei es nicht mehr weit, und sie könnten in den nächsten Tagen ausführlicher telefonieren, wenn er zu Hause sei.

Er musste unsere fragenden Gesichter bemerkt haben. Jedenfalls erklärte er uns, als wir weiterfuhren: »Johanna ist meine deutsche Frau. Also, so sage ich das, auch wenn wir in Deutschland nicht offiziell geheiratet haben. Aber in Afghanistan ist man verheiratet, wenn man das beschlossen hat. Dafür braucht man kein Papier vom Staat. Wir haben auch einen Sohn zusammen. Sie ist eine sehr kluge Frau. Ich bewundere sie, und ich verdanke ihr sehr viel. Ich hoffe, dass ihr sie bald kennenlernt.« Diese Erklärung minderte unsere Verwunderung zwar nicht wirklich, aber wir wollten nicht aufdringlich sein und fragten deshalb nicht nach.

Gerade noch rechtzeitig vor Einbruch der Dunkelheit kamen wir dann gestern Abend bei Khazan Gul zu Hause an und verbrachten die Nacht dort. Schon heute Morgen stiegen wir wieder ins Auto, diesmal in sein eigenes, einen alten klapprigen Geländewagen. Khazan Gul wollte uns gleich am ersten Tag das Gebiet seines Stammes zeigen, und nach etwa zwei Stunden Fahrt erreichten wir schließlich das Dorf am Rande der Berge, in dem wir nun im angenehmen Schatten des Maulbeerbaumes ruhen.

Irgendwann schrecke ich hoch. Linsenreis und Butter im Bauch, die Hitze und die Stille der Mittagszeit haben mich so schläfrig gemacht, dass ich über meinen Gedanken an die vergangenen Monate und die Reise hierher eingenickt sein muss.

Neben dem Baum raschelt es. Ein Busch bewegt sich und wir hören leises Getuschel, dann Kinderlachen. Ein Mann, der mit uns auf dem Teppich sitzt, ruft den Kindern in scharfem Ton einige Wörter auf Paschtu zu. Fünf kleine Jungen rennen davon. Khazan Gul öffnet die Augen, schaut den Kindern nach und lächelt. »Als Kind habe ich mich auch versteckt, wenn die älteren Männer geredet haben. Es war sehr interessant für uns zuzuhören. In unserem Dorf gab es einen Mann, er hieß Nur Malek und war der Dorfoberste. Malek bedeutet Oberster. Bei den Versammlungen der Ältesten saß er ganz oben. Seine Stimme hatte Gewicht. Er war ein sehr kluger Mensch. Ich habe besonders gerne zugehört, wenn er gesprochen hat. Aus irgendeinem Grund mochte er mich. Wenn er zuschaute, wollte ich alles möglichst gut machen. Einmal habe ich mit Freunden in der Nähe der alten Männer gespielt. Sie saßen unter einem Maulbeerbaum auf einem Teppich, so wie wir heute, und haben Tee getrunken. Wir Kinder haben versucht zu hören, worüber sie sprechen. Ich habe mich alleine angeschlichen und unter einen Busch gelegt. Dort konnte ich gut zuhören. Aber dann sind mehr Kinder dazugekommen, und es ist etwas laut geworden. Man hat uns weggejagt. Ich bin erst am Schluss ganz langsam weggegangen und habe noch gehört, wie Nur Malek zu den anderen Männern sagte: ›Der Khazan Gul ist ein ganz besonderer Junge, ihr werdet sehen. Er wird in seinem Leben noch große Dinge machen.‹ Als ich das gehört habe, bin ich ganz rot geworden und schnell weggelaufen. Von da an habe ich mich noch mehr angestrengt, alles gut zu machen, in der Schule, zu Hause, mit den anderen Kindern. Ich wollte, dass Nur Malek recht behält. Er sollte weiter so gut über mich reden können. Heute glaube ich, er war wirklich weise. Er wusste genau, dass ich ihn hören konnte, und er hat das mit Absicht so gesagt, weil er mich motivieren wollte. Jedenfalls hat es bei mir sehr viel bewirkt.«

Aus dem Blechtor eines nahegelegenen Hauses kommen zwei Jungen. Einer trägt ein Tablett mit Gläsern darauf, der andere eine große Teekanne. Es kommt wieder etwas Leben in die Runde. Die Männer setzen sich aufrechter, einige verschränken die Beine vor sich. Der Junge mit dem Tablett stellt vor jeden ein Glas, der andere schenkt Tee ein. Getrockneter Zuckerrohrsaft in groben braunen Brocken wird in einer Schale herumgereicht.

Kurz darauf beginnen die Männer zu diskutieren, auch Khazan Gul redet ausführlich. Ein jüngerer Mann mit einem langen schwarzen Bart und einem schwarzen Turban, der zuvor längere Zeit still gewesen war, erhebt das Wort und spricht leise und eindringlich zu den anderen Männern. Viele von ihnen nicken, manche machen gar zustimmende Ausrufe. Mir wird etwas unheimlich. Hatten uns nicht Freunde in Jalalabad gesagt, dass Taliban oft einen schwarzen Turban tragen? Doch danach werden nur noch wenige Sätze gewechselt, plötzlich ist Aufbruchsstimmung. Die Verabschiedung geht schnell und ich bin erleichtert, dass wir uns jetzt entfernen können. Nur ein paar Schritte entfernt steht Khazan Guls Wagen.

Gleich nach unserer Ankunft in Khost am Abend zuvor hatte uns Khazan Gul seinen Fahrer Khalil vorgestellt. »Er hat zwar keinen Führerschein, aber ich kenne niemanden, der besser fahren kann als Khalil. Und Papiere sind bei uns in den Bergen egal, nach Kabul sollte er aber nicht fahren. Wenn wir irgendwann etwas Zeit haben, werden wir die Papiere für ihn beantragen.« Wir schätzen Khalil auf etwa Mitte bis Ende zwanzig. Er ist mittelgroß, seine Haut recht dunkel. Seine Haare sind schwarz und er hat einen gepflegten Oberlippenbart. Wie fast alle Afghanen trägt er einen hellen Schalwar Kamiz, der aus leichtem Stoff genäht wird und aus einer weiten Hose und einem langen, weit über das Gesäß fallenden Hemd besteht. Er hat eine ruhige, besonnene Art zu sprechen, gleichzeitig wirkt er aber wie jemand, der zupacken kann, und seine schnellen, präzisen Bewegungen sind sehr dynamisch. Zu uns war er vom ersten Moment an besonders freundlich. Vielleicht hat ihm gefallen, dass wir in Jalalabad versucht haben, Paschtu zu lernen. Jedenfalls bemüht er sich, langsam und deutlich mit uns zu sprechen und hört uns genau zu. Wenn er verstanden hat, was wir sagen wollen, wiederholt er unsere Sätze in grammatikalisch korrektem Paschtu, damit wir etwas dazulernen. Jetzt übergibt Khalil die Kalaschnikow, die er während unseres Besuches im Dorf geschultert hatte, an Khazan Gul und schwingt sich auf den Fahrersitz.

Khazan Gul steigt auf der Beifahrerseite ein und stellt die Kalaschnikow neben seine Beine. Monika und ich setzen uns auf die Rücksitzbank. Einige Momente später rumpeln wir über die Schotterpiste in Richtung der Stadt Khost, von wo wir heute Morgen gekommen sind. Khazan Gul dreht sich zu uns um und erklärt uns, worum es in den Gesprächen unter dem Maulbeerbaum ging: »Das war heute gar nicht mein Plan gewesen. Aber wir haben uns darüber unterhalten, ein Schulgebäude zu bauen. Nachdem die Taliban weg waren, war ich für einige Zeit Erziehungsminister unserer Provinz. Seitdem findet im Dorf Unterricht statt. Als Erziehungsminister konnte ich viele Schulen gründen. Das hat erst einmal nicht so viel gekostet. Es war aber natürlich kein Geld für Schulgebäude da. Deshalb werden fast überall nur Jungen unterrichtet. Die Mädchen dürfen nur in die Schule gehen, wenn ein Gebäude da ist. Die Eltern wollen nicht, dass ihre Mädchen draußen sitzen und fremde Männer sie sehen können. Jetzt bin ich sehr glücklich. Ihr habt den jungen Mann mit dem schwarzen Turban gesehen. Er hat darauf bestanden, dass das Dorf ein Schulgebäude braucht. Es war ihm wichtig, dass auch die Mädchen in die Schule gehen können. Ich freue mich, dass das der Wunsch der Dorfbewohner ist. Ich habe gesagt, dass sie das mit dem Mullah besprechen müssen, und dass man Land benötigt, auf dem die Schule gebaut werden kann. Der Mann mit dem schwarzen Turban hat sich sogar bereit erklärt, sein privates Land für die Schule zur Verfügung zu stellen, damit sie bald gebaut wird. Er hat Töchter, die jetzt in die Schule gehen könnten und er möchte, dass sie etwas lernen.« Im Stillen leiste ich dem Mann mit dem schwarzen Turban – ob er nun Talib ist oder nicht – in aller Form Abbitte, während Khazan Gul weiterspricht. »Ich finde es gerade bei uns sehr wichtig, dass die Mädchen in die Schule gehen. Die Mutter ist die erste Schule für die Kinder. Wenn sie gebildet ist, wissen auch die Kinder viel mehr. Der Vater hat bei uns nicht so viel mit den Kindern zu tun. Ich habe den Männern gesagt, dass ihr aus Deutschland gekommen seid. Ich habe auch gesagt, dass es in Deutschland

Menschen gibt, die sie vielleicht dabei unterstützen würden, eine Schule zu bauen. Davor müssen sie aber selbst alles vorbereitet haben. Alle im Dorf und auch in den anderen Dörfern in der Nähe müssen mit dem Schulbau einverstanden sein. Es muss geklärt sein, welches Land dafür zur Verfügung gestellt wird. Außerdem möchte ich auch ein Schreiben, in dem sich alle Ältesten im Dorf verpflichten, für die Sicherheit der Schule zu garantieren. Wenn sie zerstört wird, müssen sie die Schule aus eigenen Mitteln wieder aufbauen. Und ich habe ihnen auch noch mal genau erklärt, dass das Geld für die Schulen nicht von mir ist, sondern von Menschen aus Europa. Das ist für die Leute hier nicht einfach zu verstehen: Warum machen die so etwas, warum geben sie dafür Geld? Dann erkläre ich ihnen etwas über das Leben und die Leute in Europa, und dass es dort viele gute Menschen gibt, die an afghanische Kinder denken und wollen, dass sie in Zukunft besser leben können. Wenn ich mit Leuten spreche, versuche ich immer, die Gelegenheit zu nutzen, ihnen etwas beizubringen. Wenn ich in Deutschland bin, werde ich manchmal gefragt, warum ich nicht in Deutschland bleibe. Da sage ich immer: ›Man muss doch die Sachen dort verkaufen, wo sie am meisten wert sind!‹ Und in Deutschland bin ich nicht so viel wert, dort kann ich sogar weniger als viele andere. Aber in Afghanistan bin ich viel wert. Da kann ich helfen mit meinem Wissen und dadurch, dass ich das Leben der Menschen hier kenne und mit ihnen zusammenlebe. Das kann kein Ausländer so wie ich, nicht einmal Afghanen aus der Stadt, also zum Beispiel aus Kabul. Deshalb nütze ich hier am meisten. Und ich bin gerne Lehrer, schon seit meiner Kindheit.«

Monika fragt Khazan Gul, wie er als Kind Lehrer sein konnte. Die Schotterstraße ist so schlecht, dass wir nur langsam vorankommen. Wir haben Zeit, und Khazan Gul erzählt offenbar gerne weiter: »In der fünften Klasse habe ich einen Freund gehabt. Er war der zweite Schüler, also der zweitbeste, ich war der erste. Bis zur Schule musste er eine Stunde laufen. Ich hatte es fast genauso weit und kam aus der entgegengesetzten Richtung. Als kleines Kind wohnte ich noch in Dragai, direkt im Ort, da war die Schule nah. Aber in der fünften Klasse haben wir außerhalb gewohnt. Morgens wollte ich ganz früh in die Schule gehen, weil er auch da war. Ich glaube, ich war fast so etwas wie verliebt in ihn. Wir haben uns dann schon vor dem Unterricht getroffen, damit wir noch reden und spazieren gehen konnten. Wir haben zusammen gelernt, es gab aber keine Konkurrenz zwischen uns. Wir haben immer gesagt, dass wir uns nie trennen. Unser Ziel war es, später einmal zu studieren. Fast jeden Nachmittag sind wir in der Schule geblieben, um weiter zu lernen und oft haben wir andere Kinder unterrichtet. Zwei oder drei Jahre lang waren wir in derselben Klasse. So wie ich hätte er später in Kabul weiter auf die Schule gehen können, doch seine Familie war dagegen. Er kam auf die mechanische Schule in Khost. Nach Jahren haben wir uns dann wieder getroffen, aber da war es nicht mehr dasselbe. Wir hatten uns beide verändert. Vielleicht waren wir erwachsen geworden und hatten nicht mehr die gleichen Ziele. Trotzdem sind wir Freunde geblieben. Leider ist er früh krank geworden und gestorben. Gul Navaz hieß er.

Den Lehrern kam das verdächtig vor, was wir gemacht haben. Die anderen Kinder flohen nach dem Unterricht aus der Schule. Und diese Jungen kamen freiwillig zurück und machten in den Klassenzimmern irgendetwas mit jüngeren Schülern. Ich glaube, sie haben gedacht, wir haben eine sexuelle Beziehung. Das war natürlich Unsinn. Der Oberlehrer hat uns nachspioniert und sogar ein Loch in die Wand zum Klassenzimmer gebohrt um uns zu beobachten. Es gab eine große, schwarze Tafel, die habe ich auf den Boden gelegt, und wir saßen alle drum herum. Auf der Tafel habe ich mathematische Probleme erklärt, und die anderen haben zugehört. An vielen Tagen hat uns der Oberlehrer kontrolliert und festgestellt, dass wir immer fleißig lernen. Dann hat er mich in sein Büro gerufen und gesagt: ›Du bist ein sehr guter Mensch und ein guter Schüler!‹ Er hat mich darin bestärkt weiterzumachen. Ein Beamter aus dem Erziehungswesen hat mir angeboten, sofort nach der sechsten Klasse als Lehrer an der Schule zu arbeiten. Aber ich wollte nach Kabul, ich wollte weiter lernen.

Nachmittags haben wir auch oft vor der Schule Volleyball gespielt, es gab ein Feld mit einem Netz und die Schule hatte einen Ball. Ich war der Anführer der Volleyballmannschaft. Es gab sogar Volleyballwettkämpfe zwischen den Schulen in der Gegend. Damals gab es eine richtige Bewegung unter den Schülern, wir hatten großes Interesse am Lernen. Manchmal sind wir auch in andere Dörfer gegangen und haben uns den Unterricht angehört. Man hat uns dort Fragen gestellt, um zu sehen, wie gut unsere Schule ist. Es gab einen Wettstreit, der Gutes bewirkt hat. Ich versuche gerade, diese Kultur wieder lebendig werden zu lassen. Die Schulen sollen sich gegenseitig verbessern.«

Wir fahren in ein etwas größeres Dorf hinein. Auf der Straße spielen Kinder. Sie haben Stöcke in der Hand und jagen sich gegenseitig. Im Straßengraben picken Hühner. »Das ist Dragai. In diesem Dorf bin ich aufgewachsen und hier war meine Schule. Wir hatten nur ein kleines Grundstück. Und wir haben alle zusammen in einem Zimmer gelebt, die ganze Familie, auch die Tiere. Wir hatten einen Stier als Zugtier, einen Esel, einige Hühner und eine Kuh. Milch hatten wir aber nie, jedenfalls kann ich mich nicht erinnern, dass wir die Kuh gemolken haben. Eines Tages kam der Dorflehrer zu uns und sagte, dass ich zur Schule gehen muss. Genau in der Zeit, als ich schulreif war, hat die Regierung aus irgendeinem Grund bei uns die Schulpflicht eingeführt und in Dragai eine neue Schule eingerichtet. Das war in der Zeit von Zahir Schah, dem König[2]. In der Amanullah-Zeit[3] gab es schon einmal eine Schulpflicht in Afghanistan, aber danach lange Zeit nicht mehr. Jetzt sollten alle Jungen ab einem bestimmten Alter die Schule besu-

---

2 Zahir Schah herrschte formal von 1933 bis 1973, die Regierungsgeschäfte leiteten aber bis 1963 Verwandte.
3 Amanullah herrschte von 1919 bis 1929.

chen, für Mädchen galt das nicht. Anfangs wollten die Eltern nicht, dass die Regierung ihnen ihre Söhne wegnimmt. Die Kinder wurden gebraucht, ohne ihre Arbeitskraft war es kaum möglich, die Familie zu ernähren. Die Leute haben andererseits auch nicht erwartet, dass die Regierung ihnen bei irgendwelchen Problemen hilft, sie wollten einfach in Ruhe gelassen werden. Der Lehrer hat zuerst viel mehr Kinder zum Schulbesuch verpflichtet, als in der Schule Platz hatten. Dann hat er geschaut, wer ihm am meisten Bestechungsgeld zahlt, um sein Kind freizukaufen. Als er zu uns kam, hat meine Mutter eine ganze Weile mit ihm geredet und sogar alle unsere Hühner angeboten, damit ich nicht zur Schule muss. Aber das war zu wenig, und mehr konnte meine Mutter nicht bieten. Von da an bin ich jeden Tag in die Schule gegangen. Am Anfang hatte ich Angst und meine Mutter auch. Sie hat gedacht, dass der Lehrer mich schlägt. Deshalb hat sie mich vorlesen und sich meine Hausaufgaben zeigen lassen, jeden Abend. Viel später erst habe ich gemerkt, dass sie gar nicht lesen konnte. Die ersten zwei Jahre habe ich nur für meine Mutter gelernt. Weil sie mich so oft kontrolliert hat, war ich immer der erste in der Klasse. Das hat mir mit der Zeit viel Selbstvertrauen gegeben.

Später sind wir in ein anderes Dorf umgezogen, in dem Verwandte von uns lebten. So waren wir stärker und konnten uns gegenseitig helfen. Von dort musste ich drei oder vier Kilometer nach Dragai zur Schule laufen. Wir hatten keine Schuhe, aber meine Füße waren abgehärtet. Deshalb habe ich auch keine Schuhe gebraucht, nicht einmal im Winter.«

Inzwischen haben wir das Dorf verlassen, die Stadt Khost kommt langsam näher. Die Straße ist hier sehr staubig, deshalb haben wir alle Autofenster fest geschlossen. Eine Klimaanlage gibt es nicht, die Luft ist heiß und stickig. Khazan Gul auf dem Beifahrersitz beobachtet die Strecke vor uns und dreht sich immer wieder zu uns um: »Nach einer Weile bin ich sehr gerne in die Schule gegangen. Wenn man etwas nicht gut konnte, wurde man geschlagen. Aber ich hatte keine Angst, weil ich immer gut war. Gleich in der ersten Klasse habe ich fleißig gelernt, und dann waren alle anderen Klassen leicht. Ich glaube, es ist wichtig, dass die Kinder am Anfang eine gute Grundlage bekommen. Für mich war es aber ein großes Problem, dass man in die Schule ein Stück Brot mitbringen sollte, für die Pause. Ich hatte oft nichts. Dann bin ich zu Beginn der Pause schnell hinausgegangen, damit niemand es sah. Manchmal haben auch Kinder ihr Brot mit denen geteilt, die nichts hatten.«

Wir erreichen einen kleinen Fluss. Eine Brücke gibt es nicht, was jetzt kommt, kennen wir schon von heute früh. Khalil schaltet mit einem zweiten Schalthebel die Untersetzung für schwieriges Gelände ein. Langsam fahren wir in das fließende Wasser hinein. Der Motor röhrt, von unten schlagen Steine gegen den Fahrzeugboden, ruhig steuert Khalil den Wagen schräg gegen die Strömung, bis wir ans andere Ufer kommen. Dann halten wir an, aus dem Motorraum quillt Dampf. Kein Grund zur Beunruhigung, meint Khalil, wir würden jetzt ohnehin eine Pause machen. Er geht mit Khazan Gul zum Fluss. Sie waschen sich, breiten dann auf einer Schotterbank beide ihr Tuch aus, das sonst locker über eine Schulter hängt, und beten. Sie verneigen sich in Richtung Westen, wo die Sonne bald hinter den Bergen versinken wird.

Made as Germany und der richtige Zeitpunkt zum Kinderkriegen

von Monika

Nach der Gebetspause am Fluss ist es nicht mehr weit zur Stadt Khost. Bald halten wir in der Innenstadt, dem Bazar, wie man in Afghanistan sagt. Heiner und ich bleiben im Auto sitzen, Khalil und Khazan Gul steigen aus. Vor halb zerbombten, halb zerfallenen Häusern haben Händler unter großen, aufgespannten Tüchern Stände mit Obst und Gemüse aufgestellt. Die Straße ist feucht. Schon in Jalalabad hatten wir beobachtet, dass Händler oft die ungeteerten Straßen mit Wasser besprengen. Das schafft etwas Kühle, vor allem wird die Luft nicht so staubig, die Waren bleiben sauberer, und die Passanten halten sich länger bei den Läden und Ständen auf. Lastwagen, Menschen in Autos, auf Eselskarren, auf Fahrrädern, zu Fuß und einige mit selbst gezogenen Karren oder Leiterwagen ziehen vorbei. Viele bleiben stehen und kaufen ein. Wir sehen keine einzige Frau. Im Bazar von Jalalabad hat die blaue Burka als Ganzkörperverhüllung der Frauen zum Straßenbild gehört. Aber hier scheinen die Frauen nicht einmal in der Burka einkaufen zu gehen. Khazan Gul und Khalil kommen mit einer großen Wassermelone und einigen dünnen, weißen Plastiktüten zurück. Die Einkäufe reichen sie uns nach hinten ins Auto und steigen ein. In den Plastiktüten sind Okraschoten, Tomaten, Eier und zwei gerupfte Hühner. Eine Tüte enthält eine weitere, mit einem Knoten verschlossene Tüte mit kaltem Joghurt.

Ich frage Khazan Gul, warum keine Frauen unterwegs sind. »Das wollen die Leute nicht. Im Bazar ist es etwas gefährlich. Die Frauen sollen zu Hause geschützt bleiben. Die Männer können genauso gut einkaufen. Die Frauen sagen ihnen schon, was sie bringen müssen.« Bei der Vorstellung, wie bärtige, wilde Bergbewohner von ihren Frauen eine Einkaufsliste entgegennehmen, muss ich grinsen. Doch gleich fällt mir ein, dass ja die meisten Frauen weder lesen noch schreiben können. Umso schlimmer für die Männer, die ein schlechtes Gedächtnis haben. Den Zorn einer Frau, die nicht einmal selbst einkaufen gehen darf und dann die falschen Dinge gebracht bekommt, mag ich mir kaum ausmalen. Jedenfalls kommt mir plötzlich Jalalabad mit den vielen Frauen in Burkas auf der Straße richtig modern vor.

In einer Schlange von Autos und anderen Gefährten verlassen wir langsam den Bazar, offenbar ist gerade Hauptverkehrszeit. Die ersten Läden werden geschlossen und viele machen sich auf den Heimweg. Khazan Gul erklärt uns: »So viele Leute wohnen gar nicht im Bazar. Die meisten arbeiten nur tagsüber hier. Sie fahren abends nach Hause in ihre Dörfer.«

Khazan Gul möchte uns noch die Baustelle einer Mädchenschule zeigen. »Diese Schule liegt auf unserem Weg. Es ist wichtig, dass ich jeden Tag schaue, was die Arbeiter gemacht haben. Leider arbeiten viele nur fleißig, wenn ich ständig kontrolliere. Das Geld für den Bau kommt von einer einzigen Schule, dem Dietrich-Bonhoeffer-Gymnasium in Eppelheim. Dort haben die Schüler einen Spendenlauf gemacht. Für jeden Kilometer, den sie gelaufen sind, haben sie Geld bekommen. Die einzelnen Förderer der Schüler haben versprochen: Ich spende soundso viel für jeden Kilometer, den du läufst. Eine Frau hat das mit ihrem Mann zusammen organisiert, beide sind Lehrer. Das sind sehr gute Menschen. Sie heißt Ute und er Volker. Wir haben schon gehofft, dass etwas Geld zusammenkommt. Aber dass es so viel sein wird, haben wir nicht erwartet: Fünfzigtausend Euro! Damit können wir jetzt die erste Hälfte einer großen Schule bauen. Und dieses Jahr wollen sie noch mal einen Spendenlauf machen.

Bisher gehen meine Töchter nicht zur Schule. In der Nähe gibt es keine, und ein zu weiter Schulweg wäre gefährlich. Diese neue Schule können sie besuchen, sie ist nicht weit von meinem Haus entfernt. So geht es vielen Familien mit Töchtern auf dieser Seite der Stadt. Die Schule meiner Söhne ist auch hier in der Nähe, sie hat aber kein Gebäude. Die Jungen sitzen im Freien unter Bäumen, für Mädchen wäre das undenkbar. In der Stadt ist das noch weniger möglich als auf dem Land. Auf jeden Fall muss ich eine Mauer um das Gelände der Mädchenschule bauen. Das ist leider sehr teuer. Aber dann können die Mädchen auch Sport treiben und sich freier bewegen, außerdem kann niemand mehr etwas vom Schulgelände wegnehmen. Das Grundstück, das wir für die Mädchenschule bekommen haben, ist groß. Da könnte man auch noch ein weiteres Gebäude darauf bauen.«

Etwa zwei Kilometer vom Bazar entfernt biegt Khalil von der Hauptstraße ab auf einen Feldweg. Khazan Gul deutet nach rechts aus dem Fenster: »Das hier ist die Jungenschule, dahinter seht ihr den Rohbau der Mädchenschule.« An grünen Feldern vorbei, die von Wegen und Bewässerungsgräben durchzogen sind, rollen wir noch einige hundert Meter weiter, steigen dann aus und betreten die Baustelle. Der erste Teil der Schule ist fast fertig. Die meisten der elf Räume sind noch nach oben offen, einige werden schon von Stahlträgern überspannt. Quer darüber liegen im Abstand von etwa dreißig Zentimetern metallene Leisten. Flache graue Ziegelsteine mit gemustertem Relief werden auf die Leisten gelegt, sodass eine Zimmerdecke entsteht. Für einen zweiten Trakt ist bereits das Fundament errichtet. Khazan Gul ist sehr zufrieden, dass noch gearbeitet wird. Er klettert auf einen hölzernen Bock und inspiziert einige Stahlträger. Mir fällt eine Beschriftung auf, die alle Stahlträger ziert: *Made as Germany*, daneben prangt ein Mercedes-Stern. Ich frage Khazan Gul, was das bedeuten soll, aber er weiß es auch nicht: »Die meisten Baumaterialien werden aus Pakistan importiert. Sie möchten wahrscheinlich, dass es gut klingt.« Wir können uns nur vorstellen, dass der Produzent nicht so weit gehen wollte, die Herkunft zu fälschen, aber damit werben möchte, dass seine Träger so gut seien, wie wenn sie in Deutschland gemacht worden wären.

»Ihr sollt überall Fotos machen!«, fordert Khazan Gul uns auf. »Die Fotos müsst ihr an Ute und Volker schicken, sie werden sich freuen. Ihre Schüler sollen sehen, wie schön diese Mädchenschule wird. Sie haben sehr viel für diese Schule gearbeitet. Außerdem sollt ihr einen Plan von der Schule zeichnen! Ute hat am Telefon gesagt, dass sie einen Plan braucht.« Ich hole Zettel und Stift aus dem Auto und mache mich an die Arbeit.

Khazan Gul zahlt die Arbeiter für ihr Tagwerk aus und wir verabschieden uns von ihnen. Khalil hat den Wagen schon gewendet und lässt uns einsteigen. Wir fahren zur Hauptstraße zurück und weiter stadtauswärts. Neben der Schotterstraße ragt ein Wall aus übermannshohen und mit Sand gefüllten Plastikbehältern auf, der zusätzlich mit einem dichten Gestrüpp aus Zäunen und militärischem Stacheldraht überzogen ist und von Wachtürmen überragt wird. »Dahinter ist der Flughafen und die Basis der Amerikaner«, sagt Khazan Gul. Ein großes Schild verbietet vorbeifahrenden Fahrzeugen auf Englisch und auf Paschtu das Anhalten und droht für den Fall einer Verletzung des Verbots mit Beschuss.

Wir lassen den Wall hinter uns. Es geht weiter auf einer schmaleren Straße über grüne Felder, bis wir zum Anwesen von Khazan Gul abbiegen, das, wie in vielen Gegenden Afghanistans üblich, mit einer hohen Lehmmauer umschlossen ist. Khalil hupt, ein buntes Blechtor in der Mauer öffnet sich von innen. Wir rollen in einen Hof, zwei Jungen machen das Tor hinter uns zu. Auf einem geschotterten Platz fährt Khalil einmal im Kreis, bis das Auto abfahrbereit vor dem Tor zum Stehen kommt. Er stellt den Motor ab und sofort ist der Wagen umringt von etwa zehn Jungen verschiedener Größe. Einige nehmen die Wassermelone und die Plastiktüten entgegen und flitzen los, quer über den Hof zu einem weiteren Blechtor in der Mauer gegenüber. Eine kleine Tür im großen Tor steht offen, aber in der Tür hängt ein Stofftuch, sodass der Blick versperrt ist. Flink schlüpfen die Jungen hindurch und sind verschwunden. Khazan Gul lächelt, sagt »Ich gehe kurz zu den Frauen«, und folgt den Jungen. Wir bleiben mit Khalil im Gästebereich. Die Lehmmauer, die den länglichen Hof umgibt, ist über drei Meter hoch. Entlang der Mauer wachsen Rosen, in einer Ecke sind Gemüse- und Blumenbeete angelegt. In einem Teil des Hofes lagern Sand, aufgeschichtete Ziegel, Stahlträger und andere Baumaterialien. Etwas erhöht steht das Gästehaus. Daneben gelegen ist eine Terrasse aus Beton. Auf dieser stehen einige mit Sisal bespannte Bettrahmen. Charpoi nennen die Afghanen diese Liegen, die in der Nacht zum Schlafen und tagsüber als Sitzgelegenheiten verwendet werden. Von dort sind einige ältere Söhne von Khazan Gul aufgestanden und begrüßen uns. Sie erkundigen sich eingehend nach unserer Gesundheit und ob wir den Tag gut überstanden haben. Zusammen gehen wir in das Gästehaus. Es besteht aus einem langen, großen Raum, und an der Seite angebaut befindet sich ein kleineres Zimmer, in dem wir letzte Nacht geschlafen haben.

Khazan Gul kommt zurück und setzt sich zu uns: »Wir sind zu spät heimgekommen, die Frauen hatten das Essen schon vorbereitet, ohne unsere Einkäufe. Heute Abend gibt es noch einmal Linsenreis und Butteröl. Ich hoffe, ihr könnt das aushalten. Ihr seid natürlich sehr gutes Essen gewöhnt. Normalerweise macht man bei uns Fleisch, wenn Gäste da sind. Und ihr seid besonders hohe Gäste, von weit her aus Europa. Die Frauen sind ein bisschen traurig, dass sie für euch heute nur so etwas Einfaches haben.« Wir antworten, dass wir sehr gerne immer wieder Linsen und Reis essen und ergänzen, dass es uns sogar recht ist, wenn es kein Fleisch gibt. Wir kaufen auch in Deutschland kaum Fleisch. »Wenn ihr es mit unserem einfachen Essen aushaltet, dann könnt ihr so lange bei mir wohnen, wie ihr wollt! Fleisch ist hier sehr teuer. Ich freue mich besonders, dass euch Linsenreis mit Butteröl schmeckt! Denn für mich ist das ein Festessen. Als ich ein Kind war, gab es das bei uns nur an den beiden Id-Festen, also zu Loy Akhtar[1], Opferfest nennt man es auf Deutsch, und zu Kuchney Akhtar[2], dem Fest am Ende des Ramazan. Wie wir uns gefreut haben auf den Morgen von Id. Die ganze Nacht haben wir getanzt und geschrien: ›Morgen gibt's Reis und Butteröl!‹«

Alle Anwesenden, Khazan Gul, seine Söhne und einige Besucher, stehen auf und breiten ihre Tücher für das Abendgebet aus. Wir wissen zwar inzwischen, dass sich die meisten Afghanen in keiner Weise daran stören, wenn wir während der Gebete dabei sind. Trotzdem empfinden wir es als höflicher, uns zu entfernen, und setzen uns hinaus auf ein Charpoi. Die Sonne ist untergegangen, langsam weicht die Hitze. Im Westen leuchtet der Horizont noch in hellem Türkis, im Osten steht eine Mondsichel am schwarzblauen Himmel. Plötzlich fährt ein lauter Knall durch die Stille, die Fensterscheiben hinter uns vibrieren. Außer uns lässt sich anscheinend niemand davon beeindrucken, die Männer im Gästehaus führen ihr Gebet unbeirrt fort. Auch ich habe mich nicht mehr ganz so sehr erschrocken wie bei der ersten Explosion gestern Abend, kurz nach unserer Ankunft hier. Khazan Gul hatte uns erklärt, dass die amerikanische Basis, die keine zwei Kilometer entfernt ist, oft aus den Bergen von Widerstandskämpfern mit Raketen und Granaten beschossen werde. Solche Explosionen gebe es häufig.

---

1 Dies ist die paschtunische Bezeichnung; auch: Kurban-Id; arabisch: Id al-Adha.
2 Dies ist ebenfalls die paschtunische Bezeichnung; arabisch: Id ul-Fitr.

Nach dem Gebet gehen zwei von Khazan Guls Söhnen hinter das Gästehaus. Kurz darauf setzt das dumpfe Dröhnen eines Generators ein. Gleichzeitig beginnt im Hof eine Lampe zu leuchten, auch im Gästehaus wird es hell. Wir betreten den großen Raum und setzen uns wieder zu den anderen auf den Boden. Zwei Jungen, etwa sieben oder acht Jahre alt, bringen das Abendessen. Inzwischen sind wir schon geübt. Wir greifen mit den Fingern in den gestampften Linsenreis, formen einen kleinen Ball und tunken ihn in den See aus zerlassenem Butterfett. Auch der Joghurt, den Khazan Gul aus einer Schüssel ab und zu zum Linsenreis gießt, schmeckt köstlich.

Nach dem Essen machen die Söhne den Fernseher an, Khazan Gul möchte die Nachrichten sehen. Heiner und ich gehen nach draußen. Ich nutze die Zeit und das Licht im Hof. Nachdem ich unsere Erlebnisse von gestern und heute in unser Reisetagebuch notiert habe, beginne ich aufzuschreiben, was Khazan Gul uns aus seinem Leben erzählt hat. Trotz seines Studiums in Deutschland scheint er tief mit seiner Heimat und seiner Kultur verwurzelt. Wenn er erzählt, wird für mich die Geschichte Afghanistans lebendig. Gerne würde ich noch viel mehr erfahren.

Ich bin mit meinen Aufzeichnungen noch nicht ganz fertig, als Khazan Gul aus dem Gästehaus herauskommt: »Meine Söhne und ihre Gäste wollen jetzt einen indischen Film ansehen. Wollt ihr mit schauen?« Wir lehnen dankend ab. Die wenigen indischen Filme, die wir zufällig gesehen haben, schienen sich teilweise sehr zu ähneln: Ein Mann und eine Frau sind verliebt, können aber nicht zueinander kommen, der Familien wegen. Dann passieren viele schreckliche und schöne Dinge, ein Auto oder etwas noch Größeres explodiert, irgendwann laufen die Verliebten durch wunderschöne Berglandschaften, immer wieder wird plötzlich gesungen und getanzt, und am Schluss stirbt der Mann oder die Frau oder beide. Das ganze dauert drei oder vier Stunden. Immerhin wurde uns durch den ersten indischen Film, den wir angesehen haben, verständlich, warum wir von unseren Schülern in Jalalabad bei verschiedenen Gelegenheiten gefragt worden waren, ob es wahr sei, dass man von der Liebe völlig verrückt werde.

Khazan Gul hat beobachtet, dass ich, unter der kleinen Außenlampe sitzend, geschrieben habe: »Elektrischer Strom ist etwas Wunderbares. Als Kind kannte ich keinen Strom. Erst in der Schule in Kabul, mit etwa dreizehn Jahren, habe ich zum ersten Mal elektrisches Licht gesehen. Von allen Dingen in Kabul hat mich das am meisten beeindruckt. Das Licht brannte in unseren Schlafzimmern im Internat die ganze Nacht hindurch, zur Überwachung. Ich fand: das geht doch nicht, dass die Lampen die ganze Nacht umsonst leuchten, während alle schlafen, das ist doch unverschämt! Zu Hause hatten wir nur eine einzige Öllampe. Im Haus war es im Sommer zu warm zum Lernen, und draußen wurde die Flamme meistens sofort vom Wind gelöscht. Ich konnte also überhaupt nicht mehr lernen, wenn es dunkel war. Deshalb war ich der Meinung: Wenn Licht brennt, muss man es nutzen. Ich habe dann heimlich gelernt, wenn die Lehrer gerade nicht in den Zimmern kontrolliert haben. Dadurch wurde ich der beste Schüler und konnte ins Ausland. Das war eigentlich wegen des elektrischen Lichts.« Heiner fragt: »Das hast du wirklich zum ersten Mal gesehen, als du auf das Internat kamst?« Khazan Gul bekräftigt: »Ja, davor war ich nur in unserem Dorf und in Khost, und einige Male in Pakistan. Dort habe ich im Winter gearbeitet, aber das waren auch nur ländliche Gebiete ohne Stromversorgung. Kabul war damals schon gut entwickelt. Die Eingewöhnung war sehr schwierig für mich. Der Unterschied zwischen dem Dorf und Kabul war sogar wesentlich größer als zwischen Kabul und Europa!«

Das Satellitentelefon klingelt, aber die Verbindung wird sofort wieder unterbrochen. Wir gehen ein Stück vom Gästehaus weg, damit das Telefon mehr freien Himmel über sich hat und setzen uns im Halbdunkeln auf zwei Charpois, die mitten im Hof stehen. »Das war bestimmt Johanna, sie wird bald noch mal anrufen. Es wäre wirklich schön, wenn ihr Johanna kennenlernen würdet.« Unsere Hoffnung, jetzt mehr über Johanna zu erfahren, und warum Khazan Gul sie seine »deutsche Frau« nennt, wird nicht enttäuscht: »Als ich nach Deutschland ging, stand von Anfang an fest: Nach dem Studium gehe ich nach Afghanistan zurück. Ich wollte für mein Land arbeiten, das war für mich immer das Wichtigste, und das ist bis heute so. Nachdem ich zwei Jahre in Deutschland verbracht hatte, bin ich in den Ferien nach Afghanistan gereist. Damals kannte ich Johanna noch nicht. Ich bin nach Kabul geflogen und dann weiter nach Pakistan gefahren, nach Kurram, das ist eine Gegend in Pakistan, die an Khost grenzt. Dort waren meine beiden Brüder und auch meine Mutter. Ich wollte meine Mutter sehen und nach Hekmat schauen. Ihre Mutter war die beste Freundin meiner Mutter. Die beiden haben Hekmat und mich einander schon als Kinder versprochen. Aber wir waren noch nicht verheiratet und hatten natürlich noch nicht zusammengelebt. Als ich ankam, war meine Mutter schwer krank, das war schrecklich für mich.

Kurram heißt auch der Fluss in dieser Gegend. Auf einem Felsen an diesem Fluss habe ich lange gestanden und nachgedacht: Mein ganzes Leben hatte ich dafür gelebt, meine Mutter glücklich zu machen. Jetzt würde sie bald nicht mehr leben. Ich wusste, dass ich sie nicht mehr wiedersehen werde, wenn ich nach Deutschland zurückgehe. Ich musste eine Entscheidung treffen, aber alleine konnte ich das nicht. Deshalb bin ich zu meiner Mutter gegangen und habe mit ihr gesprochen: ›Ich würde gerne nach Deutschland zurückgehen und weiter studieren. Aber wenn du möchtest, bleibe ich hier und kümmere mich um dich.‹ Sie hat gesagt: ›Nein, ich bin alt, ich werde sowieso bald sterben. Du sollst weiter studieren. Du darfst nicht hierbleiben!‹ Ich habe ihr geantwortet: ›Es ist sehr schwer für mich. Du bist meine Mutter und ich werde dir jetzt nicht mehr helfen können. Aber ich verspreche dir, wenn ich zurückkomme aus Deutschland werde ich alles tun, was ich kann, um allen Müttern in Afghanistan zu helfen.‹ Das mache ich seitdem. Ich versuche, mein Versprechen zu halten.

Meine Mutter wollte gerne noch meine Hochzeit miterleben. So haben wir einige Tage später Hochzeit gefeiert, Hekmat und ich, und meine Mutter hat sich sehr gefreut. Kurz danach musste ich für mein Studium nach Deutschland zurück. Meine Mutter habe ich nicht mehr wiedergesehen, etwa ein Jahr später ist sie gestorben.

Bevor ich Johanna kennenlernte, hatte ich mir vorgenommen, mich mehr auf mein Studium zu konzentrieren und nicht mehr so viele Leute zu treffen. Ich hatte Mathematik und Physik als Diplomstudium angefangen und war dann durch das Vordiplom gefallen. Ich hatte mich entschieden, ab jetzt auf Lehramt weiter zu studieren.

Johanna und ich haben uns bei einer Silvesterfeier in meinem Studentenwohnheim kennengelernt, dem Dietrich-Bonhoeffer-Haus in Frankfurt. Eine Band hat gespielt, so laut, dass man sich kaum unterhalten konnte. Ich hatte einen Platz an der Bar und bin dann etwas herumgelaufen. Als ich zurückkam, saß da eine junge Frau auf dem Barhocker links neben meinem. In einer Hand hatte sie ein Fünfmarkstück. Ich hatte sie noch nie zuvor gesehen. Wir haben miteinander gesprochen und ich habe ihr gleich erzählt: ›Ich bin Afghane aus Khost und studiere in Deutschland. Nach dem Studium gehe ich zurück nach Afghanistan. Das wichtigste für mich in meinem Leben ist es, Afghanistan zu entwickeln. Meine Familie lebt in Afghanistan, meine Mutter ist vor einiger Zeit gestorben. Sie hat für mich eine Frau ausgesucht und mich mit ihr verheiratet. Wir haben bisher nur zwei Wochen zusammengelebt, dann musste ich wieder nach Deutschland. Nach dem Studium muss ich auch wegen meiner Frau zurück, denn sie kann nie in ihrem Leben einen anderen Mann als mich heiraten. Das ist in Afghanistan so.‹

Johanna hat aufmerksam zugehört. Sie war Lehrerin. Und sie hat mir sehr gefallen, sie war klug und gebildet. Es hat große Freude gemacht, mit ihr zu diskutieren. Plötzlich habe ich gedacht, vielleicht wäre es auch für mein Studium am besten, mit dieser Frau zusammenzuleben. Ich könnte mit ihr mehr und leichter studieren und noch viel besser Deutsch lernen. Aber damals ging jedes Mädchen davon aus: Wenn sie einen Freund hat, dann muss sie ihn auch heiraten, und er sie. Deshalb fand ich meinen Gedanken unrealistisch und dachte, sicher möchte Johanna sowieso nicht mit mir befreundet sein, wenn ich nicht in Deutschland bleibe. Zum Glück ist es doch anders gekommen, weil Johanna eine besondere Frau war und ist. Ich habe ihr erzählt, dass ich Schulbücher für afghanische Kinder machen möchte, Rechenbücher. Das war mein großes Projekt damals. Ich dachte, sie kann mir dabei helfen, weil sie Lehrerin ist.

Irgendwann habe ich Johanna gefragt, ob sie mit mir tanzen möchte. Aber sie hatte immer noch das Fünfmarkstück in der Hand, denn sie hatte keine Tasche an ihrem Kleid. Da habe ich einfach gesagt: ›Gib mir das Geld!‹ Sie hat gezögert und mich ungläubig angeschaut. Ich habe gelacht und gesagt: ›Ich mache dir einen Vorschlag: Du gibst mir das Geld und ich bezahle heute Abend alles, was du trinkst. Wenn es weniger kostet als fünf Mark, habe ich ein Geschäft gemacht. Wenn du mehr trinkst, hast du ein Geschäft gemacht.‹ Sie hat gelacht und war einverstanden. Wir haben viel getanzt und sehr viel gelacht an diesem Abend, das hat mir gefallen. Wer von uns beiden ein gutes Geschäft gemacht hat, weiß ich nicht, es war mir auch nicht wichtig. Für mich war diese Vereinbarung in jedem Fall gut, weil Johanna dadurch den ganzen Abend über bei mir bleiben musste. Kurz vor Mitternacht habe ich sie gebeten, im Saal auf mich zu warten. Ich wollte etwas aus meinem Zimmer holen. Auf dem Weg musste ich dann vielen Bekannten aus dem Wohnheim ein gutes neues Jahr wünschen. Ich hatte schon Sorge, ob Johanna so lange auf mich warten würde. Als ich wiederkam, war der Saal fast leer. Johanna saß allein auf dem Podium, wo vorher die Band gespielt hatte. Wir haben uns ein gutes neues Jahr gewünscht und standen dann noch lange zusammen. Schließlich waren alle anderen Leute weg. Wir waren ganz allein im Saal, aber sie wollte kaum aufhören zu reden, und ich wollte sie auch gar nicht gehen lassen.«

Das Telefon klingelt wieder. »Hallo Johanna! – Das ist schön, deine Stimme zu hören!« Nach wenigen Sätzen sagt Khazan Gul: »Bei mir sind Heiner und Monika, ich gebe dich weiter.« Er drückt mir das Telefon in die Hand, ich sage: »Hallo Johanna!« Ich freue mich sehr, mit ihr zu sprechen. Seltsamerweise habe ich das Gefühl, sie schon lange zu kennen. Erst im nächsten Moment wird mir bewusst, dass ich für sie eine Unbekannte bin. Und überhaupt, wie komme ich dazu, sie gleich zu duzen? Mir schießt das Blut in den Kopf. So schnell wie möglich erkläre ich ihr, wer wir sind, und was wir bei Khazan Gul machen, denn ich weiß, wie teuer so ein Anruf auf ein Satellitentelefon ist. Dann nenne ich ihr unsere Internetseite, auf der wir baldmöglichst auch Bilder und Berichte aus Khost veröffentlichen wollen. Ich verspreche, dass wir uns bei Gelegenheit wieder melden, und gebe das Telefon an Khazan Gul zurück, der noch kurz mit Johanna spricht.

Der Generator dröhnt noch immer. Khazan Gul zeigt uns hinter dem Gästehaus in einer Ecke des Hofes einen Durchgang und dahinter eine Baustelle: »Das wird ein neuer Gästebereich mit einem kleinen Gästehaus. Von hier aus kann man auch zu den Frauen hinein. Ich hoffe, dass Johanna mich bald besuchen kommt. Sie kann dann in diesem Teil wohnen, er wird mit einer Mauer vom Gästebereich der Männer abgetrennt sein. Das neue Zimmer ist noch nicht fertig. Aber heute haben meine Frauen hier ein Bett für euch aufgebaut. Das ist besser als in dem kleinen Raum neben dem Gästehaus, hier habt ihr frische Luft.« Im Mondschein sehen wir auf einer sauberen Kiesfläche ein Doppelbett stehen, über das ein Moskitonetz gespannt ist, ein wunderschöner Schlafplatz.

Inzwischen ist der Generator verstummt. Wir liegen im Bett und betrachten Mond und Sternenhimmel durch das Moskitonetz. Doch bald wird die Stille durchbrochen. Mehrere Kampfhubschrauber kreisen über dem großen Tal von Khost, manchmal knattert einer in geringer Höhe wie ein lauter Schatten direkt über uns hinweg. So richtig wohl ist uns nicht. Gestern Abend waren sie auch schon in der Luft, aber im Zimmer hatten wir sie nicht gesehen. Irgendwann schlafen wir trotz der Geräuschkulisse ein.

»Meine Frauen sind etwas neugierig, sie wollen, dass du bei ihnen Frühstück isst.« Mit diesen Worten hat mich Khazan Gul gleich nach dem Aufstehen in den Frauenbereich mitgenommen. Dieser ist deutlich größer als der Gästebereich und besteht aus einem Hof, der auf zwei Seiten von nebeneinandergereihten Zimmern begrenzt wird. Jede der beiden Frauen von Khazan Gul hat ein Zimmer, in dem sie mit ihren Kindern schläft. Auch seine verheirateten Söhne haben je einen Raum für ihre Familie. Kein Mann, der nicht zur engsten Verwandtschaft gehört, darf den Frauenbereich betreten. Unter einem Schattendach, direkt an der über drei Meter hohen Lehmmauer, die das ganze Gelände umgibt, steht eine schwarz-weiße, magere Kuh, daneben scharren ein paar Hühner. Gleich nach unserer Ankunft vor zwei Tagen hatte mir Khazan Gul alle Frauen vorgestellt und auch die Verwandtschaftsverhältnisse erklärt. Aber es waren so viele, dass ich nur zwei Namen behalten habe: Seine erste Frau heißt Hekmat, seine zweite Frau Sultana. Ich werde zwischen zwei jüngere Frauen auf ein Charpoi gesetzt und bekomme Tee und frisches Fladenbrot gereicht. Khazan Gul setzt sich auf ein weiteres Charpoi neben Hekmat. Sie trägt ein lila Kleid und über ihren schwarzen, gescheitelten Haaren liegt locker ein schwarzes Kopftuch. Einige jüngere Frauen und Mädchen in bunten Kleidern und kleine Jungen, die das auch für Männer übliche Gewand tragen, stehen um uns herum.

»Meine Tochter möchte wissen, ob du Kinder hast«, übersetzt Khazan Gul. Eine Frage, die ich auch ohne Übersetzungshilfe sofort verstanden habe, denn sie wurde mir in den Frauenbereichen unserer Freunde und Gastgeber in Jalalabad oft gestellt. Ich antworte auf Paschtu, dass ich keine Kinder habe. Seine Tochter fragt, warum. Das verstehe ich, aber mein Paschtu reicht nicht aus, um ihr die Gründe zu erklären. So antworte ich auf Deutsch, dass ich bisher noch keine Kinder wollte, weil ich studiert habe und wir jetzt reisen, und dass ich nach unserer Reise gerne Kinder bekommen würde. Khazan Gul übersetzt, seine Tochter hört ihm aufmerksam zu, sieht aber mich dabei mit ihren braunen Augen aufgeweckt an. Sie ist etwa siebzehn Jahre alt. Unter ihrem lose um Kopf und Schultern geschlungenen roten Kopftuch schauen dichte schwarze Haarsträhnen hervor. Khazan Gul hatte mir erzählt, dass er und seine beiden Frauen gerade auf der Suche nach einem Mann für sie sind. Jetzt sagt sie etwas, das ich nicht verstehe. Khazan Gul antwortet, und alle Frauen brechen in schallendes Gelächter aus. Anschließend übersetzt er für mich: »Meine Tochter meinte: ›Ja gut, sie will nicht schwanger werden. Aber auch wenn wir Frauen nicht schwanger werden wollen, passiert das.‹ Da habe ich ihr erklärt, dass man nur schwanger wird etwa vierzehn Tage nach Beginn der Blutung. Und dann habe ich gesagt, die Ausländer können einfach besser zählen als wir Afghanen, deshalb bekommen sie keine Kinder. Da haben sie gelacht.« Ich muss auch lachen und sage, dass wir nicht auf diese Weise verhüten. Khazan Gul antwortet: »Das habe ich mir schon gedacht. Aber ich glaube, dass das Verhüten durch Tagezählen für Afghanistan eine gute Methode ist. Es kostet nichts und macht die Frauen nicht krank. Die Pille, die man hier kaufen kann, ist nicht gesund. Sie ist viel zu stark, die Frauen werden dick und bekommen oft Kopfweh davon. Besser ist da noch die Hormonspritze, die hält drei Monate lang. Das Tagezählen ist natürlich nicht sehr sicher. Aber es ist ja bei uns auch nicht schlimm, wenn die Frau doch schwanger wird. Alle wollen gerne Kinder, nur vielleicht mit etwas mehr Abstand, und insgesamt nicht ganz so viele, und das kann man damit gut erreichen.«

Der Tochter scheinen die Gründe dafür, dass ich noch keine Kinder habe, nicht gerade nachvollziehbar. Sie meint, ich sei aber doch schon ziemlich alt, und es sei längst an der Zeit. In Deutschland kam ich mir mit 26 Jahren noch jung vor. Aber hier in Afghanistan haben schon viele Frauen den Kopf geschüttelt und mich traurig angeschaut, als sie hörten, dass ich in meinem Alter noch keine Kinder habe. Khazan Gul versucht diesen Unterschied aufzuklären. Ich verstehe ungefähr, was er sagt: Heiner und ich müssten zuerst Geld verdienen. Ein Kind koste viel in Europa. Erst wenn wir dann etwas angespart hätten, würden wir Kinder wollen. Aber seine Tochter hat wieder einen Einwand, Khazan Gul lächelt: »Sie sagt, dass sie das nicht versteht: Warum braucht man für ein Kind Geld? Wenn die Mutter zu essen hat, hat das Kind doch auch zu essen!«

Dieser Satz beschäftigt mich noch eine Weile. Zurück im Gästebereich setze ich mich zu Heiner auf die Terrasse. Ich erzähle ihm sofort, was Khazan Guls Tochter gesagt hat. Er ist ebenfalls verblüfft, denn was sie sagt, ist ja richtig. Auch unsere Gedanken, sich auszubilden und gute materielle Bedingungen dafür zu schaffen, dass man Kinder aufziehen kann, sind sicher nicht falsch. Aber wenn man gerade überlegt, welche Zusatzausbildung, welches Auto, welche Wohnung und welche Versicherung man braucht, bevor man ans Kinderkriegen auch nur denken sollte, kann es vielleicht helfen, sich daran zu erinnern: Wenn die Mutter zu essen hat, hat das Kind auch zu essen! Aus diesen Worten strahlt so viel Zuversicht, dass wir sie geradezu als Lebensweisheit begreifen.

Khazan Gul kommt etwas später nach und setzt sich zu uns. Ich frage ihn: »Für die Tochter, die gerade so lebhaft mit uns diskutiert hat, sucht ihr doch einen Mann?« Khazan Gul nickt. Ich bin keineswegs erstaunt darüber, dass Khazan Gul seine Kinder verheiratet. Schon in Jalalabad hatte ich von meinen Schülerinnen erfahren, dass dies absolut üblich ist. Die Mädchen waren überrascht und ganz entzückt, wenn ich ihnen erzählt habe, wie Heiner und ich uns kennengelernt haben. Sie kannten das höchstens aus Filmen und nannten es mit strahlenden Augen »Love-Marriage«, Liebesheirat. Eine übliche Frage, die mir in Jalalabad oft gestellt wurde, und die mich beim ersten Mal sehr verwundert hatte, war: »Magst du deinen Ehemann?« Dass wir eigentlich gar nicht verheiratet sind, haben wir wohlweislich verschwiegen, weil das in Afghanistan völlig inakzeptabel wäre. »Wie geht ihr nun vor, um eure Tochter zu verheiraten?«, möchte ich wissen. Khazan Gul erklärt: »Den Leuten ist bekannt: Wir haben eine Tochter im heiratsfähigen Alter. Deshalb kommen seit einiger Zeit immer wieder Väter von jungen Männern zu mir. Sie fragen, ob unsere Familie mit ihrer Familie Verwandtschaft schließen möchte. Dann mache ich eine Familienversammlung mit allen Frauen und auch meiner Tochter. Ich sage: ›Der Herr Soundso war da und möchte mit uns Verwandtschaft schließen. Mir gefällt er. Was meint ihr?‹ Wenn meine Tochter nicht will, steht sie auf, sagt ›Ich heirate nicht‹, und geht weg. Dann wird nicht geheiratet. Wenn sie aber sitzen bleibt und nur so etwas sagt wie ›Ich möchte noch nicht heiraten, ich möchte noch warten‹, dann wissen wir, dass sie eigentlich einverstanden ist. Sie darf nur nicht zugeben, dass sie sich freut. Bei uns zieht immer das Mädchen zur Familie des Jungen. Um nett zu sein zu ihren Eltern, muss sie antworten, dass sie nicht heiraten will, sonst hieße das, dass es ihr zu Hause nicht gefällt. Das eigentliche Zeichen ist, ob sie sitzen bleibt oder weggeht. So wird es fast überall gemacht. Manchmal schreit das Mädchen sogar ganz laut, wenn sie wegrennt: ›Nein, ich will nicht!‹ Das darf sie, sie hat das Recht, Nein zu sagen. Ja sagen darf sie nicht, das muss sie indirekt tun.

Letztlich wollen die Mädchen auch selbst heiraten. Ab einem bestimmten Alter ist es das Einzige, was sie interessiert. Sie haben kein anderes Ziel, sie gehen ja nicht einmal in die Schule. Wenn ein Mädchen lange Zeit nicht heiratet, kann ihr guter Ruf schlecht gemacht werden. Andere Leute haben dann länger Zeit, Gerüchte zu erfinden, dass sie etwas mit einem Mann gemacht hat oder so. Das passiert sehr oft. Deshalb wollen die Eltern die Mädchen nicht zu spät verheiraten.

Auch für unsere Söhne suchen wir die Frauen aus. Mein Sohn muss mir vertrauen. Wenn ich sage: ›Das ist ein gutes Mädchen‹, muss er das akzeptieren. Ich bin sein Vater, und ich will nur das Beste für ihn. Das Mädchen darf er vor der Hochzeit nicht sehen. Auch ich darf das nicht. Ich schaue mir die Familie an und stelle Fragen. Danach gehen meine Frauen hinein, sehen sich den Haushalt, die Sauberkeit und dann auch das Mädchen an und sprechen mit ihr. Es ist wichtig, dass die Frauen mit dem Mädchen einverstanden sind. Der Junge ist später oft gar nicht zu Hause, er arbeitet oder studiert woanders. Aber die Frauen sind da und müssen in Zukunft sowohl zusammenleben als auch zusammenarbeiten. Wenn eines unserer Kinder heiratet, dann ist die ganze andere Familie dadurch mit unserer verwandt. Wir werden miteinander arbeiten, in guten und in schlechten Zeiten. Aus diesem Grund müssen wir sehr vorsichtig sein, mit wem wir Verwandtschaft schließen. Und deshalb kann es nicht einfach nur die Sache des Mädchens und des Jungen sein, wen sie heiraten. In Deutschland ist das natürlich viel freier, weil die Lebensumstände anders sind. Aber in Afghanistan kann ein junges Paar nicht ohne die Familie überleben, niemand kann das hier, deshalb treffen die Ältesten die Entscheidungen für alle. Und bei einer Tochter kommt noch etwas hinzu: Auch wenn wir sie weggeben, möchten wir, dass es ihr gut geht. Dafür ist die Familie entscheidend, und nicht so sehr, ob der Mann selbst gut ist.«

Ein kleines Mädchen, vielleicht drei oder vier Jahre alt, war Khazan Gul in den Gästebereich nachgelaufen. Die ganze Zeit hat sie uns aus einiger Entfernung neugierig beobachtet. Ich frage Khazan Gul: »Ist das deine Tochter?« Er schüttelt den Kopf und ruft das Mädchen zu sich. Heiner und ich verstehen, dass er sie fragt: »Wer ist deine Mutter?« Nachdem sie geantwortet hat, erklärt er uns, dass sie seine Enkeltochter ist, das Kind einer Tochter, die in Pakistan lebt und gerade zu Besuch ist. Er lacht: »Leider kenne ich nicht alle meine Enkel sehr gut, ich weiß nicht einmal genau, wie viele es sind. Ich habe ja selbst schon etwa siebzehn Kinder, je acht mit meinen beiden Frauen hier und meinen ältesten Sohn mit Johanna in Deutschland. Einige meiner Töchter sind schon länger verheiratet und wohnen nicht mehr bei uns, da verliere ich mit den Enkeln langsam den Überblick.« Dies erscheint mir ebenso kurios wie nachvollziehbar.

Kurz darauf erscheinen zwei größere Mädchen und bitten mich mitzukommen. Khazan Gul sagt, ich könne ruhig mitgehen, es werde ohnehin noch etwas dauern, bis wir losfahren könnten. Die Mädchen bringen mich wieder zu den Frauen zurück und setzen mich dort zwischen eine ältere und eine jüngere Frau. Die Ältere ist, wenn ich es richtig verstanden habe, die Frau eines Bruders von Khazan Gul. Die Jüngere ist seine in Pakistan lebende Tochter, die Mutter des neugierigen, kleinen Mädchens, das mit uns im Gästebereich war. Hekmat tritt durch eine Blechtür in der Mauer in den Hof. Sie hat ein großes Büschel Gras auf den Schultern, Futter für die Kuh. Soweit ich es bisher beobachten konnte, ist sie die einzige Frau, die ab und zu hinaus auf die Felder geht. Sie sieht mich und nickt mir lächelnd von weitem zu.

Die Frauen sind ganz begeistert, dass ich etwas Paschtu verstehe. Ein Mädchen fragt mich, wo wir gestern waren. Ich erzähle ihnen, dass wir in Richtung der Berge gefahren sind, und dort in einem Dorf den Tag verbracht haben. Die Frauen schauen erschreckt drein und meinen, das sei zu gefährlich für eine Frau. Sie bieten mir an, das nächste Mal bei ihnen zu Hause zu bleiben.

Ich habe meine Kamera mit dabei und frage, ob ich Aufnahmen machen darf. Die Frauen haben nichts dagegen, nur sie selbst wollen nicht fotografiert werden. Leider ist es keine Digitalkamera, ich kann ihnen die Bilder nicht zeigen. Eine junge Frau kommt zu mir und zieht mich am Arm mit in ein Zimmer. Aus einem Schrank holt sie ein buntes Kleid aus Samtstoff mit Verzierungen. Sie will unbedingt, dass ich es anziehe. Dann drückt sie mir eine Blumenvase in die Hand und möchte den Fotoapparat haben. Ich finde die Idee gut. Als ich allerdings sehe, wie schief sie die Kamera hält, zweifle ich ein wenig am Erfolg. Deshalb animiere ich sie, ein paar mehr Fotos zu machen in der Hoffnung, dass ein schönes dabei sein wird. Danach holt sie noch ein Perlenkleid aus dem Schrank und dann sogar ein Hochzeitskleid. Das Zimmer hat sich inzwischen mit neugierigen Kindern und Frauen gefüllt. Es freut und amüsiert sie, mich in afghanischer Kleidung zu sehen. Ein Mädchen drückt Knöpfe an einem kleinen Radio. Scheppernd ertönt Musik. Jüngere Mädchen fangen an zu tanzen und wollen, dass ich mittanze. Ich stehe zögernd auf, mache ein paar Schritte zur Musik. Plötzlich geht das Radio aus. Das kommt mir nicht ungelegen, denn diese Art zu tanzen ist mir noch etwas fremd und schnell setze ich mich wieder hin. Offenbar ist der Akku leer. Immerhin kann er über eine Handkurbel aufgeladen werden, und nach einiger Kurbelarbeit spielt die Musik wieder. Die Frauen sitzen im Kreis. Sie klatschen und lachen fröhlich, während die jüngeren Mädchen nicht genug vom Tanzen bekommen können.

Nach einer Weile stehe ich auf und sage, dass ich zu Heiner zurückgehen möchte. Alle bitten mich, dass ich mich wieder hinsetzten soll; die neben mir Sitzenden ziehen mich gleichzeitig an den Armen nach unten. Das ist die übliche Höflichkeit, man darf einen Gast nicht einfach so gehen lassen. Ich kenne das inzwischen, aber es fällt mir trotzdem schwer loszukommen. Nach einigen vergeblichen Versuchen bestehe ich darauf zu gehen. Zwei Mädchen, etwa vier und sechs Jahre alt, begleiten mich. Sie bemühen sich schon während der ganzen Zeit, mir Paschtu beizubringen. Im Zimmer haben sie immer wieder auf etwas gezeigt, das Wort dafür gesagt und mich aufgefordert, es ihnen nachzusprechen. Jetzt laufen wir über den Hof. Hier gibt es andere Dinge und die dazugehörigen Wörter, die ich zu wiederholen versuche. Genauso machen sie das wohl mit ihren kleinen Geschwistern, aber wahrscheinlich fällt es dort auf fruchtbareren Boden. Ich höre in kürzester Zeit, was Kuh, Huhn, Haus, Tür, Fenster, Topf, Kanne, Brunnen, Wasser, Baum und Holz heißt, spreche nach und vergesse das meiste leider sofort wieder, zumindest, wenn ich das Wort nicht schon vorher kannte. Als wir hinaus in den Gästebereich gehen, nehmen sie einen blauen isolierten Plastikkanister mit. So einer wurde uns auch gestern gebracht. Darin ist kaltes Wasser aus dem Brunnen. Bevor wir es trinken, pumpen wir es allerdings noch durch unseren Keramikfilter. Khazan Gul war von dieser Möglichkeit begeistert, er hatte damit gerechnet, für uns teures Trinkwasser in Flaschen kaufen zu müssen. Als ich den Mädchen den schweren Kanister abnehme, zeigt eine der beiden auf ihn und sagt langsam und deutlich: »Thermos.« Ich versuche, mir meine Belustigung nicht anmerken zu lassen und spreche ebenso langsam nach: »Thermos.« Endlich ein paschtunisches Wort, das ich mir auf Anhieb merken kann.

Menschen sollten nicht abhängig sein

von Heiner

Draußen wird gehupt, zwei Jungen öffnen das Tor. Khalil fährt den alten Geländewagen in den Hof, neben ihm sitzt ein Sohn von Khazan Gul. »Endlich sind sie wieder da! Sie waren im Bazar, um einige Sachen für die Baustelle der Mädchenschule zu kaufen. Jetzt können wir losfahren.« Khazan Gul hat gestern angekündigt, dass er uns heute eine technische Schule in Khost zeigen wolle. Sie sei in ganz Afghanistan bekannt. Während der Fahrt erklärt er uns: »Die Leute hier sind stolz auf diese mechanische Schule. Sie war Teil eines deutschen Entwicklungsprojekts, ›Paktia-Projekt‹ wurde es genannt. Die heutigen Provinzen Paktia, Paktika und Khost waren früher zusammen eine große Provinz, sie hieß Paktia. Die deutsche Regierung hat für diese Provinz viel getan: die Infrastruktur verbessert, Schulen gebaut und unterstützt und es war geplant, Industrie anzusiedeln.«

Am Rand der Innenstadt biegen wir von der Hauptstraße ab und erreichen bald einen Hof mit einem L-förmigen, zweistöckigen Gebäude. Nicht alle der hohen Fenster haben Fensterscheiben, manche sind leer, andere von Plastikplanen abgedeckt. Neben und hinter dem Bauwerk halten sich unter Bäumen etwa hundert Schüler auf, es ist wohl gerade Pause. Einige führen uns in den ersten Stock, wo uns der Direktor und mehrere Lehrer freundlich begrüßen und in ein Lehrerzimmer bitten. Es ist mit rotem Teppich ausgelegt, die Wände sind vor nicht allzu langer Zeit türkisfarben gestrichen worden. Alle setzen sich auf den Boden, wir bekommen Kissen gereicht, damit wir uns bequem anlehnen können. Wir haben das Gefühl, dass Khazan Gul außerordentlich ehrerbietig behandelt wird. Zwei ältere Lehrer sprechen sehr gut Deutsch. Beide haben einen längeren weißen Bart, einer trägt eine Hornbrille mit dicken Gläsern. Ihre Augen leuchten, als sie, beide gleichzeitig, auswendig und in hoher Geschwindigkeit Adressen in Deutschland aufsagen, mit veralteten, vierstelligen Postleitzahlen, von Instituten, an denen sie in den siebziger Jahren unterrichtet wurden. Ihre Freude über unseren Besuch ist groß.

Sie und die anderen Lehrer möchten uns die Schule zeigen, wir folgen ihnen. Unsere Schritte hallen von den kahlen Wänden wider, die Deckenhöhe schätzen wir auf über drei Meter. Wir kommen in einen Saal. In Reihen geordnet stehen Stühle. Die Lehrer erklären uns, dass zurzeit Prüfungen stattfänden. Dann betreten wir einen weiteren, kleineren Saal, in dem sich Werktische befinden, die von einer Staubschicht bedeckt sind. Auf einem der Tische liegen etwas ungeordnet viele elektrische Bauteile. An der Wand hängt ein Schaltschrank, den sie für uns öffnen. Sicherungen und Kabel kommen zum Vorschein. Der Lehrer mit der Hornbrille erklärt uns wortreich, dass hier Drehstrom produziert und das Drehfeld anschaulich gemacht werden kann. Daneben hängen mehrere Poster, eines zeigt die »Entwicklung des Siemens-Fernsprechers, Lehrbild D, Tafel 4«. Verschiedene Zeichnungen stellen die einzelnen Modelle dar, von 1881 bis 1955.

Danach führen sie uns in den unteren Stock und präsentieren uns stolz einige Maschinen. Auch hier ist alles dick mit Staub überzogen. Der Lehrer mit der Hornbrille deutet auf zwei Geräte: »Wir haben einen Schweißapparat und ein Schweißaggregat, sehr gute Maschinen, nur leider sind die Elektroleitungen nicht repariert worden und deswegen können wir nicht damit arbeiten.« Wir sehen eine Drehbank, eine Bohrmaschine, eine Fräsmaschine, keine funktioniert. Eine Bandsägemaschine scheint in Gebrauch zu sein, jedenfalls ist dahinter Wurzelholz fast bis zur Decke geschichtet. Bei einem weiteren Gerät müssen wir nach der Funktion fragen. Der Lehrer mit der Hornbrille antwortet: »Das ist eine Tisch-Schleifmaschine«, doch der andere korrigiert: »Eine wackelnde Tisch-Schleifmaschine! Leider ist sie defekt.«

In einem Saal stoßen wir auf Berge halb kaputter Stühle, Tische und Bettenroste. Die Lehrer erzählen uns, dass die Schule früher ein Internat gewesen sei. Im gleichen Raum gibt es eine Grube, auf der Fahrzeuge repariert werden könnten. Aber auch hier wird wohl nicht mehr gearbeitet, denn quer darüber steht ein kürzlich benutztes Bett.

Schließlich werden wir in das Lehrerzimmer zurückgeführt. In einem langen Gespräch bitten uns die beiden Deutsch sprechenden Lehrer inständig darum, dafür zu sorgen, dass die deutsche Regierung die Schule renoviere und betreibe. Sie sei ausgelegt für etwa zweitausend Schüler, im Moment könnten aber nur zweihundert in drei Jahrgangsstufen unterrichtet werden. Sie legen großen Wert darauf, dass sie fachlich qualifizierte Lehrer seien, mit ihnen könne man das begonnene Projekt fortsetzen. Weil wir nicht sicher sind, fragen wir nach. Sie meinen tatsächlich das Projekt aus den siebziger Jahren. Wenn sie sprechen, hört es sich so an, als seien sie vor wenigen Monaten aus Deutschland zurückgekehrt, als hätte die Zeit seitdem, der Krieg der Sowjetunion, der Bürgerkrieg, die Talibanherrschaft und der Krieg der NATO, nicht existiert. Immer wieder kommen sie auf ihre Ausbildung in Deutschland zurück. Sie ergehen sich in Einzelheiten darüber, an welchen Maschinen sie dort gelernt haben, wie ihre deutschen Lehrer hießen und wer die Entwicklungshelfer waren, mit denen sie Ende der siebziger

Jahre in Khost zusammenarbeiten. Einer der beiden erklärt uns, dass er seine Diplomurkunde verloren habe und wiederholt noch einmal die Adresse seiner Ausbildungsstätte. Er bittet uns dort anzufragen, ob er eine neue Urkunde bekommen könnte. Dann klagen sie darüber, dass alles kaputt sei. Sie loben und beschwören die hervorragende Zusammenarbeit mit den Deutschen. Diese könnten die Maschinen reparieren und alles wieder instand setzen. Khazan Gul versucht, die Erwartungen zu dämpfen. Monika und ich seien nicht von der Regierung. Natürlich würden wir Aufzeichnungen machen, und vielleicht könnten wir die richtigen Leute in Deutschland über die Situation der Schule informieren. Schließlich brechen wir auf. Die beiden Lehrer begleiten uns bis zum Auto und verabschieden sich herzlich. Auf der Rückfahrt verfolgen mich ihre Gesichter und ihre Stimmen. Ihr Leben scheint seit fünfundzwanzig Jahren aus der Hoffnung zu bestehen, dass die Deutschen zurückkommen und alles gut wird. Ich bin sehr traurig geworden.

Auch Khazan Gul ist schweigsam. Ich frage ihn, ob ich das richtig beobachtet habe, dass die Lehrer ihn besonders zuvorkommend und respektvoll behandelt haben. Er sagt: »Das könnte schon sein. Vielleicht wissen sie, dass ich geholfen habe, die Schule zu schützen. Das war in der Zeit des Krieges gegen die Sowjetunion. An einem Tag haben viele Mujahedin Khost angegriffen. Wir waren vor der mechanischen Schule, und einige wollten mit Raketen auf die Schule schießen. Da habe ich gesagt: ›Nein, das erlaube ich nicht! Wenn das geschieht, gehe ich. Das ist doch unsere Schule! Deswegen kämpfe ich doch, für unsere Schule, unser Khost. Ich will doch nicht Khost zerstören!‹ Sie haben dann nicht geschossen. So habe ich verhindert, dass die mechanische Schule angegriffen wurde, obwohl auch bewaffnete Khalki[1] darin waren. Die Khalki hatten unter

---

1 »Khalk« war eine der beiden Fraktionen der kommunistischen »Demokratischen Volkspartei Afghanistans«, die seit dem Putsch 1978 und während der sowjetischen Besatzung regierten.

den Mujahedin Freunde, die ihnen Informationen weitergaben. Deshalb wissen viele von ihnen, und auch andere Leute, dass ich an diesem Tag nicht schießen wollte. Sie sind dankbar, dass ich nicht ohne Grenzen gekämpft habe.«

Wir fragen Khazan Gul, wer die mechanische Schule renovieren und betreiben könnte. Er antwortet: »Es ist den Leuten nicht so wichtig, wer genau das macht. Sicherlich würden sie gerne mit den Deutschen zusammenarbeiten. Aber ich fände es genauso wichtig, in Khost eine landwirtschaftliche Schule aufzubauen. Die Landwirtschaft ist für mich der Schlüssel für eine Zukunft ohne Abhängigkeit. Im Moment sind wir abhängig, richtig süchtig. Ihr sagt, Opium ist schlecht, wir sollen hier kein Opium mehr produzieren, weil es Leute bei euch in Europa und Amerika süchtig macht. Das stimmt.« Khazan Gul dreht sich zu uns um, er redet sich in Rage: »Aber ihr macht unser ganzes Land abhängig! Abhängig von eurem Geld!« Einen Augenblick lang hält er inne und erklärt uns in einem etwas ruhigeren Ton: »Alles bekommen wir vom Ausland. Die Regierung wird bezahlt, die Soldaten und Polizisten werden bezahlt. Wir könnten unseren Staat, so wie er heute ist, keinen Monat lang selbst finanzieren. Sogar Essen bekommen wir!« Seinen Vorwurf möchte Monika so nicht stehen lassen, sie wendet ein: »Aber wenn Menschen Not leiden und hungrig sind, muss man ihnen doch helfen. Die Abhängigkeit muss man dann eben später Schritt für Schritt wieder abbauen.« Er entgegnet: »Das ist schon richtig. Aber von der sogenannten Hilfe profitieren vor allem Ausländer und eine kleine Schicht von Afghanen. Bei sehr vielen armen Afghanen dagegen kommt nichts davon an, sie hungern trotzdem. Diese ganze Hilfe macht uns kaputt. Wir Afghanen wissen bald nicht mehr, dass Essen durch harte Arbeit aus dem Boden kommt, wir denken, es fällt vom Himmel. Wir produzieren nichts in Afghanistan, nicht einmal genügend Nahrungsmittel. Deshalb ist für mich die Landwirtschaft das Wichtigste. Dass wir uns selbst ernähren können, muss die Basis sein. Wer zu essen hat, ist nicht so leicht bereit, für jemand anderen zu kämpfen und dabei vielleicht zu sterben. Wer Hunger hat, macht sogar das, um zu überleben. Wir haben in Afghanistan viele Möglichkeiten, die Landwirtschaft zu entwickeln. Die Arbeitskraft ist da, das Land ist da, in zwei oder drei Metern Tiefe ist oft Wasser vorhanden, doch wir nutzen das alles nicht. Wir sitzen über dem Essen, aber sehr, sehr hungrig.«

Als wir gestern aus der Stadt Khost hinausfuhren, haben wir gesehen, dass außerhalb die grünen Felder bald zu Ende sind. Obwohl das Land noch recht eben ist, wird es nicht bewässert. Es ist trocken und steinig, nur wenige karge Büsche wachsen. Aus Jalalabad wissen wir, dass der Osten Afghanistans im Sommer etwas Monsunregen bekommt. Sicherlich regnen auch über den Bergen um Khost einige Wolken ab. Es erscheint mir nicht abwegig, dass mit Staudämmen und Bewässerungssystemen viel Land fruchtbar gemacht werden könnte. »Warum soll die Hilfe von außen schuld daran sein, dass die Landwirtschaft nicht ausgebaut wird?«, möchte ich wissen. Khazan Gul antwortet: »Viele Organisationen und Regierungen kaufen Getreide aus reichen Ländern und bringen es nach Afghanistan, dadurch ist der Preis bei uns sehr niedrig geworden. Deshalb bauen viele Bauern kein Getreide mehr an, sondern Opium. Und kaum jemand wird unter diesen Umständen in die Landwirtschaft investieren. Wir brauchen eine starke Regierung und hohe Zölle auf ausländische Produkte. Außerdem setzen die Ausländer die Löhne für Afghanen zu hoch an. Gleich zu Anfang, als die Amerikaner gekommen waren, bin ich zu ihrer Basis gegangen und habe ihnen erklärt: Dreihundert Dollar pro Monat ist viel zu viel, das zerstört alles. Eine normale Arbeit, bei der man vielleicht fünfzig Dollar im Monat verdient, ist für gut ausgebildete Afghanen dann nicht mehr interessant. Aber die Amerikaner haben das nicht verstanden. Sie meinten, dreihundert Dollar sei nicht viel. Auch viele Hilfsorganisationen und die UNO bezahlen mindestens das Drei- oder Vierfache eines Lehrergehaltes, selbst wenn die Afghanen als Gärtner oder Wache angestellt sind. Die Ausländer haben sich die besten Leute ausgesucht, viele Lehrer und Professoren, die fehlen an den Schulen und Universitäten. Das ruiniert unser Erziehungswesen und auch viele kleine Wirtschaftsbetriebe. Wer keine höher bezahlte Arbeit hat, arbeitet jetzt oft gar nicht. Warum soll jemand für fünfzig oder achtzig Dollar im Monat schwere Arbeit annehmen, bei der er sich verletzen kann oder krank wird, wenn sein Bruder als Fahrer bei der UNO fünfhundert Dollar bekommt? Er lebt dann immer noch besser mit vom Geld des Bruders. Der Bruder muss ihn unterstützen, das ist unser einziges Sozialsystem. Aber diese Ungleichheit verursacht in vielen Familien ungeheure Probleme.«

Ähnlich hatte Dr. Erös argumentiert. Er bezahlt seinen Mitarbeitern aus diesen Gründen nicht mehr als einen üblichen afghanischen Lohn, obwohl er dafür von anderen Ausländern in Jalalabad sogar kritisiert wurde. Alle Organisationen betonen, dass Bildung eine notwendige Voraussetzung für eine positive Entwicklung ist. Doch wenn Lehrer und Professoren als Personal für die Ausländer arbeiten anstatt zu unterrichten, wie können die Schüler und Studenten dann etwas lernen? Leider wird dies unserer Beobachtung nach aufgrund von Zwängen, die im System liegen, von kaum einer der großen Organisationen berücksichtigt. Sie stehen mit ihren Projekten unter Erfolgsdruck, das Geld muss in einem bestimmten Zeitraum ausgegeben, aufwendige Berichte und Abrechnungen müssen erstellt werden. Lehrer, Professoren und andere ausgebildete Afghanen sind für die Unterstützung der Ausländer, die ja meist nicht einmal afghanische Schriftstücke und Quittungen lesen können, am besten geeignet.

Khazan Gul wiederholt: »Wir müssen das ändern! Denn das Wichtigste für die Zukunft sind Landwirtschaft und Erziehungswesen. Wir müssen uns selbst ernähren können, lernen und uns weiter entwickeln. Deshalb habe ich immer versucht, Schulen zu bauen und Landwirtschaftsprojekte durchzuführen, auch in der Jihad-Zeit in den Bergen.« »Du meinst, als du Guerillakrieg gegen die sowjetische Besatzung geführt hast?«, frage ich, und als Khazan Gul nickt, ergänze ich: »Und was waren das für Landwirtschaftsprojekte?« Er antwortet: »Immer wieder habe ich Geld aus dem Ausland bekommen. Als Hilfe für die Bevölkerung hätte ich es einfach so verteilen oder Lebensmittel davon kaufen sollen. Aber ich habe es dazu benutzt, die Leute viele neue Terrassenfelder bauen zu lassen - auf ihrem eigenen Land. Dafür bekamen sie Geld. Die Bergbewohner wissen, wie man neue Felder anlegt, doch die Zeit dafür fehlte. Ständig waren sie damit beschäftigt, etwas zu essen nach Hause zu bringen. Von dem Geld konnten sie Essen kaufen und hatten Kraft übrig, ihr Land zu verbessern. Es gab auch Flüchtlinge, die kein Land hatten. Sie konnten beim Terrassenbau mitarbeiten und so etwas zum Leben verdienen. Dort, wo sie arbeiteten, konnten sie zusätzlich umsonst wohnen und essen. Außerdem gab es die Männer, die mit mir gekämpft haben, das waren in dieser Zeit etwa zweihundert. Immer hat ein wechselnder Teil von ihnen für die Landwirtschaftsprojekte gearbeitet. Wir haben Kanäle gebaut, um Wasser zu den Terrassenfeldern zu leiten. Viele Leute sind glücklich und dankbar, sie leben noch heute von diesem Land.«

Inzwischen sind wir vor Khazan Guls Haus angelangt. Er lässt uns aussteigen und führt uns außen an der über drei Meter hohen Lehmmauer, die sein Anwesen umgibt, entlang zu seinen Feldern. »Ich zeige euch jetzt mein Land. Mein Haus liegt in der Mitte, wir gehen einmal drum herum. In diese Richtung ist das Land nicht so groß.« Er zeigt auf zwei Felder, die sich nach Westen an die Außenmauer anschließen. Auf dem entfernteren steht Getreide, das schon fast reif ist, auf dem anderen wächst Gemüse. Bewässerungsgräben durchziehen die gesamte Anbaufläche. Dadurch, dass sie etwas höher liegen, kann das Wasser auf die Felder fließen, im Augenblick sind sie allerdings leer und trocken. Khazan Gul deutet nach Norden: »Nicht weit von hier ist ein Flussbett. Wasser fließt dort nur, wenn es geregnet hat, oder in den Bergen viel Schnee schmilzt. Dann müssen alle schnell reagieren und Wasser in die Kanäle und weiter in die Gräben leiten. Es gibt Regeln, in welcher Reihenfolge die Landbesitzer Wasser bekommen, und wie lange. Wenn zu wenig Wasser da ist, entsteht manchmal Streit. Aber wenn zu viel Wasser kommt, ist es auch gefährlich für die Ernte.« Khazan Gul biegt um die Ecke. Er führt uns an einem schmalen Feld vorbei, das eingezwängt ist zwischen der Mauer seines Anwesens und der ebenso hohen Lehmmauer des Nachbargrundstücks. Dahinter schließen sich größere Getreidefelder an, die auch Khazan Gul gehören.

»Das Land habe ich gekauft, nachdem die Russen und schließlich auch die Khalki Khost verlassen hatten. Aber Gardez und Kabul waren noch nicht frei, alles war noch unklar[2]. In den Jahren davor hatten die Khalki das Land. Sie hatten es einem Großgrundbesitzer weggenommen. Als sie dann weg waren, wollte er die Gelegenheit nutzen und schnell verkaufen, bevor sie vielleicht wiederkommen. Er hat es günstig angeboten, denn niemand wollte es kaufen. Fast überall in Afghanistan wurde ja noch gekämpft, deshalb war es unsicher, ob man das Land behalten darf. Ich habe es riskiert und Glück gehabt, die Mujahedin haben dann auch in den anderen Landesteilen gewonnen.

Als die Russen abgezogen waren, habe ich aufgehört zu kämpfen, obwohl die Regierungstruppen noch da waren. Ich habe gesagt: ›Das ist eine afghanische Regierung. Ich habe gegen die sowjetische Armee gekämpft, aber ich kämpfe nicht gegen Afghanen.‹ Ich wollte ein Zeichen setzen. Auch in der Zeit des Kampfes habe ich immer erklärt, dass die Landwirtschaft das Wichtigste ist. Nun wollte ich mit gutem Beispiel vorangehen und selbst Bauer werden. Viele haben mich nicht verstanden und gesagt: ›Du bist ein Anführer, du musst doch nicht Bauer werden, du hast ganz andere Möglichkeiten.‹

Körperliche Arbeit ist leider bei uns nicht so hoch angesehen. Wer es sich irgendwie leisten kann, vermeidet sie. Manchmal habe ich bis heute Streit mit meiner Familie, wenn ich auf meinem Land mitarbeite und mir die Hände und Klei-

---

2 Es war wohl im Jahr 1991.

der schmutzig mache. Dann sagen meine Söhne oder meine Freunde: ›Das geht doch nicht! Du bist Landbesitzer, du musst andere für dich arbeiten lassen.‹ Plötzlich rennen sie, wollen mit anpacken, nur um mir die Schaufel aus der Hand nehmen zu können. Aber ich will ihnen und den anderen Leuten beibringen, dass alle, auch die Landbesitzer selbst, hart arbeiten müssen.«

Khazan Gul war stehen geblieben. Jetzt geht er an den mit Getreide bewachsenen Feldern vorbei auf eine kahle Fläche zu. Als wir näher kommen, sehen wir, dass in langen Reihen rechteckige, noch ungebrannte graue Lehmziegel zum Trocknen ausliegen. Daneben drücken ein Mann und ein Junge feuchten Lehm in eine Form. Gerade kommt ein weiterer Mann auf einem Pferdekarren stehend angefahren. Er steigt ab und beginnt, Rohziegel auf seinen Karren zu laden. Wir besteigen einen mehrere Meter hohen, aufgeschütteten Erdwall. Dahinter erstreckt sich ein großer Graben, der als riesiger Brennofen dient. Er ist zum Teil mit Ziegeln gefüllt. Auf der einen Seite sind die luftgetrockneten, noch grauen Lehmziegel aufgeschichtet, auf der anderen Seite können die fertig gebrannten, rötlichen Ziegel abtransportiert werden. Dazwischen ragen über den von einer Lehmschicht bedeckten Ziegeln zwei Kamine auf, aus ihnen steigt schwarzer Rauch. Das Feuer ist nicht zu sehen, es brennt unten im Graben zwischen den Ziegeln. »Ich habe dieses Stück Land an jemanden verpachtet, damit er aus dem Lehm Ziegel machen kann. Zurzeit wird viel gebaut, und Ziegel kann man gut verkaufen. Ich bin jetzt also tatsächlich ein Kapitalist geworden. Das hätte ich nie von mir gedacht!« Dabei muss Khazan Gul schmunzeln. »Wir werden den Lehm hier natürlich nur eine Zeit lang abbauen. Das hat auch den Zweck, dass die Felder danach etwas tiefer liegen als vorher und leichter zu bewässern sind. Und die Lehmschicht ist dick genug.«

Wir sind nun ganz um sein Anwesen herumgelaufen und kommen durch das Tor in den Gästebereich. Ich frage Khazan Gul: »Könnt ihr von dem Land leben, also auch ohne die Ziegelei?« Er antwortet: »Ja, es reicht gerade so, wir haben etwa vierzig Jirib. Leider weiß ich nicht genau, was ein Jirib bei euch ist, aber ich glaube, sechs oder sieben Jirib sind ein Hektar. Der Lehm ist sehr fruchtbar. Wir können im Frühjahr einmal ernten, wenn es in den Bergen genug Schnee gab. Und wenn der Monsun ausreichend Regen zu den Bergen gebracht hat, dann hat der Fluss im Sommer wieder Wasser und wir können im Spätsommer noch mal ernten. Mein Ziel war immer, dass meine Familie auch mit wenig auskommt. Wir sind viele, dreißig oder vierzig Personen, und wir werden noch mehr. Meine Kinder sollten das einfache Leben gewohnt bleiben, sie sollten nicht besser leben als andere Afghanen. Ich habe selbst erlebt, wie schwierig es ist, wieder unter einfachen Bedingungen zu leben, wenn man vorher sehr gut gelebt hat. Als ich nach meinem Studium aus Deutschland nach Afghanistan zurückgekommen bin, hat es fast ein ganzes Jahr lang gedauert, bis ich wieder im Schmutz auf dem Land leben konnte und wieder ein richtiger Afghane war. Ich wollte nicht in Kabul bleiben, sondern den armen Leuten auf dem Land helfen, so wie ich es meiner Mutter versprochen hatte. Das geht aber nur, wenn man auch mit den Leuten wohnen und essen kann.«

Khazan Gul entfernt sich für das Nachmittagsgebet. Danach setzen wir uns zusammen auf die Charpois auf der Terrasse und bekommen sofort grünen Tee gebracht. Nahtlos knüpft er an unser Gespräch von vorhin an: »Ich glaube wirklich, man kann nur helfen und etwas verändern, wenn man mit den Leuten lebt. Das ist im Moment auch das Problem mit den afghanischen Politikern. Viele sind keine wirklichen Afghanen mehr. Sie waren zu lange im Ausland und in Afghanistan kommen sie kaum aus Kabul heraus. Sie wissen gar nicht, unter welchen Bedingungen die Afghanen auf dem Land leben.

Ich werde euch eine Geschichte erzählen: Drei kleine Kinder haben sich sehr schmutzig gemacht. Ihre Väter kommen um zu helfen. Der erste Vater sieht sein Kind. Aber weil es so voller Schmutz ist, geht er nicht näher zu ihm hin. Er ruft ihm nur zu, es soll unter die Dusche gehen und sich waschen. Das

Kind rennt weg, es will nicht. Der zweite Vater begleitet sein Kind zur Dusche und sagt ihm, dass es sich hier waschen soll. Das Kind duscht, aber es schreit und der Vater muss es zwingen, in der Dusche zu bleiben. Der dritte Vater nimmt sein Kind auf den Arm. Dabei wird er natürlich auch schmutzig. Zusammen mit seinem Kind stellt er sich unter die Dusche und wäscht sich und das Kind.

Solch einen Vater, Herrn oder Regierungschef braucht Afghanistan! Man darf keine Angst davor haben, sich schmutzig zu machen, wenn man helfen möchte. Man muss dazu bereit sein, sich selbst in Schwierigkeiten und in Gefahr zu begeben, nur dann kann man Afghanistan entwickeln.

Viele denken, sie müssen zuerst an die Macht kommen, um etwas zu bewegen. Das glaube ich nicht. Wenn ich zuerst an die Macht kommen muss, dann bin ich irgendwann von den Leuten entfremdet, und so kann man nicht gut regieren. Die Bevölkerung muss mit der Regierung sprechen können, und die Regierenden müssen die Probleme der Bevölkerung verstehen, nur dann ist es eine gute Regierung. Ich möchte das Leben der normalen Leute teilen, um denken und empfinden zu können wie sie. Nur gemeinsam mit ihnen kann ich Afghanistan verbessern.

Und ich will nicht abhängig sein. So viel wie wir verbrauchen, möchte ich mit meinem Land selbst produzieren können. Ich will nicht auf ein Einkommen aus einer guten Position oder auf fremde Hilfe angewiesen sein. Wenn man zu gut leben möchte, macht das abhängig. Ich werde auch keinen künstlichen Dünger verwenden. Das propagieren sie jetzt bei uns im Fernsehen, obwohl es unsere Landwirtschaft abhängig macht. Wenn ich könnte, würde ich alle Reklame verbieten, sie macht die Menschen unglücklich. Ich denke, es ist wichtig, dass man erst einmal geduldig und zufrieden ist mit dem, was man hat. Auch deshalb ist der Islam gut für uns, er macht die Menschen zufrieden. Und das ist die Voraussetzung dafür, dass wir Selbstvertrauen entwickeln und selbstständig handeln. Die westliche Welt braucht die Unzufriedenheit, damit sie Waren verkauft.

Die Unternehmen wollen natürlich immer mehr produzieren, auch wenn das nicht sinnvoll ist. Aber sie müssen das wollen, gegen die Arbeitslosigkeit und für den Lebensstandard. So seid auch ihr in Deutschland süchtig, finde ich, süchtig nach eurem Lebensstandard. Für den tut ihr sogar Dinge, die ihr eigentlich gar nicht gut findet, ihr produziert Waffen und zerstört die Umwelt.« Kämpferisch sieht er uns an: »Und ihr braucht jetzt gar nicht zu sagen: Wir haben Umweltschutzgesetze, und unsere Luft und unsere Flüsse sind viel sauberer geworden. Die schmutzige Produktion findet heute einfach in China, Indien oder anderen Ländern statt, und ihr kauft die Sachen billig von dort, ohne euch und euer Land schmutzig zu machen. Ihr wollt immer mehr, ein noch besseres, ein noch schöneres Leben. Ich glaube, das kommt auch von der Reklame, die euch sagt, was noch besser und noch schöner ist, dass ihr immer neue Dinge braucht und Kleidung wegwerfen müsst, wenn sie nicht mehr modern ist. In der westlichen Welt herrschen die Unternehmen, nicht die Menschen. Ich dagegen meine, die Unternehmen müssen von den Menschen kontrolliert werden. Menschen sollten nicht abhängig sein. Weder in Deutschland noch in Afghanistan.«

Schulen bis zum Himmel

von Monika

Am nächsten Tag sitzen wir kurz nach Sonnenaufgang in Khazan Guls Auto und fahren in Richtung der Berge südwestlich der Stadt Khost. Er möchte zu einer Schule, die gerade neu gebaut wird. »Das Gebäude befindet sich zwischen drei Dörfern, sodass der Schulweg für alle Kinder gleich weit ist.« Khazan Gul deutet aus dem Seitenfenster auf einen Hang, der noch einige Kilometer entfernt ist. Zwischen vereinzelt stehenden Bäumen sehen wir einen länglichen, halb fertigen Bau. »Das Schulhaus wird zwölf Klassenzimmer haben, es wird ein großes Landgymnasium mit Klassen von eins bis zwölf. Bisher findet der Unterricht im Freien unter den Bäumen statt. Die ›Kinderhilfe Afghanistan‹ finanziert diese Schule. Dr. Erös leistet sehr viel für Afghanistan und weiß, wie man hier vorgehen muss.« An der Baustelle kommt ein Mann auf uns zu, der Schuldirektor. Khazan Gul begutachtet die Baufortschritte und spornt die Arbeiter zu höherer Geschwindigkeit an. Danach lädt uns der

Schuldirektor zum Tee ein. Khazan Gul lehnt ab und erklärt uns: »Wir haben heute so viel vor, es ist besser, wenn wir sofort weiterfahren. Ich hoffe, ihr habt nichts dagegen.« Natürlich haben wir nichts dagegen, aber dass man eine ernst gemeinte Einladung zum Tee einfach ausschlägt, haben wir noch nicht oft erlebt. Daher fragen wir, ob es nicht unhöflich sei, doch Khazan Gul winkt ab. »Der Schulleiter ist ein sehr fleißiger Mensch und möchte immer arbeiten. Außerdem kommt er mit uns mit.« Schnellen Schritts gehen wir alle zusammen zum Auto, beim Einsteigen kündigt uns Khazan Gul an: »Ich möchte, dass ihr seht, unter welchen Bedingungen die Kinder hier lernen. Deshalb fahren wir jetzt hoch in die Berge zu einigen Schulen. Der Schulleiter ist auch für diese Schulen als Direktor zuständig und muss den Unterricht kontrollieren. Das ist eine gute Gelegenheit für ihn, so muss er nicht laufen.«

Nach einer halben Stunde Fahrt bergauf über holperige Pisten halten wir neben der Straße. Die Hügel sind mit Steineichen bewachsen und die Luft ist hier oben nicht mehr so erdrückend heiß. Khazan Gul öffnet die Fahrzeugtür: »Wir sind da!« Aber Heiner und ich haben keine Schule gesehen. Erst als wir aussteigen und von der Straße aus hinabblicken, sehen wir etwa zehn Jungenklassen. Jede wird auf einer kleinen Terrasse im Schatten eines Baumes unterrichtet, eine befindet sich direkt unter uns. Um die dreißig Jungen, im Alter von etwa sechs Jahren, sitzen dicht aneinandergedrängt auf einem bunten Webteppich aus Kunstfaser. Der Platz auf der ebenen Fläche ist begrenzt. Vor den Kindern steht ein Lehrer neben einer an den Baumstamm gelehnten Tafel. Die Lehrer kommen von ihren Terrassen-Klassenzimmern herauf und begrüßen uns. Danach kehren sie sofort zu ihren Klassen zurück, bis auf einen, der eingerollte Papiere unter dem Arm trägt. »Er ist der Oberlehrer und wird mit dem Schuldirektor die Anwesenheitslisten der Lehrer und Schüler durchgehen«, erklärt uns Khazan Gul. Der Schuldirektor geht in die Hocke, der Oberlehrer breitet auf dem steinigen Boden große Papierbögen vor ihm aus. Khazan Gul geht zur Schulklasse des Oberlehrers. Er spricht zu den

Kindern, nimmt vom Boden sieben Steine in eine Hand und lässt sie die Kinder zählen. Dann gibt er schnell und verdeckt wie ein Zauberkünstler einen Teil der Steine in die andere Hand und öffnet sie, drei Steine kommen zum Vorschein. Die Kinder haben ihm gebannt zugeschaut und sollen nun sagen, wie viele noch in der ersten Hand sind. Alle reißen ihren Arm mit ausgestrecktem Zeigefinger nach oben und wollen die Frage beantworten. Er lacht zufrieden. Zu uns gewandt sagt er: »Ich muss die Zeit nutzen! Man sollte immer entweder lehren oder lernen.« Als der Oberlehrer seine Klasse wieder übernommen hat, ergänzt Khazan Gul: »Als ich aus Deutschland nach Afghanistan zurückgekommen war und in Khost unterrichtete, bin ich jeden Tag eine Stunde früher in die Schule gekommen und eine Stunde länger geblieben. Mit dem zusätzlichen Unterricht wollte ich erreichen, dass alle meine Schüler an einer Universität studieren können.«

Beim Einsteigen ins Auto kündigt er an: »Jetzt fahren wir in das Himmelsdorf. Es heißt natürlich anders, aber ich nenne es so.« Nachdem wir zunächst eine ganze Weile mal bergauf, mal bergab gefahren sind, verstehen wir, was er gemeint hat: Die Straße wird so steil, dass sie direkt im dunkelblauen Himmel zu verschwinden scheint. Khalil muss sogar die Geländeuntersetzung einschalten, im normalen ersten Gang würde der Motor die Steigung nicht bewältigen. Das Fahrzeug keucht längere Zeit in langsamer Schrittgeschwindigkeit bergan, Steinbrocken und Schlaglöcher erschweren die Fahrt, die Straße windet sich in Serpentinen höher und höher. Heiner und ich sind überrascht, als sich schließlich links neben der Straße ein großer Platz auftut. Offenbar wurde die oberste Kuppe eines Berghanges eingeebnet. Khazan Gul sagt: »Hier wollen wir eine neue Schule bauen. Den Platz flach zu bekommen war sehr viel Arbeit. Das haben die Dorfbewohner alles alleine gemacht. Jetzt möchte ich ihnen dabei helfen ein Schulhaus zu errichten.« Wir gehen über den Platz. Es ist Mittag, die Sonne brennt uns auf den Kopf. Auf der ebenen Fläche ist man Wind und Sonne ausgesetzt, ohne Gebäude kann hier nicht unterrichtet werden.

Vom Rand des Platzes sehen wir unter uns wieder kleine »Klassenzimmer-Terrassen« zwischen Bäumen, die sich am steilen Hang festkrallen. Der Unterricht ist gerade zu Ende, Scharen von Schülern steigen den Berg hoch und auf uns zu. Während sich der Schuldirektor den Anwesenheitslisten widmet, mustern uns die Schüler neugierig aus einiger Entfernung, ein paar wenige kommen näher. Khazan Gul stellt uns auf Paschtu vor. Er erwähnt, dass wir aus Deutschland sind und beide, also auch ich als Frau, an einer Universität studiert haben. Ein kleinerer Junge, etwa sieben Jahre alt, tritt vor und lädt Heiner und mich zum Essen ein. Sein ernster Blick und seine würdevolle Haltung passen nicht zu seinem Alter. Wir lehnen dankend ab, ich muss mir dabei ein Lächeln verkneifen. Khazan Gul sagt ebenso höflich und ernst wie der Junge, dass die ausländischen Gäste bereits anderweitig eingeladen sind. Aus dem Dorf, das wenige hundert Meter entfernt noch etwas bergauf liegt, treffen mehrere mit Gewehren bewaffnete Männer ein. Nach kurzer Begrüßung diskutiert Khazan Gul lebhaft mit ihnen und einigen Lehrern. Er schreitet auf dem Platz Entfernungen ab, und wir verstehen, dass darüber gesprochen wird, wo genau das Schulgebäude gebaut werden soll. Heiner und ich stehen für eine Weile einfach nur da und mir wird bewusst, wie unwahrscheinlich es ist, dass wir hier sind. Ich fühle mich wie entrückt. Auf drei Seiten fällt das Gelände steil ab, unter uns breiten sich die stark zerfurchten niedrigeren Berge und in der Ferne Richtung Nordosten, über tausend Meter tiefer, die Ebene um die Stadt aus, alles umrahmt von höheren Bergketten. Auch hinter uns geht es weiter steil bergauf. Die Berge sind mit grünen Bäumen gesprenkelt. Je nach Ausrichtung der Hänge wachsen die Bäume dichter, sodass das Braun des Bodens kaum zu sehen ist. Mit der Höhe nimmt die Bewaldung zu. Wenn man genau hinsieht, kann man in vielen der Bergfalten bepflanzte Terrassen und kleine Dörfer entdecken. Der Platz, an dessen Rand wir stehen, wirkt in diesem steilen Gelände groß, er misst vielleicht vierzig mal fünfzig Meter. Der Boden besteht aus grauweißem Schotter, der in der Mittagssonne das klare Licht gleißend hell reflektiert. Dies lässt den wolkenlosen Himmel über uns umso dunkler erscheinen.

Wir fahren im Auto zum Dorf, das Fahrzeug ist ständig von einer Jungenschar umringt. Die Häuser sind eng an den Hang gebaut, oft liegen die Räume übereinander. Einer der Lehrer hat uns eingeladen. Wir werden in sein Gästehaus geführt, das aus einem einzigen, nicht sehr großen Raum besteht. Im Fenster ist keine Glasscheibe, bei Bedarf wird wohl eine hellgraue, matte Folie in den Fensterrahmen gespannt, die jetzt aufgerollt darunter liegt. Zwei Jungen tragen Fladenbrot und Gemüse in Tomatensoße herein. Beim Essen erklärt uns Khazan Gul: »Wir haben eine Jirga einberufen, so nennen wir unsere Versammlungen. Von jeder Familie im Dorf kommt ein Vertreter, normalerweise der Älteste. Wir wollen uns über den Bau der neuen Schule unterhalten.«

Nach dem Essen gehen wir zur Moschee des Dorfes. Wir haben uns in Afghanistan an den Anblick von Waffen gewöhnt. Auch Khazan Gul hat seine Kalaschnikow immer mit dabei. Während der Autofahrten steht sie neben seinen Beinen und er hält sie mit der Hand fest. Wenn wir aussteigen, trägt meist Khalil das Gewehr. Trotzdem fällt mir auf, dass hier fast jeder

Mann, der zur Versammlung kommt, eine Waffe hat. Vor der Moschee ist ein kleiner ebener Platz, dort werden Sisalteppiche ausgelegt, auf die sich die Männer in einem Kreis niedersetzen. Niemanden scheint zu stören, dass wir zuhören. Die Männer gehen respektvoll und höflich miteinander um, kaum einer fällt dem anderen ins Wort. Wir verstehen zwar immer wieder ein paar Sätze, aber nicht genug, um dem Gespräch folgen zu können. Es wird lange diskutiert, Khazan Gul redet nicht viel. Plötzlich ist es still. Alle halten die Hände vor den Körper, die Handflächen nach oben gekehrt. Manche haben die Augen geschlossen, andere sehen nach unten oder auf einen fernen Punkt. Dann murmeln alle etwas, wohl ein Gebet, das aber nur wenige Augenblicke dauert. Schließlich streichen sie sich mit beiden Händen über ihr Gesicht und ihren langen Bart. Die Jirga ist beendet, wir brechen auf.

Auf der Rückfahrt berichtet uns Khazan Gul: »Wir haben über Probleme des Schulbaus gesprochen, nicht alle wurden gelöst. Bei uns kann nicht einfach die Mehrheit etwas beschließen. Eine Angelegenheit ist erst entschieden, wenn alle zugestimmt haben. Manchmal sind viele Jirgas notwendig, bei großen Sachen zieht sich das oft über Monate hin. Trotzdem ist es nötig, man kann ja niemanden zwingen, richtig zu finden, was die Mehrheit will.« Dann frage ich Khazan Gul, warum in dem Ort so viele Männer eine Waffe bei sich tragen. Er antwortet: »Die Gegend ist unsicher. Von dem, was die Leute auf ihren Feldern ernten, können sie kaum überleben, viele sind zusätzlich Räuber oder Schmuggler, die Grenze ist nah. Die Polizei kommt nicht in die Berge. Die Leute machen alles unter sich aus. Deshalb braucht man eine Waffe. Man muss sich selbst schützen können. Ich bin hier sicher, man kennt mich, ich habe viele Freunde. Niemand würde sich trauen, mir oder meinen Gästen etwas anzutun. Und trotzdem muss ich vorsichtig sein.« Auf meine Frage, was passieren würde, wenn wir ohne ihn hier auftauchen würden, erwidert er: »Wenn ihr überhaupt lebend wieder aus den Bergen herauskommt, dann wahrscheinlich zu Fuß. Das Auto würden sie euch wohl wegnehmen.«

Berge, in die keine Polizei kommt, Dorfbewohner, die mit einem Gewehr über der Schulter auf ihre Felder gehen, das beschäftigt uns. Zurück bei Khazan Gul in Khost sitzen wir am nächsten Morgen beim Tee. Heiner möchte besser verstehen, wie das Zusammenleben in solchen Bergdörfern funktioniert: »Du hast gestern gesagt, die Leute tragen Waffen, um sich zu schützen. Wird es dadurch nicht insgesamt unsicherer?« Khazan Gul antwortet: »Das mag sein, aber es ist notwendig, weil alle Verbrecher bewaffnet sind.« Heiner wendet ein: »Wenn jeder Dorfbewohner ständig eine Waffe bei sich hat, kann doch Streit untereinander schnell zu einer Schießerei führen.« Khazan Gul erklärt: »Das passiert wirklich selten. Die Leute gehen vorsichtig miteinander um, erst recht schießen sie nicht aufeinander, dafür sorgt auch die Blutrache.« Davon haben wir bisher nur eine ungefähre Vorstellung, daher fragt Heiner: »Blutrache, das klingt so gefährlich, was ist das eigentlich genau?« Khazan Gul holt etwas weiter aus: »Blutrache ist ein Element der Stammesgesetze, die in ganz Afghanistan gültig sind, vor allem aber bei den paschtunischen Stämmen. Wo die Regierung sehr schwach ist und die Verbrecher nicht bestrafen kann, machen die Leute selbst ihre Gesetze. Das ist sehr demokratisch. In einer Jirga wird entschieden, ob jemand verurteilt wird. Wenn die Jirga eine Verurteilung beschlossen hat, dann wird vom nächsten Verwandten die Blutrache genommen. Wenn der Vater getötet worden ist, dann ist der Sohn dafür verantwortlich. Er muss den Mörder töten. Auch wenn ein Gast zu uns nach Hause kommt, steht er unter unserem Schutz. Wenn jemand ihn tötet, müssen wir Blutrache nehmen. Der Gast ist wie der nächste Verwandte, wie ein Sohn oder ein Bruder.« Heiner fragt weiter: »Das heißt, wenn wir mit dir unterwegs sind und getötet werden, dann bist du sogar verpflichtet, die Blutrache zu nehmen?« Khazan Gul bestätigt: »Das ist richtig. Das ist nicht eure Sache, das ist meine Sache. Meine Ehre ist dann verletzt, und deshalb muss ich das machen. Das ist auch der Grund, warum ihr nicht alleine herumlaufen sollt. Der Gastgeber begleitet den Gast, sobald er auf die Straße geht. Dadurch sehen alle, dass er unter dem Schutz dieser Familie steht. Wenn ein Fremder ohne Begleitung ist, dann hat ein Verbrecher nichts zu befürchten. Erinnert ihr euch an den kleinen Jungen, der euch im Himmelsdorf eingeladen hat?« Heiner nickt: »Der so ernst mit uns gesprochen hat.« »Ja«, sagt Khazan Gul, »er war so ernst, weil er wusste: Er hat große Verantwortung für euch, wenn ihr mit ihm geht. Es ist nicht wichtig, wie alt der Junge ist. Jeder kennt seine Familie. Sie ist sehr ehrenhaft. Auch wenn ich nicht dabei gewesen wäre: Kein Mensch in dieser Gegend hätte sich getraut euch anzugreifen, solange dieser Junge bei euch ist.« Wir sind etwas betreten. Diese Einladung und ihre Bedeutung hatten wir unterschätzt.

Nach einer kurzen Pause möchte Heiner noch wissen: »Gab es in deinem Leben Situationen, in denen die Gesetze der Blutrache eine Rolle gespielt haben?« »Ja, die spielen täglich eine Rolle. Sie sind Teil eines ganzen Systems, das hier allgemein gültig ist, und das die Leute sehr achten. Wir nennen es Paschtunwali, das sind die paschtunischen Stammesgesetze. In Wirklichkeit fühlen sich mehr Leute den Stammesgesetzen verpflichtet als den Regierungsgesetzen. Wenn die Blutrache nicht wäre, könnte ich euch nicht hier und in den Bergen herumfahren, dann würde etwas passieren. Die Leute haben Angst. Wenn euch jemand tötet, dann wird Blutrache genommen. Bei der Regierung seid ihr also nicht so sicher wie bei mir.« Heiner und ich müssen lachen. Nach allem, was wir in Afghanistan schon erlebt und nun durch Khazan Gul gelernt haben, leuchtet uns das, so seltsam es auch klingt, unmittelbar ein. Khazan Gul lächelt und fährt fort: »Durch die Regierung bekommen wir leider bis jetzt nicht viel Schutz. Ich glaube, es ist gut, dass wir diese Gesetze haben, so können wir auch ohne Hilfe der Regierung friedlich miteinander leben.«

Natürlich ziehen wir beide weiterhin uneingeschränkt die Verhältnisse vor, wie sie glücklicherweise schon seit langem in Deutschland herrschen: ein funktionierendes Justizsystem, eine Polizei, die kommt und hilft, wenn man sie ruft, und weitgehend ausbruchssichere Gefängnisse. Aber wir verstehen jetzt besser, dass das System der Blutrache, in dem der Ehrbegriff eine tragende Rolle spielt, einen gewissen Schutz bietet, und dass dieser Schutz in weiten Teilen Afghanistans wesentlich wichtiger ist als alles, was der Staat leistet.

Einige Tage danach fahren wir wieder in Richtung der Berge. Auf dem Weg halten wir an der neuen Mädchenschule am Stadtrand von Khost. Nach einer kurzen Runde über die Baustelle geht es sofort weiter. Eine gute Stunde später sind wir in einem Dorf am Fuße einer Bergkette, die wir in den vergangenen Tagen nur von Weitem gesehen hatten. Der Wagen schaukelt über die Dorfstraße bis zu einem größeren Gebäude, der Dorfschule, die uns Khazan Gul zeigen möchte. Khalil parkt das Auto vor einer niedrigen Mauer, die das Schulgelände umgibt. Durch ein Tor betreten wir den Schulhof, wo einige Klassen unter dichten Bäumen auf dem Boden sitzen. Daneben wachsen Blumen, und kleine, wohl kürzlich gepflanzte Obstbäume, Granatäpfel und Aprikosen sind dabei. Khazan Gul erklärt uns: »Hier hat vor einigen Jahren eine italienische Hilfsorganisation ein Schulgebäude gebaut. Die Dorfbewohner kümmern sich sehr um ihre Schule. Ihr seht, es gibt nicht genügend Klassenzimmer. Immerhin kann für alle Klassen das Unterrichtsmaterial im Schulgebäude untergebracht werden. Weil die unteren Klassen mehr Materialien benötigen, werden sie im Gebäude unterrichtet. In unserer Kultur hat der Ältere mehr Rechte. Deshalb dürfen in den meisten Schulen die älteren Schüler in die Klassenzimmer, wenn es nicht genügend Räume gibt, und die Jüngeren müssen draußen sitzen. Aber ich glaube, so wie es hier gemacht wird, ist es besser, weil die Grundlagen das Wichtigste sind.«

Wir werden in ein Klassenzimmer gebeten. Etwa fünfundzwanzig fünf- bis sechsjährige Jungen sitzen auf einem Teppich. An den Fenstern stehen Topfpflanzen, an den Wänden hängen eine Karte von Afghanistan und verschiedene Schautafeln: Eine zeigt das arabische Alphabet, andere erklären das Addieren und Subtrahieren anhand von Äpfeln. Daneben gibt es eine

Tafel, auf der explosionsfähige Gegenstände wie Minen und Handgranaten abgebildet sind. Der Lehrer möchte uns vorführen, was seine Schüler schon können. Wir haben in Jalalabad beobachtet, dass der Unterricht oft aus Vorsprechen und Nachsprechen bestand, nicht immer gab es ein Schulbuch, weiteres Unterrichtsmaterial meist überhaupt nicht. Und hier hat der Lehrer sogar Buchstabenkärtchen gebastelt! Auf ihnen stehen arabische Buchstaben, mit diesen werden alle Sprachen in Afghanistan, auch die beiden wichtigsten, vom Ursprung her indoeuropäischen Sprachen Dari und Paschtu, geschrieben. Er hält ein Kärtchen in die Luft und lässt die Kinder Wörter finden, die mit diesem Buchstaben beginnen. Dann kommen Einzelne vor die Klasse und legen Wörter aus den Buchstabenkärtchen. Mit zwei verschiedenfarbigen Kreiden schreibt der Lehrer die Wörter an die Tafel, für jeden Buchstaben wechselt er die Farbe. Wir können es kaum glauben. So liebevoll eingerichtete Klassenzimmer und so guten Unterricht haben wir in Afghanistan bisher noch nicht erlebt.

Als wir Khazan Gul während der Weiterfahrt im Auto darauf ansprechen, erklärt er: »Ja, die Schule ist gut, es ist die beste in der Gegend. Sie hat schon fast europäisches Niveau. Aber vor ein paar Jahren war sie noch besser. Wie ich euch schon erzählt habe, gehen ja leider überall gute Lehrer weg und arbeiten für Hilfsorganisationen oder die UNO. Von denen, die bleiben, verstehen viele den Stoff nicht. Hilfsorganisationen konzentrieren sich oft darauf, den Lehrern gute Unterrichtsmethoden beizubringen. Das ist aber nicht das Wichtigste. Erst einmal muss ein Lehrer das, was er vermitteln soll, selbst verstehen. Dann kann er es auch den Kindern beibringen. Die Lehrer an dieser Schule haben nirgends Unterrichtsmethoden gelernt. Sie haben selbst überlegt, wie sie den Kindern das Lernen leichter machen können. Ich möchte andere Lehrerfortbildungen organisieren: Ein wirklich guter Lehrer wird bezahlt und arbeitet mit den anderen Lehrern am Nachmittag einfach die Schulbücher durch. Daran werden sie großes Interesse haben, um die Schüler endlich vernünftig unterrichten zu können.

Wenn die Ausländer ihre Lehrerfortbildungsprogramme durchführen, dann wollen sie damit meist auch durchsetzen, dass die Kinder in der Schule nicht mehr geschlagen werden. Das ist in unserer Gesellschaft aber nicht sinnvoll. Zu Hause werden die Kinder fast immer mit Gewalt bestraft. Wenn das in der Schule nicht passiert, dann haben die Kinder keinen Respekt vor dem Lehrer und lernen nichts. In Deutschland war diese Art von Strafe an Schulen bis vor dreißig oder vierzig Jahren auch noch erlaubt, und wir sind mindestens zweihundert Jahre zurück. Leider funktioniert es bei uns noch nicht, wenn man die Kinder nicht schlagen darf.« Wenige Wochen zuvor hätten wir empört widersprochen. Doch ein Franzose, mit dem wir uns in Jalalabad angefreundet hatten, hat uns kürzlich von einer für ihn sehr ernüchternden Erfahrung erzählt. Nach einem halben Jahr intensiven Unterrichts in Französisch an einer Jungenschule in Jalalabad für besonders begabte vierzehn- bis sechzehnjährige Jungen, hatte er bei einem schriftlichen Test festgestellt, dass fast alle seine Schüler so gut wie nichts gelernt hatten. Er war völlig fassungslos. Immerhin hatte er ein Zusatzstudium »Französisch als Fremdsprache unterrichten« absolviert und seine Unterrichtsstunden mit großem Aufwand vorbereitet. Er fragte seine Schüler, warum sie offenbar keinerlei Anstrengungen unternommen hatten. Zu seiner Verblüffung antworteten sie ernsthaft, dass sie nicht lernen konnten, weil sie keine Angst vor ihm hätten. Er habe ja nicht einmal einen Stock, mit dem er sie schlagen könne. Also sagen wir nichts, und Khazan Gul fährt fort: »Damals, als ich zur Schule ging, hatte ich hervorragende Lehrer, wir haben viel gelernt. Die Unterrichtsmethode war gut und einfach: Jeder Lehrer war sehr an seinem Fach interessiert und wollte, dass die Kinder in diesem Fach etwas lernen. Dazu hat er uns gezwungen, notfalls mit Strafe. Das war der Erziehung in unseren Familien angepasst. Die Kinder lernten aus Angst. Ich wurde jedes Mal vom Lehrer für den Koran geschlagen, weil ich auf Arabisch das ›'Ain‹ und das ›Ghain‹ nicht unterschiedlich aussprechen konnte. Am Ende habe ich es nur gelernt, weil ich mich nicht mehr schlagen lassen wollte. Noch heute wundern sich manchmal selbst Mullahs, dass ich das so gut ausspreche. Dann denke ich an meinen Lehrer und bin ihm dankbar dafür, dass er mich auf diese Weise gezwungen hat.

Im Unterricht hat ein Kind die Lektion vorgelesen, dann ein anderes, und zum Schluss hat der Lehrer alles erklärt. Wichtige Sätze wurden an die Tafel geschrieben. Jedes Kind hatte ein schwarzes Täfelchen. Auf dem wurden mathematische Aufgaben gelöst. Es ging dabei auch um Geschwindigkeit. Wir hatten eine halbe oder eine Minute Zeit und mussten danach das Täfelchen umdrehen und auf den Boden legen. Alle wollten Erster sein. Der Lehrer hat jede Antwort kontrolliert. Wenn sie nicht richtig war, musste das Kind aufstehen. Wer stand, wurde mit einem kleinen Stock geschlagen. Manche Fragen konnte keiner beantworten. Die hat der Lehrer selbst an der Tafel gelöst, und es wurde niemand bestraft. Dann musste ein Schüler nach dem anderen an der Tafel zeigen, ob er es verstanden hat oder nicht. In der vierten Klasse hatte ich bald das ganze Mathematikbuch durchgearbeitet. Danach habe ich einfach weitergemacht mit den Büchern für die fünfte und sechste Klasse. Ältere Schüler haben mir geholfen. Unser Mathematiklehrer in Dragai war sehr gut, er hat mir viel erklärt. Bis zur sechsten Klasse hatten wir ihn, danach war die Schule in Dragai zu Ende.

Hier in diesem Ort können die Kinder gut lernen, vielleicht so gut, wie wir damals. Es gibt noch einige gute Lehrer. Manche von ihnen waren Khalki, das heißt, sie waren in der Jihad-Zeit in der kommunistischen Partei und haben mit den Russen zusammengearbeitet. Das ist an vielen Orten ein großes Problem, weil es Hass und den Wunsch nach Rache gibt. Aber in diesem Dorf ist das inzwischen nicht mehr wichtig. Die Dorfbewohner haben entschieden, dass sie die Vergangenheit ruhen lassen wollen, und dass alle zusammen für die Zukunft des Dorfes und des Stammes arbeiten. Dazu gehört eine gute Schule für die Kinder. Die Stammeszugehörigkeit ist bei uns entscheidend, eine Parteizugehörigkeit weniger. Viele Khalki haben sich geändert, sie wissen, dass sie Fehler gemacht haben. Sie sind heute sehr anerkannt im Dorf und beten auch wieder. Sie müssen beten, wenn sie hier leben wollen.

Das kann für ganz Afghanistan eine Lösung sein: Alle, die ideologisch entfremdet waren, sollen zurück zum Stamm kommen, der Stamm ist unser Fundament. Eine Entwicklung muss beim Fundament anfangen, sie darf es nicht sprengen. Menschen vom selben Stamm dürfen nicht gegeneinander kämpfen, ideologische Konflikte untereinander müssen sie friedlich lösen. Viele haben sich den Kommunisten, den islamischen Parteien oder den Taliban angeschlossen, weil sie nicht zufrieden sind, weil sie Veränderungen wollen. Das will ich auch, schon mein ganzes Leben lang, das wollen fast alle Afghanen, glaube ich. Aber ohne eine Grundstruktur, die allgemein akzeptiert ist, kann man Veränderungen kaum erreichen. Bisher hat jede Entwicklung irgendwo in der Mitte angefangen, in der Luft. So versuchen es jetzt auch die Europäer und Amerikaner, aber so kann es nicht funktionieren. Die Leute wollen sich bewegen, aber man muss viel Geduld haben. Eine Theorie, die aus Europa kommt, muss bei uns nicht unbedingt umsetzbar sein. Wir stehen in unserer Entwicklung ganz woanders.«

Befreier oder Besatzer

von Heiner

Das Dorf mit der Musterschule haben wir weit hinter uns gelassen. Khalil tritt auf das Gaspedal, mit Schwung verlassen wir
einen trockenen Bachlauf, es geht steil nach oben. Der Weg
besteht aus Steinbrocken, das Auto schwankt, Khalil beugt sich
konzentriert über das Lenkrad. Khazan Gul hält sich an einem
Griff oberhalb der Beifahrertür fest und schaut jetzt ebenfalls
nach vorne. Khalil schafft es, die Brocken zu überwinden, ohne
dass der Fahrzeugboden aufsitzt. Nach etwa hundert Metern
wird der Weg besser und führt in Serpentinen aus dem Tal hinaus. Auf der Anhöhe stoppt Khalil den Wagen.

Khazan Gul hatte angekündigt, uns heute noch etwas zeigen zu wollen. Wir steigen aus und er führt uns vom Fahrweg
weg, bis der steinige Boden vor uns jäh abfällt. »Hier war unsere Basis im Krieg gegen die Russen!« Wir sehen nur einen
Taleinschnitt. Auf den Hängen stehen, wie überall in dieser
Gegend, in lockeren Abständen kleine, knorrige Bäume. Ganz

unten wachsen grüne Büsche. Erst bei genauerem Hinsehen entdecke ich die Reste eines Gemäuers, das wohl aus herumliegenden Steinen erbaut wurde und sich farblich kaum vom ockergelben Hintergrund abhebt. »Unsere Basis war eine der ersten hier, später wurden es immer mehr. Wir waren ein richtiges Zentrum, insgesamt einige tausend Kämpfer. Ich habe bis zu zweihundert Männer kommandiert. Aber ich habe ja mit Guerillataktik gekämpft, da habe ich für einen Angriff nicht so viele gebraucht. Meine Kämpfer habe ich deshalb in drei Gruppen aufgeteilt: Ein Drittel war bei den Landwirtschaftsprojekten beschäftigt, sie haben vor allem Terrassen gebaut, davon habe ich euch schon erzählt. Ein Drittel hat Leuten geholfen, ihre Häuser wieder aufzubauen, wenn irgendwo bombardiert worden war. Das wird in der Guerillataktik ›passiver Widerstand‹ genannt. Und nur ein Drittel hat Angriffe durchgeführt. Die Männer gehörten abwechselnd einer der drei Gruppen an. Nur ich musste ständig in der Gruppe sein, die gekämpft hat, weil ich der Kommandant war.« Khazan Gul winkt uns mitzukommen. »Wir können hinuntergehen, ihr könnt euch das anschauen. Keine Angst, es gibt keine Minen, die Russen sind nie bis hierher gekommen.« Bei jedem Schritt bewegt sich das Geröll unter meinen Füßen und ich rutsche ein Stück abwärts. Khazan Gul läuft in seinen halbhohen schwarzen Turnschuhen trittsicher hinab und wartet unten auf uns.

»Hier haben wir gelebt. Bei meiner Familie war ich meist nur ein Mal pro Woche. Mein Haus war eine Stunde zu Fuß entfernt. Zuerst wollte ich unsere Basis bei mir zu Hause einrichten. Aber die Verwandten aus meiner Sippe haben protestiert, weil sie Angst hatten, dass das Dorf bombardiert wird. Sie hatten recht! Wir haben die Basis an einer Stelle errichtet, wo kein Dorf in der Nähe war. Zusätzlich zu meinen Männern lebten hier auch Kämpfer, die mit anderen Kommandanten gekämpft haben, insgesamt zweihundert oder dreihundert, davon vierzig bis sechzig von mir. Das waren diejenigen, die gerade für die Angriffe eingeteilt waren. Wir hatten mehrere Lehmhäuser und dort drüben stehen noch einige Mauern unserer Moschee.« Khazan Gul zeigt auf das Gemäuer, das ich schon von oben gesehen hatte. »Daneben, bei den Büschen, ist eine Quelle. Von der haben wir unser Wasser geholt.« Er läuft entlang eines trockenen Wasserlaufes aufwärts, der Hang links wird immer steiler, bis er eine fast senkrechte Wand bildet. Das Gestein ist bröckelig, es besteht aus gepresstem Lehm und Schotter. Wir sehen zwei Löcher, in einem verschwindet Khazan Gul gebückt, und wir folgen ihm in das Dunkel. »Die Höhlen haben wir wegen der Bombenangriffe gegraben«, erklärt er. Langsam gewöhnen sich meine Augen an das spärliche Licht. Ich bin überrascht, wie klein und niedrig die Höhle ist. »Immer wieder haben uns die Russen aus der Luft angegriffen, sie wussten, wo unser Lager ist. Wir haben hier gesessen, meistens ist nicht viel passiert. Oben beim Auto könnt ihr nachher sehen, wo Raketen eingeschlagen haben.« Ich frage Khazan Gul, ob die Moschee getroffen wurde. Er antwortet: »Nein, die Moschee und die Häuser sind verfallen, der Regen hat sie zerstört. Das Tal ist eng. Um gut zu treffen, hätte man mit dem Flugzeug dicht über dem Boden fliegen müssen. Aber das war nicht möglich wegen der Berge. Und auf dem Landweg war es für die Russen zu schwierig, uns anzugreifen.« Die zweite Höhle ist noch kleiner. Wir können uns kaum vorstellen, wie zweihundert Männer in diesen beiden Höhlen Platz fanden und sind froh, die dunkle Enge zu verlassen.

»Viele der Basen hatten solche Schutzhöhlen, die auf der anderen Seite zum Beispiel auch.« Khazan Gul weist auf einen Hang, der wenige hundert Meter Luftlinie entfernt und durch einen Taleinschnitt von uns getrennt ist. »Wir waren eine richtig starke Zentrale der Mujahedin, die stärkste in der Region um Khost. Aus anderen Zentralen sind die Mujahedin manchmal geflüchtet, wenn sie angegriffen wurden, wir hingegen haben uns immer verteidigt. Wir sind hier in Tani, im Gebiet meines Stammes. Aus vielen Gegenden ist die Bevölkerung nach Pakistan geflohen, aber in Tani haben während des ganzen Krieges Menschen gelebt. Durch unsere Landwirtschaftsprojekte und Wiederaufbauhilfe war das möglich. Bei uns haben sich alle Männer verpflichtet zu kämpfen, wenn die Russen angriffen. Dann wurde in die Luft geschossen. Jeder, der schießen konnte, musste kommen. Es war schwer für die Russen, bis hierher vorzudringen. Ihr seht das Gelände, nur wenige Wege kann man mit Panzern befahren. Wenn welche gekommen sind, haben wir an den engen Stellen, hinter Felsen oder in Bewässerungsgräben, Leute versteckt. Sie haben die Panzer mit Beuteln und Flaschen beworfen, die gefüllt waren mit einer klebrigen Spezialmischung aus Seife, Öl und Petroleum. Das hat den Fahrern die Sicht nach draußen erschwert, und wenn genügend davon auf einem Panzer klebte, haben wir ihn angezündet. Dafür mussten wir sehr nahe ran, nur im Nahkampf hatten wir eine Chance.

Am liebsten sind die Russen auf asphaltierten Straßen gefahren. Die haben wir dann so untertunnelt, dass nur die dünne Asphaltschicht blieb. Wenn ein Panzer kam, ist er eingebrochen und kam nicht mehr weg. Oder wir haben Mulden mit Reisstroh gefüllt und getarnt. Dort drehten dann die Ketten durch und wir konnten Granaten werfen oder diese selbstgemachte Mischung. Am Anfang hatten wir keine Anti-Panzer-Waffen, da haben wir uns mit diesen einfachen Mitteln gewehrt. Ein Panzer kann nicht gut denken. Wir konnten gut denken und kannten das Gelände besser.«

Wir gehen über einen Platz, um den herum größere Steine liegen, Khazan Gul bleibt stehen. »Hier haben wir Versammlungen abgehalten. Wenn ich nicht gekämpft habe, war ich Lehrer. Ich habe erklärt, warum wir kämpfen, warum die Sowjetunion in Afghanistan ist, welche Ziele die Russen haben. Wir haben viel diskutiert. Die Leute hatten sonst keine Arbeit und haben gerne zugehört, oft waren mehrere hundert da. Das war eine gute Möglichkeit, viele Menschen zu erreichen. Ich habe den Krieg nicht nur als Krieg, sondern als Gelegenheit für eine Bewusstseinsentwicklung gesehen. Der Kampf war nicht mein Hauptziel. Ich wollte die Leute politisieren, ein politisches Bewusstsein schaffen.«

Wir steigen den Steilhang hinauf, zurück zum Auto. Jetzt fallen uns neben der Schotterstraße zwei Krater von Raketeneinschlägen auf. Beide sind gut zwei Meter tief und haben einen Durchmesser von mehr als zehn Metern. Wir versuchen, uns den Ort einzuprägen. Könnten wir die Basis auch ohne Khazan Gul aufsuchen? Obwohl ich keinen schlechten Orientierungssinn habe, würde ich die Höhlen wohl nicht auf Anhieb wiederfinden. Weite Teile des von Paschtunen besiedelten Hochlands in Afghanistan und Pakistan sind von Tälern zerfurcht, von denen unzählige Einschnitte abzweigen, in denen wiederum Dörfer oder Lager Platz finden – ein idealer Rückzugsraum für Widerstandskämpfer.

Seit unserem Besuch der Basis sind einige Tage vergangen. Heute möchte Khazan Gul wieder ins »Himmelsdorf«, um dort die Pflanzung von Obstbäumen zu organisieren. Auf dem Rückweg will er an der Baustelle der großen Jungenschule mit dem tüchtigen Schuldirektor nach den Baufortschritten sehen und die Maurer für ihre Arbeit bezahlen. Die Fahrten werden lange dauern, und so sind wir im Morgengrauen aufgebrochen. Wir fahren auf einer breiten Schotterpiste über die Ebene, die südwestlich von Khost vor den Bergen liegt. Auf einer Kuppe tauchen Fahrzeuge des US-Militärs auf. Khazan Gul ruft uns über die Schulter nach hinten zu: »Fotoapparat weg!« Gleich zu Beginn hatte er uns gesagt, dass wir, wenn wir mit ihm unterwegs sind, gerne von allem Fotos machen dürften, mit zwei Ausnahmen: paschtunische Frauen und amerikanische Soldaten. Beides sei zu gefährlich. Und er meinte es ernst. Was das Militär angeht, empfinde ich diese Vorsichtsmaßnahme als übertrieben. Dass westliche Soldaten auf jemanden schießen, weil er eine Kamera in der Hand hält, kann ich mir nicht vorstellen. Kürzlich habe ich in einem, wie ich dachte, unbeobachteten Moment, unter einem Baum stehend, Hubschrauber der US-Armee fotografiert. Khazan Gul hatte mich gesehen und war sehr aufgebracht gewesen. Nur um ihn nicht zu verärgern, schiebe ich unseren Fotoapparat unter einen Sitz.

Von den Luftangriffen in Bagdad am 12. Juli 2007, bei denen die Besatzung eines Kampfhubschraubers der US-Armee zwei Reuters-Reporter mit Maschinengewehrfeuer getötet hat – wohl, weil sie deren Kameras für Waffen hielt – können wir jetzt, im Frühjahr 2004, noch nichts wissen. Doch Khazan Gul hat über die hervorragend funktionierende Mundpropaganda offenbar schon von ähnlichen Vorfällen in Afghanistan gehört. Erst im Jahr 2010 werde ich auf diese Angriffe in Bagdad aufmerksam: Auf der Plattform Wikileaks wird ein Video veröffentlicht, das aus diesem Kampfhubschrauber aufgenommen worden war. Ich erinnere mich mit Schaudern daran, wie ich hinter dem Rücken von Khazan Gul und in anderen Gegenden von Afghanistan einige Male westliches Militär fotografiert habe. Vor allem aber führt es mir vor Augen, dass über vieles von dem, was für die Bevölkerungen in Afghanistan und Irak Realität und über Mundpropaganda allgemein bekannt ist, in unseren Massenmedien – wenn überhaupt – erst mit langer Verzögerung berichtet wird.

Monika und ich haben eine Vorstellung davon, warum die US-Soldaten in den Bergen waren. In Jalalabad hatten wir gehört, dass eine groß angelegte Suche nach Bin Laden und hochrangigen Taliban laufe. Im Osten und Süden Afghanistans werden Dörfer durchkämmt. Afghanische Freunde in Jalalabad hatten von Verwandten erfahren, wie die US-Armee dabei vorgeht. Die Durchsuchungen finden meist nachts statt. Militärisch sind die westlichen Soldaten den Afghanen bei Dunkelheit durch die bessere Technik weit überlegen. Unsere Freunde hatten uns auch erzählt, wie dieses Vorgehen aufgenommen wird: Es werde als großer Fehler gesehen. In ein Dorf komme man nachts nur als Verbrecher. Wer nichts Böses wolle, komme tagsüber. Nach den paschtunischen Stammesgesetzen dürfe man auf einen Eindringling, vor allem wenn er nachts auf das eigene Grundstück komme, sofort schießen. Da es keine Polizei gebe in den Dörfern, sei das die beste Abschreckung gegen Räuber. Unsere Freunde meinten, die US-Amerikaner müssten dieses Gesetz doch verstehen. In den USA dürfe man doch auch auf jemanden schießen, der das eigene Grundstück unerlaubt betrete. Aber wenn sich Afghanen verdächtig bewegten oder wehrten, schössen die US-Soldaten sofort, mit überlegenen Waffen. Bei solchen Aktionen sterben viele Afghanen, andere werden mitgenommen und verschwinden für Monate oder für immer, ohne Anklage und Gerichtsverfahren. Ihre Verwandten schilderten, dass die Soldaten in die Häuser eindrängen, sogar Frauen hinauszerrten. Afghanische Frauen, die kein fremder Mann sehen darf, würden von männlichen Soldaten angefasst, stünden ungeschützt da, während die Soldaten die Häuser durchsuchten. Wir wissen mittlerweile, dass das für Afghanen eine unerträgliche Ehrverletzung darstellt – wobei sich wohl auch in westlichen Ländern Widerstand regen würde gegen ein solches Vorgehen von Ausländern, die sich anmaßen, über allen nationalen Gesetzen und Institutionen zu stehen. In Afghanistan jedenfalls wird dadurch die Ehre der Familie, der Sippe und des Stammes zutiefst verletzt. Um ihre Ehre wiederherzustellen, schließen sich viele Afghanen dem Widerstand an. So machen sich die westlichen Soldaten mit diesen Hausdurchsuchungen ein Dorf nach dem anderen zum Feind.

Jetzt sehen wir, dass es vier breite, gepanzerte Geländewagen sind, die uns entgegenkommen, jeder mit einem Maschinengewehrschützen auf dem Dach. Plötzlich ändert der erste Wagen seine Fahrtrichtung und kommt frontal auf uns zu. Khalil hält am rechten Straßenrand an. Khazan Gul meint, dass die Soldaten uns wohl kontrollieren wollen. Doch als unser Auto steht, kehrt das Militärfahrzeug auf seine Straßenseite zurück. Die ersten drei der vier Wagen passieren uns.

Monika und ich ahnen, dass die US-Soldaten einen Selbstmordanschlag verhindern möchten und deshalb wollen, dass wir mit unserem Fahrzeug stehen bleiben. Wenn wir fahren, könnten wir mit einer kleinen Lenkbewegung nach links in Bruchteilen einer Sekunde eine Kollision herbeiführen und eine Bombe zünden. Der Abstand einer Straßenbreite dagegen würde die Durchschlagskraft einer Explosion in vielen Fällen so stark mindern, dass die Soldaten überleben würden. Sie kennen das aus dem Irak, wo nahezu täglich Selbstmordangriffe stattfinden. Aber in Afghanistan hat es bisher noch fast keine gegeben, sodass Khazan Gul und Khalil nicht verstehen, was die Soldaten bezwecken. Es ist für die Afghanen oft nicht einfach zu erkennen, was die ausländischen Soldaten gerade verlangen. An manchen Orten, so wie zum Beispiel vor der Basis der US-Armee in Khost, darf man nicht stehen bleiben, aber hier mussten wir anhalten.

Der vierte Geländewagen folgt als Nachzügler mit etwas Abstand, als die anderen bereits an uns vorbeigefahren sind. Weil die Soldaten offenbar nichts von uns wollten, fährt Khalil wieder an. Ich rufe erschrocken von hinten »Anhalten!«, aber es ist zu spät: der vierte Wagen, der nun auf vielleicht fünfzig Meter herangekommen ist, ändert sofort seine Richtung und steuert, wie schon der erste, frontal auf uns zu, der Schütze auf dem Dach zielt mit dem Maschinengewehr auf uns. Zum Glück reagiert Khalil blitzschnell, lenkt nach rechts, tritt auf die Bremse, und wir kommen mit blockierenden Reifen am Straßenrand zum Stehen. Das war knapp. Ein oder zwei Sekunden später wären wir einander so nahe gewesen, dass der Soldat am Maschinengewehr sehr wahrscheinlich geschossen hätte. In einigem Abstand rollt das große Fahrzeug jetzt an uns vorbei, das Maschinengewehr bleibt auf uns gerichtet.

Ich bin dem unbekannten US-Soldaten sehr dankbar, dass er uns diese Sekunden zum Anhalten gegeben hat. In seiner Haut hätte ich nicht stecken wollen. Er möchte überleben. Plötzlich fahren Afghanen in einem Auto, das schon stand, wieder los und kommen auf ihn und seine Kameraden zu. Er hat wenige Sekunden, um zu schießen, bevor es zu spät ist. Auch wenn er tötet, eine harte Bestrafung hat er nicht zu befürchten. Denn für seine Vorgesetzten und die Regierung sind tote US-Soldaten politisch viel schwerer zu rechtfertigen als einige tote Afghanen, die wegen eines Missverständnisses nicht angehalten haben, auch, weil Afghanen in den USA keine Wähler sind. Offiziell wären wir wahrscheinlich einfach als getötete Aufständische gezählt worden, deren Angriff in letzter Sekunde verhindert werden konnte.

Als sich meine Aufregung nach einer Weile gelegt hat, komme ich zu dem Schluss, dass es in einer solchen Situation nicht hauptsächlich die persönliche Schuld des Soldaten ist, wenn Afghanen getötet werden. Wir, die Wähler in den westlichen Ländern sind für die Verwendung unserer Steuermittel und damit für jeden Krieg voll verantwortlich. Wir ordnen über die von uns gewählten Politiker den Kriegseinsatz selbst an. Zwangsläufig werden dabei Soldaten jeden Tag in die Lage kommen wie der US-Soldat bei der Begegnung mit uns. Ihm dann die überwiegende Schuld dafür zuzuschieben, wenn er in einer für ihn unübersichtlichen Situation tötet, halte ich für ungerecht. Es würde ausblenden, dass andere, die nicht selbst schießen, ihn hierher geschickt und damit entschieden haben, dass er töten muss, um zu überleben. Und diese anderen, die seinen Einsatz aus der sicheren Ferne angeordnet haben und bezahlen, sind letztlich wir.

Noch weniger als die Schuld des Soldaten ist es die der Afghanen. Sie fahren durch ihr Land und bekommen Signale von ausländischen Soldaten, die sie nicht immer zuverlässig deuten können. Manchmal verstehen die Soldaten die Reaktion der Afghanen aus Angst falsch und versuchen, mit tödlichem Maschinengewehrfeuer einen vermeintlichen Angriff zu verhindern. Eine Eskalation ist also vorprogrammiert. Denn jeder Tod eines Afghanen löst die Pflicht einer Großfamilie zur Blutrache aus.

Auch in den folgenden Jahren erfahren wir bei unseren Reisen im Land immer wieder, dass es wesentlich gefährlicher sei, sich einem Kontrollposten von NATO-Soldaten zu nähern, als einem Posten der afghanischen Armee oder Polizei. Man berichtet uns, dass erstere viel schneller schießen würden. Dies kann jedoch nicht etwa daran liegen, dass die Afghanen nicht attackiert würden. Im Gegenteil: Bei Angriffen sterben jedes Jahr zahlreiche afghanische Polizisten und Soldaten, für 2010 zum Beispiel wurde eine Zahl von insgesamt 1.480 ermittelt[1], was den bisherigen Höchststand darstellt, aber vielen Afghanen zu niedrig erscheint. Wir glauben mittlerweile, dass der Grund für das unterschiedliche Vorgehen damit zusammenhängen könnte, dass die NATO-Soldaten aus Gesellschaften kommen, in denen ein junger Mensch, seine Familie und sein Umfeld davon ausgehen, dass er den Großteil seines Lebens noch vor sich hat. Sie möchten deshalb bei ihrem Einsatz in Afghanistan ihr persönliches Risiko zu sterben so weit wie möglich verringern. Dies tun sie auch dadurch, dass sie im Zweifel eher zu früh als zu spät schießen oder bombardieren. Wer im sicheren Deutschland oder in anderen westlichen Ländern sollte ihnen das verdenken? Afghanische Soldaten und ihre Familien müssen dagegen ohnehin mit einem höheren Todesrisiko leben. Jeden Tag sterben hier viele Kinder und junge Leute durch Krankheiten, Unfälle und Gewalt. Afghanen nehmen daher das zusätzliche Risiko bei der Arbeit als Soldat oder Polizist eher ohne den Versuch in Kauf, es durch übermäßige Bedrohung von Passanten zu vermindern. Hinzu kommt, dass die afghanischen Polizisten und Soldaten im Land bleiben, sie gehen nach ihrem Einsatz nirgendwohin zurück. Sie können von der Familie eines Erschossenen belangt oder getötet werden. Das haben ausländische Soldaten für sich persönlich kaum zu befürchten. Die Rache trifft stattdessen diejenigen Soldaten, die nach ihnen ins Land kommen oder andere Ausländer. Diese haften sozusagen als nächste Verwandte des Täters im System der Blutrache mit, wenn der Täter selbst nicht greifbar ist. Wie also soll hier eine fremde Armee Frieden bringen?

Während der Weiterfahrt sind wir schweigsam. Irgendwann dreht sich Khazan Gul zu uns um. »Ich habe sehr große Hoffnungen gehabt, als die Amerikaner vor zwei Jahren gekommen sind. Ich dachte: ›Jetzt kommen Amerikaner und Europäer und helfen uns. Jetzt können wir uns gut entwickeln.‹ Viele

---

1 Afghanistan-Index des Brookings-Instituts, 16. Mai 2012

Afghanen haben die Amerikaner anfangs sogar als Befreier gesehen.

In den ersten Tagen nach dem Sturz der Taliban wurde in den Ministerien viel geplündert. Das wollte ich verhindern, wenigstens beim Erziehungsministerium, und ich wollte bei der Regierung mithelfen. Ich habe einige bewaffnete Männer mitgenommen, das Erziehungsministerium besetzt und gesagt: ›Ich bin der neue Erziehungsminister.‹ Ich habe nicht erlaubt, dass irgendetwas weggenommen wird. Ein Freund von mir hat es geschafft, von der Polizei ein Dokument zu bekommen, auf dem stand: ›Khazan Gul ist der neue Erziehungsminister.‹ Das darf die Polizei natürlich eigentlich nicht bestimmen. Aber mit dem Dokument und mit meinen bewaffneten Freunden, die Tag und Nacht im Ministerium waren, habe ich mich im ersten Monat dort gehalten. Sie haben Leute, die hinein wollten, untersucht, ob sie Waffen oder Sprengstoff bei sich haben. Nach einem Monat bin ich nach Kabul gefahren und wurde offiziell als Minister bestätigt. Eineinhalb Jahre war ich im Amt. In dieser Zeit habe ich ständig gearbeitet. Jeden Morgen, bevor das Ministerium öffnete, habe ich eine andere Schule in Khost aufgesucht und kontrolliert, ob die Lehrer und Schüler anwesend sind. Erst danach bin ich ins Büro gegangen. Die Leute waren sehr zufrieden und sind heute noch dankbar. Auch wenn ich jetzt manchmal etwas sage, wird das im Ministerium akzeptiert und umgesetzt. In den eineinhalb Jahren habe ich über fünfzig Schulen gegründet. Wenn Dorfvertreter kamen und für ihr Dorf eine Schule beantragten, habe ich das immer bewilligt. Ihr habt einige dieser Schulen gesehen. Kaum eine hat ein Gebäude, dafür hat die Regierung kein Geld. Aber die Lehrer werden bezahlt und ich dachte mir, das Wichtigste ist, dass überhaupt ein Lehrer da ist, der die Kinder unterrichtet. Alles andere kann später kommen. So konnte ich helfen, dass es in vielen Dörfern jetzt Schulen gibt. Andererseits waren mir als Minister oft die Hände gebunden, ich konnte längst nicht alles umsetzen, was ich gerne gemacht hätte. Das hat mich bedrückt und letztlich musste ich deshalb auch wieder gehen. Sie wollten mich nicht mehr haben, weil sie fanden, dass ich zu viel verändern wollte. Ohne Amt fühle ich mich nun freier und kann genau das tun, was ich für richtig halte.

Unsere Regierung ist machtlos, sie braucht die Amerikaner. Gleichzeitig wird sie durch diese Abhängigkeit aber weiter geschwächt. Denn die Amerikaner machen, was sie wollen. Zum Beispiel kann unsere Regierung nicht verhindern, dass die Amerikaner Aktionen durchführen. Sie führen sich als Herren auf. Aber kein Afghane kann einen fremden Herrn akzeptieren. Die Amerikaner sollten sich anders verhalten, nicht wie Besatzer. Sie haben die afghanische Regierung eingesetzt, jetzt sollten sie ihr auch vertrauen. Sie sollten nur dann etwas tun, wenn unsere Regierung ihnen den Auftrag gibt. Wenn die Amerikaner zum Beispiel Afghanen ins Gefängnis bringen wollen, dann sollten sie nicht selbst hingehen und die Leute festnehmen, sondern das mit unserer Regierung und Polizei absprechen und es uns Afghanen machen lassen. Wir wissen viel besser, wie man in welcher Situation angemessen vorgeht. Das alles sollte sich bald ändern. Ansonsten wird der Widerstand gegen die Amerikaner immer größer werden.«

Die Maurer, die Abrechnung und: Das Buch

von Monika

Im Himmelsdorf verteilt Khazan Gul Obstbaumsetzlinge und wir sehen zu, wie die kleinen Bäume auf Terrassenfelder gepflanzt werden. Am Nachmittag steuern wir auf dem Rückweg die Baustelle der großen Jungenschule an. Khazan Gul erzählt uns, dass er heute eine Zwischenabrechnung für die Maurerarbeiten machen möchte. Als wir vor dem Rohbau aussteigen, werden wir vom Schuldirektor willkommen geheißen, er freut sich uns wiederzusehen. Mehrere Männer sind dabei, die Mauer eines Klassenzimmers fertigzustellen. Drei von ihnen mischen gerade Sand und Zement. Einer kauert hoch oben auf der Mauer. Ein weiterer wirft einen Ziegelstein nach dem anderen senkrecht hinauf, sodass ihn der Mann oben auffangen kann, um ihn auf den vorbereiteten Mörtel zu legen. Wir schauen eine Weile zu, bis uns der Schuldirektor in eines der Klassenzimmer bittet. Der Raum ist der einzige, der bereits ein Dach hat. An einer Wand steht ein Charpoi, auf der anderen Seite liegt Werkzeug. Ein älterer Mann hat Tee zubereitet. Khazan Gul erklärt uns, dass dieser am Bau mitarbeitet und zusätzlich seit vielen Wochen jede Nacht hier verbringt, um die Baustelle zu bewachen. Mit uns gekommen sind einige derer, die an der Mauer gearbeitet haben und ein Lehrer der Schule, der gleichzeitig die Bauaufsicht führt. Wir setzen uns alle gemeinsam auf einen gemusterten Webteppich aus Plastik. Der grüne Tee wird in Gläser eingeschenkt, zum Süßen wird leuchtend gelber Honig auf einem flachen Teller gereicht. Der Lehrer übergibt ein kleines Heft voller Zahlen und Aufzeichnungen an Khazan Gul, der es kurz schweigend durchsieht, zurückgibt, ein Bündel Geldscheine aus seiner Weste zieht und vor sich hinlegt. Die anderen beginnen zu rechnen. Summen werden in das Heft notiert. Immer wieder kommen der Lehrer, der ältere Mann, der Schuldirektor und die Arbeiter zu unterschiedlichen Ergebnissen. Wir werden schon fast ungeduldig. Khazan Gul mischt sich nicht ein, er sitzt da und trinkt ein Glas Tee nach dem anderen. Wenn sich alle auf einen Betrag einigen konnten, nimmt er das Geldbündel und überreicht mehrere Scheine. Manchmal schüttelt er den Kopf und sagt ein paar Worte, dann fangen die anderen von Neuem an zu rechnen. Ich bewundere seine anscheinend unerschöpfliche Geduld. Erst nach gut drei Stunden ist die Abrechnung beendet und wir brechen auf. Kurz vor Einbruch der Dunkelheit erreichen wir sein Anwesen.

Nach dem Abendessen setzen wir uns auf ein Charpoi unter den Sternenhimmel, der wunderbar klar zu sehen ist. Die Lampe im Hof bleibt heute aus. Khazan Gul hat entschieden, dass der Generator nicht angeworfen wird, weil außer uns keine Gäste da sind. Heiner fragt ihn, warum die Abrechnung so lange gedauert habe. Er antwortet: »Leider können nicht alle sehr gut rechnen. Aber ich glaube, dass es wichtig war, dass sie ohne mich abgerechnet haben. Sonst wäre irgendeiner am Ende nicht zufrieden gewesen. Das weiß ich, ich habe selbst viel auf Baustellen gearbeitet, sogar schon als Kind.« Noch ist es früh am Abend. Und so bitte ich Khazan Gul, mehr darüber zu erzählen. »Das erste Mal war nach der vierten Klasse. Das Schuljahr endet bei uns im Herbst. Im Winter hatten wir drei Monate Ferien. Das ist bis heute so. Denn die Schulen sind nicht geheizt und es ist zu kalt zum Lernen. Die Ernte war schlecht ausgefallen und es gab nicht genug zu essen, deshalb gingen in diesem Winter viele Männer aus unserem Dorf nach Pakistan, um dort zu arbeiten. Die Arbeit war hart und nicht gut bezahlt. Ich bin zu Fuß nach Pakistan gelaufen, nach Bannu, das ist noch im Paschtunengebiet. Drei oder vier Tage lang war ich unterwegs. Ich habe Männer aus unserem Dorf aufgesucht und ihnen beim Mauerbau geholfen. Meine Arbeit war, das weiterzugeben, was der Maurer verbaut: Steine und Lehm. Ich habe noch weniger Geld bekommen als die anderen: Pro Tag eine pakistanische Rupie[1], etwas mehr, als ich für Essen gebraucht habe. Den Rest habe ich meiner Mutter gebracht. Ich musste nicht fürchten, dass mir jemand auf dem Weg das Geld wegnimmt. Mein ältester Bruder war damals schon so berühmt als Räuber, dass alle Angst vor ihm hatten. Niemand hätte sich getraut, mich anzugreifen. Das Geld, das ich verdient habe, hat gerade so gereicht, um über den Winter zu kommen.

Nach der sechsten Klasse habe ich wieder auf einer Baustelle gearbeitet, ich wurde sogar Maurer. Bei diesem Mal bin ich weiter nach Pakistan hineingegangen, bis in den Panjab. Dort konnte ich mehr verdienen als im Paschtunengebiet nahe der afghanischen Grenze. Zum nächsten Schuljahr, das im Frühjahr begann, durfte ich auf das Internat nach Kabul und dafür brauchte ich Kleider und Geld. Im Panjab habe ich andere Afghanen gesucht. Als ich einige gefunden hatte, ließen sie mich nicht mitarbeiten, weil ich den gleichen Anteil vom Geld wollte. Sie dachten, dass ich zu jung bin und nicht so gut arbeiten kann wie sie. Der Bauherr hat nicht jeden einzeln entlohnt. Das, was er für eine Mauer bezahlte, wurde von den Arbei-

---

1 Dies entsprach damals (wohl um das Jahr 1956 herum) etwa 88 Pfennig (in Preisen des Jahres 2011: 1,91 Euro).

tern untereinander geteilt. Ich war noch nicht so stark, aber in der Schule hatte ich ab der vierten Klasse Geometrie gelernt. Daher wusste ich viele Dinge, die auf dem Bau nützlich sind, was eine Senkrechte und was eine Gerade ist. Schon als ich das erste Mal in Pakistan war, habe ich gesehen: Der Maurer muss nicht so hart arbeiten, also keine Sachen tragen, nur die Mauer errichten. Und doch ist er der wichtigste Mann. Diese Arbeit wollte ich unbedingt bekommen, dann würden mich die anderen brauchen. Deswegen habe ich den Maurer heftig kritisiert. Ich habe ihm vorgeworfen: ›Du machst das nicht gut, das ist Betrug! Die Leute zahlen dafür! Ich kann das besser.‹ Der Maurer war beleidigt und wurde nervös. Er hat ein Stück harten Lehm auf mich geworfen und wollte mich schlagen. Aber die anderen Arbeiter haben gemeint: ›Vielleicht hat er ja recht, warum beschimpfst du ihn?‹ Da hat er gesagt: ›Gut, morgen wirst du beweisen, dass du das kannst.‹ Ich habe geantwortet: ›Ja, ich kann das. Das ist doch leicht.‹

Am nächsten Tag bin ich extrem früh aufgestanden. Ich hatte keine Winterkleider und habe in der Kälte gezittert. An der Baustelle war ich der erste und habe mir die Mauer genau angeschaut. Ich hatte noch nie selbst eine gebaut, aber ich wusste: Sie muss senkrecht sein, der Schwerpunkt darf nicht außen liegen. Als die Arbeiter kamen, habe ich einen Teil der Mauer wieder kaputt und dann neu gemacht. Anstatt eines Mannes mussten mir zwei den Lehm geben. Ich habe schnell gearbeitet und versucht, alles gut zu machen. Nach einiger Zeit haben die anderen einander angesehen: ›Mensch, hat der viel geschafft!‹ Da bin ich von der Mauer heruntergekommen und habe gefordert: ›Ich möchte den gleichen Teil vom Geld wie alle anderen. Ich bin nicht verrückt und arbeite umsonst.‹ Sie waren einverstanden. Von da an war ich für sie sehr wichtig. Auch mit meinem Anteil konnten sie mich nicht betrügen. Ich konnte viel besser rechnen als sie.

Die Arbeiter sprachen alle nur Paschtu. Aber es gab einen Afghanen, den Unternehmer, der konnte Panjabi. Er war immer unterwegs, um Arbeit für uns zu suchen. Dafür mussten wir ihm ein Zehntel des Geldes abgeben. Als ich verstanden hatte, wie einfach der Unternehmer sein Geld bekommt, habe ich mich geärgert und zu einigen Arbeitern gesagt: ›Den brauchen wir doch nicht. Ich kann ein bisschen Panjabi, ich kann auch Arbeit für uns finden.‹ Zwei Männer sind sofort mitgekommen. Es war nicht schwierig, wir hatten gleich einen Auftrag. Ich habe gemauert und die beiden haben den Lehm gebracht. Als die Mauer fertig war, bin ich zu unserem Auftraggeber hingegangen und wollte das Geld. Aber er dachte gar nicht daran uns zu bezahlen. Er hat mich nicht ernst genommen und glaubte, ich kann sowieso nichts dagegen tun. Ich bin zu den anderen Arbeitern zurück. Der afghanische Unternehmer hat mitbekommen, dass wir nicht bezahlt wurden. Er hat mich ausgelacht: ›Ich habe dir gesagt, du kannst das nicht. Man muss die Leute kennen! Man muss wissen, wer bezahlen wird. Die Arbeit zu bekommen ist leicht, das Geld zu bekommen ist umso schwieriger. Wie willst du es jetzt kriegen?‹ Ich habe geantwortet: ›Morgen vielleicht.‹ Die ganze Nacht habe ich überlegt, was ich mache, ich war ratlos.

Am nächsten Morgen bin ich wieder zu dem Haus gegangen. Der Mann war nicht da, aber seine Frau. Die Panjabi und besonders die Frauen haben große Angst vor uns Afghanen. Im Kaschmirkrieg zwischen Pakistan und Indien waren viele Afghanen zum Kämpfen nach Pakistan geholt worden. Danach waren sie als Räuber und Diebe im Land unterwegs. Sie haben Grausamkeiten verübt und sogar Frauen geraubt. Ich bin einfach in das Haus reingegangen, in ein Zimmer und habe mich auf das Bett gesetzt. Die Frau hat gerufen: ›Der Pathan, der Pathan ist gekommen!‹ Sie nennen uns Afghanen Pathan. Das ganze Dorf kam gelaufen. Was ich gemacht habe, war eine schwere Beleidigung: Ein vollkommen fremder Mann, ein Pathan, sitzt auf ihrem Bett. Die Männer des Dorfes standen vor dem Haus, sie hatten Bambusstöcke mit einer Spitze aus Metall. Ich war unbewaffnet. Trotzdem hatten alle Angst vor mir. Keiner hatte den Mut ins Zimmer zu kommen. Dann kam der Chaudry, der Dorfvorsteher. Er war sehr böse. Und er war tapfer, er traute sich herein, alleine: ›Khan, was machen Sie da?‹ Sie sprechen uns Afghanen immer mit Khan an. ›Ich habe hier gearbeitet und muss jetzt nach Afghanistan zurück, aber die Leute wollen nicht bezahlen‹, habe ich geantwortet. Er hat die Frau zu sich gerufen: ›Warum wollt ihr nicht bezahlen?‹ Die Frau antwortete: ›Mein Mann ist weggegangen, aber wenn er wiederkommt, dann bezahlt er.‹ Ich habe dem Chaudry gesagt, er soll die Mauer abmessen und sagen, wie viel Geld ich bekomme. Und tatsächlich hat er die Mauer angeschaut und abgemessen. Danach wurde ich gleich bezahlt.

Als ich zu den anderen zurückkam, habe ich so getan, als hätte ich wieder keinen Erfolg gehabt. Der Unternehmer hat die zwei Männer, die mit mir gearbeitet hatten, angesehen und gespottet: ›Das habe ich gewusst. Ich habe euch gewarnt, dass ihr nicht mit ihm arbeiten sollt. Jetzt könnt ihr ohne Geld heimgehen.‹ Die beiden haben geweint. Ich habe ihnen zugeflüstert: ›Nicht weinen, ich habe das Geld.‹ Das haben sie erst nicht geglaubt. Als ich es aus meiner Tasche genommen und ihnen ihren Anteil gegeben habe, sind sie auf den Unternehmer losgegangen, haben ihn gepackt und beschimpft: ›Warum hast du uns ausgelacht, uns so aufgehetzt!‹

Danach musste ich zurück nach Afghanistan und zur Schule. Für die beiden Männer war das ein Problem, sie konnten nach diesem Streit nicht mehr mit dem Unternehmer zusammenarbeiten. Alleine konnten sie aber keine Arbeit finden, denn sie sprachen kein Panjabi. Wir sind dann zu dritt nach Afghanistan gelaufen und haben auf dem Weg in einigen Dörfern bei der Ernte geholfen. Nach diesem Winter hatte ich Kleidung, Schuhe und zweihundert Afghani[2], und ohne die wäre ich nicht nach Kabul und auf das Internat gekommen.«

---

2 Dies entsprach damals (wohl um das Jahr 1958) etwa 42 DM (in Preisen des Jahres 2011: 88 Euro).

Es ist ein herrlich lauer Abend. Khalil und zwei der älteren Söhne von Khazan Gul haben sich zu uns gesellt. Sie versuchen, etwas von Khazan Guls Schilderungen auf Deutsch zu verstehen, ab und zu erzählt er eine Weile auf Paschtu. Heiner und ich amüsieren uns noch immer über die Unverfrorenheit von Khazan Gul, in das Haus des Panjabi zu gehen und sich auf ein Bett zu setzen. »Das ist doch unglaublich, sie hätten dich dafür umbringen können!«, rufe ich fast ein wenig entrüstet. Er zieht nur die Augenbrauen hoch und grinst. »Eigentlich müsste jemand deine ganzen Erlebnisse aufschreiben und ein Buch daraus machen«, wirft Heiner ein. Khazan Gul nickt: »Dabei habe ich euch bisher noch gar nicht so viel erzählt. Tatsächlich gab es schon einmal eine Frau, die ein Buch über mein Leben geschrieben hat, nur über meine Kindheit und Jugend. Das war, als ich in Deutschland studiert habe. Karin hieß diese Frau.« Wir sind begeistert: »Das ist ja toll!«, freue ich mich, »Wie heißt dieses Buch, wie kann man es bekommen?« Khazan Gul seufzt: »Das Buch gibt es leider nicht mehr. Ich habe es verloren! Karin wohnte mit Hans, ihrem Mann, im Haus der Betzmeiers, in der Nähe meines Studentenwohnheims. Die Betzmeiers waren eine Familie, die sich sehr um mich gekümmert hat. Karin und Hans hatten zwei indische Adoptivkinder und waren in Afghanistan gewesen. Sie haben mich für einen Samstagabend eingeladen, ihre Filmaufnahmen aus Afghanistan anzuschauen. Ich durfte sogar noch weitere Afghanen mitbringen. Sie haben für uns gekocht und nach dem Essen den Film vorgeführt. Er zeigte viele unschöne und schmutzige Sachen, zum Beispiel ein Kind von Nomaden, das mit einem Seil auf ein Kamel gebunden war, und wie jemand neben der Straße sitzt und sein großes Geschäft macht. Am Ende haben sie sich entschuldigt: ›Es gibt in Afghanistan viel Schönes. Seid bitte nicht beleidigt, dass wir so viele schlechte Dinge gezeigt haben, das war für uns interessanter als Gärten und Gebäude.‹ Ich habe geantwortet: ›Das waren doch keine schlimmen Sachen. Bei uns ist es wesentlich schlimmer. Wenn ich richtig Deutsch kann, werde ich mein Leben aufschreiben. Dann könnt ihr etwas über das wirkliche Afghanistan lesen. Dort gehen Ausländer nicht hin, weil die Regierung es nicht erlaubt. Sie behauptet, das sei zu wild, zu gefährlich. Die Welt soll nicht erfahren, wie wir leben.‹ Karin meinte: ›Ich habe Zeit, unsere zwei Mädchen machen nicht so viel Arbeit, und ich kann gut schreiben. Ich helfe dir gerne.‹

Zuerst war ich nicht einverstanden. Bei uns darf man das nicht, irgendetwas mit einer Frau unternehmen, wenn sie verheiratet ist. Deshalb habe ich ihren Mann gefragt. Er antwortete: ›Natürlich, das ist ihre Sache.‹

So bin ich dann regelmäßig zu ihnen gegangen, habe Karin von meinem Leben erzählt und sie hat es aufgeschrieben. Am Anfang dachte sie, ich erfinde das alles. Sie fand, ich sei ein fähiger Dichter. Erst bei einer Geschichte hat sie gemerkt, dass ich ihr von wirklichen Erlebnissen erzähle: ›Mein Leben kostet ein Kilo Gerste!‹, habe ich zu ihr gesagt. Das hat sie nicht verstanden, und ich habe ihr erklärt: ›Es war Frühling, ich war etwa fünf Jahre alt, und wir hatten seit drei Tagen nichts zu essen gehabt. Es wuchs noch kaum etwas. Meine Schwester kam mit einer bitteren Pflanze nach Hause. Meine Mutter hat die Pflanze gekocht und wir haben sie gegessen. Gleich danach habe ich schreckliche Bauchschmerzen bekommen und furchtbar geschrien. Meine Mutter hat mich in die Wiege gelegt und ganz stark geschaukelt, richtig geschleudert. Aber ich habe weiter vor Schmerzen gebrüllt. Verzweifelt ist meine Mutter zu einem Hindu in unserem Dorf gegangen, Loku hieß er. Er hatte einen Laden und manchmal Medizin. Sie hat zu ihm gesagt: ›Mein Kind schreit und kann nicht aufhören.‹ Er fragte, was ich gegessen hatte und sie zeigte ihm die Pflanze. Loku war ein kluger und guter Mensch: Er wusste, dass wir diese bittere Pflanze nur gegessen hatten, weil wir sehr hungrig waren und er wusste auch, dass meine Mutter das nicht zugeben konnte. Er hat ihr ein Kilo Gerste gegeben und sie durfte irgendwann später bezahlen, sie hatte ja kein Geld. Sie sollte daraus Brot für mich backen. Das habe ich gegessen und es ging mir wieder gut. Dieses eine Kilo Gerste war die Medizin, die damals mein Leben gerettet hat.‹ Als ich Karin das erzählt hatte, musste ich weinen. Sie hat mich angeschaut und plötzlich hat sie mir geglaubt: ›Das ist alles wahr? Du hast in deiner Kindheit unglaubliche Erfahrungen gemacht. Was für ein großes Glück, dass du lebst und gesund bist, dass du hier sein und studieren kannst.‹ Sie wollte immer noch mehr hören. Ich habe sie sehr gerne gehabt, weil sie so ernsthaft interessiert war und alles aufgeschrieben hat. Sie hat meinem Leben einen Wert gegeben. Nach einiger Zeit ist Hans zu mir gekommen und meinte: ›Karin weckt mich mitten in der Nacht, zeigt mir, was sie geschrieben hat und sagt: ›Lies das: Das ist ein Leben!‹ Du hast sie ganz verrückt gemacht. Ab jetzt solltest du nicht mehr zu ihr kommen.‹ Ich antwortete: ›Ich habe dich extra gefragt und du hast es erlaubt. Ich kann doch jetzt nicht plötzlich zu Karin sagen, dass ich nicht mehr komme, ohne ihr zu erklären warum. Du musst es ihr selbst sagen, wenn du das nicht mehr willst.‹ Aber er hat nichts zu ihr gesagt, und sie sind dann bald nach Düsseldorf umgezogen.

An Ostern wollte Karin mich nach Düsseldorf einladen. Hans war dagegen, aber sie hat ihn unter Druck gesetzt: ›Wenn Khazan nicht kommt, dann fahre ich zu ihm!‹ Mitten in der Nacht standen sie vor der Tür meines Wohnheims. Hans war überhaupt nicht gut gelaunt. Er hat erklärt: ›Karin will, dass du Ostern bei uns verbringst.‹ Ich habe gesagt: ›Ja gut, vielleicht morgen.‹ Er antwortete: ›Nein, wir fahren jetzt, heute Nacht.‹ Ich bin mitgegangen und Karin war zufrieden. In Düsseldorf haben wir die Kunsthalle besucht, ein großes Gebäude mit unzähligen Kunstwerken. Hans hat mir alles gezeigt und erzählt, wie viele Millionen die Kunstwerke wert sind. Ich habe mir das eine Weile lang angehört und angesehen und dann gesagt: ›Das ist doch einfach, das ist doch nichts Besonderes.‹ Er sagte: ›Du bist so dumm! Du kennst den Künstler nicht? Er ist sehr bekannt.‹ Ich habe geantwortet: ›Das kann sein, aber so ein Bild kann ich auch malen.‹ Er war beleidigt, weil er mir die große Kunst Europas zeigen wollte, und ich sie nicht genügend schätzte. Er meinte: ›Gut, ich nehme dich beim Wort! Wir kaufen jetzt alles, was du brauchst: Pinsel, Farbe, Staffelei, Ölfarben‹, und das hat er wirklich gemacht. Ich habe etwas Angst bekommen, weil er so viel Geld ausgegeben hat. Bei ihnen zu Hause haben sie mir ein eigenes Zimmer gegeben. Nach dem Abendessen hat Hans gesagt: ›Jetzt kannst du das Bild malen. Morgen möchte ich es sehen.‹

Ich habe mein Leben gemalt. Etwas anderes konnte ich nicht malen. Alles um mich herum habe ich vergessen, auch mich selbst. Ich habe nur gemalt, geschaut und wieder gemalt. Natürlich konnten andere Menschen nicht wissen, dass das mein Leben darstellte. Aber nach meiner Vorstellung war mein ganzes Leben in diesem Bild enthalten. Am Ende war ich sehr zufrieden. Während ich malte, hatte ich andere Gefühle als sonst und habe anders gedacht. Erst als ich fertig war, habe ich mich wieder gespürt. Mein neuer Anzug war voller Farbe und nicht mehr zu gebrauchen. Ich habe ihn ausgezogen und mich ins Bett gelegt. In der Nacht sind nacheinander noch Karin und Hans gekommen um das Bild zu sehen. Beiden hat es gut gefallen. Karin wollte, dass ich es ihr schenke. Hans stellte es beim Frühstück auf einen Obstkorb und sagte zu mir: ›Ich werde dir diese Malerei abkaufen. Was willst du dafür?‹ Sie haben sich fast darum gestritten, wer das Bild bekommt. Ich habe gesagt: ›Das ist mein Leben, das kann ich nicht verkaufen. Karin, du hast mein Leben aufgeschrieben, ich schenke es dir.‹ Für Hans habe ich auch noch ein Bild gemalt und für die zwei Adoptivkinder. Von da an habe ich viel gemalt. Zu Karin und Hans hatte ich keinen Kontakt mehr.

Karin hat mein Leben auf einer Schreibmaschine geschrieben. Damals konnte man nicht einfach Kopien machen. Es gab nur einen Durchschlag, den habe ich bekommen. Ich habe ihn nach Afghanistan mitgenommen, aber als ich ins Gefängnis kam, habe ich alles verloren, was ich hatte.« »Du warst im Gefängnis?«, fragt Heiner erstaunt. Khazan Gul erklärt: »Ja. Nicht, weil ich etwas verbrochen habe, sondern wegen der Politik. Aber das erzähle ich euch ein anderes Mal. Ich würde sehr viel dafür geben, Karin wiederzusehen. Leider weiß ich ihren

Nachnamen nicht. Sie lebte später getrennt von ihrem Mann und hieß dann anders. Einmal hat sie einen Vortrag von mir in Bonn besucht, während des Krieges mit der Sowjetunion. Es war in einem großen Saal. Ich stand vorne und wir hatten schon angefangen. Plötzlich sah ich Karin hinten in der Tür stehen. Ich konnte überhaupt nicht weitersprechen, bin hingegangen und wollte sie umarmen. Doch sie wollte das nicht und hat vorher die Hand ausgestreckt. Nach dem Vortrag haben wir noch lange geredet und danach einige Male telefoniert. In dieser Zeit war ich nicht oft in Deutschland und irgendwann war sie unter ihrer Nummer in Bonn nicht mehr erreichbar. Karin ist für mich sehr wertvoll. Durch sie habe ich gemerkt, dass mein Leben einen Wert hat. Vielleicht ist sie gestorben.« Khazan Gul hat die letzten Worte leise gesprochen. Energisch widerspricht er sich selbst: »Nein, ich hoffe, dass sie lebt, und dass ich sie wiedersehe. Ich möchte sie gerne einmal umarmen.«

Khazan Guls Söhne richten auf der Terrasse die ersten Charpois für die Nacht her. Wir ziehen uns in den anderen Gästebereich unter das luftige Moskitonetz zurück. Noch beim Einschlafen überlegen Heiner und ich, wie man Karin und das Buch ausfindig machen könnte. Leider ist uns dies bis heute trotz der Möglichkeiten des Internets nicht gelungen.

Am nächsten Vormittag ruft uns ein afghanischer Freund aus Kabul an. Schon vor längerem hat er uns eingeladen, ihn in sein Heimatdorf, das in einer entlegenen Gegend Zentralafghanistans liegt, zu begleiten. Nun steht seine Abfahrt unmittelbar bevor. Deshalb wollen wir nach Kabul zurück, um mit ihm reisen zu können. Khazan Gul organisiert eine zuverlässige Begleitung für uns, sodass er sich weiter um die Baustellen der Schulen kümmern kann: Sein Neffe und ein enger Freund von Khazan Gul, die beide ebenfalls nach Kabul wollen, werden uns mitnehmen.

Im Morgengrauen des Tages unserer Abreise werde ich zu den Frauen gerufen. Dort sind alle schon wach, es duftet nach frisch gebackenem Brot. Eine nach der anderen umarmt mich herzlich, sie wünschen mir eine gute und sichere Reise.

Bevor wir uns schließlich auch von Khazan Gul verabschieden, lädt er uns noch einmal ein: »Ihr könnt mich jederzeit wieder besuchen. Und weil ihr unser einfaches Essen mögt, dürft ihr so lange bleiben, wie ihr wollt. Ich freue mich, wenn ihr kommt.« Nach dieser netten Einladung stelle ich ihm eine Frage, die wir uns nach seinen Schilderungen von Karin und dem Buch überlegt hatten: »Würdest du uns beim nächsten Mal noch mehr aus deinem Leben erzählen? Wir würden gerne alles aufnehmen und aufschreiben!« Khazan Gul lächelt: »Ich freue mich natürlich, wenn ihr das macht. Das ist ein gutes Projekt.« Wir nehmen Abschied, voller Vorfreude auf ein Wiedersehen.

Die Geburt der Herbstblume

von Monika

Die Sonne ist untergegangen, die Luft wird kühler. Es ist Juni 2005, unser erster Besuch bei Khazan Gul liegt über ein Jahr zurück. In der Zwischenzeit waren wir in Zentralafghanistan, Pakistan, China und der Mongolei unterwegs, haben Pferde gekauft und sind etwa zweitausend Kilometer durch die Mongolei und den Nordwesten Chinas geritten. Am Ende unserer großen Reise, bevor wir wieder nach Deutschland zurückkehren, wollten wir unbedingt noch einmal nach Afghanistan und zu Khazan Gul. Vor einer halben Stunde sind wir bei ihm zu Hause angekommen. Nach einem herzlichen Empfang durch seine Familie sitzen wir auf einem Charpoi im Hof. Schon als Khazan Gul uns in Kabul abholte, hat er gefragt, ob wir immer noch Interesse daran hätten, sein Leben aufzuschreiben. Während der erste Tee eingeschenkt wird, kommt er darauf zurück: »Es ist besser, wenn wir gleich anfangen. Ich bin alt und kann bald sterben.« Prüfend schaut er uns an. Todgeweiht sieht er nicht gerade aus, im Gegenteil. Seine Augen, von undefinierbarer Farbe zwischen braun, grün und grau, sprühen vor Tatendrang. Ich bin überrascht und freue mich, dass er dieses »Projekt«, wie er es letztes Jahr bei unserem Abschied genannt hatte, so ernst nimmt. »Außerdem haben wir heute Abend keine Gäste, viele denken, dass ich noch unterwegs bin. Das müssen wir nutzen!«, drängt er. Eilig stelle ich ein nicht zuletzt für diesen Zweck in China gekauftes Tonaufnahmegerät auf. Ohne zu zögern, beginnt er:

»Am besten, wir fangen mit meiner Geburt an. Meine Schwiegermutter hat mir erst vor Kurzem davon erzählt. Niemand weiß mehr, in welchem Jahr es war, das hat man nicht aufgeschrieben. Aber es muss Herbst gewesen sein, denn ›Khazan‹ bedeutet ›Herbst‹ und ›Gul‹ heißt ›Blume‹. Auf Deutsch wäre mein Name also ›Herbstblume‹. Es war Erntezeit und dieses Getreide mit kleinen Kügelchen wurde geerntet, Hirse sagt man auf Deutsch, glaube ich. Mein Vater war krank. Wir brauchten Hilfe bei der Ernte. Es waren fünfzehn, sechzehn junge Leute gekommen, um uns beim Mähen zu helfen. Wir hatten einen eigenen Esel. Einige weitere Esel und ein paar Pferde hatten wir von befreundeten Familien ausgeliehen. Unsere Felder lagen außerhalb unseres Dorfes Dragai. Meine Mutter hat das gemähte Getreide mit den Eseln nach Hause gebracht. In reichen Familien, die sich das leisten konnten, haben die Frauen nicht auf dem Feld gearbeitet. Es ist bei uns besser, wenn Frauen nicht von Fremden gesehen werden können. Aber viele Frauen in den Dörfern müssen aufs Feld gehen, weil die Familien ihre Arbeitskraft brauchen. Auf dem Land sind die meisten Leute sowieso verwandt, Fremde kommen selten vorbei. Meine Eltern waren arm und mein Vater krank, deshalb hat meine Mutter hart gearbeitet, obwohl sie hochschwanger war. Zusammen mit Helfern ist sie oft hin- und hergegangen. Irgendwann konnte sie nicht mehr. Sie ist ins Haus hinein und hat eine kurze Pause gemacht. Da wurde ich geboren. Nach der Geburt hat sie meine Schwiegermutter gebeten zu Hause zu bleiben und auf mich aufzupassen. Meine Schwiegermutter war sehr jung und die beste Freundin meiner Mutter. Sie selbst ist sofort zurückgegangen, um wieder Getreide zu holen. Am Abend gab es Essen für die Helfer. Als alle gekommen waren, hat mein Vater gesagt: ›Wir haben ein neues Kind, einen Jungen.‹ Das hat niemand geglaubt. Meine Mutter hatte ja den ganzen Tag gearbeitet. Die Leute dachten: Es ist schrecklich, jetzt ist er schon so schwer krank, dass er nicht mehr weiß, was er sagt. Vielleicht stirbt er bald. Jemand wollte sich auf eine Matte am Boden setzen, wo ich schlief, eingerollt in ein Tuch. Mein Vater schrie: ›Nicht da hinsetzen! Mensch, ich sag doch, dass wir einen Jungen bekommen haben, er liegt da auf der Matte.‹ Sie haben ihm wieder nicht geglaubt, aber dann nachgeschaut, und ich war tatsächlich da.

Alle haben sich gefreut und gerufen: ›Wo sind die Hühner?‹ Bei uns werden einer Familie, die einen Sohn bekommen hat, an diesem Tag die Hühner weggenommen. Alle kommen und versuchen, einige einzufangen. Durch das Gegacker und weil Leute mit Hühnern aus unserem Haus gingen, wusste das ganze Dorf, dass ein Junge geboren wurde. Damals wurde die Geburt eines Sohnes sieben Tage lang gefeiert. Die Frauen und Mädchen singen und backen ein festes, süßes Brot, ›Kuk‹ nennen wir es. Damit macht man ein Spiel, die Frauen im Haus, die Männer draußen oder im Gästehaus. Das Kuk ist rund und hat vier Löcher, an denen wird es aufgehängt. Die Gäste sitzen in einer Runde, so zwanzig, dreißig Leute, in ihrer Mitte hängt das Kuk vom Dach herunter. Der Reihe nach zieht es jeder mit der Hand zu sich hin und lässt es wieder los. Es schwingt weg und pendelt zurück. Wenn es zurückkommt, versucht man, es mit dem Mund zu schnappen und ein Stück abzubeißen, ohne dabei die Hände zu benutzen. Aber das Brot ist sehr hart, dadurch gehen bei diesem Spiel leicht Nasen und Zähne kaputt.

Ich war der dritte Sohn meiner Eltern, das jüngste Kind. Eine Schwester war das älteste Kind, dann kamen meine beiden Brüder und dann noch eine Schwester, zwei oder drei Jahre älter als ich. Meistens kommt bei uns etwa alle drei Jahre ein Kind zur Welt, aber ich weiß nicht, ob das bei meiner Mutter auch so war. Wir wohnten in Dragai in einem Zimmer. Die Eltern und Brüder meines Vaters lebten damals schon nicht mehr, sonst hätten wir mit ihnen zusammengewohnt.

Meine Mutter hat nach mir noch einen Jungen geboren, aber er ist gestorben, etwa sieben Tage nach der Geburt, so wie viele Kinder bei uns. Es gibt eine Krankheit, sie heißt ›Qablai‹, vielleicht ist das Gelbsucht auf Deutsch. Die Leute denken, dass eine Frau, die deswegen ein Kind verloren hat, diese Krankheit ihr Leben lang in sich trägt. Sie darf, immer wenn im Dorf ein Kind geboren wird, sieben Tage lang nicht laut sprechen. Die Frau, die das Kind bekommen hat, darf sie zwar sehen, aber nicht hören. Das Hören bringt die Krankheit zur Mutter und ihrem Kind, glauben die Leute. Als mein erstes Kind in Afghanistan geboren wurde, habe ich alle Frauen aus der Verwandtschaft eingeladen, auch solche, die ein Kind hatten, das nach sieben Tagen gestorben war. Sie sollten laut sprechen, sodass Hekmat es hört. Ich wollte zeigen, dass das nicht stimmt. Hekmat hatte großes Vertrauen in mich. Und es ist nichts passiert.

Meine Schwiegermutter ist mit meinem Vater verwandt. Ihr Vater und mein Großvater waren Onkelkinder wie wir sagen, also Cousins. Die Beziehung war sehr eng. Bestimmte Feste feiert die Frau bei uns mit der Familie ihrer Eltern. Dort wird dann ein besonders gutes Essen gekocht. Zu diesen Festen war meine Schwiegermutter bei uns eingeladen, als ob mein Vater ihr Bruder wäre, denn er war ihr nächster Verwandter. Sie selbst hat nur Töchter, Hekmat ist die Zweitälteste. Ein jüngerer Sohn ist leider als kleines Kind gestorben. Bei uns sorgen die Söhne mit ihren Familien für die Eltern. Auch deshalb will jeder gerne Söhne. Weil meine Schwiegermutter keinen Sohn hat, lebt sie bei uns. Sie ist glücklich und hat schon manchmal gesagt: ›Bei keinem Sohn hätte ich es so gut wie bei dir.‹

Ich bin ihr sehr dankbar. Meine Schwiegermutter und meine Mutter haben Hekmat und mich einander versprochen, als ich gerade auf die Schule nach Kabul gekommen war. Am Anfang habe ich versucht, Hekmat zu alphabetisieren. Ich habe gedacht, sie ist meine Frau, da muss sie etwas lernen, mindestens lesen und schreiben. Wir haben miteinander gespielt und ich habe ihr einiges beigebracht. Später, als sie verstand, dass ich ihr Mann sein werde, wollte sie das nicht mehr.

Ich freue mich, dass bald die große Mädchenschule eingeweiht wird, und unsere Töchter dann in die Schule gehen können. Letztes Jahr wart ihr oft mit mir auf der Baustelle. Jetzt ist das Gebäude fertig, es muss nur noch gestrichen werden. Eine Mauer habe ich auch schon um das Gelände bauen lassen. Die Schüler und Lehrer am Bonhoeffer-Gymnasium in Eppelheim haben noch mal einen Spendenlauf veranstaltet. Sie haben so viel Geld gesammelt, dass es für die Schule und die Mauer gereicht hat. Morgen könnt ihr euch alles anschauen.«

Khazan Gul zeigt auf ein kleines Plakat, das an der Mauer im Gästebereich hängt: »Wisst ihr, dass ich für das Parlament kandidiere?« Er ist erstaunt, dass wir davon tatsächlich schon gehört haben. Im Winter hatten wir an Khazan Guls »deutsche Frau«, Johanna, von unterwegs per E-Mail Fotos und einen Bericht über unseren Besuch bei Khazan Gul geschickt. Sie rief uns daraufhin an. Dabei erzählte sie uns, dass Khazan Gul überlegt, sich für die nationalen Parlamentswahlen im September aufstellen zu lassen. Sein Wahlplakat ist ein mit einem abgenutzten Farbdrucker bedrucktes Blatt Papier, ähnliche haben wir in Kabul und bei der Fahrt durch Khost zu hunderten gesehen. Über und unter Khazan Guls Foto stehen einige Sätze auf Paschtu. Links unten ist eine Fahrradlampe in ein Quadrat gezeichnet, Khazan Gul erklärt uns: »Diese Symbole wurden verlost, man konnte sie sich nicht aussuchen. Viele können nicht lesen, nicht einmal die Namen der Kandidaten. Wer mich wählen will, muss sein Kreuz bei der Fahrradlampe machen. Aber viele Leute in den Bergen, vor allem die Frauen, haben noch nie in ihrem Leben ein Fahrrad gesehen, geschweige denn eine Fahrradlampe. Es reicht also nicht, ihnen zu sagen: ›Mach dein Kreuz bei der Fahrradlampe!‹ Sie müssen erst lernen, wie mein Symbol aussieht. Das ist ein Nachteil für mich.«

Khazan Guls Söhne und Enkel setzen sich für das Abendessen zu uns, es gibt Linsenreis mit zerlassener Butter. Khazan Gul lächelt: »Ihr habt damals gesagt, das schmeckt euch. Und mein Lieblingsessen ist es auch.« Wir freuen uns darüber, es ist zu unserem liebsten Gericht in Afghanistan geworden. Heiner fragt Khazan Gul: »Hast du Chancen gewählt zu werden?« Er antwortet: »Das ist schwer zu sagen. Immerhin haben ganze Dörfer in den Bergen angekündigt, dass alle für mich stimmen werden. Das Ergebnis ist mir nicht so wichtig, entscheidend ist der Wahlkampf. Das ist eine gute Möglichkeit für mich, an verschiedenen Orten zu Leuten zu sprechen. Manchmal kommen so viele, dass es eine richtige Rede wird. Sie hören mir zu, und selbst wenn sie mich nicht wählen, bleibt vielleicht doch etwas von meinen Ideen bei ihnen.«

Beim Tee nach dem Essen fällt mir ein, dass uns Khazan Gul letztes Jahr erzählt hatte, dass es Linsenreis mit Butter in seiner Kindheit nur zu den höchsten Festtagen gab. Ich frage ihn, ob es aus diesem Grund sein Lieblingsessen wurde. Er stimmt zu: »Ich glaube auch, dass ich es deswegen so gerne esse. Das ganze Jahr über haben wir kein Butteröl bekommen. Man musste es kaufen, auch den Reis, beides war sehr teuer. Wir hatten kein Fleisch und kein Fett, meistens nur trockenes Gerstenbrot. Es war also großer Luxus, das kann man sich kaum vorstellen. Am Abend vorher haben wir unsere Hände mit Henna gefärbt, alle Kinder, Frauen und Männer. Mit den Henna-Händen sind wir auf die Straße gerannt und haben gesungen: ›Lasa, lasa sur scha, sabata po roleyoke naskur scha.‹ Das bedeutet: ›Hände, Hände, werdet rot, morgen werdet ihr in Butteröl fallen.‹ Als Kind war meine einzige Sorge, dass wir Essen haben. Wenn man so viel Essen hat, dass man satt wird, dann ist man glücklich, habe ich gedacht. Deshalb bin ich heute glücklich, wenn ich Linsenreis essen kann.

Wer konnte, musste sich an den Id-Festen schöne Kleidung anziehen. Einmal hat mir meine Mutter neue Kleider geschenkt, ein Hemd, eine Hose und sogar Schuhe. Sie hat Schulden dafür gemacht. Ich war krank, vielleicht hat sie befürchtet, dass ich sterbe. Sie wollte mir eine Freude machen und ist zu Loku gegangen, dem Hindu, der den Dorfladen hatte. Er hat ihr den Stoff gegeben, ohne dass sie ihn gleich bezahlen musste. Die schönen Kleider hatten eine gute psychische Wirkung auf mich: Ich wollte sie anziehen, meine Mutter sollte sie nicht umsonst genäht haben. Die Kleidung hat mich gezwungen, wieder gesund zu werden.

Das restliche Jahr über hatten wir wenig oder gar nichts zu essen. Mittags, wenn ich von der Schule nach Hause kam, hat sich meine Mutter oft mit anderen Frauen unterhalten. Wenn kein Essen da war, hat sie mir nur ein Zeichen gegeben. Gesagt hat man das nie, das war tabu. Auch wenn es nichts gab, hat meine Mutter abends ein Feuer gemacht, damit die anderen denken, dass wir kochen. Manchmal haben wir Federn von Hühnern verbrannt. Das roch so, als ob wir Fleisch zu essen hätten. Aber in Wirklichkeit sind wir hungrig schlafen gegangen.

Oft habe ich nach der Schule Tiere anderer Familien gehütet. Dafür habe ich etwas zu essen bekommen. Im Sommer haben wir Kinder nach essbaren Wildpflanzen gesucht. Man verwendet Stängel oder Wurzeln. Eine heißt ›Maurizie‹, eine andere nennen wir ›Narghat‹, das ist eine schöne Blume. Sie hat in der Erde eine Zwiebel, die gut schmeckt. Man kann die Pflanzen roh oder gekocht essen. Obst und Maulbeeren gab es auch. Die Obstbäume gehörten jemandem. Aber manchmal bin ich mit anderen Kindern in der Nacht zu einem Obstgarten geschlichen, um Obst zu stehlen. Wenn Leute kamen, mussten wir schnell weglaufen. Maulbeeren dagegen durfte man sammeln. Die Bäume gehörten oft niemandem und wenn doch, war es nicht so streng verboten, davon zu nehmen. Die Maulbeeren schmecken süß und man kann sie trocknen. Im Sommer konnte man immer etwas finden. Viel schlimmer war es im Winter, vor allem am Ende. Die Vorräte waren aufgebraucht, und es gab noch nichts zu ernten oder zu sammeln.

Auf unseren Feldern haben wir meistens Gerste angebaut und meine Mutter hat Brot daraus gebacken. Fleisch gab es fast nie, wenn überhaupt, dann nur an hohen Festtagen. Wir hatten Hühner, doch die Eier durften wir nur essen, wenn eins kaputt war, oder wir es nicht verkaufen konnten, weil gerade niemand im Dorf Geld hatte für Eier.«

»War es deshalb so schwierig, weil dein Vater nicht mehr lebte?« Khazan Gul nickt: »Wir waren auch vorher schon arm, aber es wurde noch schwerer dadurch. Nach meiner Geburt hatten wir einige Jahre, in denen die ganze Familie, mein Vater, meine Mutter und wir Kinder glücklich zusammenlebten. Mein Vater war ein kräftiger Mann. Es gab damals viele Stammeskämpfe, und mein Vater war geachtet als Krieger und Anführer. Noch heute erzählen die Leute im Dorf von ihm. Einmal haben die Engländer an der pakistanischen Grenze bombardiert und viele sind geflohen. Mein Vater hat gerufen: ›Schämt ihr euch nicht zu fliehen? Wir fliehen nicht, wir kämpfen!‹ Dann hat er sich hingestellt und hat mit seinem einfachen Gewehr auf die Flugzeuge der Engländer geschossen. Er wurde schwer verwundet, hat dem Flugzeug aber noch nachgerufen: ›Du hast eine Feindschaft mit Khan Gul angefangen! Das ist nicht gut für dich!‹. Die Leute erzählen sich das bis heute.

Auch später ist er öfter verletzt worden, und jedes Mal musste meine Mutter ihn behandeln. Viele Männer im Dorf haben ihren Frauen gesagt, sie sollen meiner Mutter Arbeiten abnehmen, damit sie Zeit hat, meinen Vater zu pflegen. Ich glaube, er war ein sehr tapferer Mann, einer von vielen in Dragai.

Unser Stamm, Tani, hat ganz früher nur in den Bergen gelebt. Dragai ist so entstanden, dass von jeder Sippe die Tapfersten aus den Bergen ins angrenzende Flachland geschickt wurden. Das Land dort war davor nicht besiedelt gewesen, aber andere Stämme wollten es dann auch haben. Deshalb musste mein Vater immer wieder kämpfen, das Territorium schützen. Ob mein Vater selbst ins Flachland kam oder schon sein Vater, weiß ich nicht.«

»Wie alt warst du denn, als dein Vater starb, kannst du dich an ihn erinnern?«, fragt Heiner. Khazan Gul denkt kurz nach: »Leider nicht. Ich erinnere mich nur an den Tag, an dem er gestorben ist. Das ist wohl meine früheste Erinnerung überhaupt. Zu dieser Zeit sind in Dragai viele Menschen an ›Wahba‹ gestorben. Das war eine Seuche mit Erbrechen und Durchfall, Cholera, glaube ich, auf Deutsch. Jeden Morgen wurde getrauert und darüber gesprochen, wie viele in der Nacht gestorben sind. Bei meinem Vater verlief die Krankheit wie bei anderen auch. Ich war mit einem Freund den ganzen Tag draußen gewesen, wir hatten Lämmer zum Weiden gebracht. Als ich am Abend zurückkam, lag mein Vater krank unter einer Decke. Am nächsten Morgen war er tot. Niemand, der krank wurde, hat einen Arzt gesehen, es gab keinen im Dorf. Dieser Ausbruch der Cholera hat viele in Dragai umgebracht.

An dem Morgen, als mein Vater tot war, kamen viele Leute zu uns. Mit ihnen und meinem toten Vater war meine Mutter sehr beschäftigt. Sie hatte keine Zeit für mich. Ich hatte Hunger, so viel Hunger, dass ich geweint habe. Ich war nicht traurig, dass mein Vater tot ist. Meine einzige Sorge war, dass ich etwas zu essen bekomme. Wahrscheinlich war ich drei Jahre alt. Wenn ich älter gewesen wäre, hätte mich der Tod meines Vaters traurig gemacht, aber das habe ich gar nicht richtig verstanden. Meine Mutter hat mir dann Joghurt mit Reis gegeben, der vom Abend vorher übrig war.«

»Musste deine Mutter also alleine für fünf Kinder sorgen?«, frage ich Khazan Gul. Er schüttelt den Kopf: »Nein, schon in meinen frühesten Erinnerungen hat meine älteste Schwester nicht mehr mit uns zusammengelebt. Sie war viel älter als ich und damals bereits verheiratet. Auch mein ältester Bruder hat nach dem Tod meines Vaters nicht mehr lange bei uns gewohnt. Weil mein Vater Krieger war, hat er ihn als Kämpfer erzogen. Meine Schwester hat mir erzählt, dass sie als die Ältere am Anfang natürlich stärker war als er, aber sie durfte ihm das nicht zeigen. Sie durfte sich nicht einmal wehren, wenn er sie geschlagen hat. Manchmal hat mein Vater ihr sogar befohlen, sich absichtlich umfallen zu lassen, damit mein Bruder sich stärker fühlt. Später hat er sich tatsächlich sehr stark gefühlt und nie eine Niederlage akzeptiert. Er war wild. Bald war er ein einflussreicher Mensch und hatte viele Freunde. Die reichen Leute hatten Angst vor ihm. Er war ein Räuber. Ich sage jetzt auf Deutsch Dieb oder Räuber, aber auf Paschtu nennen wir solche Männer ›ghat saray‹, ›tapferer Mann‹, man könnte es auch mit ›Held‹ übersetzen. Sie nehmen armen Leuten nichts weg, deshalb nennen wir sie nicht Dieb. Mein Bruder hat alles, was er erbeutete, an Arme weitergegeben. Nie hat er in der Nähe gestohlen, sondern weit weg bei anderen Stämmen, vor allem in Waziristan, einem Gebiet hinter der Grenze in Pakistan. In Waziristan gibt es auch viele Räuber. So hat das eigentlich angefangen. Räuber aus Waziristan haben bei uns Vieh gestohlen. Mein Bruder ist mit einigen anderen Jungen losgezogen, das Vieh zurückzuholen. Aber ich glaube, sie haben mehr mitgebracht, als die anderen uns weggenommen hatten. Mein Bruder war der Anführer der Gruppe. Danach hat er immer wieder Sachen geraubt und dann verteilt. Er hatte kein Haus. Nur wenn er wollte, ist er zu uns gekommen, meistens war er bei Freunden. Er war ein mutiger und tapferer Mensch, gleichzeitig hilfsbereit und großzügig. Immer hat er alle eingeladen. Außerdem hat er wohl sehr gut ausgesehen. Deutsche Frauen, die mich nach meinem Studium in Deutschland hier besucht haben, waren begeistert von ihm. Für seine Freunde und viele arme Leute war er gut, aber für uns nicht. Meiner Mutter hat er überhaupt nicht geholfen. Sie wollte nicht, dass er stiehlt, auch weil sie Angst um ihn hatte und fürchtete, dass er getötet wird. Sie haben sich viel gestritten. Wir haben ihn bald nicht mehr oft gesehen.

In meinem Leben spielt meine Mutter eine sehr wichtige Rolle. Sie hat sich um mich gekümmert. Sie war die Starke, die dafür gesorgt hat, dass ich zu essen habe. Alle Macht lag bei ihr. Meine Mutter hatte eine völlig andere Einstellung zur Erziehung als mein Vater. Sie hat mir nie erlaubt, mit anderen Kindern zu streiten, nicht einmal, wenn das andere Kind schuld war. Mein Bruder war von meinem Vater ganz anders erzogen worden. Für mich war er ein schlechter, ein unmoralischer Mensch, weil er ein Dieb war. Später hat er eine Frau und Kinder gehabt. Das hat ihn verändert, er wurde anständiger und hat nicht mehr gestohlen.

Das Leben meines Bruders ist nicht ungewöhnlich in Afghanistan. Bis heute gibt es viele Räuber, die ähnlich leben. Sie sind wichtig für die schwachen Leute und sind sogar bereit zu sterben, um ihnen zu helfen. Diese Männer werden selten selbst Politiker, aber viele Politiker arbeiten eng mit ihnen zusammen. Sie beauftragen sie zum Beispiel, ihre Gegner so einzuschüchtern, dass sie darauf verzichten, bei einer Wahl zu kandidieren. Auch in Pakistan passiert das oft.

Ja, ich hatte sehr viel Streit mit meinem Bruder. Trotzdem hat er später sein Leben riskiert, um mich zu befreien. Ohne ihn wäre ich schon lange nicht mehr da. Aber das muss ich euch ein anderes Mal erzählen, es ist spät geworden.«

Khazan Gul sieht zum Himmel. Auch ich habe gerade einige Regentropfen gespürt. Er freut sich und hofft, dass der Monsun in der Nacht Regen bringt. Stolz führt er uns zum neuen Gästehaus: »Als ihr weg wart, ist es fertig geworden. Es gibt sogar eine Dusche, die einzige hier, so etwas haben wir normalerweise nicht. Morgen sollt ihr Fotos machen, die müsst ihr Johanna schicken, vielleicht kommt sie mich dann wirklich einmal besuchen.«

Kindheit in Armut und Glück

von Heiner

Seit drei Tagen sind wir mit Khazan Gul unterwegs und besuchen Dörfer, Moscheen, Schulen und einzelne Familien,
meist begleiten uns einige weitere Männer. Überall spricht er
zu den Leuten, macht ›Propaganda‹, wie er es nennt. Es bleibt
kaum Zeit, uns aus seinem Leben zu erzählen. Selbst während
der Autofahrten sprechen er und seine Begleiter über politische Themen. Zu Hause treffen wir jeden Abend zahlreiche
Gäste an und es finden Diskussionen statt. Bei den Ausfahrten
haben wir von den Schulen Bilder gemacht, um nach unserer
Rückkehr in Deutschland von den Baufortschritten berichten
zu können. Das Landgymnasium am Fuß der Berge ist inzwischen fertig. Aber der Eifer des letzten Jahres scheint verflogen,
obwohl die Unterrichtsbedingungen durch das neue Schulgebäude viel besser sind. Khazan Gul erklärt uns: »Der tüchtige
Schuldirektor ist fort. Er verdient jetzt das Zehnfache als Ko-
ordinator bei einem UN-Projekt: Ehemalige Kämpfer sollen

alphabetisiert, ausgebildet und in die Gesellschaft wiedereingegliedert werden. Ich habe das kritisiert: ›Die Kämpfer machen nur mit, weil sie Geld bekommen, das hat keine langfristige Wirkung. Dafür verlässt du tausende motivierte Schüler in den Bergen, die dich dringend brauchen!‹ Erst wollte er nicht weg von seiner Schule. Aber seine Familie hat ihn unter Druck gesetzt, und sie war stärker als ich. Wer soll seine Arbeit jetzt machen? Für jemanden, der nicht aus der Gegend stammt, ist es fast unmöglich, dort zu leben.«

Nach einem ausgedehnten Frühstück mit Gästen brechen wir zu einer weiteren Wahlkampftour auf. Kurz nach der Abfahrt gibt der Motor seltsame Geräusche von sich. Khalil hält den Wagen kurz an, schließlich fahren wir in eine Werkstatt im Bazar. Während der Werkstattbesitzer und Khalil den Motor inspizieren, werden wir in einen Hinterhof gebeten. Zwischen Werkzeugen, Metallteilen und Schrott, alles sorgfältig sortiert, werden drei eilig herbeigetragene Stühle für uns aufgestellt. Khazan Gul sieht uns an: »Wir müssen die Zeit nutzen! Gerade habe ich mich daran erinnert, wie ich das erste Auto gesehen habe. Da war ich vielleicht fünf oder sechs Jahre alt. Der Gouverneur unserer Provinz ist aus Gardez mit einem Auto nach Dragai gekommen. Ich bin hingelaufen, um es genauer anzusehen. Auf dem Weg wurde ich aufgehalten, und als ich hinkam, war das Auto weg. An der Stelle lag ein Büschel Heu, daneben stand ein Eimer Wasser, Frauen hatten das dem Auto gebracht. Bei uns ist es üblich, dass das Pferd eines Gastes Futter bekommt. Beim nächsten Besuch des Gouverneurs hat es ein wenig geregnet und die Scheibenwischer waren an. Sie haben von der Mitte nach außen gewischt. Ich dachte, das Auto will die Leute warnen und von der Straße nach außen weisen.« Khazan Gul lacht: »Das fand ich schlau von dem Auto! Ein anderes Mal ist ein Mann, der aus den Bergen stammte, ganz aufgeregt aus Pakistan zurückgekommen. Dort hatte er beobachtet, wie Fahrräder von einem Lastwagen abgeladen wurden und er dachte, das sei eine Geburt. Er hat wirklich geglaubt, die Fahrräder seien die Kinder des Lastwagens. Der erste Lastwagen, den ich sah, hatte Holz geladen. Als er abfuhr, bin ich zusammen mit anderen Kindern aufgesprungen, von außen haben wir uns festgehalten. Zuerst war es lustig, doch dann ist er schneller gefahren und hat sich immer weiter von unserem Dorf entfernt. Plötzlich haben wir Angst bekommen, nicht mehr zurückzufinden, und sind vom fahrenden Lastwagen abgesprungen. Einige sind bewusstlos geworden. Ich hatte ein tiefes Loch im Arm, die Narbe sieht man noch heute. Danach hatten wir Angst vor Lastwagen und haben sie mit Steinen beworfen, gleichzeitig war das natürlich auch ein Spiel.«

»Was habt ihr denn sonst so gespielt?«, möchte Monika wissen. »Wir hatten kein Spielzeug. Aber wenn ich in Deutschland den Überfluss an Spielsachen sehe, denke ich, dass das ein Nachteil der Industrialisierung ist. Man beschäftigt sich mit Waren und weniger mit Menschen. Damals haben wir einfach Spiele mit anderen Kindern erfunden. Die Mädchen hatten zum Beispiel Hüpfspiele. Bei uns Jungen bildeten sich meist zwei Gruppen, die dann gegeneinander spielten. Es gab auch ein großes Kampfspiel. In Dragai gibt es zwei Hauptstraßen, die sich kreuzen. So ist Dragai in vier Viertel geteilt, in jedem wohnt eine andere Sippe. Zwei davon haben an der Straße, die zwischen ihnen verlief, gekämpft. Es war nicht ernst, aber trotzdem gefährlich. Viele haben sich verletzt, manche haben sogar ein Auge verloren. Wir sind nicht aus Hass gegen die anderen hingegangen, sondern aus Spaß am Kämpfen. Nach dem Kampf waren wir wieder Freunde. Nie hat jemand so etwas gesagt, wie: ›Warum hast du den Stein so fest geworfen?‹ Das war normal.«

Der Werkstattbesitzer erscheint und teilt uns mit, dass die Reparatur länger dauern werde. Sein Sohn fährt uns nach Hause. Da keine Gäste anwesend sind, haben wir unverhofft Zeit, weiter über Khazan Guls Kindheit zu sprechen.

»Schon als ich noch sehr jung war, habe ich mich verantwortlich gefühlt für meine Familie. Mit drei Jahren habe ich Tiere gehütet und damit Essen verdient. Im Jahr bevor ich in die Schule kam habe ich fremde Ziegen und Schafe in die Berge gebracht zum Weiden, sogar Kühe. Nie habe ich ein Tier verloren. Ich habe gute Plätze gefunden und bin bis spät am Abend draußen geblieben. Die Leute wussten das zu schätzen. Eine Familie schenkte mir eine Hose und ein Hemd. Ich war sehr glücklich. Für ein kleines Kind war neue Kleidung etwas ganz Besonderes.

In der dritten Klasse habe ich gedacht, dass ich jetzt ein Mann bin und für unsere Familie Geld verdienen muss. Ich hatte die Idee, eine größere Zahl von Hühnern zu halten, Küken aufzuziehen und Hühner, Hähne und Eier zu verkaufen. In unserem Haus habe ich einen Bereich als Hühnerstall abgetrennt. Aber wir hatten nur ein Huhn und ich hatte kein Geld, weitere zu kaufen. Das hat mich sehr traurig gemacht. Ich bin richtig krank geworden, psychisch krank. Ein Mullah, der in der Schule als Lehrer arbeitete, hat gemerkt, dass ich mich verändert hatte. Er hat mich gefragt: ›Was ist los?‹ Doch ich wusste es selbst nicht. Er hat mich wohl weiter beobachtet und eines Tages sagte er zu mir: ›Gib deine Pläne auf. Dann wird es dir besser gehen.‹ Ich bin nach Hause gegangen und habe den Hühnerstall zerstört. Das hat mich geheilt. Ohne den Plan hatte ich keine Sorgen mehr. Ich verstehe bis heute nicht, wie er das erkennen konnte, denn ich hatte ihm nichts von meinem Projekt erzählt. Das war ein guter Lehrer!

Trotzdem habe ich nicht aufgegeben und nach Möglichkeiten gesucht, etwas zum Lebensunterhalt meiner Familie beizutragen. In der vierten Klasse hatte ich einige Linsen und habe mir überlegt: ›Warum werden die erst im Sommer ausgesät und im Herbst geerntet?‹ Ich habe sie stattdessen schon im Frühling direkt an unserem Haus gesät und gegossen. Sie wuchsen schnell, ich habe mich gefreut. Aber die Pflanzen haben keine Samen gebildet und taugten nur als Viehfutter. Ich habe gelernt, dass man für Landwirtschaft Wissen und Erfahrung benötigt.

Mit meiner Mutter konnte ich über meine Projekte nicht sprechen, ich hatte zu großen Respekt vor ihr. Als ich in der dritten Klasse war, habe ich verstanden, wie viel meine Mutter für uns Kinder machte. Nicht nur, dass sie uns ihre mütterliche Liebe schenkte, auch die Arbeit, die sie leistete, konnte ich langsam ermessen. Ich war sehr dankbar. Immer habe ich geholfen und nie ›Nein‹ gesagt, wenn sie mir etwas aufgetragen oder geraten hat. Ich war fest davon überzeugt, dass unsere Mutter nur Gutes für uns will.«

Khazan Gul hält inne und sieht hinauf zum Himmel. Die Sonne ist hinter einer dichten Wolkendecke verborgen, trotzdem ist es heiß. Seit unserer Ankunft vor einigen Tagen sind nicht mehr als ein paar Tropfen Regen gefallen. »Hoffentlich regnet es wenigstens oben in den Bergen«, sagt er, »viele Menschen sind darauf angewiesen. Für die meisten Felder dort ist der Monsunregen im Sommer die einzige Möglichkeit der Bewässerung. Leider kommen nur Ausläufer des Monsuns nach Khost, und kein Jahr ist wie das andere. Wenn nicht genug Regen fällt, haben die Leute keine Vorräte für den Winter. Als Kind ging ich deswegen sogar betteln, in Pakistan. Bei uns zu Hause durfte ich das nicht, aber in Pakistan kannte uns ja niemand. Als ich in die dritte Klasse ging, war der Sommer zu trocken. Normalerweise hatten wir Gerste, Weizen und Hirse, manchmal auch Linsen. Hirse wächst mit wenig Wasser, doch die Leute sagten abschätzig, das sei ein Essen für Arme. Heute esse ich gerne Hirse, ich weiß jetzt, dass sie gesund ist. Linsen waren teuer. Wenn wir selbst welche hatten, haben wir die Guten verkauft und die Schlechten gegessen. In diesem Jahr hatten wir nichts, nicht einmal Hirse. Meine Mutter hat mit einer alten Frau gesprochen, die schon einmal zum Arbeiten nach Pakistan gegangen war, so wie die Männer aus unserem Dorf, wenn die Ernte schlecht war. Für Frauen war das unüblich. Diese Frau war sehr arm, und sie hatte auch nichts für den Winter. So sind wir gemeinsam aufgebrochen, die Frau, mein damals fast erwachsener zweiter Bruder, meine Mutter und ich, meine Schwester blieb bei Verwandten. Es kam noch eine weitere Familie mit einem Jungen mit.

Wir wollten in die Region von Sargodha, das ist eine Stadt im Panjab, nicht weit von Lahore, etwa dreihundert Kilometer von Khost entfernt. Zwei Wochen lang sind wir gelaufen. Die alte Frau erinnerte sich kaum an den Weg, wir wussten nicht, ob wir ihn finden würden. Zwar konnte ich die Schilder vorlesen, aber die Ortsnamen sagten uns nichts, und wir sprachen kein Panjabi. Nur die Meilenangaben haben uns geholfen. Ich habe immer gesagt: ›Bis zum nächsten Ort sind es so und so viele Meilen.‹ Wenn wir das nicht mehr schaffen konnten, dann haben wir in dem Ort übernachtet, in dem wir gerade waren. Die alte Frau konnte sich nicht vorstellen, dass ich das lesen kann und dachte, dass ich die Strecke auch schon gegangen war. Sie hat die Meilensteine neben der Straße mitgezählt, bis sie mir geglaubt hat.

Bald hatten wir nichts anderes mehr zu essen als etwas Gerstenmehl, das die alte Frau mitgenommen hatte. Doch sie sagte: ›Nein, wir werden unterwegs noch größere Schwierigkeiten bekommen, wir heben dieses Mehl auf.‹ Unseren Einwand, dass wir jetzt Hunger haben und etwas essen müssen, ließ sie nicht gelten: ›Nein, es kommt noch schlimmerer Hunger!‹ Der andere Junge und ich sind betteln gegangen und haben für alle Brot mitgebracht. Auch später haben wir gebettelt, um möglichst viel von dem hart verdienten Geld mit nach Afghanistan nehmen zu können. Von einem Haus zum nächsten sind wir gelaufen, viele haben uns weggeschickt, aber immer wieder haben uns freundliche Menschen etwas zu essen gegeben. Vierzehn Tage lang hat uns die alte Frau nicht erlaubt, das Mehl zu essen, so viel Angst hatte sie. Am Ende war es so bitter, dass sie es wegwerfen musste.

Als wir in der Gegend von Sargodha ankamen, wussten wir nicht, wo wir schlafen können. Die Menschen verstanden kein Paschtu, sie sahen uns nur misstrauisch an. Niemand konnte uns helfen, es war schrecklich. Schließlich fanden wir einen Platz an einer Zugstrecke am Stadtrand. In dieser Nacht hatten wir plötzlich große Angst, dass wir nicht mehr zurückfinden nach Afghanistan. Außer der alten Frau war keiner von uns jemals so weit weg von zu Hause gewesen, doch auch sie kannte sich nicht wirklich aus. Es war kalt. Wir saßen eng beieinander.

Ich kauerte unter dem langen Kleid meiner Mutter, sie hielt mich warm. Irgendwann rumpelte es, langsam kam ein Zug auf den Gleisen angefahren. Wir hörten, wie Leute im Zug ein Lied sangen, das wir kannten, und wurden ganz aufgeregt: Sie sangen auf Paschtu! Es waren afghanische Nomaden. Einer hat besonders laut gesungen, wir konnten ihn gut hören. In seiner Stimme lag eine große Stärke. Wie wir uns gefreut haben! ›Da sind Afghanen im Zug!‹, sagten wir zueinander. Wir waren nicht mehr allein in diesem Land. Das hat uns Kraft gegeben.

Bald hatten wir Afghanen gefunden, die in der Gegend arbeiteten. Einige konnten ein wenig Panjabi und haben uns etwas beigebracht. Meine Mutter hat Arbeit bei der Getreideernte für uns aufgetan. Sie konnte gut mähen. Mein Bruder und ich haben zu zweit nicht so viel geschafft wie meine Mutter alleine. Den zwanzigsten oder fünfundzwanzigsten Teil von dem, was wir geerntet haben, durften wir als Lohn behalten. Weil wir so viel nicht tragen konnten, haben wir das Getreide verkauft.

Anfangs haben wir irgendwo im Freien geschlafen. Einmal hat es stark geregnet. Wir saßen unter einem Baum, waren nass und begannen zu frieren. Da kam eine Frau, nahm uns mit und führte uns zu ihrem Haus. Im Hof zeigte sie uns einen winzigen Raum, in dem normalerweise gekocht wurde. Dort durften wir übernachten. Wir konnten gerade so sitzen, meine Mutter und wir zwei Kinder. Trotzdem waren wir froh, dass wir nicht mehr draußen waren. Als der Regen vorbei war, hat uns die Frau eine Ecke im Hof gezeigt, wo wir bleiben durften.

Im Panjab ist das Getreide schon früh reif. Das Land liegt tief und es ist sehr warm. Wir haben vielleicht vier Wochen bei der freundlichen Frau gelebt und in dieser Gegend gearbeitet. Dann sind wir weitergezogen. Jede Woche war das Getreide ein Stück weiter oben reif. Mit dem Mähen und Ernten sind wir zurückgewandert, hoch zu uns in die Berge. Nach insgesamt drei Monaten waren wir wieder in Afghanistan, dann war auch bei uns Erntezeit. Wir hatten keinen Hunger mehr.

Der Frau war ich sehr dankbar dafür, dass sie uns aufgenommen hatte. Es hat mich lange gequält, dass ich ihr das nicht vergelten konnte. Später, in der Zeit, als ich gegen die Sowjetunion gekämpft habe, bin ich mit einigen Männern in die Gegend von Sargodha gefahren. Ich wollte die Frau suchen, um mich endlich bei ihr zu bedanken. Zuerst habe ich mich im Dorf nicht zurechtgefunden. Wo früher Lehmhäuser waren, standen jetzt Häuser aus Backstein. Dann habe ich eine Dattelpalme entdeckt, sie werden sehr alt. Die Gebäude um sie herum waren neu, aber die Palme hatte auf dem Gelände der Frau gestanden. Wir klopften, die Leute haben aufgemacht. Ich wusste, dass der älteste Sohn der Familie Atta hieß. Also sagte ich: ›Atta brauche ich.‹ Sie haben gefragt: ›Welchen Atta? Es gibt viele Atta in diesem Dorf.‹ Ich habe geantwortet: ›Den Atta von diesem Haus!‹ Sie haben erwidert: ›Wir wissen nicht, wo er gerade ist. Seine Mutter ist im Krankenhaus für eine Augenoperation. Aber sein Bruder ist bei den Tieren draußen auf einem Feld. Vielleicht kann er weiterhelfen.‹ Wir haben den Bruder aufgesucht und ich habe erklärt, dass wir vor dreißig Jahren hier waren, und dass seine Mutter uns geholfen hat. Er konnte sich nicht daran erinnern, wie sollte er auch? Es gab hunderte Afghanen wie uns. Eine halbe Stunde lang habe ich mit ihm geredet. Meine Freunde wurden nervös und meinten: ›Lass es gut sein, er will dich nicht kennenlernen.‹ Ich wollte ihm Geld geben. Das sollte er seiner Mutter bringen und sie außerdem bitten, für mich zu beten. Er wehrte ab: ›Nein ich will kein Geld. Ich kenne Sie nicht.‹ Er wollte wirklich nicht. Ein anderer Mann hatte sich alles angehört. Als wir schließlich weggehen wollten, sprach er mich an: ›Khan, kommen Sie zu mir. Sie können nicht einfach gehen. Ich bin der Dorfvorsteher, Sie sind meine Gäste.‹ Er hatte gesehen, wie viel Geld ich verschenken wollte. Sicher hat er gedacht, dass ich reich sein muss und hat sich erhofft, gute Geschäfte mit mir zu machen. Er hat uns in seinen Orangengarten eingeladen. Der war so groß, dass man das Ende nicht sehen konnte. Der Dorfvorsteher war ein richtiger Großgrundbesitzer[1]. Wir saßen im Schatten der Obstbäume auf Charpois, und er ließ uns von Dienern bewirten. Wie hohe Gäste hat er uns behandelt, wir haben Gerichte bekommen, die wir uns nie hätten leisten können, dazu Milch, Obst und eine Wasserpfeife. Er hat zehn, zwölf Pferde satteln lassen und wollte ein Polospiel für uns veranstalten. Es kamen Musiker, die getrommelt haben. Das ganze Dorf hat sich versammelt, um uns anzusehen. Ich habe den Leuten meine Geschichte erzählt: dass ich vor langer Zeit Bettler war und hier eine Unterkunft bekam, dass ich hergekommen bin, um mich bei der Frau zu bedanken, die mich als Kind mit meiner Mutter aufgenommen hat. Ich glaube, sie dachten, das ist wie in einem Märchen, und ich muss in Afghanistan ein König oder Ähnliches sein.

In der Nacht ist Atta aus der Stadt zurückgekommen. Die Leute haben ihm gleich alles berichtet. Am Morgen hat er uns

---

1 Khazan Gul verwendete hier und an anderer Stelle das bislang auf Deutsch nicht existierende Wort »Großgrundbesatzer«. Bei der Anpassung seiner Sprache zur besseren Lesbarkeit haben wir dies zwar korrigiert, wollten aber den Leserinnen und Lesern diesen schöpferischen Ausdruck nicht vorenthalten.

begrüßt und eingeladen. Seine Frau hat uns angeboten: ›Wir haben Reis und Zucker, ihr könnt so viel mitnehmen, wie ihr wollt.‹ Ich habe geantwortet: ›Wir wollen nichts haben, wir möchten die Mutter sehen.‹ In Lahore hatte ich Kleider für meine Kinder gekauft. Die Familie hatte viele Kinder, deshalb habe ich ihnen die Kleider geschenkt. Sie haben mich dann zur Mutter ins Krankenhaus gebracht. Ihre Augen waren verbunden, sie konnte mich nicht sehen. Mein Herz war sehr erleichtert darüber, dass ich ihr nun endlich danken konnte und ich gab ihr das Geld. Ich habe ihr viel erzählt, aber sie hat sich nicht an uns erinnert. Wir waren für sie nicht wichtig gewesen, sie hatte das für Gott gemacht.«

Während des Mittagessens treffen die ersten Gäste ein, die gehört haben, dass Khazan Gul heute zu Hause bleiben wird. Es geht hoch her im Gästehaus, das sich langsam füllt. Leider können wir den politischen Diskussionen auf Paschtu meist nicht folgen. Khalil setzt sich mit uns auf die Terrasse und gibt sich mehrere Stunden lang große Mühe, unsere Paschtukenntnisse zu verbessern. Eine Reihe von Gästen bleibt zum Abendessen und über Nacht. Monika und ich ziehen uns in den separaten Gästebereich hinter der Mauer zurück, wo im Freien das Bett für uns aufgebaut wird. Bei Kerzenschein aus einer Laterne lernen wir Paschtu-Vokabeln, als Khazan Gul zu uns kommt. Die anderen Gäste sind inzwischen müde geworden. Wir setzen uns auf die Bettkante, er nimmt auf einem Stuhl Platz. Am Himmel sieht man weder Mond noch Sterne. In der Tür zum Frauenbereich erscheint ein Schatten, Khazan Gul steht auf und nimmt ein Tablett mit Gläsern und einer Kanne entgegen. »Das ist sehr lieb von ihr! Hekmat hat vorhin gehört, dass ich noch mit euch arbeiten möchte, und hat uns noch einmal Tee gemacht, damit wir Energie haben.« Er schenkt uns ein, der heiße Tee dampft in der lauen Nachtluft. Eine Weile bleibt es still.

»Heute ist mir in den Sinn gekommen: Vielleicht denkt ihr nach allem, was ich bisher aus meiner Kindheit erzählt habe, dass ich damals unglücklich gewesen sein muss. So ist es aber nicht. Als Kind hatte ich nicht mehr Probleme als jetzt. Obwohl die Lebensumstände schwieriger waren, war ich genauso oft glücklich und genauso oft traurig wie jetzt. Wenn ich Brot hatte, war ich sehr glücklich. Einmal war ich als kleines Kind im Bazar von Miran Schah. Das ist eine Stadt in Pakistan, von Dragai zwei Tage zu Fuß über die Berge entfernt. An einem Stand wurden Zuckerrohrsaft und geschälte Zuckerrohrstücke verkauft. Ich habe lange zugesehen und gehofft, dass mir der Verkäufer vielleicht ein Stück Schale gibt, also den Abfall. Von dem Saft oder den inneren Rohrstücken habe ich nicht einmal zu träumen gewagt. Irgendwann kam ein Militäroffizier und hat einige Zuckerrohrstücke gekauft. Eins ist dabei auf den Boden gefallen. Ich habe es geschnappt und wollte wegrennen. Doch ich habe Angst bekommen vor dem Offizier und habe es ihm gebracht. Aber er war freundlich und sagte: ›Du kannst es behalten.‹ Ich war überwältigt: ein ganzes Zuckerrohrstück für mich! Das war einer der glücklichsten Augenblicke in meinem Leben.

Ich glaube, dass Gott jedem Menschen Freude und Traurigkeit zuteilt. Eine gewisse Menge Freude und Glück begleitet unser Leben und dazu gibt Gott so viel Sorge, wie der Einzelne tragen kann. Die Pläne, Erfolge und Niederlagen ergeben ein Gleichgewicht, in dem man lebt. Meine Sorgen jetzt und damals als Kind sind gleich schwer, nur drehen sie sich heute um andere Dinge.

Dass ich meine Kindheit als glücklich empfinde, liegt vor allem an meiner Mutter. Sie hat sich sehr gut um uns gekümmert. Und sie hat uns viel Liebe geschenkt. In der Nacht haben wir zusammen in einem Bett geschlafen, meine Schwester, meine Mutter und ich. Wir Kinder schliefen ohne Kleider, sie sollten nicht unnötig abgenutzt werden. Vor dem Schlafen haben meine Schwester und ich uns oft gegenseitig geärgert. Ich habe sie gekitzelt und ganz schnell geschrien, dass sie mich gekitzelt hätte. Das war natürlich gelogen. Meine Schwester hat dasselbe gemacht. Wir haben gerufen: ›Hör auf zu kitzeln! Warum machst du das?‹ Unsere Mutter wusste nicht, was los ist. Es war dunkel, wir hatten ja kein Licht. Immer hat der Schuldige lauter geschrien, deshalb hat sie oft den Unschuldigen bestraft. Ich denke, wir haben damals schon politisch gehandelt. Denn genau das tun die Mächtigen: sie greifen an und beschuldigen lauthals die Unschuldigen.

Meine Mutter hat mir noch lange Zeit die Brust gegeben, auch als ich schon älter war. Milch kam keine mehr, aber es hat mir gutgetan. In der Nacht hatte meine Mutter auf jeder Seite ein Kind liegen. Meine Schwester und ich haben uns immer darum gestritten, zu wem von uns beiden unsere Mutter ihr Gesicht dreht. Wenn ihr Rücken zu mir zeigte, habe ich geweint, meine Schwester umgekehrt auch. So lag meine Mutter mit dem Gesicht nach oben. Ich habe meine Hand auf ihre Brust gelegt und meine Schwester auf der anderen Seite genauso. Es war sehr lieb von meiner Mutter, dass sie jeden Abend auf dem Rücken lag, bis wir eingeschlafen waren.

Morgens ist meine Mutter vor uns aufgestanden. Sie war leise, damit wir nicht aufwachen, hat nach den Tieren geschaut und aufgeräumt. Das ging erst, wenn es hell wurde. Wenn wir Tee gehabt hätten, hätte sie Tee gemacht, aber meistens gab es keinen. Wir hatten oft nicht einmal Tee für Besuch. Manchmal hatte ich so stark verklebte Augen, dass ich sie nicht öffnen konnte, bevor ich das Gesicht wusch. Viele Kinder hatten diese Entzündung, sie kam durch den Staub, in dem wir den ganzen Tag gespielt haben. Manche sind davon blind geworden, leider passiert das bis heute. Frühstück gab es selten. Hin und wieder hatten wir Buttermilch von einer befreundeten Familie, oder es war vom Abend vorher noch etwas übrig. Wenn nicht, gab es nichts.

Das Glück, das ich als Kind empfand, lag auch am Zusammengehörigkeitsgefühl im Dorf. Das war damals sehr stark, und meine Mutter hat einiges dazu beigetragen. Sie hat viel organisiert, gemeinsam mit anderen Frauen. Die meisten von ihnen waren arm und hatten keinen Mann mehr. Sie haben sich getroffen, gearbeitet, Geschäfte gemacht und sich nebenher unterhalten. Oft haben sie zusammen Brot gebacken. Meine Mutter war bekannt für ihr gutes Brot. Meistens hatten wir Gerste, die war am billigsten. Zuerst musste man das Getreide mit einer Handmühle mahlen. Sie bestand aus zwei Steinen, der eine war in der Erde festgemacht, der andere lag obendrauf. Die eine Hand drehte den oberen Stein, die andere warf das Getreide hinein. Ich habe das oft gemacht als Kind. Die Frauen haben den Lehmofen angeheizt, den ›Tanur‹. Es war der einzige im Dorf, meine Mutter hatte ihn selbst gebaut. Die Teigfladen werden von innen an die Wand des heißen Ofens gedrückt und so gebacken. Manchmal haben uns Nachbarn Teig gebracht, damit meine Mutter daraus Fladenbrote backt, und wir durften dafür etwas Brot behalten.

Die Frauen haben Kleider genäht und geflickt. Oft waren Läuse darin. Wenn die Frauen das sahen, haben sie die Kleider über das Feuer gehalten und geschüttelt. Ich glaube, durch die Hitze konnten sich die Läuse nicht mehr so gut festhalten. Jedenfalls sind sie ins Feuer gefallen und explodiert, das hat geknistert.

Meine Mutter wusste genau, wo zu welcher Zeit Obst und Gemüse reif waren, zum Beispiel Äpfel oder Rettiche. Sie hat Esel und Körbe organisiert, und die Frauen sind zusammen dorthin gewandert. Sie haben sich Geld geliehen um einkaufen zu können. Danach haben sie die Sachen bei uns etwas teurer wieder verkauft. Der Gewinn aus dem Handel wurde halbiert, die eine Hälfte bekamen die Frauen, die andere Hälfte der Verleiher. Die Frauen sind alle zusammen gegangen. Das war sicherer. Bei uns ist es gefährlich als Frau allein unterwegs zu sein. Sie muss immer Angst haben, dass etwas passiert. Wenn jemand eine Frau vergewaltigt und unerkannt bleibt, dann hat er nicht viel zu befürchten. Wenn er aber erkannt wird und jemand gesehen hat, was er getan hat, dann ist es tödlich, er wird umgebracht. Bei einer Gruppe von Frauen muss er fürchten, dass eine ihn kennt, außerdem können sie sich gemeinsam besser wehren. Bewaffnet waren sie aber nicht.«

Khazan Gul hält kurz inne und schüttelt den Kopf: »Wie

viel meine Mutter geleistet hat! Nie kann ich so gut sein!« Nach einem Schluck Tee fährt er fort: »Im Winter hatten wir oft nicht genug Holz zum Heizen. Die Familien haben sich zusammengetan und sich abwechselnd besucht, jeder hat einige Hölzer mitgebracht für die Nacht. Wenn kein Wind ging, gab es ein schönes Feuer, der Rauch zog durch ein Loch in der Zimmerdecke ab. Bei Wind jedoch war viel Rauch im Zimmer. Unsere Augen haben getränt und wurden schrecklich rot. Wir haben feuchten Lehm aufgelegt, um sie zu kühlen. Was der Rauch mit unseren Lungen gemacht hat, weiß ich nicht. Weil wir kein gutes Bettzeug hatten, sind wir lieber auf dem Sisalteppich am Feuer eingeschlafen, meine Schwester und ich, warm und geschützt unter dem Kleid unserer Mutter. Immer wenn ich Hühner mit Küken sehe, erinnere ich mich daran. Die Frauen haben gesungen und manchmal hat eine alte Frau oder ein alter Mann Märchen erzählt. Das war etwas Besonderes. Oft ging es um einen jungen Mann und eine junge Frau, die ineinander verliebt waren. Sie war zum Beispiel eine Königstochter. Er war ein Held und hat um sie gekämpft. Meistens hat jemand nicht erlaubt, dass sie zueinander kommen. Die Alten haben alle Namen und Orte gewusst, die Orte gab es wirklich. Was der Mann zu der Frau sagte, wurde als Lied gesungen. Danach kam ein weiteres Lied, die Antwort der Frau. Die beiden haben nie direkt miteinander gesprochen, sondern nur über die Lieder. Wir haben gespannt zugehört und alles andere vergessen. Die Geschichten dauerten zwei, drei Stunden. Im Winter waren die Nächte zu lang, um die ganze Zeit zu schlafen. Manche von uns sind trotzdem eingeschlafen, das durfte man auch. Mindestens einer musste weiter zuhören und ›ja‹ sagen. Wenn niemand mehr ›ja‹ sagte, hat sich auch der Erzähler schlafen gelegt. Die Märchen haben mir sehr gefallen. Es gab Kämpfe, die Helden waren stark. Viele hatten übermenschliche Kräfte. Es gab auch Frauen, die gekämpft haben. Diese Märchen werden heute noch erzählt. Mein ältester Bruder konnte das gut, er kannte alle. Seine Kinder hat er nach den Helden benannt: Mirugai, Adam Khan, Mirbushai, Naurangai. Er liebte diese Krieger und wünschte sich, dass seine Kinder solche Persönlichkeiten werden. Es gab sogar Märchenerzähler, die von einem Dorf zum anderen zogen. An einem Feuer wurde gesungen und musiziert, vor allem auf der Geige.« »Kannst du dich an ein Märchen erinnern?«, fragt Monika. »Leider habe ich viel vergessen. Aber vielleicht fällt mir eines ein.« Khazan Gul trinkt sein Glas Tee aus und sitzt eine Weile ruhig da. Dann beginnt er:

»Ich werde euch das Märchen vom Prinzen Bakhram erzählen:[2] Es beginnt, wie alle Märchen in Afghanistan, mit den Worten: ›Es war, es war nicht‹, auf Paschtu sagen wir ›Wa, na wa.‹ Wenn ein König vorkommt, fahren wir fort: ›Es war einmal ein König, doch unser König ist Allah.‹ Damit sagen wir, dass der König ein Mensch wie alle anderen ist, und wir uns nur Allah unterwerfen.« Monika schenkt uns allen Tee nach, Khazan Gul lehnt sich zurück und schließt die Augen, bevor er weiterspricht: »Der König hatte lange keine Kinder. Schließlich bekam er einen Sohn, der hieß Bakhram. Bakhram war begabt, und der König ließ ihn sehr gut ausbilden, in allen Wissenschaften, im Fechten, Kämpfen, Reiten und Jagen. Eines Tages kam Bakhram mit einigen Begleitern bei der Jagd in einen Wald, in dem ein gefährlicher Tiger lebte. Seine Begleiter wollten umkehren, aber er war dagegen und ritt alleine voraus. Tatsächlich stieß er bald auf den Tiger. Der wollte ihn angreifen, doch Bakhram fing ihn in der Luft ab und tötete ihn mit den Händen. Kurz darauf sah der Prinz ein Reh und folgte ihm, seine Begleiter blieben zurück. Das Reh entkam dem Prinzen. Er war tief im Wald und wusste nicht, wo es zurück zum Schloss ging. Deshalb ritt er immer weiter in dieselbe

---

2 Die Erzählung dieses Märchens durch Khazan Gul aus seiner Erinnerung haben wir mit einigen Motiven aus dem wunderbaren Buch »Granatapfel und Flügelpferd – Afghanische Märchen« von Gisela Borcharding ergänzt, in welchem das gleiche Märchen ausführlicher und in einer etwas anderen Fassung erzählt wird.

Richtung und hoffte, ein Dorf zu erreichen. Irgendwann stieß er auf einen Turm. Im obersten Fenster des Turmes sah er das Gesicht einer jungen Frau. Er stieg hinauf, aber es stand nur das Bild einer Frau am Fenster. Sie war wunderschön, hatte helle Haut, schwarze Augen und schwarzes Haar, und er verliebte sich sofort in sie. Ein alter Mann, der im Turm wohnte, erklärte ihm: ›Die Frau ist eine Prinzessin und wohnt in dem großen Land Schin im Osten. Schon viele haben vergeblich versucht, ihr Herz zu gewinnen.‹ Der Prinz brach trotzdem auf, sie zu suchen.

Als Bakhram weit geritten war, sah er einen schönen Garten und ging hinein, um sich auszuruhen, auch sein Pferd ließ er grasen. Er wusste nicht, dass der Garten sechs Jinn-Brüdern gehörte, die dort mit ihrer Schwester lebten. Jinns leben ähnlich wie Menschen, sind aber keine. Sie haben übermenschliche Kräfte. Die Brüder waren an diesem Tag nicht zu Hause. Als die Schwester den Reisenden sah, ließ sie ihm von einem Diener Essen bringen. Der Diener sollte dem Fremden sagen, dass ihre Brüder niemanden in ihrem Garten dulden. Sie würden ihn töten, wenn er nach dem Essen nicht geht. Als der Prinz das hörte, meinte er: ›Warum sollte mich jemand töten wollen? Wenn sie so grausam sind, dann müssen sie schon viele Unschuldige umgebracht haben. Ich werde gegen sie kämpfen und diese Unschuldigen rächen. Ich bleibe!‹ Die Brüder kamen zurück und sahen den Prinzen in ihrem Garten. Der Älteste sagte zum Jüngsten: ›Geh, und schneide ihm den Kopf ab.‹ Der jüngste Jinn ging in den Garten und hob sein Schwert. Doch bevor er zuschlagen konnte, sprang der Prinz auf, fesselte ihn an Händen und Füßen und setzte ihn unter einen Baum. Als der jüngste Bruder nicht zurückkam, schickten die Jinns einen weiteren Bruder. Der Prinz fesselte auch diesen. So kam ein Bruder nach dem anderen und schließlich waren alle gefesselt. Bakhram nahm sein Schwert und wollte sie töten. Aber die Schwester bat ihn, sie zu verschonen: ›Hat dein Vater dir nicht beigebracht: Schade den Armen nicht und tu ihnen kein Unrecht?‹ ›Sie sind nicht arm!‹, antwortete der Prinz. ›Sie sind arm, weil sie dir ausgeliefert sind!«, erwiderte die Schwester. Er gab nach: ›Ich hätte sie getötet. Aber du hast mir Essen gegeben, obwohl du mich nicht kanntest. Ich kann deine Bitte nicht ausschlagen.‹ Sie bat Bakhram, die Knoten der Fesseln zu lösen. Doch kaum waren die sechs Jinns frei, stürzten sie sich auf den Prinzen. Nun hielt die Schwester ihre Brüder davon ab, Bakhram zu töten. Stattdessen luden sie ihn in ihr Haus ein. Der älteste Bruder erzählte, dass seine Frau von einem Deo gefangen gehalten wird. Deos sind ebenfalls Wesen mit übermenschlichen Kräften und können fliegen. Der Prinz schlug vor, ihnen zu helfen die Frau zu befreien. Die Jinns zögerten. Sie meinten, der Deo sei extrem stark, und sie müssten erst viele Leute organisieren. Der Prinz entgegnete: ›Es ist besser, wenn wir nur wenige sind, dann können wir leichter ganz nahe an den Deo herankommen.‹ Die Brüder berieten sich und waren einverstanden. Allerdings sollte Bakhram vorangehen. Als sie sich in der Nacht dem Haus des Deos näherten, musste ein Jinn nach dem anderen dringend Wasser lassen. Bakhram konnte gerade noch den letzten fragen, welches Haus dem Deo gehörte, dann war er allein. Die Tür war verschlossen, der Prinz brach sie auf. Drinnen schlief der Deo, er war nicht aufgewacht. Neben ihm, in einem Käfig, saß die Frau des ältesten Jinns. Sie lachte zuerst, dann weinte sie: ›Ich freue mich, dass du kommst, aber ich weine, weil der Deo dich gleich fressen wird.‹ ›Er wird mich nicht fressen, ich bin gekommen ihn zu töten!«, antwortete der Prinz. Sie flüsterte: ›Dann töte ihn gleich, solange er schläft.‹ Doch Bakhram wollte nicht: ›Nein, das kann ich nicht, jemanden der schläft, töte ich nicht. Ich werde ihn aufwecken.‹ Er packte den Deo an den Füßen, schüttelte ihn, bis er wach war, und tötete ihn dann mit einem einzigen Schwerthieb. Die Frau brachte er zu ihrem Mann zurück.

Schließlich verabschiedete sich Bakhram von den Jinn-Brüdern, er wollte weiter nach Osten reiten, um die Prinzessin zu finden. Die Brüder baten ihn zu bleiben und in ihrem Reich zu herrschen, oder wenigstens einige von ihren Wächtern mitzunehmen. Aber Bakhram sagte: ›Ich muss gehen und ich muss alleine gehen.‹ Jeder Jinn riss sich ein Haar aus und gab es dem Prinzen: ›Wenn du in Schwierigkeiten bist, dann verbrenne ein Haar. Wir werden dir aus der Luft zu Hilfe kommen mit einer ganzen Armee.‹ Bakhram bedankte sich.

Viele Wochen lang ritt er über hohe Berge, durch Wüste und Steppe nach Osten, bis er die Stadt der Prinzessin erreichte. Er suchte die Fakire auf und lebte mit ihnen. Einmal pro Monat zeigte sich die Prinzessin der Öffentlichkeit an einem großen Platz vor dem Palast. Als Bakhram sie sah, fand er sie noch schöner als auf dem Bild.

Währenddessen sorgte sich der König zu Hause um seinen Sohn und ließ ihn überall suchen. Ein Bote kam zu dem Turm, in dem das Bild der Prinzessin stand. Der alte Mann erzählte, dass der Prinz bei ihm gewesen und wohl auf dem Weg in das Reich Schin sei. Als der König die Botschaft bekam, sandte er eine Karawane mit Brautgeschenken nach Schin.

Einen Monat später ging Bakhram wieder zum Schloss, um die Prinzessin zu sehen. Der Platz war voller junger Männer, die alle die Prinzessin heiraten wollten. Ihre Dienerin fragte die Männer, welche Geschenke sie haben. Bakhram gab ihr seinen Ring. Auf dem war ein Stein, den sich im Reich Schin niemand leisten konnte. Als die Prinzessin den Ring sah, wusste sie: Das war kein Fakir, sondern ein Prinz aus einem fernen Land. Sie schickte ihre Dienerin los mit einem Brief, in dem stand: ›Geh zurück in dein Reich. Du hast meine Unterstützung. Aber glaube nicht, dass ich deine Frau werde.‹ Bakhram antwortete in seinem Brief: ›Ich möchte nicht deine Reichtümer oder deine Armee. Ich möchte dich! Und eines Tages werde ich deine Hand gewinnen.‹ Die Briefe wurden in Liedern gesungen. Leider bin ich nicht so gut darin, sonst würde ich jetzt für euch singen.

Kurze Zeit später war große Aufregung in der Stadt. Es hieß: ›Eine riesige Armee von Reitern aus dem Norden naht und will die Stadt angreifen.‹ Bakhram hörte das und zündete eines der Haare an. Die sechs Jinn-Brüder und ihre Armee erschienen aus dem Himmel und schlugen die Reiterarmee.

Am nächsten Morgen erhielt der Kaiser die Nachricht, dass die feindliche Armee vernichtet war. Er wollte sofort wissen, von wem. Bakhram wurde zum Kaiser vorgelassen und der bot ihm an: ›Wünsche dir was du willst, ich erfülle es dir!‹ Bakhram sagte: ›Ich wünsche mir die Hand deiner Tochter.‹ Der Kaiser erwiderte: ›Von mir aus gerne. Doch das ist nicht allein meine Entscheidung. Meine Tochter muss einverstanden sein.‹ Bakhram rief die Schwester der Jinns und die Frau des ältesten Jinns zu sich, sie sollten mit der Prinzessin sprechen. Die Prinzessin erklärte ihnen: ›Ich bin das einzige Kind meines Vaters und kann ihn nicht verlassen. Wenn ich weggehe, ist er alleine. Nur wenn er eine Frau findet, kann ich heiraten.‹ Die Schwester der Jinns schlug vor: ›Ich werde deinen Vater heiraten, dann kannst du Bakhram heiraten.‹ Als Bakhram von diesem Vorschlag hörte, sagte er zu den Jinns: ›Das kommt nicht infrage, eure Schwester ist nicht hierhergekommen, um gegen die Prinzessin getauscht zu werden.‹ Die Jinns berieten sich. Sie entschieden, dem Kaiser den Krieg zu erklären und die Prinzessin zu entführen. Damit war Bakhram noch weniger einverstanden. Schließlich beschlossen die Jinn-Brüder und ihre Schwester zusammen, dass sie doch den Kaiser von Schin heiraten werde. So kam es. Und Bakhram brachte die Prinzessin mit der Karawane seines Vaters, die inzwischen mit den Brautgeschenken angekommen war, in sein Königreich. Dort lebten sie gemeinsam ein glückliches Leben.

So ging das Märchen, wenn ich mich richtig erinnert habe. Die Helden in den Märchen leisten Widerstand. Sie sind vertrauenswürdig und lügen nie, auch nicht, wenn sie deswegen sterben müssen. Sie können Diebe oder Räuber sein, das macht nichts, auf die Ehrlichkeit kommt es an. Wir haben gespielt, dass wir die Helden sind. Holzstecken waren unsere Schwerter. Wir waren so stark, so mutig und so ehrlich wie die Helden, unsere Vorbilder. Die Märchen hatten großen Einfluss auf uns. Ich glaube, dass die Afghanen so kriegerisch und ehrlich sind, das kommt auch von den Märchen.

In unserem Dorf hatten wir alle dieselben Probleme und haben gemeinsam gekämpft. Mit einem Stück Holz kann man kein Feuer machen. Aber zusammen, arme Frauen, Witwen und Kinder, hatten wir viele Stücke Holz für ein Feuer. So haben wir im Warmen geschlafen und überlebt. Dieses Gefühl der Zugehörigkeit, zusammenzuarbeiten, zu kämpfen, damit man gemeinsam überlebt, das bestärkt mich bis heute.

Leider ist dieses Gefühl in Afghanistan teilweise verlorengegangen. Zumindest in den Städten gibt es das kaum mehr. Es wäre nötig, dieses Bewusstsein von Zusammengehörigkeit zu stärken und zu wecken, nicht nur in Afghanistan, sondern auf der ganzen Welt. Die großen Probleme können wir nur alle gemeinsam lösen. Gesellschaftliche Arbeit und Zusammenhalt sind für die ganze Menschheit überlebenswichtig, so wichtig wie für uns damals dieses Feuer.«

Khazan Gul schaut zum Himmel. Schwach dringt etwas Mondlicht durch die Wolken. »Hört ihr das?«, fragt er. Wir lauschen und nehmen ein dumpfes Rauschen wahr. »Ich muss meine Söhne und Khalil wecken. Der Fluss hat Wasser. In den Bergen hat es geregnet, und jetzt können wir unsere Felder bewässern.« Wenige Minuten später laufe ich hinter Khazan Guls Söhnen durch die Dunkelheit. Wir folgen einem trockenen Wassergraben, bis zu einem größeren, der Wasser führt. Mit einer Schaufel stechen wir Erde an der Seite des Grabens ab und leiten einen Teil des Wassers in den bisher trockenen Graben. Dieser führt zu Khazan Guls Feldern und zu den Feldern eines Nachbarn und wird nacheinander an vielen Stellen geöffnet. Als alle Felder Wasser bekommen haben, beginnt die Morgendämmerung. Wir gehen zum Haus, meine Füße fühlen sich wie Schlammklumpen an und sehen auch so aus. Ich ziehe Socken und Schuhe aus, wasche mich kurz ab und lege mich sofort ins Bett.

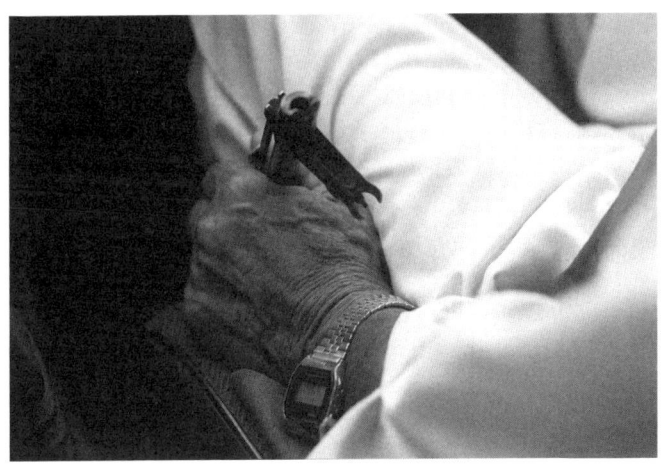

Das Schicksal an der Krawatte gepackt

von Monika

Khazan Gul hat in den vergangenen Tagen viel telefoniert. Er wollte erreichen, dass noch während unseres Besuches der Grundstein für ein Schulgebäude in einem Dorf am Fuße der Berge gelegt werden kann. Sein Auto ist inzwischen repariert, und wir fahren zum Erziehungsministerium in Khost. Khazan Gul ist dort häufig, um Pläne mit dem Minister und seinen Mitarbeitern abzustimmen. Vor dem Gesprächstermin sitzen wir auf eigens für uns aufgestellten Stühlen im Hof des Ministeriums und warten. Ein Mann, etwa Mitte vierzig, geht an uns vorbei, bleibt stehen, dreht sich zu uns um und sieht Khazan Gul gebannt an. Die beiden laufen aufeinander zu und umarmen sich, Khazan Gul ruft uns voller Freude zu: »Das ist mein Schüler! Fast dreißig Jahre lang haben wir uns nicht mehr gesehen!« Zu unserer Überraschung begrüßt uns der »Schüler« auf Deutsch und erzählt uns dann, dass Khazan Gul jeden Morgen eine Stunde vor Unterrichtsbeginn in der Schule gewesen und jeden Nachmittag eine Stunde länger geblieben sei, um zusätzliche Unterrichtsstunden zu halten und andere Lehrer zu unterrichten. Zu seinen Schülern habe Khazan Gul gesagt: »Ihr sollt alle an der Universität studieren!« Und genauso sei es eingetreten. Er selbst habe unter den moskautreuen Kommunisten in den achtziger Jahren in Leipzig studiert. Leider sei der Krieg gekommen und mit ihm der Hass zwischen den Menschen. Khazan Gul hätte als einer der Anführer des Widerstandes in der Provinz eigentlich als Feind betrachtet werden sollen. Aber für ihn und seine Mitschüler sei Khazan Gul ein großes Vorbild geblieben. Als er hört, dass Khazan Gul für das Parlament kandidiert und wir morgen den Grundstein für eine neue Schule legen, ist er begeistert: »Ich arbeite beim Radiosender von Khost und versuche dafür zu sorgen, dass ein Reporter mitkommt. Wir müssen über die Grundsteinlegung berichten. Vielleicht können wir sogar die Rede senden, die Khazan Gul halten wird.«

Am frühen Nachmittag kehren wir zu Khazan Gul nach Hause zurück. Dort wartet ein Mann auf ihn, der mit ihm sprechen möchte. Die beiden gehen ins Gästehaus, wir sitzen zusammen mit Khazan Guls Söhnen auf der Terrasse. Das Gespräch drinnen wird laut. Plötzlich kommt der Mann heraus, geht grußlos an uns vorbei und verlässt das Anwesen. Khazan Gul erklärt uns, dass der Mann in einem bestimmten Gebiet sehr einflussreich sei und ihm angeboten habe, eine große Anzahl von Stimmen bei der Wahl zu kaufen. Um zu zeigen, was er von dieser Art der Wahlbeeinflussung hält, brach Khazan Gul einen Streit vom Zaun und machte dem Mann schwere Vorwürfe, bis dieser wütend das Haus verließ.

Khazan Gul setzt sich zu uns: »Es freut mich, dass wir im Erziehungsministerium meinen Schüler getroffen haben, und ich freue mich besonders, dass er eine Universität besucht hat. Auch ich habe als Kind immer davon geträumt zu studieren und musste viele Schwierigkeiten dafür überwinden. Nach der sechsten Klasse musste ich eine Prüfung in der Provinzhaupt-

stadt Gardez bestehen, um in Kabul weiter zur Schule gehen zu
können. Das Internat würde zwar kostenlos sein, aber ich hatte
kein Geld für den Aufenthalt in Gardez, für Kleider und für
die Reise nach Kabul. Deshalb war ich nach Pakistan gegangen
und hatte im Panjab als Maurer gearbeitet. Von Khost nach
Gardez bin ich zu Fuß gelaufen, drei Tage lang. In Gardez hatte ich keine Freunde und musste in einem Gasthaus schlafen.
Nach der Prüfung habe ich tagelang auf die Ergebnisse gewartet. Fast wäre mein Geld ausgegangen, und mit dem letzten
Rest habe ich schließlich die Fahrt nach Kabul bezahlt.

In Kabul hatte man mich an der Sportschule eingeschrie-
ben. Mit einem Abschluss dieser Schule durfte man aber nicht
studieren. Als ich mich beschwerte hieß es, ich sei schon zu
alt für das Gymnasium. Ich glaube, ich sah älter aus, als ich
war. Mehrere Tage lang habe ich mich mit den Beamten im
Erziehungsministerium gestritten, ohne Erfolg. Daher habe ich
versucht, den Erziehungsminister selbst zu treffen. Er hieß Ali
Ahmad Popal. An diesem Tag wollte er die Baustelle eines neu-
en Schulgebäudes besichtigen. Ich war schon vor ihm dort und
habe mir einen Plan überlegt. Als er vom zweiten Stock wieder
hinuntergehen wollte, versperrte ich ihm auf der Treppe den
Weg und hielt ihm meinen Antrag für die Aufnahme am Gymnasium entgegen. Er wusste sofort, wer ich bin, weil ich am
Tag zuvor im Ministerium so viel herumgeschrien hatte, dass
ihm über mich berichtet worden war. Er sagte: ›Ich weiß, was
du willst, aber das geht nicht. Du gehst auf die Sportschule.‹
Da habe ich ihn an der Krawatte gepackt und gedroht: ›Hier ist
kein Geländer, entweder Sie unterschreiben den Antrag oder
wir fallen beide hinunter. Ich habe die beste Note unserer ganzen Provinz. Ich will an die Universität, ich habe ein Recht
darauf. In unserem Dorf fangen alle Kinder so spät mit der
Schule an. Wenn ich jetzt nicht auf das Gymnasium darf, dann
können Kinder einfacher Leute aus meinem Gebiet nie studieren. Wie soll sich dieses Gebiet dann entwickeln?‹ Wenn er versucht hätte, sich mit Gewalt zu befreien, wären wir beide durch
den Treppenschacht bis ins Erdgeschoss hinuntergefallen und

vermutlich gestorben. Er gab nach: ›Gut, ich unterschreibe.‹ Ich habe seine Krawatte losgelassen, ihm aber weiter den Weg blockiert, bis er unterschrieben hatte. Danach hat er das Papier noch einmal zu sich gezogen und auf den Rand geschrieben: ›Rahman-Baba-Lisee‹, den Namen eines Gymnasiums. Rahman Baba war ein Dichter, ich hatte auch schon ein Buch von ihm gelesen. Weil ich dachte, das sei eine Schule für Dichter, habe ich gesagt: ›Ich will nicht auf das Rahman-Baba-Lisee!‹ Aber jetzt war der Minister frei und hat mir eine feste Ohrfeige gegeben. Da habe ich gedacht: ›Na gut, dann gehe ich eben dorthin, jedenfalls kann ich danach studieren.‹

Meine Freunde hatten unten vor der Baustelle auf mich gewartet. Sie waren aus Dragai, Kinder aus einflussreichen Familien, und gingen in Kabul auf verschiedene Schulen. Als ich ihnen den unterschriebenen Antrag zeigte, staunten sie: ›Mensch, hast du ein Glück! Wie hast du das geschafft? Andere zahlen viel Bestechungsgeld, um auf das Rahman-Baba-Lisee zu kommen.‹ Ich war verwundert: ›Ja? Ich habe auch eine schreckliche Ohrfeige bekommen, weil ich nicht dorthin wollte.‹ Das Rahman-Baba-Lisee war eine Eliteschule für Paschtunen aus den ländlichen Provinzen. Sie ging von der ersten bis zur zwölften Klasse. Ich war der Einzige, der auf eine normale Dorfschule gegangen war und erst in der siebten Klasse dazukam. Die Väter der Kinder waren Malek, also Dorfvorsteher, Ulus Wal, also Chef einer Bezirksregierung, Gouverneur ihrer Provinz oder andere mächtige Leute. Es gab auch Jungen von meinem Stamm Tani. Alle kamen aus reichen Familien, die der Regierung nahestanden, ich war der Einzige aus einer armen Familie. Der Minister hat wahrscheinlich gedacht: ›So ein wilder Mensch, der ständig kämpfen will. Am besten ist er bei anderen Paschtunen aufgehoben, die verstehen ihn.‹« Heiner wendet ein: »Der Minister hätte doch danach verfügen können, dass du nicht auf die Schule gehen darfst, weil du ihn angegriffen und zur Unterschrift genötigt hast!« Khazan Gul nickt: »Sicherlich. Aber er wusste, dass ich dann weiter Probleme gemacht hätte, das wollte er vielleicht vermeiden. Und er hatte ja meine Argumente gehört. Außerdem war er Paschtune und ich glaube, es hat ihm gefallen, dass ich den Mut hatte, für mein Ziel sogar meinen Tod zu riskieren. Erinnert euch an Bakhram und die Jinn-Brüder im Märchen: In Afghanistan kann man auch zusammenarbeiten, wenn man sich kurz zuvor fast getötet hätte. Der Minister war mir nicht böse. Erst, als ich so dumm war, und nicht auf das Rahman-Baba-Lisee wollte, wurde er ärgerlich und hat mir die Ohrfeige gegeben, und auch damit hat er mir geholfen.

Am ersten Tag im Rahman-Baba-Lisee habe ich Bettzeug bekommen und sollte mir ein Bett suchen. Mit dem Bettzeug über der Schulter bin ich durch das ganze Internat gelaufen. Obwohl noch viele der Stockbetten frei waren, hieß es überall, wo ich hinkam: ›Geh weg, das habe ich für meinen Freund besetzt.‹ Schließlich war ich am Volleyballfeld. Der Boden war sauber und so habe ich dort mein Bettzeug ausgebreitet. Ein Lehrer kam: ›Was machst du?‹ ›Ich schlafe hier, es gibt keine freien Betten‹, habe ich geantwortet. Er sagte: ›Steh auf! Wir suchen eines für dich.‹ Ich habe widersprochen: ›Nein, ich habe schon zu lange gesucht, jetzt bin ich müde. Ich stehe erst auf, wenn ich weiß, wo ein Bett für mich ist.‹ Er hat mich mit dem Fuß getreten und militärisch gerufen: ›Steh auf!‹ Es wurde schnell geschlagen in diesem Internat. Wir fanden ein Bett für mich. Dann tauchte ein kleinerer Junge auf, er war vielleicht zehn Jahre alt, und meinte: ›Das ist meins!‹ Der Lehrer hat ihm sofort eine Ohrfeige gegeben: ›Das kann nicht sein, in diesem Zimmer sind nur ältere Kinder.‹ Zu mir hat er gesagt: ›Hilf dem Jungen das Bettzeug zu tragen und ein anderes Bett zu finden.‹ So ging ich schon wieder mit Bettzeug über der Schulter durch die Schule. Nach einer Weile habe ich es hingelegt und zu dem Jungen gesagt: ›Such selbst weiter! Ich muss zurück.‹ Den ganzen Nachmittag habe ich auf meinem Bett gesessen und es verteidigt. Dann kamen einige Tani. Ich kannte sie nicht, doch sie hatten von mir gehört, wollten mich begrüßen und zum Volleyballspielen mitnehmen. Erst habe ich abgelehnt, ich sorgte mich um mein Bett. Aber sie meinten:

›Niemand nimmt einem Tani das Bett weg.‹ Also ging ich mit. Sie waren stolz, dass ihr neuer Tani so gut Volleyball spielt, ich wurde gleich der Anführer der Mannschaft.

Obwohl ich von der Dorfschule neu in das Gymnasium kam, war ich der beste Schüler. Ich konnte fast alle Fragen beantworten, vor allem in Mathematik. Manchmal war ein Lehrer nicht da, dann musste ich unterrichten. Oder ein Lehrer konnte eine Aufgabe nicht lösen und hat mir die Kreide in die Hand gegeben. Ich war es gewohnt, dass ich immer alles konnte. Umso ärger bin ich dann auf die Nase gefallen. Im Sportunterricht haben die anderen Schüler einen Salto gemacht. Das hatten wir an unserer Dorfschule nie geübt. Ich habe zugesehen und gedacht: ›Das ist doch leicht!‹« Heiner und ich kennen diesen Satz schon. Bislang hatte die Situation jedes Mal so geendet, dass Khazan Gul etwas für ihn Neues mit Bravour geschafft hat. Wir ahnen, was jetzt kommt, und können uns ein Grinsen nicht verkneifen. »Ich bin losgelaufen, abgesprungen – und auf dem Kopf gelandet. Das tat weh!« Auch Khazan Gul lacht: »Viel schlimmer als die Schmerzen war, dass ich zugeben musste, dass ich das nicht konnte und Hilfestellung brauchte!«

Khazan Guls Telefon klingelt. Nach dem Gespräch erklärt er freudig: »Das war mein Schüler. Er schickt morgen früh einen Reporter zur Grundsteinlegung, eine gute Gelegenheit, Propaganda zu machen. Ich glaube, er schätzt es bis heute, dass ich mich damals so eingesetzt habe. Auch im Internat in Kabul wollte ich schon, dass alle Schüler aus meiner Provinz Paktia möglichst viel lernen. Nachmittags haben wir zusammen gelernt, dazu habe ich sie gezwungen. Freitags habe ich mit den jüngeren Schülern Ausflüge unternommen, nach Chehel Sutun, einem Stadtteil mit vielen Obstbäumen, oder nach Darulaman, dort ist der Königspalast von Amanullah. In diesen Vierteln gibt es Maulbeerbäume. Ich bin hochgeklettert, habe die Bäume geschüttelt, und die anderen haben unten Maulbeeren gesammelt und gegessen.

Bis zum Ende der siebten Klasse habe ich unbeschwert gelernt. Aber dann änderte sich plötzlich mein Leben. Wir hatten gerade Abschlussprüfungen. Ich war sehr religiös und habe viel gebetet. An einem Morgen habe ich beim Beten das Gefühl bekommen, dass etwas passiert ist. Sofort habe ich meinen Freund Habib, der im Stockbett über mir schlief, geweckt: ›Ich glaube, mein zweiter Bruder hat irgendetwas Schlimmes gemacht!‹ Habib hat mich ausgelacht. Einige Wochen später habe ich die Nachricht erhalten, dass es einen Familienkrieg gegeben hatte. Er entstand aus dem Streit um einen Streifen Land, etwa fünf Meter breit, an der Grenze zwischen dem Land von Verwandten und dem einer anderen Familie. Sie war aus derselben Sippe, aber nicht so eng mit uns verwandt. Der Streit wurde immer hitziger, alle waren bewaffnet und es hat sechs Tote gegeben, fünf bei der anderen Familie, einer bei uns. Der Vatersvater des Toten und mein Vatersvater waren Brüder. Von meinen Verwandten waren zwölf Männer schwer verletzt, wurden aber wieder gesund. Auf der anderen Seite gab es vier Tote mehr, das bedeutete: Die andere Familie musste Blutrache nehmen. Mein zweiter Bruder war beteiligt gewesen und war gefährdet, umgebracht zu werden.

Auch für mich war es sehr gefährlich. Für die Blutrache kann der Bruder eines Täters getötet werden. Dadurch gibt es mehr Möglichkeiten, die Blutrache auszuführen, auch wenn der Täter flieht. Das ist zwar nicht rechtmäßig, trotzdem bringt es die Blutrache zum Stillstand. Denn der Täter wird nicht sagen: ›Ihr habt den Falschen getötet, ihr müsst mich umbringen.‹ Er und die anderen Brüder werden erleichtert sein über das Ende der Blutrache und ihren Bruder nicht rächen. Sonst hat die andere Familie wieder einen Toten mehr und muss wiederum Blutrache nehmen. Als Bruder eines Täters ist man erst sicher, wenn man selbst eigene Söhne hat, sie würden ihren Vater rächen.

Meine Familie ist nach Miran Schah in Pakistan geflohen, auch meine Mutter. Das war nicht hauptsächlich wegen der Blutrache, die kann in Pakistan ebenso genommen werden, sondern wegen der Regierung. Sie hat erfahren, dass es Tote gab und nachgeforscht. Die andere Familie hat behauptet, dass alle aus unserer Familie am Krieg beteiligt waren. Bei uns gibt es nicht dieses Gesetz, dass man im Zweifel freigesprochen wird. Man kommt erstmal ins Gefängnis und muss dann seine Unschuld beweisen. Die andere Familie hat Regierungsleute bestochen, damit sie ihre Aussage glaubten. So viel Geld wie die andere Familie konnten wir nicht bezahlen. Meine ganze Familie hätte ins Gefängnis gemusst. Deswegen sind alle weggegangen.

Ich wollte nicht nach Pakistan, dort hätte ich nicht mehr in die Schule gehen können. Und ich konnte ja beweisen, dass ich zum Zeitpunkt des Krieges in Kabul war und nicht beteiligt gewesen sein konnte. Aber ich musste verfügbar sein, wenn die Regierung mich verhören wollte, sonst hätten sie mich automatisch für schuldig befunden. Also musste ich in meinen Ferien zurück nach Dragai, um die Vorwürfe gegen mich zu widerlegen. Das war zwar gefährlich, aber wenn ich nicht mehr lernen konnte, war es mir auch nicht mehr wichtig zu leben.

In Pakistan wäre ich vielleicht ein Räuber geworden, wahrscheinlich ein sehr gefährlicher. Denn ich kann gut planen. Zum Glück ist es nicht so gekommen. Zuerst habe ich die Abschlussprüfungen der siebten Klasse zu Ende gebracht. Zu Beginn der Ferien hat das Bildungsministerium für die Schüler aus Khost einen Lastwagen gemietet, und ich bin mitgefahren. Aber ich wusste noch nicht, wie ich überleben würde. Die andere Familie wollte mich töten, ich hatte kein Geld und nicht einmal ein zu Hause, meine Familie war ja nicht mehr da. Ich konnte nur auf meine Freunde und Bekannten hoffen.

Eine Sitte bei uns, man könnte auch sagen ein Gesetz, ist das Asyl eines Hilfesuchenden im Haus, ›Nanawatey‹ nennen wir das. Wenn jemand bedroht ist, müssen wir ihn aufnehmen und mit unserem Leben verteidigen, selbst wenn er schuldig ist und etwas gestohlen oder jemanden umgebracht hat. Am Besten bringt er einen Hammel oder eine Ziege mit, dann ist gesichert, dass er Schutz bekommt. Wenn er nichts hat, geht es auch ohne. Er darf sogar über die Mauer springen oder hineingehen, wenn nur die Frauen da sind, zu unseren Frauen, die normalerweise nie ein fremder Mann sehen darf! In diesem Fall werden die Frauen einen fremden Mann verteidigen, und wenn es sein muss, mit Gewehren. Sie werden ihn vielleicht unter Decken verstecken, damit niemand ihn findet. Die Verfolger können draußen alles machen, aber sie dürfen nicht hineinkommen, in unserem Haus darf ihm nichts passieren. Wenn er gehen möchte, müssen ihn mindestens zwei Leute begleiten bis zu dem Ort, an den er hin will.

Mit dieser Sitte verbunden ist die Ehre des Hauses: Kein Fremder darf unser Haus ohne Erlaubnis betreten. Nur, wer eingeladen ist oder Schutz sucht, wird eingelassen. Im Haus wird niemals jemand getötet, auch ein Feind nicht. Nicht einmal den Mörder meines Bruders darf ich in meinem Haus umbringen. Diese Sitte hat mir geholfen, in den drei Wintermonaten zu überleben.

Von Kabul fuhr ich zusammen mit Habib auf dem Lastwagen bis in das Dorf Dakhi zu seiner Familie, etwa fünfzehn Kilometer von Dragai entfernt. Als wir ankamen, war es schon dunkel. Alle im Dorf wussten, dass ich in Gefahr war. Sie haben eine Versammlung abgehalten und beschlossen, mich am nächsten Tag mit vierzehn Männern nach Dragai zu begleiten. Ich bat sie, mich zu Nur Malek zu bringen. Wir waren entfernt verwandt, und er war Dorfoberster des Dorfes außerhalb von Dragai, in dem wir gewohnt hatten. Er war der alte Mann, der so gut über mich geredet hatte, als ich ein Kind war. Nur Malek war nicht zu Hause, seine Familie hat für mich und die vierzehn Männer Essen zubereitet. Als er kam, haben sich die Männer verabschiedet. Ihre Aufgabe war beendet. Nur Malek war erfreut mich zu sehen aber gleichzeitig sehr traurig: ›Das war keine gute Idee von dir hierherzukommen. Ich bin nicht stark genug, dich zu schützen. Von unserer Familie sind viele nach Pakistan gegangen. Die andere Familie ist jetzt viel stärker. Du bist hier allein.‹ Doch ich hatte eine Idee: ›Ich brauche eine Waffe. Damit kann ich deine Angst zerstreuen.‹ Er fragte: ›Wie willst du das schaffen?‹ Ich habe geantwortet: ›Morgen gehe ich zur Regierung in Dragai. Ich kann beweisen, dass ich am Krieg nicht beteiligt gewesen bin, weil ich in Kabul war. Außerdem werde ich mich darüber beklagen, dass auch die andere Familie einen Verwandten von mir getötet hat. Ich werde auf der Straße herumlaufen und jeder wird mich sehen. Wenn ich ein Gewehr habe, wird diese Familie nicht den Mut haben, auf mich zu schießen, ich könnte ja zurückschießen. Auch für dich und meine anderen Freunde ist es gut, wenn man mich auf der Straße sieht. Ihr könnt dann sagen, dass sie mich nicht bei euch zu Hause töten müssen, denn es gibt draußen genug Gelegenheiten dazu. Dann brauchst du nicht mehr so viel Angst zu haben, wenn ich bei dir bin.‹ Diesen Plan fand er gut und hat mir sein bestes Gewehr gegeben, ich hätte mir keines kaufen können. Es war eine einfache, elfschüssige Waffe, von Hand nachzuladen. Er sagte: ›Ich mag dich sehr. Wenn du stirbst, darf auch dieses Gewehr weg sein.‹

Noch am selben Tag bin ich nach Dragai zum Gebäude der Bezirksregierung gelaufen. Das Gewehr hatte ich ständig schussbereit. Es war sonnig, aber kalt. Vor dem Regierungsgebäude saßen neun Männer der verfeindeten Familie in der Sonne. Ich habe sie höflich gegrüßt, so als ob es keine Blutrache zwischen uns gäbe. Das hat sie verblüfft. Mein Gewehr habe ich der Wache gegeben und bin hineingegangen. Drinnen habe ich dem Ulus Wal, dem Chef der Bezirksregierung, alles erzählt und dann gesagt: ›Draußen sitzen die Männer der anderen Familie, sie wollen mich töten. Vielleicht können Sie denen sagen, dass ich nach dem Gesetz keine Schuld habe, und dass die Regierung denjenigen verfolgen wird, der mich tötet.‹ ›Ja, das muss ich sogar tun!‹, antwortete er, rief sie herein und drohte ihnen: ›Das ist ein Schüler. Er ist gestern aus Kabul heimgekommen und war nicht am Familienkrieg beteiligt. Wenn Sie ihn töten, werde ich alles dafür tun, dass Sie bestraft werden.‹ Sie beteuerten: ›Wir wollen ihm doch gar nichts tun.‹ Das war natürlich gelogen. Während wir zusammen hinausgingen, habe ich ihnen erklärt: ›Ich möchte mit dem Familienstreit eigentlich nichts zu tun haben. Aber ich habe Angst, dass ihr mich tötet. Deswegen habe ich das Gewehr. Ihr müsst vorsichtig sein. Es kann sein, dass ich aus Angst auf euch schieße. Ich schlage vor, ihr unternehmt nichts gegen mich und ich unternehme nichts gegen euch.‹

Einmal bin ich alleine mit sechs Männern der verfeindeten Familie vom Regierungsgebäude aus gemeinsam die Straße hochgegangen. Es war später Nachmittag. Ich konnte mich nicht von ihnen trennen, weil ich befürchtete, dass sie auf mich schießen würden, wenn ich ihnen den Rücken zuwende. An den Wasserbecken außerhalb von Dragai hielten sie an: ›Wir wollen hier beten.‹ Für mich kam nicht infrage, ohne sie weiterzulaufen. Deshalb habe ich geantwortet: ›Ich werde auch beten!‹ Das war eine besonders gefährliche Situation. Mit dem Gewehr in der Hand konnte ich nicht beten. Am Trinkwasserbecken saß ein Verwandter von ihnen, den auch ich gut kannte. Mit seinem jüngeren Bruder war ich eng befreundet, wir waren zusammen zur Schule gegangen. Ich sagte zu ihm: ›Die wollen mich töten. Pass auf, dass sie mir nichts tun, während ich mich wasche und bete.‹ Ein Paschtune kann eine Bitte um Schutz kaum ablehnen. Auch wegen seines Bruders konnte er unmöglich Nein sagen. Nun war er mit seiner Ehre verpflichtet, dafür zu sorgen, dass mir nichts passiert. Die sechs Männer wussten: Wenn sie mich jetzt töten, dann ist ihr Verwandter schuldig. So haben wir nebeneinander gebetet. Schließlich hat der Mann seine sechs Verwandten zu sich nach Hause eingeladen. Es war nicht eindeutig, ob ich auch eingeladen war. Ich habe einfach gesagt, dass ich gerne mitkomme. Wir sind alle zusammen zu ihm gegangen und haben Essen bekommen. Danach habe ich erklärt: ›Ich muss noch mal zum Ulus Wal.‹ Das war unserem Gastgeber recht. Solange ich in seinem Haus blieb, konnten die Männer nicht weggehen, denn ich hätte kurz nach ihnen auf die Straße kommen und hinterrücks auf sie schießen können. Es war wie an der Wasserstelle, nur dieses Mal umgekehrt. Der Gastgeber hat mich zum Regierungsgebäude begleitet. Als wir zurückkamen, waren die anderen weg und ich habe bei ihm übernachtet. Am nächsten Morgen habe ich mich noch eine

Weile vor seinem Haus in die Sonne gesetzt. Möglichst viele sollten sehen, dass ich bei einem Verwandten der verfeindeten Familie geschlafen hatte.

Dieser Tag, als ich mit den Männern der anderen Familie zusammen gelaufen bin und ohne Waffe gebetet habe, war der gefährlichste Tag der drei Wintermonate. Danach war ich etwas freier. Alle Leute hatten uns gesehen oder zumindest davon gehört. Meine Freunde trauten sich nun, mich einzuladen. Doch ich blieb vorsichtig. Nie habe ich angekündigt, wo ich übernachte, nicht einmal meinen Gastgebern. Als Gast habe ich zum Beispiel gesagt: ›Ich esse heute Abend hier und gehe dann weg.‹ Aber wenn es nach dem Essen schon spät war, habe ich doch dort geschlafen. Wenn ich ein richtiges Bett bekommen habe, dann habe ich mich hineingelegt, damit alle dachten, ich schlafe darin. In der Nacht bin ich aufgestanden und habe mich in eine andere Ecke des Zimmers auf den Boden oder ins Stroh gelegt. Ich hatte Angst, dass sie kommen und auf das Bett schießen. Oft habe ich erklärt: ›Ich übernachte heute bei euch.‹ Am Nachmittag war ich dann plötzlich weg. Keiner wusste, wohin ich gegangen war. Schon damals habe ich gelernt, wie ein Guerillakämpfer zu leben.

Die Leute im Dorf mochten mich gerne. Viele wollten, dass ich bei ihnen esse und übernachte. Oft habe ich bei meiner Schwester gewohnt. Sie war vom Familienkrieg nicht betroffen. Dadurch, dass sie verheiratet war, gehörte sie nicht mehr richtig zu unserer Familie. Sie lebte mit ihrem Mann und dessen Familie in Dragai. Ich wusste, was das Leben kostet, deshalb habe ich immer mitgearbeitet, ich wollte für niemanden eine Last sein, sondern ein Gewinn. Den ganzen Winter habe ich als Gast von einem Haus zum anderen gewechselt. Es war einerseits eine glückliche Zeit, weil ich merkte, wie viele Freunde ich habe. Andererseits waren es drei Monate voller Angst. Auch als ich zurück im Internat war, hat mich das beschäftigt, obwohl ich in Kabul nicht in Gefahr war. Ständig musste ich darüber nachdenken, wie ich die nächsten Winter überlebe und wie es meiner Familie in Pakistan geht. Davor hatte ich nur das Ziel, möglichst gut und viel zu lernen. Jetzt musste ich meine Kraft auf das Lernen und all diese Probleme verteilen.

Die Blutrache ist bis heute nicht genommen worden. Viele meiner Verwandten sind bis jetzt in Pakistan. Für mich besteht keine Gefahr mehr. Ich war nicht dabei und habe Söhne. Mein zweitältester Bruder, der beteiligt war, ist inzwischen an einer Krankheit gestorben. Auch wurde noch nicht entschieden, welcher Familie der umstrittene Streifen Land gehört, er liegt brach. Zusätzlich wird das ganze Land meiner Familie seither nicht bewirtschaftet, weil alle nach Pakistan gegangen sind. Die andere Familie hat ihr Land nicht verlassen. Sie hatte mehr Tote und ist deshalb freier als wir. Erst wenn die Anzahl der Toten gleich ist, können wir anfangen, miteinander zu sprechen. Dann wird die Jirga, die Ältestenversammlung, über den Streifen entscheiden. In anderen Fällen leben Familien in Blutrache direkt nebeneinander, die Täter verstecken sich im Haus und kommen nie heraus, außer vielleicht nachts. Ihr seht, unser System der Blutrache bereitet uns große Probleme. Aber weil der Staat nicht verlässlich für Sicherheit sorgt, ist es bisher das einzige System, das funktioniert.

Im Frühling bin ich mit einem Fahrrad nach Kabul gefahren. Ein alter Lehrer von mir hatte dieses Rad nicht mehr gebraucht und meinte: »Nimm es, und wenn du irgendwann einmal Geld hast, kannst du mir ja etwas dafür geben.« Ein Brudersohn von Nur Malek hat mir zum Abschied fünf Afghani gegeben. Das Geld habe ich aber nicht ausgegeben, sondern als Reserve aufgehoben. Der Weg nach Kabul war schwer. Es lag noch Schnee auf dem Sate Kandau, dem Pass zwischen Khost und Gardez. Ich musste das Fahrrad über den Pass tragen. Auf dem Weg hinunter ist die Bremse kaputtgegangen. Ich wurde zu schnell und musste immer wieder gegen den Berg fahren. Dabei bin ich oft hingefallen. Nach drei Tagen war ich in Kabul, schmutzig und voller Lehm, aber ich wusste, dass ich in der Schule neue Kleider bekommen würde.

So habe ich die Winter in und um Dragai verbracht. Nur nach der neunten Klasse bin ich auch in den großen Ferien in Kabul geblieben. Ich durfte in einer Druckerei des Erziehungsministeriums arbeiten, weil ich zu Hause keine Familie hatte. Die Arbeit hat mir Freude gemacht. Ich war fleißig und konnte viel lernen. Wir haben Schulbücher gedruckt. Ich habe Fehler gesucht und die Manuskripte verbessert. Als der Winter vorbei war, haben sie mir angeboten, dort weiterzuarbeiten, aber ich wollte zurück zur Schule.«

Khalil kommt zusammen mit einem drahtigen, etwa fünfzigjährigen Mann auf uns zu. Sein Name ist Mahsud, er ist ein alter Kampfgefährte von Khazan Gul und unterstützt ihn jetzt beim Wahlkampf. Khazan Gul erklärt uns: »Zu viele Leute wissen, dass ich morgen zur Grundsteinlegung komme, wann ich komme, und dass ihr dabei seid. Das ist eine gefährliche Situation. Solange niemand weiß, wann und wohin wir fahren, sind wir einigermaßen sicher. Denn diejenigen, die Angriffe durchführen, sind momentan nicht so stark, dass sie das jederzeit an jedem Ort tun können, sie müssen es vorbereiten. Doch morgen hätten sie dazu die Gelegenheit. Deshalb wird Mahsud eine Überwachung der Gegend durch einige Männer organisieren. Die werden niemandem auffallen, aber sie werden da sein.« Die beiden sprechen eine Weile miteinander. Als weitere Gäste eintreffen, verabschiedet sich Mahsud von uns.

Das sollt ihr nicht wissen!

von Monika

Zur Grundsteinlegung haben sich die Lehrer und einige hundert Schüler der Dorfschule versammelt. Khazan Gul, ein Minister der Provinzregierung und der Schuldirektor halten Reden, auch Heiner wird um ein Grußwort gebeten. Der Reporter vom Radio nimmt die Ansprachen auf und führt Interviews. Alle Redner sprechen über die Freundschaft zwischen Afghanen und Deutschen und danken der Kinderhilfe Afghanistan und ihren Spendern, die den Schulbau finanzieren. Khazan Gul erwähnt, dass er als Kind in Armut gelebt habe, und dass er das nicht als Schande sieht, sondern als Motivation, sich jeden Tag anzustrengen, um das Leben für alle Menschen in Afghanistan zu verbessern. Er fordert die Schüler auf, sich in Gruppen zusammenzuschließen und gegenseitig beim Lernen zu helfen. Und er ruft ihnen zu, dass sie es seien, die Afghanistan aufbauen werden, wenn sie ehrlich, mutig und unermüdlich dafür arbeiten. Der Minister erklärt in seiner Rede,

153

dass er sich für einen Sitz im nationalen Parlament in Kabul beworben habe. Heute habe er jedoch erfahren, dass Khazan Gul ebenfalls kandidiere, und er habe beschlossen, seine eigene Kandidatur zurückzuziehen und ab jetzt zur Wahl von Khazan Gul aufzurufen.

Feierlich wird ein großer Stein auf dem zukünftigen Schulgelände abgelegt. Danach beten die Männer gemeinsam. Im nächstgelegenen Dorf haben die Frauen ein Festmahl vorbereitet: Gewürzter Reis, Fleisch, Gemüse, Joghurt und Fladenbrote werden auf einem langen Wachstuch auf dem Boden ausgebreitet. Khazan Gul nimmt am oberen Ende des Tuches Platz, übereck neben ihm sitze ich, auf meiner anderen Seite Heiner. Wir haben gelernt, dass wir vermeiden müssen, dass ein afghanischer Mann neben mir sitzt, das würde als anstößig empfunden werden. Für Khazan Gul gilt das nicht. Zum einen wird er als unser Wahlverwandter gesehen, der enge Kontakt zu mir wäre sonst nicht hinnehmbar. Zum anderen ist er ein »Spin Gire«, ein »Weißbart«. Mit ehrwürdigen, älteren Männern dürfen Frauen etwas freier umgehen als mit jungen Männern.

Auf der Rückfahrt erklärt uns Khazan Gul: »Mein Freund Mahsud hat für morgen Zusammenkünfte in zwei Dörfern organisiert. Er wird heute Abend zu mir nach Hause kommen und morgen früh fahren wir zusammen in die Berge.«

Nach Tagesanbruch geht es zunächst zum Bazar. Khazan Gul dreht sich auf dem Beifahrersitz zu uns um: »Wir werden eine Weste für mich kaufen. Bei uns ist ordentliche Kleidung sehr wichtig. Ich selbst achte nicht besonders darauf, aber Mahsud und andere Freunde sind unglücklich mit mir. Sie meinen, ich brauche unbedingt eine Weste über meinem Hemd, sonst bringt der ganze Wahlkampf nichts.« Khazan Gul grinst verschmitzt: »Ich muss natürlich auf meine Berater hören! Und, auch wenn mir das nicht gefällt: wahrscheinlich haben sie recht.« Mahsud sitzt neben Heiner auf der Rücksitzbank. Er hat ein hageres Gesicht, kurze schwarze Haare und einen ebenso schwarzen, gepflegten Bart. Auch ohne Deutsch zu verstehen weiß er, worum es gerade geht. Er deutet auf seine eigene ärmellose Weste aus schwarzem Stoff, die er über einem sauber gebügelten, hellgrauen Schalwar Kamiz trägt. Obgleich Heiner auf Kleidung wohl noch weniger Wert legt als Khazan Gul, versucht er, höflich auszudrücken, dass die Weste Mahsud gut stehe. Dieser nickt und hebt sie auf der linken Seite an. Ein umgeschnalltes Holster mit einer Pistole kommt zum Vorschein. Es geht also offenbar nicht allein um gutes Aussehen.

Der Kauf der Weste bleibt nicht die einzige Verzögerung an diesem Tag. Das zweite Dorf, in dem Khazan Gul gesprochen hat, verlassen wir erst, als die Sonne gerade untergeht. Er entschuldigt sich: »Ich habe zu viel geredet, im Dunkeln ist die Fahrt zurück nach Khost unsicher. Mahsud hat uns eingeladen, bei ihm zu übernachten, das ist nicht weit von hier. Er ist sehr gefährlich, wir sind also sicher bei ihm.« Das Haus von Mahsud ist an einen steilen Hang gebaut. Dadurch hat man trotz der hohen Mauern einen wunderbar freien Blick auf die Berge und den in blassen Farben von rosa bis türkis schimmernden Abendhimmel. Khazan Gul hat heute im Bazar für Mahsud ein Mobiltelefon gekauft. Im letzten Tageslicht packen Mahsud, Khazan Gul, Khalil und einige Söhne das Telefon aus. Um die SIM-Karte einlegen zu können, muss man es öffnen. Es wandert von Hand zu Hand, doch niemand schafft es. Schließlich bekommt Heiner das Telefon gereicht. Er inspiziert es von allen Seiten und fragt nach der Bedienungsanleitung. Sie wird aufgefunden. Während Heiner noch versucht, zwischen chinesischer und japanischer Anleitung eine englische zu finden, nehme ich das Telefon in die Hand, und einen Augenblick später ist es offen. Schnell ist die SIM-Karte eingelegt, aber schon taucht das nächste Problem auf: Der kleine Bildschirm zeigt nur chinesische Schriftzeichen. Wieder versuchen sich alle abwechselnd daran, das Telefon auf eine andere Sprache umzustellen. Dabei entwickelt es oft ein Eigenleben, fiept und klingelt, was zu ausgelassenen Lachsalven derer führt, die gerade nicht aktiv beteiligt sind. Es ist schon lange dunkel, als jemand die richtige Tastenkombination drückt. Mahsud ist nicht betrübt, als das

Telefon kein Netz findet. Er müsse nur nebenan bei seinem Bruder auf das Hausdach steigen, um jederzeit telefonieren zu können. Heiner und ich bekommen einen Schlafplatz in einer Ecke des Gästebereiches. Nach dem Nachtgebet wird es ruhig.

Am nächsten Tag besuchen wir auf dem Rückweg nach Khost verschiedene Freunde von Khazan Gul. Im Radio hören wir die Reden von der Grundsteinlegung, sie werden fast in voller Länge gesendet. Am Abend haben wir bei Khazan Gul zu Hause endlich noch einmal Zeit für Erzählungen aus seinem Leben. Er ist etwas traurig: »Wir können nicht mehr alles schaffen. Ich hoffe sehr, dass wir uns wiedersehen, vielleicht reise ich im nächsten Jahr nach Europa.« Wir versichern, dass wir auch gerne wieder nach Afghanistan kommen wollen. Er lächelt erfreut: »Dann werden wir es ja irgendwann zu Ende bringen, inschallah[1]. Wo machen wir weiter?« Ich habe mir schon Gedanken darüber gemacht: »Du hast uns erzählt, wie du ins Internat kamst. Wir haben gehört, dass Kabul damals eine relativ moderne Stadt war, Frauen konnten studieren. Wie fandest du das?«

»Ich habe Mädchen gesehen, die zur Schule und zur Universität gingen, das hat mir sofort gefallen: Die Frauen sind Partner in unserem Leben. Wir leben und arbeiten mit ihnen zusammen. Viele Mädchen in Kabul waren in dieser Zeit recht frei, mehr als heute.« »Hast du dich mit Mädchen getroffen?«, möchte ich wissen. »Nein, das wäre unmöglich gewesen! Wir haben nicht einmal Jungen aus Kabul kennengelernt. Alle an unserer Schule waren vom Land. Wenn wir auf der Straße Jungen aus Kabul trafen, haben wir uns gegenseitig ausgelacht und beschimpft. Die Schuluniform war unsere einzige Gemeinsamkeit. Wir waren wild, die Kabuli viel zivilisierter. Sie kamen uns falsch vor. Wir waren in größeren Gruppen von zehn,

---

1 »Inschallah« ist arabisch und bedeutet »wenn Gott will«, auch im Sinne von »hoffentlich«. Die Verwendung zeigt die Demut des Sprechenden vor dem Willen Gottes und erinnert daran, dass der Mensch bei aller Planung die Zukunft letztlich nicht selbst in der Hand hat.

zwölf Jungen unterwegs, die Kabuli meist nur zu zweit oder zu dritt. Manchmal sind sie an Feiertagen mit einem Mädchen spazieren gegangen. Das fanden wir unmoralisch. Nachts haben sie Teelokale besucht, das haben wir, wenn überhaupt, nur tagsüber gemacht. Sie haben oft vor einer Mädchenschule herumgestanden und geguckt und gepfiffen, wenn die Schule zu Ende war. Wir haben uns geärgert: Warum machen sie das? Das könnten unsere Schwestern sein. Wir wollten mit ihnen kämpfen, aber davor haben sie sich gedrückt.

Das Leben der oberen Schichten in Kabul war völlig anders als das Leben, das wir aus den Dörfern kannten. Viel davon mitbekommen haben wir allerdings nicht. Wir sind durch die Straßen gelaufen und haben die Autos, die schönen Häuser und die Geschäfte gesehen, ohne eine Vorstellung vom Leben der Leute zu haben, die in diesen Autos fuhren, diese Häuser bewohnten und in diesen Geschäften einkauften. In ihrer Lebensweise und ihrem Denken waren die wohlhabenden Afghanen in Kabul den Menschen in Europa viel näher als den anderen Afghanen in den Dörfern außerhalb der Stadt und in den Bergen. Zwar waren die Familien der anderen Schüler am Rahman-Baba-Lisee mächtig und reich, hatten Land und Bedienstete, aber ihre Lebensweise war dennoch ländlich. Vieles gab es auf dem Land einfach nicht.

An unserer Schule lebten wir so ähnlich, wie wir es von zu Hause gewohnt waren, und sie war nicht in bestem Zustand. Einmal hatten wir in den Betten massenhaft kleine Tierchen, Insekten, sie kamen nachts aus dem Holz herausgekrabbelt. Wir konnten kaum noch schlafen. In einer Nacht habe ich Dutzende von ihnen eingesammelt und in eine Flasche gesteckt. Damit bin ich am nächsten Morgen zum Ministerium gegangen. Dort wollte man mich nicht einlassen, ich sollte einen Antrag abgeben. Ich habe mich gewehrt: ›Nein, ich will mit dem Minister sprechen!‹ Das war immer noch Ali Ahmad Popal, der mich auf das Rahman-Baba-Lisee geschickt hatte. Ich mochte ihn, weil ich das Gefühl hatte, dass er wirklich etwas verbessern wollte. Deshalb habe ich nicht nachgegeben und am Ende mit dem Mann an der Türe gerangelt. Es wurde laut und der Minister kam aus seinem Arbeitszimmer heraus: ›Was ist hier los?‹ Der Mann antwortete: ›Da ist ein Verrückter, der zu Ihnen will.‹ Der Minister sah mich und nickte: ›Er soll kommen.‹ Ich habe die Flasche auf seinen Tisch gelegt und geöffnet: ›Wir sind doch die Kinder Afghanistans, Ihre Kinder! Diese Tierchen habe ich in meinem Bett gesammelt. Wie können wir da schlafen?‹ Der Minister wurde nervös. Solche Tierchen, wie sie gerade über seinen Tisch krabbelten, hatte er wohl noch nie in seinem Leben gesehen. Sofort hat er die Baubehörde angerufen und angeordnet: ›Bis heute Abend müssen alle Betten im Rahman-Baba-Lisee frisch gestrichen werden!‹ Als ich zur Schule zurückkam, standen Autos vor dem Gebäude. Nicht einmal der Rektor wusste, was los war. Ich hatte niemandem von meinem Besuch beim Minister erzählt, auch danach nicht. Die Arbeiter sagten nur: ›Wir haben Befehl vom Ministerium bekommen!‹ Sie haben die Betten herausgeholt und den ganzen Tag gestrichen. Die dicke Ölfarbe hat die Löcher abgedeckt und die Tierchen kamen nicht mehr heraus. Endlich konnten wir wieder schlafen.

Am Anfang habe ich die Unterschiede zwischen Kabul und meinem Dorf einfach hingenommen. Aber nach drei oder vier Jahren fing ich an darüber nachzudenken, warum wir auf dem Land so arm sind. Ich wurde zum Revolutionär, wollte die Regierung durch eine neue, gute Regierung ersetzen. Später wurde ich Chef für kulturelle Arbeit und Theater an der Schule. Alle vierzehn Tage haben wir uns getroffen und über Ungerechtigkeiten gesprochen, zum Beispiel, dass die Regierungsleute schöne Autos haben und reich sind, während es bei uns an vielem mangelt. Wir wollten ein Theaterstück aufführen, aber es gab keine Bühne, keine Musikinstrumente, nichts. Deshalb wollte ich den Minister aufsuchen. Wie immer hat man mich nicht zu ihm gelassen. Tags darauf hatte ich wieder keinen Erfolg. Am dritten Tag war ich da, bevor der Minister ins Büro kam. Als er eintraf, habe ich mich in seinen Weg gestellt, und er ließ mich ein. Ich habe ihm gesagt, dass wir viele Probleme haben und ihn aufgefordert, sich unsere Schule anzusehen. Er versprach: ›Gut, ich komme, morgen vielleicht.‹ Ich war einverstanden, drohte ihm aber: ›Wenn Sie nicht kommen, bringe ich alle Schüler hierher!‹ Niemand im Rahman-Baba-Lisee wusste, dass der Minister erscheinen würde. Ich wollte, dass er alles so sieht, wie es ist, dass nichts vorbereitet werden kann. Am nächsten Tag um zehn Uhr stand er vor unserer Klasse. Die Wächter liefen eilig zum Direktor, er kam nach kürzester Zeit dazu. Der Minister fragte: ›Du hast mich geholt! Was willst du mir sagen?‹ Ich habe geantwortet: ›Ich bitte Sie, dass Sie mich ausreden lassen und nicht böse werden. Danach können Sie machen, was Sie wollen.‹ Der Minister sagte: ›Heute kannst du alles vorbringen, auch schimpfen, ich werde dich nicht bestrafen.‹ Er hat sich vor die Klasse auf den Tisch gesetzt und ich habe angefangen, Missstände aufzuzählen: ›Dieser Lehrer unterrichtet Chemie, er spricht nur Dari mit uns. Wir alle sind Paschtunen und verstehen Dari nicht gut.‹ Der Minister befahl dem Lehrer: ›Ab heute sprechen Sie Paschtu mit den Schülern.‹ Dann konnte ich weitermachen: ›Alle anderen Gymnasien haben ein Auto, unser Direktor hat nur ein Fahrrad. Zum Ministerium ist er lange unterwegs. Wenn er einen Platten hat, muss er ihn reparieren und braucht den ganzen Tag.‹ Der Minister notierte, was ich vorbrachte: ›Gut, wir denken darüber nach. Weiter!‹ ›Wenn wir in ein Labor wollen, müssen wir zur Ibn-Sina-Schule gehen. Auf dem Weg verlieren wir viel Zeit, der andere Unterricht fällt aus. Sie sagen, dass Sie für die Bildung arbeiten. Das ist doch kein Zustand, dass ein Gymnasium kein Labor hat! Wie sollen wir Physik und Chemie lernen?‹ Er schrieb auch das auf: ›Noch etwas?‹ ›Wir kennen unser Land nicht. Sie sollten einen Bus zur Verfügung stellen, damit die zwölfte Klasse mit ihren Lehrern eine Bildungsreise durch Afghanistan unternehmen kann.‹ ›Gut, noch etwas?‹ ›Wir wollen Theater spielen, haben aber keinen Platz und keine Bühne.‹ Viele Dinge habe ich aufgezählt: Bücher, Landkarten, Musikinstrumente und so weiter. Schließlich habe ich ihn aufgefordert: ›Jetzt müssen Sie hinuntergehen in die

Küche und zu den Toiletten. Sie werden sehen, wie schmutzig es dort ist. Man kann die Toiletten kaum mehr benutzen, so voll sind die Gruben darunter.‹ Er hat sich alles angesehen. Am Ende sagte er: ›Das hast du gut gemacht. Inschallah wird getan werden, was du gesagt hast.‹ Und tatsächlich wurden fast alle Forderungen erfüllt. Wir durften nach Bamian reisen und die berühmten Buddhastatuen besuchen. Außerdem haben wir uns gewünscht, alle Fabriken in Afghanistan zu besichtigen. Das waren nicht viele: Nur nördlich von Kabul in Golbahar, Jebel Seraj und Pul-e Khumri gab es einige Zement- und Stofffabriken. Eine Woche lang waren wir mit unseren Lehrern mit dem Bus unterwegs. Wir hatten Bettzeug, Reis und Fleisch dabei und haben draußen gekocht und übernachtet.

Auch eine Bühne bekamen wir. Ich habe Theaterstücke geschrieben, die Basis dafür waren meine eigenen Erlebnisse. Ein neues Stück hat zuerst der Rektor gelesen, und wenn er zugestimmt hat, haben wir es eingeübt. Es wurde ein Aufführungstag festgelegt, und wir haben alle Verwandten und Bekannten, Lehrer und Bediensteten der Schule und die Beamten des Ministeriums eingeladen. Manchmal kamen tausend Leute. Ein Stück haben wir aufgeführt, als ich in der elften Klasse war. Die Geschichte hatte ihren Beginn in einem Gedicht eines paschtunischen Dichters, Gul Pacha Alfat von Laghman: ›Har tsa kawelai shi Hakim de cha parwa na leri. – Bele reschwata bel maqsad au moda'a na leri.‹ Das heißt: ›Der Chef der Bezirksregierung kann alles machen. Er achtet kein Gesetz und hat nur ein Ziel: Bestechungsgeld zu nehmen.‹ In meinem Stück ging es um zwei verfeindete Familien. Die stärkere der beiden stellte den Malek, den Dorfobersten. Ihre Vertreter erschienen beim Provinzgouverneur und schwärzten die schwächere Familie an: ›Diese Familie ist schlecht, sie besteht aus Dieben und muss vernichtet werden. Wir können das übernehmen und versprechen, dass niemand übrig bleiben wird, der sich bei der Regierung beschweren könnte.‹ Die Familie des Malek ließ dem Gouverneur drei Lastwagen Holz liefern, teures Holz, aus dem man Türen herstellen kann. Der Gouverneur sagte: ›Ich sage nicht, dass ihr das dürft. Aber ich werde die Sache nicht untersuchen, wenn ihr es tun solltet.‹ Damit war die starke Familie zufrieden, die Männer gingen zur schwächeren Familie und töteten alle. Nur ein Bruder, der nicht zu Hause geschlafen hatte, überlebte. Die Ermordung der Familie haben wir lebensnah gespielt. Im Hintergrund wurde mit echten Gewehren in die Luft gefeuert. Die Schauspieler hatten rote Farbe in ihren Händen. Als geschossen wurde, haben sie die Farbe überall herumgespritzt. Es sah so aus, als wäre alles voller Blut. An diesem Tag waren einige Tani unter den Zuschauern. Sie sprangen auf, schrien ›Wir müssen sie festnehmen, sie haben Unschuldige getötet‹ und wollten nach vorne auf die Bühne stürzen. Wir mussten sie festhalten und erklären: ›Das ist nicht die Wirklichkeit, das ist ein Drama.‹

Den übrig gebliebenen Bruder habe ich gespielt. Als er nach Hause kam, sah er, dass seine Eltern und Geschwister tot waren. Er hat sich beim Chef der Bezirksregierung, dem Ulus Wal beklagt. Aber der Ulus Wal hat sich nicht dafür interessiert, der Täter sei unbekannt. Der Bruder hat die Täter genannt, doch der Ulus Wal antwortete: ›Das kann nicht sein. Das sind gute Menschen, die tun so etwas nicht.‹ Stattdessen wurde der Bruder verdächtigt, mit dem Täter zusammengearbeitet zu haben. Er wurde ins Gefängnis geworfen, damit er sich nicht weiter oben beschweren konnte. Kurz darauf kam ein anderer Ulus Wal an die Macht und besuchte das Gefängnis. Der Bruder konnte ihn von seiner Unschuld überzeugen und wurde freigelassen. Dann ging der Bruder zum Gouverneur der Provinz, aber der war ja bestochen worden und wollte nichts mit der Sache zu tun haben. Deshalb reiste der Bruder bis nach Kabul und beklagte sich dort. Die Regierung in Kabul schickte eine Kommission in die Provinz, um die Angelegenheit zu untersuchen. Die Tat wurde aufgeklärt, und die Männer der starken Familie kamen ins Gefängnis. Beim Schreiben wollte ich anfangs auch den Gouverneur ins Gefängnis werfen lassen, aber das erschien mir dann doch zu gefährlich. Das Stück hieß ›Maschey Khabar!‹, das heißt in etwa: ›Das sollt ihr nicht wissen!‹

Der Titel sollte die Leute neugierig machen zu erfahren, was sie nicht wissen sollen.

Am Ende habe ich eine Rede gehalten und gesagt: ›Das ist nicht nur ein Theaterstück, das ist die Wirklichkeit! Vieles davon habe ich selbst erlebt oder gehört.‹ Ich habe die Regierungsbeamten direkt angesprochen: ›Warum tun Sie nichts dagegen?‹ Nach dem Drama war das Publikum sehr aufgewühlt. Viele hatten geweint und ärgerten sich darüber, wie korrupt die Regierung ist. Aufgebracht bestieg ein Armeegeneral die Bühne: ›Diese Schweine, diese Betrüger, die müssen wir abschaffen! Wenn die nicht verschwinden, können wir Afghanistan nicht vorwärtsbringen.‹ Das war mutig. Nach dem Gesetz darf ein General nicht politisch sprechen. Die Regierungsleute im Publikum wehrten sich nicht, manche von ihnen haben selbst die Regierung kritisiert. Der Schuldirektor kam auf die Bühne und hat mich unterstützt. Er sagte: ›Das Erziehungswesen ist ein Auge – ein Auge, das alles sieht.‹ Einige Tage danach bekam der Rektor einen Brief vom Ministerium mit Fragen: ›Wer hat dieses Theaterstück verfasst? Wer steckt dahinter? Wer hat die Schüler angestiftet, das Stück aufzuführen?‹ Vor der Aufführung hatte ich dem Direktor das Drama vorgelegt. Er hatte es nicht vollständig gelesen, aber nachdem er es gesehen hatte, war er überglücklich, dass er es für die Bühne zugelassen hatte. Ich habe dem Direktor meine ersten schriftlichen Fassungen gegeben, damit er beweisen konnte, dass das Stück wirklich von mir ist. Das Papier war alt und dunkel vom Rauch, ich hatte es zu Hause und ohne Licht aufgeschrieben. Der Rektor hat beinahe geweint. Er wollte nicht akzeptieren, dass ich dafür bestraft werde. Deshalb hat er dem Ministerium geantwortet: ›Das Theaterstück wurde von unserem besten Schüler selbst geschrieben. Er hat es mir vorgelegt, und ich war mit der Vorführung einverstanden.‹ Daraufhin wurde er an eine andere Schule versetzt. Wir sind mit einer großen Gruppe Schüler zum Ministerium gegangen und haben gefordert, dass unser Direktor bleiben darf. Aber dieses Mal hat es nichts genützt.

Vor dem letzten Schuljahr habe ich meine Mutter zu mir nach Kabul geholt. Ich habe für sie ein Zimmer gemietet, im Stadtteil Darulaman. Vormittags war ich an der Schule, nachmittags habe ich gearbeitet, meist im Straßenbau. In den Winterferien habe ich Nachhilfeunterricht gegeben. Reiche Familien haben ihre Kinder zu mir geschickt. Die meisten waren jüngere Brüder meiner Schulkameraden. Von dem Geld, das sie bezahlten, konnten meine Mutter und ich leben. Die Eltern meiner Schüler haben für die Nachhilfestunden einen Raum angemietet, leider weit weg von meiner Mutter. Jeden Tag kamen sieben oder acht Kinder. Sie haben Holzscheite mitgebracht und Essen, manchmal mehr, als ich gebraucht habe. An einem sehr kalten Tag sagte ich zu einem Freund: ›Ich muss heute unbedingt zu meiner Mutter, ich war schon zwei Tage nicht bei ihr.‹ Das Holz, das übrig war, habe ich mitgenommen. Als wir bei meiner Mutter ankamen, lag sie bewusstlos unter einer Decke. Wir haben sie schnell nach draußen in den Schnee gezogen. Dort kam sie zum Glück wieder zu sich. Sie hatte kaum mehr etwas zum Heizen gehabt. Deshalb hatte sie glühende Kohlen in ein Mankal[2] gefüllt und sich damit unter die Decke gesetzt. Die Glut hatte den Sauerstoff verbraucht und giftige Gase abgegeben. Kurze Zeit später wäre sie tot gewesen.

Am Ende der zwölften Klasse gab es eine Prüfung. Die besten fünf unserer Schule durften mit einem Stipendium im Ausland studieren. Zunächst war ich Vierter. Dann beschwerten sich einige Familien, dass es Bestechung gegeben habe. Ich glaube, in Wirklichkeit waren sie unzufrieden, weil ihre eigene Bestechung nicht genügend gewirkt hatte. Sie wollten erreichen, dass ich weichen muss. Für die Wiederholung der Prüfung wurde eine Kommission gebildet und ich wurde Dritter. Die anderen vier waren Söhne aus einflussreichen Familien.

Eigentlich wollte ich gar nicht weg, weil es niemanden gab, bei dem ich meine Mutter lassen wollte. Sie sollte es so gut wie

---

2 Eine unten durchlöcherte Metallschüssel mit einem Deckel.

möglich haben. Meinen Brüdern habe ich nicht vertraut. Deshalb habe ich zu ihr gesagt: ›Ich bleibe bei dir und werde mir eine Stelle als Lehrer suchen.‹ Sie hat geantwortet: ›Du musst ins Ausland und studieren! Ich möchte nicht, dass du wegen mir hierbleibst. Ich bin eine alte Frau. Du sollst fliegen.‹ Sie hat einen Tag und eine ganze Nacht lang geweint und mich gebeten zu gehen. Dann habe ich mich entschieden, es zu tun. Ich habe sie zur Familie eines engen Freundes in Khost gebracht. Er war mein Lehrer am Rahman-Baba-Lisee gewesen. Seine Familie und er waren sehr nett zu meiner Mutter. Später wurde sie von meinen Brüdern nach Pakistan geholt. Sie wollten nicht, dass unsere Mutter in einer fremden Familie lebte.

Anfangs war vorgesehen, dass ich in Schweden studiere. Doch als ich mit dem Flugzeug in Deutschland angekommen war, hat mich der Kulturbeauftragte der afghanischen Regierung überredet, nicht nach Schweden weiterzureisen. Das war nicht schwierig. Von Schweden wusste ich nichts, von Deutschland dagegen einiges. Deutsche haben in Khost viel getan. Es gab das große Paktia-Projekt, die mechanische Schule, die Deutschen haben außerhalb von Khost Mandelbäume gepflanzt, eine Kanalisation angelegt und vieles andere. Ich glaube, ich sollte in Deutschland bleiben, weil in Schweden die Lebenshaltungskosten höher waren. Mir war es recht.«

Khazan Gul begleitet uns zu unserem Schlafplatz und kündigt mit gedämpfter Stimme an: »Die Strecke nach Kabul wird immer gefährlicher. Wegen der Parlamentswahl sind überall Machtkämpfe im Gange. Wir werden morgen im ersten Licht aufbrechen. Niemand weiß davon, auch meine Familie nicht. Wir werden uns nirgends verabschieden, damit alle denken, dass wir in die Berge zu den Schulen gefahren sind.« Im Morgengrauen bringt Khalil uns und Khazan Gul in das noch fast leere Stadtzentrum von Khost, wo wir in ein Taxi umsteigen. Dann müssen wir über den Sate Kandau. Hier in den Bergen hat der Monsun in den letzten Tagen viel Regen gebracht. Die Straße ist schlammig, Teile sind abgebrochen und den Hang hinunter gerutscht, einige Stellen sind nur einspurig passierbar. Der Verkehr staut sich. Anfangs können wir eine Reihe stehender Lastwagen links passieren, doch bald sehen wir die Ursache: Ein Auto steckt quer im Schlamm fest. Jenseits davon blockiert ein Knäuel von Autos und Lastwagen ebenfalls beide Spuren. Als der Fahrer unseres Taxis dahinter Fahrzeuge der US-Armee entdeckt, ruft er nervös: »Das ist gefährlich!« Kurz darauf kreisen Kampfhubschrauber im Tiefflug über uns, während sich ein Dutzend Männer hektisch darum bemühen, den feststeckenden Wagen aus dem Morast zu bewegen. Endlich gelingt es. Eilig wird den sich aggressiv vordrängenden Armeefahrzeugen Platz gemacht. Sie preschen vorbei und schleudern dabei Schlamm auf Menschen und Autos. Danach folgen die ersten Wagen in der von den Militärfahrzeugen hinterlassenen Schneise. Der Fahrer atmet auf: »Allah sei Dank, dass uns die Amerikaner nicht wegen des Staus bombardiert haben! Sie befürchten immer, absichtlich aufgehalten zu werden für einen Angriff aus dem Hinterhalt.« Es bleibt nicht der einzige Stau. Trotz des frühen Aufbruchs erreichen wir Kabul erst gegen Abend, gerade noch vor Sonnenuntergang.

Als die Wahl stattfindet, sind wir wieder in Deutschland. Khazan Gul bekommt viele Stimmen, nach dem offiziellen Ergebnis aber nicht genug für einen Einzug ins Parlament.

Wo das Recht fehlt, zählen Macht und Ehre

von Monika

Ein warmer Sommerwind hebt Staub und Dreck in den Himmel über der großen Stadt. Der Blick aus dem Fenster im ersten Stock reicht nicht weit: Mauern, Häuser und die Verschmutzung der Luft blockieren die Sicht, kein Horizont, kein Berg ist zu sehen. Wir sind in Kabul bei Sidigullah Fadai zu Gast. Seitdem wir uns vor zwei Jahren in Jalalabad kennengelernt haben, sind wir befreundet. Sidigullah ist ein vielseitig begabter, fröhlicher und offener Mensch. Er ist Mullah, Imam und Koranschriftgelehrter und hat obendrein Betriebswirtschaft studiert. Seit Anfang der achtziger Jahre lebt er in seiner zweiten Heimat Deutschland, engagiert sich aber auch in seiner ersten Heimat Afghanistan. Es ist Juli 2006. Einen Monat lang waren wir in Afghanistan unterwegs, morgen geht unsere Reise zu Ende. Leider konnten wir Khazan Gul nicht besuchen. Er fürchtete, dass der Grund eines Hustens, der ihn seit Monaten plagt, Tuberkulose sein könnte und wollte auf keinen Fall riskieren, uns anzustecken. Vor einigen Tagen ist er nach Kabul gekommen, um sich von einem Arzt untersuchen zu lassen. Heute bekam er das Ergebnis mitgeteilt: Er hat keine Tuberkulose und wir können uns treffen.

Zurzeit ist auch Helga Reidemeister in Kabul. Sie ist eine der bekanntesten Dokumentarfilmerinnen Deutschlands und unterrichtet an mehreren Filmhochschulen. Mit Lars Barthel, der die Kamera führt und Nic Nagel, die für die Tontechnik verantwortlich ist, arbeitet sie an ihrem neuen Dokumentarfilm. Er wird später den Titel »Mein Herz sieht die Welt schwarz - Eine Liebe in Kabul« bekommen und in stiller, poetischer Weise einen Einblick in das zerrissene und von Aussichtslosigkeit geprägte Dasein vieler Afghanen gewähren. Für frühere Dreharbeiten waren die drei nach Khost gereist und hatten Khazan Gul kennengelernt.

Sidigullah hat alle zu sich eingeladen. Auf Sesseln und einem Sofa sitzen wir zusammen beim Tee. Helga und Khazan Gul diskutieren hitzig miteinander, gleichzeitig merkt man ihnen eine tiefe Verbundenheit an. Als Khazan Gul uns Helga bei der Begrüßung vorstellte, hatte er erklärt: »Es ist schade, dass Helga und ich uns nicht schon damals kennengelernt haben, als ich in Deutschland studiert habe.« »Ja, wir sind beide alte Achtundsechziger«, ergänzt Helga fröhlich, »wir können wunderbar miteinander streiten!«

Und das erleben wir nun gerade. Helga ist aufgebracht: »Es gibt doch allgemeine Menschenrechte! Und ich finde, wenn es hier in Afghanistan normal ist, dass Frauen von ihren Männern geschlagen werden, dann ist das gegen ein menschliches Grundrecht!« »Hast du die Menschenrechte gelesen?«, fragt Khazan Gul, »steht da, dass jemand das Recht hat, mit Kampfflugzeugen in ein fremdes Land zu kommen? Davon sprichst du überhaupt nicht. Für dich sind Frauen, die geschlagen werden, wichtiger, als Tausende, die sterben!« »Das stimmt nicht!«, wehrt sich Helga, »ich bin Pazifistin. Natürlich darf man kein Land angreifen. Aber humane Grundrechte müssen doch unabhängig davon gelten.« Khazan Gul unterbricht sie: »Dich interessiert also dieses vergleichsweise kleine Problem mehr als der Krieg!« Helga ist empört: »Es ist eben keine Kleinigkeit, wenn die Hälfte eines Volkes geschlagen werden darf, wie Tiere!« »Auch nach unseren Gesetzen dürfen Frauen nicht geschlagen werden«, widerspricht Khazan Gul, »nur wird es trotzdem gemacht, gerade im Krieg.« Helga schüttelt den Kopf: »Ich rede nicht über Krieg. Das ist ein Ausnahmezustand. Ich rede über normale menschliche Zustände.« Khazan Gul ruft: »Das ist kein normales Land, seit bald dreißig Jahren haben wir Krieg.« Helga entgegnet: »Stell dir vor, ich hätte die Utopie, dass hier ein normales Land entsteht. Dann wünschte ich mir, dass Frauen den gleichen Wert haben wie Männer.« Khazan Gul nickt: »Jeder Mensch sollte den gleichen Wert haben, das möchte ich auch. Aber wie erklärst du, dass für Afghanen, die von den Amerikanern fälschlicherweise erschossen werden, zweitausend Dollar bezahlt werden, und dass, als ein amerikanisches Flugzeug von Libyen heruntergebombt wurde und Amerikaner starben, für jeden toten Amerikaner mehrere Millionen verlangt wurden? Wie können zwei Menschen so unterschiedlich viel kosten? Sind das die internationalen Rechte?« Khazan Gul ist jetzt richtig in Fahrt: »Ein Kind hier lernt keine Menschenrechte an der Schule. Das ist nicht erwünscht! Sonst müsste es ja auch lernen, dass es ein Recht auf Nahrung hat. Es würde sich vielleicht sogar dagegen wehren wollen, dass in Teilen der Welt Lebensmittel weggeworfen werden, nur damit der Preis nicht verfällt und gleichzeitig sein Bruder und seine Schwester verhungern. Du sprichst von internationalen Menschenrechten. Auf dieser Welt gelten keine Menschenrechte, höchstens theoretisch!« »Du hast ja recht«, stimmt Helga zu und legt besänftigend ihre Hand auf seinen Arm. »Aber trotzdem bleibt mein Anspruch auf Menschlichkeit, auf ein menschenwürdiges Leben für die Frauen bestehen.«

Khazan Gul führt nun ruhiger aus: »Ihr Ausländer habt das Bedürfnis, hier schnell etwas zu verändern, aber das ist unmöglich! Das bringt nur Streitigkeiten zwischen Mann und Frau und macht die Menschen unglücklich. Ich möchte dir das so erklären: Unsere Gesellschaft ist wie ein Turm. Oben sitzen Amerika und die Ausländer, dann kommt unsere afghanische Regierung, irgendwann kommt der Mann, darunter die Frau und ganz unten die Kinder. Du willst jetzt die Frauen aus diesem Turm herausreißen. Das geht nicht, alles würde zusammenfallen. Man kann die Struktur der Gesellschaft nicht plötzlich an einem einzelnen Punkt drastisch verändern. Das würde das Gefüge völlig durcheinanderbringen. Wir kommen am Mann nicht vorbei, ihn müssen wir zur Menschlichkeit bringen. Aber wie? Momentan können bei uns weder Männer noch Frauen ein menschenwürdiges Leben führen. Die Männer werden genauso unterdrückt, nur spricht davon niemand. Sie sind dafür verantwortlich, Geld zu verdienen und die Familie zu ernähren. Morgen früh können wir zusammen zum Bazar gehen, zu einem Platz, an dem sich Männer sammeln. Da sind Hunderte, in ganz Kabul viele Tausende, die hoffen, für diesen einen Tag einen Arbeitgeber zu finden. Bei der Arbeit wird der Mann ständig beschimpft, oft auch geschlagen, weil er angeblich nicht gut und schnell genug arbeitet, aber er darf nichts dagegen sagen. An vielen Tagen bekommt er gar keine Arbeit, das ist noch schlimmer. Er weiß, die Kinder haben Hunger, brauchen Kleider, und er trägt die Verantwortung. Weil es zu wenig Arbeit gibt, lassen sich viele Männer als Soldaten oder Polizisten anwerben. Sie müssen kämpfen, bereit sein zu sterben oder ein Bein zu verlieren. Ist das besser, als zu Hause zu arbeiten? Die Schwierigkeiten sind unterschiedlich, aber sie sind für den Mann nicht weniger schlimm als für die Frau.« Helga gibt sich damit nicht zufrieden: »Ich wünsche mir für die Frauen ja gar nicht viel, aber das humane Recht auf körperliche Unversehrtheit muss doch gewahrt werden.« Khazan Gul entgegnet: »Man muss Geduld haben. So wie die Ausländer jetzt versuchen, das einzuführen, geht es nicht. Man kann nicht aus New York oder irgendwoher die Menschenrechte nach Afghanistan bringen.«

Heiner mischt sich in die Diskussion ein: »Vor zwei Jahren hatten wir ein Gespräch mit einem Afghanen, einem Bekannten in Jalalabad. Wir haben ihn gefragt, warum bestimmte

Dinge in Afghanistan, die offensichtlich schlecht sind, nicht geändert werden. Er hat uns mit einer Geschichte geantwortet: Ein Mann kommt zu einem Kamel und sagt: ›Dein Hals ist so krumm, das ist wirklich hässlich! Versuch doch, deinen Hals gerade zu halten.‹ Das Kamel entgegnet: ›Schau mich an. Wenn du an meinem Körper auch nur eine Stelle entdeckst, die gerade ist, dann werde ich mich bemühen, auch meinen Hals gerade zu machen.‹ Dass Frauen geschlagen werden, dass sie nicht den gleichen Zugang zu Bildung erhalten wie Männer, das wird nur als eines von vielen Problemen des völlig kaputten Afghanistans gesehen. Dabei weisen viele Afghanen zu Recht darauf hin, dass der Westen seit bald dreißig Jahren durch Geld und Waffen für Krieg in Afghanistan diese Zerstörung mitverschuldet hat. Jedenfalls hat der Westen viele derer, die jetzt als Terroristen bezeichnet werden, massiv unterstützt, in den achtziger Jahren zum Beispiel Gulbuddin Hekmatyar und in den neunziger Jahren die Taliban.

Und dann kommen wir aus Europa, mit unseren in mehreren hundert Jahren entwickelten Vorstellungen zu Menschenrechten und unserer Gesellschaft, die zum Glück heute weitgehend auf Recht beruht. Da kann man Frauen- und Menschenrechte einigermaßen durchsetzen. Aber hier in Afghanistan regiert die Macht, das Recht des Stärkeren. Viele Afghanen sehen es mit guten Argumenten so, dass wir mit unseren Truppen auch nur mit dem Recht des Stärkeren hier sind und die afghanische Politik bestimmen wollen. Deshalb dürfen wir uns in Afghanistan davon überhaupt nicht ausnehmen und auf die Afghanen zeigen. Wir sitzen in Khazans Unterdrückungsturm, den er vorhin beschrieben hat, ganz oben und verschulden durch unseren Krieg und unsere Politik den Tod vieler Menschen. Daher reagieren viele Afghanen, Männer und Frauen, so emotional, wenn man anfängt, ihnen ausgerechnet von der Spitze des Turmes aus Vorhaltungen über Verletzungen von Frauenrechten zu machen.«

»Ja, das ist richtig«, bekräftigt Khazan Gul. »Das Einzige, was hilft, sind Schulen, und auch das wird nur langfristig funktionieren. Die Kinder müssen sich darüber bewusst werden, dass sie diese Grausamkeiten nicht mehr dulden wollen. Und die Älteren sollten entscheiden, dass sie nicht mehr grausam sein wollen und schließlich sagen: ›Ich liebe meine Frau. Warum sollte ich sie schlagen? Ich liebe meine Kinder. Warum sollte ich sie schlagen?‹ So würde langsam Grausamkeit durch Liebe ersetzt. Aber mit Druck und Gewalt durch Ausländer erreicht man eher das Gegenteil.

Zu meinen Frauen bin ich nicht grausam, ich habe sie doch gern. Nur einmal war ich grausam. Das war, nachdem ich zwei Jahre lang in Deutschland verbracht hatte und in den Ferien nach Hause kam. Hekmat und ich haben in Pakistan geheiratet und sind dann nach Peschawar gefahren, das war wie eine Hochzeitsreise. Ich wollte, dass Hekmat einmal aus dem Dorf herauskommt und etwas sieht. Zu dieser Zeit war ich überzeugt davon, dass alles in Deutschland gut ist. Deshalb wollte ich, dass sie keinen Schleier trägt. Ein Kopftuch schon, aber eben so, dass das Gesicht frei bleibt. Für sie war das schrecklich, sie hat sich wie nackt gefühlt. Trotzdem habe ich sie dazu gezwungen. Wenn ich mir das heute überlege, wie grausam ich zu ihr war! Sie hat es aus Liebe zu mir mitgemacht. Wir waren frisch verheiratet, sie konnte nicht Nein sagen. Sie war jung und sehr hübsch. Als wir durch die Straßen gelaufen sind, haben alle Männer sie angestarrt. Mich hat das nicht gestört, aber für sie war es eine Qual. Ich habe ihr erklärt: ›Du musst das lernen.‹ Sie hat gesagt: ›Du bist verrückt! Hast du dafür in Europa studiert, dass du mich auf die Straße schickst?‹ Und sie hatte recht. Sie war viel klüger als ich. Europa hatte mich verrückt gemacht. Ich habe lange gebraucht, diese Verrücktheit abzulegen, wieder Afghane zu werden. So wie ich damals war, seid ihr jetzt auch. Ihr kommt aus Europa und wollt Frauen befreien. Glaubt ihr, dass unsere Frauen und wir uns bekriegen? Das ist nicht so, wir leben friedlich miteinander.«

Helga stellt klar: »Ich möchte ja nicht die Burka abschaffen, so unrealistisch bin ich nicht!« Nic ergänzt: »Wir wollen ein menschlicheres Leben für die Frauen, dass sie ohne Angst aus ihrem Hof hinausgehen können. Es wird ihnen doch sogar trotz der Burka auf der Straße nachgepfiffen!« Khazan Gul hebt den Finger: »Das ist nicht erlaubt! Wenn jemand einer Frau nachpfeift, kann er zur Strafe getötet werden. Diejenigen, die das trotzdem machen, sind Söhne von Kommandanten oder aus anderen mächtigen Familien, gegen sie sind wir machtlos. Manche von ihnen sind sehr gefährlich und entführen auch Frauen. Übrigens sind das oft genau die Machthaber, die von euren westlichen Menschenrechtsarmeen hier in Afghanistan bezahlt und bewaffnet werden. Wie Heiner gesagt hat: Bei uns regiert die Macht. Derjenige, der sie hat, muss sich nicht an Regeln und Gesetze halten. Auch ihr Ausländer haltet euch hier nicht an die Gesetze, die ihr in Europa und Amerika aufgestellt habt. Oder darf man bei euch Verdächtige ohne Gerichtsbeschluss einfach töten, so wie ihr das hier in Afghanistan macht?«

Helga unterbricht: »Da hast du vollkommen recht. Aber noch mal zurück: Wenn ein Mann deiner Tochter nachpfeift, würdest du ihn umbringen?« Khazan Gul nickt, seine Augen funkeln: »Wenn er meine Tochter nur anschaut, werde ich ihn umbringen!« »Wie kannst du so etwas sagen?« empört sich Helga. »Du sprichst immer davon, dass du Frieden möchtest, gegen Krieg und Waffen bist, und gleichzeitig würdest du jemanden umbringen, nur weil er deine Tochter angeschaut hat?« Khazan Gul erklärt: »Das ist meine Ehre! Ich muss meine Ehre verteidigen, sonst kann ich in Afghanistan nicht leben.« Helga ist fassungslos, sie kann kaum glauben, dass Khazan Gul das ernst meint: »Wegen deiner Ehre würdest du töten?« »Es gibt nichts Wichtigeres als meine Ehre!«, da gibt es für Khazan Gul keine Diskussion. Helga schüttelt nur noch den Kopf.

»Man kann das vielleicht so erklären:«, versucht Heiner zu vermitteln, »Ehre klingt für uns so negativ, aber wenn man ›Ehre‹ mit ›Abschreckung‹ übersetzt, dann verstehen wir besser, was gemeint ist. Jeder Afghane weiß, dass er eine fremde Frau nicht ansehen darf. Die Konsequenzen sind ihm schon vorher bekannt, sie fallen nicht plötzlich vom Himmel. Das Problem in Afghanistan ist, dass der Staat nicht für Sicherheit sorgt. Auf Polizei, Justiz und Gefängnisse, die in Deutschland viele davon abhalten, Verbrechen zu begehen, kann man sich hier nicht verlassen. Deshalb muss man als betroffene Familie auf jede ›Ehrverletzung‹ reagieren, indem man alles dafür tut, die Ehre wiederherzustellen. Sonst gibt es keine glaubwürdige Abschreckung für die nächste, noch schlimmere Grenzüberschreitung. Wenn eine Familie die Ehre nicht verteidigt, also Verletzungen nicht mit aller Macht ahndet, werden die Leute sagen: Diese Familie hat keine Ehre, keine Abschreckung mehr, mit der kann man alles machen, und von da an wird es wirklich gefährlich. Jedem ist bewusst, dass er sich einer fremden Frau nicht zu nähern hat. Wenn er es doch tut und nichts geschieht, könnten er oder andere daraus schließen, dass auch dann nichts passieren wird, wenn eine Tochter der Familie entführt oder ein Familienmitglied umgebracht wird.«

»Das hätte ich sogar getan, als ihr bei mir in Khost wart!«, wirft Khazan Gul ein, »Also jemanden getötet, der dich oder Nic falsch angeschaut hätte.« Er hat sichtlich Freude daran, Helga zu provozieren, doch sie durchschaut sein Spiel: »Da bin ich ja froh, dass ich das damals noch nicht gewusst habe! Aber ich danke dir natürlich«, ergänzt sie ironisch und zwinkert ihm zu. Khazan Gul grinst: »Da musst du mir gar nicht danken. Denn genau genommen hätte ich das nicht für euch getan, sondern um meine Ehre wiederherzustellen. Die wäre verletzt gewesen, wenn ihr als meine Gäste angegriffen worden wärt. Und allein wegen meiner intakten Ehre, also auch, weil ich bereit bin, jemanden zu töten, der meine Tochter anschaut, wart ihr bei mir sicher.«

Inzwischen ist das Abendessen fertig. Wir setzen uns um einen großen Tisch. Es gibt Reis und gekochtes Rindfleisch, dazu Okraschoten und anderes Gemüse. Nach dem Essen greift Helga die Diskussion noch einmal auf: »Ich empfinde mich trotz allem solidarisch mit den Frauen. Da geht es um Grundlegendes. Es geht auch darum, und darüber haben wir jetzt noch gar nicht gesprochen, dass eine Frau ein, zwei oder drei andere Frauen neben sich ertragen muss, dass sie dazu gezwungen wird.« Khazan Gul widerspricht: »Sie wird nicht gezwungen. Ohne die Erlaubnis meiner ersten Frau kann ich keine zweite Frau heiraten. Wenn ich das tun würde, hätte ich ein Problem. Die Frauen würden ständig miteinander streiten, und niemand will gerne Streit zu Hause haben.«

Sidigullah, der sich bisher zurückgehalten hat, schaltet sich in das Gespräch ein: »Das sagst du so, Khazan Gul. Aber es ist schon nicht einfach, sich mit einer Frau zu vertragen. Und wenn du zwei oder drei hast, dann sage ich: Viel Spaß, Khazan Gul!« Khazan Gul lächelt und schweigt, aber zu unserer Überraschung antwortet Helga: »Das hätte ich auch gedacht, Sidigullah, aber ich habe das ja erlebt bei Khazan zu Hause, und das ist großartig zu sehen. Es ist wie im Paradies, wie sich seine beiden Frauen, Hekmat und Sultana, verstehen, welche Zufriedenheit sie ausstrahlen.« Nun wendet sie sich an Khazan Gul: »Aber ich bin sicher, das ist eine Ausnahme. Das ist bei dir so, weil du ehrlich, offensiv und rational lebst und realistisch bleibst. Du hast dir da ein wunderbar funktionierendes Paradies geschaffen. Aber das kann nicht überall so sein.« Khazan Gul ruft erfreut: »Und warum konnte ich das so gut organisieren und mein Leben rational gestalten? Weil ich studiert habe. Wir müssen den Männern ermöglichen zu studieren, oder wenigstens die Schule zu besuchen. Das ist auf jeden Fall der erste Schritt zur Lösung.«

Sidigullah meldet sich noch einmal vorsichtig zu Wort: »Also ich würde das ja eigentlich nicht fragen, aber sag mal ehrlich, Khazan Gul: Herrscht wirklich eine echte Harmonie in deinem Haus?« Bevor Khazan Gul etwas sagen kann, bestätigt Helga: »Ja wirklich, das ist so. Das spürt man!«

Danach verfinstert sich ihre Miene: »Aber ich habe mit einem Mann gesprochen, der war sechzig und hatte als zweite Frau eine Sechzehnjährige geheiratet. Wie soll dieses Mädchen mit dem alten Mann glücklich werden? Das ist doch unmenschlich!« Khazan Gul erwidert: »Wahrscheinlich hat der

Mann die Frau gekauft und viel bezahlt. Das war sicher nicht leicht für die Familie, aber sie brauchte wohl das Geld. Auch Jungen werden verkauft, als Arbeitskraft. Die Eltern schicken sie zu einer anderen Familie und bekommen dafür jedes Jahr etwas Geld. Manche Jungen bleiben viele Jahre bei fremden Familien und werden dort ausgebeutet. Mädchen und Jungen werden verkauft, das ist schrecklich, das müssen wir abschaffen.«

Helga freut sich: »Jetzt redest du endlich so, wie ich gedacht habe, dass du reden würdest.« Khazan Gul antwortet freundlich: »Ich habe deine Wünsche vorhin auch nicht schlecht gefunden, nur eben nicht realistisch. Wir haben so viele andere Probleme.« Helga nickt: »Das verstehe ich ja, aber es tut trotzdem weh.« »Ja, das tut weh«, stimmt Khazan Gul zu, hat damit aber schon den nächsten Angriff eingeleitet: »Euch tut das jetzt einige Wochen oder Monate lang weh. Ihr geht wieder weg und sucht andere Schwierigkeiten, in Afrika oder irgendwo. Aber uns tut das unser ganzes Leben lang weh! Wir sind kaputt und müssen hier leben!« Keinem von uns fällt eine Antwort ein, die das relativieren könnte. Khazan Gul sagt in die traurige Stille hinein: »Und ich muss an Tuberkulose sterben!« Helga ruft: »Aber du hast sie doch jetzt gar nicht!« »Ja, Gott sei Dank, du hast recht, das hatte ich schon fast wieder vergessen – aber beinahe wäre ich daran gestorben.« Alle zusammen brechen wir in befreites Gelächter aus.

Als wir uns beruhigt haben, fragt Helga: »Sag mal Khazan, wie viele Mädchen werden denn nun verkauft?« Er antwortet: »Für die meisten Mädchen wird bei uns Geld bezahlt, wenn sie verheiratet werden. Nur reiche Familien können es sich leisten, ihre Töchter nicht zu verkaufen. Oft sind es Mädchen, die das Gymnasium besucht haben. Manche schaffen es sogar, ganz ohne Geld zu heiraten. Sie wehren sich gegen ihre Familie und sagen: ›Warum wollt ihr von meiner neuen Familie so viel Geld? Soll ich dort in Armut leben?‹«

Ich berichte von unseren Beobachtungen: »So wie wir das in Jalalabad gesehen haben, werden wirklich fast alle Mädchen verkauft, wenn man das so nennen möchte. Aber das bedeutet nicht, dass die Eltern nur auf das Geld schauen. Monatelang oder sogar jahrelang wird nach einem guten Mann, einer guten Familie für das Mädchen gesucht. Die Tochter soll es gut haben, das ist für die meisten das Wichtigste. Trotzdem wird Geld genommen, mindestens ein paar Tausend Euro, für normale Afghanen ein Vermögen. Nur mit diesem Geld wiederum können viele es sich leisten, einen Sohn zu verheiraten. Das ist also ein System, aus dem die einzelne Familie nicht so einfach ausbrechen kann. Und wenn viel bezahlt wird, ist das Mädchen auch viel wert und wird vielleicht deswegen gut behandelt. Um sicherzustellen, dass es der Tochter gut ergeht, werden oft Cousin und Cousine verheiratet, oder zwei Familien vereinbaren eine Austauschheirat: Jede gibt ein Mädchen an die andere Familie. Das hat den Vorteil, dass man ein Druckmittel hat. Man kann zum Beispiel sagen: Wenn ihr unserer Tochter nicht erlaubt uns zu besuchen, dann erlauben wir eurer das auch nicht mehr. Auch hier in Afghanistan wollen die allermeisten Eltern nur das Beste für ihre Töchter. Aus unserer Sicht ist das natürlich ein unmenschliches System, aber innerhalb dieses Systems handeln die Leute sehr menschlich.«

Khazan Gul erklärt: »Im Islam darf man zwar bis zu vier Frauen haben, aber es wird empfohlen, nur eine Frau zu heiraten. Ich denke, es kommt auch auf die Umstände an. Bei uns sind im Krieg mehr Männer als Frauen gestorben. Es gab nicht für jede Frau einen Mann. Bei uns Paschtunen gibt es eine Besonderheit: Man darf sich nicht scheiden lassen. Im Islam ist das möglich. Aber wenn wir Paschtunen eine zweite Frau heiraten, dürfen wir uns von der ersten Frau nicht trennen und müssen beide genau gleich behandeln. Das halte ich für richtig. Dagegen empfinde ich es als ungerecht, wie es in Deutschland ist: Viele trennen sich von ihrer Frau und nehmen sich eine Jüngere. Oft findet die erste Frau dann keinen Mann mehr. Für den Mann ist es leichter, Frauen mögen auch ältere Männer. Ich habe einige deutsche Bekannte, bei denen das jetzt so ist. Der Mann hat eine neue Frau und die erste Frau ist alleine. Ich respektiere, dass das in Deutschland möglich und üblich ist, und verurteile niemanden persönlich dafür. Aber ein System, in dem viele ältere Frauen gegen ihren Willen einsam leben müssen, finde ich unmenschlich.«

Helga erwidert: »In unserer Gesellschaft kann ich als Frau ohne Probleme alleine leben. Da wäre es doch eine Qual, wenn man sich nicht trennen könnte.« Khazan Gul lenkt ein: »Ich akzeptiere ja, dass das bei euch so in Ordnung ist. Nur gefühls-mäßig ist es für mich eben eine grausame Vorstellung, dass je-mand ganz alleine leben muss.« Helga hält dagegen: »Ich lebe allein und empfinde das in keiner Weise als grausam.« Khazan Gul lächelt versöhnlich: »Und viele Frauen, die ihr bei uns be-feien wollt, empfinden ihr Leben auch nicht als grausam. Wir empfinden einfach unterschiedlich.« Darauf können sich beide einigen.

Die Diskussionsstimmung ist verflogen, Nic und Lars erzählen von den Dreharbeiten, Sidigullah reicht frischen Tee. Khazan Gul sieht Heiner und mich an: »Vorhin war mir kurz durch den Kopf gegangen: Habe ich euch eigentlich schon erzählt, wie das war, als Hekmat und ich eine zweite Frau gesucht ha-ben, die wir heiraten können?« Helga hat zugehört und lacht: »Wenn du das so sagst, hört es sich in meinen Ohren lustig an. Erzähl bitte!« Khazan Gul holt etwas aus: »Im Krieg gegen die Sowjetunion habe ich viel Zeit in unserer Basis verbracht, dort wo wir unsere Höhlen hatten. Bei mir zu Hause war ich nicht so oft, aber wenn, dann hatten wir viele Gäste. Das war wich-tig für unsere Sicherheit, die Gäste haben wie eine Leibwache gewirkt. Es gab genug Personen, die mich töten wollten. Zu-dem haben die Sowjets manchmal ihre Feinde mit Helikoptern entführt. Ich habe gehofft, dass sie das gar nicht erst versuchen, wenn sie sehen, dass da so viele Leute sind. Oft hatten wir zehn oder fünfzehn Besucher, meine Kämpfer oder Verwandte und Freunde aus dem Dorf. Bei uns gab es zu essen, auch darum ka-men sie gern. Hekmat hat für alle gekocht, gespült, gewaschen, außerdem kümmerte sie sich um die Kinder. Sie hatte extrem viel Arbeit. Dazu kam, dass wir nach unserem ersten Sohn, Mirwais, lange Zeit nur Mädchen bekommen haben, drei oder vier. Ein Junge war zu wenig. Jeden Tag hätte ich sterben können. Hekmat hat mich sehr unterstützt im Kampf. Sie hatte natürlich Angst um mich, aber sie wollte nie, dass ich aufhöre. Immer hat sie gesagt: ›Wir kämpfen!‹, und hat mir die Munitionsgürtel gefüllt. Zu Hause hatte sie auch eine Waffe, damit sie sich verteidigen konnte. Oft war kein Mann im Haus. Hekmat hatte keine Brüder und nicht viele männliche Verwandte, deshalb konnte nicht ständig jemand da sein. Wäre ich gestorben, hätte sie nur Mirwais gehabt. Er war als Kind häufig krank, wir hatten immer wieder Sorge, dass er stirbt. Zum Glück hat er überlebt und sich prächtig entwickelt, aber das wussten wir damals noch nicht. Wenn man eine zweite Frau heiratet, sind deren Kinder auch die Kinder der ersten Frau. Ein Sohn sorgt später für beide Mütter, nicht nur für die leibliche Mutter. Daher war es auch für Hekmat vorteilhaft, wenn wir noch eine Frau heiraten. Fast hätten wir eine Norwegerin geheiratet, Turil hieß sie.« »Eine Norwegerin?«, fragt Sidigullah ungläubig. Helga ruft: »Das musst du uns jetzt aber schon genauer erzählen!« Khazan Gul denkt kurz nach und erzählt dann weiter: »Die Norweger haben mir im Kampf gegen die Sowjetunion neben den Deutschen und Österreichern am meisten geholfen, wohl weil sie selbst eine Grenze mit ihr hatten und sich vor einem Einmarsch fürchteten. Turil hat für das norwegische Hilfskomitee in Peschawar in Pakistan gearbeitet und wollte mit mir nach Afghanistan kommen. Doch es erschien mir zu gefährlich, eine einzelne junge Frau mitzunehmen. Ich habe ihr erklärt: ›Du bist ein schönes Mädchen. Wenn die Leute uns sehen, denken sie, dass ich dich als Liebesobjekt dabei habe, oder so etwas. Das möchte ich nicht.‹ Ich bin einfach ohne sie zurück nach Afghanistan gegangen. Kurz darauf musste ich wieder nach Peschawar, nur dort bekam ich die Unterstützung aus dem Ausland. Turil war immer noch da. Inzwischen hatte sie einen Brief des norwegischen Hilfskomitees, in dem stand, dass ich sie mitnehmen solle. Sie müsse einen Bericht über meine Arbeit schreiben, ansonsten könnten sie mich nicht weiter unterstützen. Also habe ich sie mitgenommen.

Zufällig wollte zur gleichen Zeit ein österreichischer Journalist mitkommen. Das war gut, wir konnten es so aussehen lassen, als ob sie Frau und Mann wären. Ich musste die beiden über die Grenze schmuggeln. Es war illegal, Ausländer nach Afghanistan zu bringen, das durften nur die sieben großen Parteien, und die haben viel Geld dafür genommen. Die meisten von ihnen waren keine wirklichen Parteien mit einer Ideologie, sondern einfach Gruppen mit einem Anführer, der alles allein entschied. Sie wurden vom Ausland, besonders von Amerikanern und Europäern, mit Geld und Waffen versorgt und haben versucht, den Widerstand zu kontrollieren. Ich wollte für keine der Parteien arbeiten. Meine Gruppe war fast bis zum Schluss unabhängig. Eine Partei war die von Gilani, er hat eng mit den Amerikanern zusammengearbeitet. Eine andere war die Hizb-i-Islami von Gulbuddin Hekmatyar, er wurde von den Amerikanern besonders stark unterstützt. Er und seine Leute waren und sind in der Region nördlich von Jalalabad aktiv, damals gegen die Sowjetunion, heute gegen die Amerikaner. Hizb-i-Islami bedeutet islamische Partei. Auch die Partei von Khales hieß so. Er war in unserer Gegend am stärksten, zum Ende des Krieges hin habe ich mich ihm angeschlossen. Der große Kommandant Jalaluddin Hakkani aus Khost, der heute gegen die Amerikaner kämpft, war damals auch bei Khales.

Immer wieder habe ich Ausländer, die nicht genug Geld hatten, die Parteien zu bezahlen, nach Afghanistan mitgenommen. Dafür bekam ich zwar kein Geld, aber Freundschaft, das ist viel mehr wert. Fast alle haben mich unterstützt, nachdem sie meine Projekte in den Bergen gesehen hatten.

Für Turil und den österreichischen Journalisten habe ich afghanische Kleidung besorgt. Ihn habe ich im Gesicht mit roter Farbe angemalt, das sollte Blut sein. Er wurde verbunden, der Mund gleich mit, damit er nicht sprechen konnte. An einer Stelle habe ich eine Spritze in den Verband gesteckt. Während der Fahrt trug Turil eine Burka und saß hinten im

Auto neben dem Mann. Bald wurden wir von Polizisten verfolgt und angehalten. Sie wollten wissen, was wir vorhaben. Ich habe erklärt: ›Dieser Mann ist schwer verletzt. Die Ärzte haben gesagt, er wird nicht mehr lange leben. Wir bringen ihn schnell nach Hause nach Afghanistan, bevor er stirbt.‹ Bei uns ist es teuer, Tote zu transportieren. Niemand möchte einen Toten mitnehmen, die Leute glauben, dass das Fahrzeug dadurch unrein wird. Die Polizisten ließen uns weiterfahren. Noch zweimal wurden wir kontrolliert, doch sobald sie den Schwerverletzten sahen, durften wir die Fahrt fortsetzen. Bei Miran Schah mussten wir zu Fuß einen Fluss durchqueren, um zum Haus eines Freundes zu gelangen. Von weitem sah er, dass wir einen Verletzten auf den Schultern trugen. An der tiefsten Stelle des Flusses haben wir die Verbände entfernt und die Farbe abgewaschen. Der Freund hat sich gewundert: ›Wo habt ihr den Verwundeten?‹ ›Den haben wir im Fluss gelassen‹, habe ich geantwortet und alle fingen an zu lachen. Wir waren erleichtert, weil wir jetzt durch keine Kontrolle mehr mussten. Zum normalen Grenzübergang führte eine Straße, aber mit den Ausländern konnten wir dort nicht hinüber. Deshalb sind wir direkt über die Berge nach Tani gegangen, auch wenn wir so statt einem zwei Tage lang zu Fuß unterwegs waren.

Turil ist lange bei uns geblieben. Sie war Medizinstudentin und sehr gläubig. Gleich zu Beginn sagte sie zu mir: ›Gott hat mir den Auftrag gegeben, für Afghanistan zu arbeiten.‹ Das hat sie ernst genommen. Ich habe ihr meine Arbeit gezeigt, meine Projekte. Einmal wurde sie von einem Hund angesprungen und umgeworfen. Ich bin erschrocken, aber sie ist sofort wieder aufgestanden, hat sich die Kleider abgeklopft und ist weitergegangen. Sie war wirklich tapfer. Natürlich konnte sie kein Paschtu und kaum Deutsch, nur Englisch. Weil ich kein Englisch spreche, habe ich auf Deutsch mit ihr geredet und sie auf Englisch mit mir, so haben wir uns ganz gut verständigen können. Wenn ich zum Kämpfen ging, musste ich sie bei Hekmat und meiner Familie lassen. Anfangs war ich besorgt, wie das geht, wenn Turil mit niemandem reden kann. Aber Hekmat hat sich gut mit ihr verstanden, auch ohne eine gemeinsame Sprache. Als ich zurückkam, war Turil richtig glücklich und hat gesagt, sie habe viel gelernt: Fladenbrot backen, kochen, Feuer machen. Sie hat sich dann sogar überlegt, ganz bei mir zu bleiben und mich zu heiraten. Doch sie hatte Bedenken wegen meiner Frau. Ich habe ihr erklärt, dass Hekmat und ich tatsächlich gerade eine zweite Frau suchen. In Turils Gegenwart habe ich Hekmat nach ihrem Einverständnis gefragt. Sie hat Turil genommen und zu mir hingedrückt, dass ich sie umarmen soll. Aber Turil dachte wohl trotz allem, dass es für Hekmat ein Problem wäre und hat sich dagegen entschieden. Ich hätte sie gerne geheiratet. Sie war Ärztin! In Norwegen hatte sie eine hervorragende Ausbildung bekommen, auch deswegen hätte ich es gut gefunden, dass sie bei uns in Afghanistan bleibt. Außerdem hatte ich sie gern, weil sie so tapfer war.

Später kam ein anderer norwegischer Arzt dazu, beide haben viel gearbeitet. Zusammen sind wir zu Fuß in die Dörfer gegangen und haben Medizin mitgebracht. Er hat die Männer untersucht und Turil die Frauen. Irgendwann habe ich Turil nach Peschawar zurückgebracht. Kurz danach kam sie wieder nach Afghanistan, nach Ghazni, und hat dort gelebt. Nach dem Krieg hat sie mich zwei oder drei Mal besucht. Sie hat wirklich für Afghanistan gearbeitet, wie Gott ihr das befohlen hat. Wahrscheinlich ist sie bis heute hier. Leider weiß ich es nicht, unser Kontakt ist abgebrochen.« Khazan Gul schaut uns nachdenklich an: »Das ist traurig: ich habe sie verloren. Aber es war schön, euch das zu erzählen. Mit meinen Gefühlen habe ich sie gerade wiedergefunden.

Schließlich haben Hekmat und ich eine Frau gefunden: Sultana. Mit ihrer Familie hatten wir schon Verwandtschaft geschlossen. Die Tochter meines Bruders ist mit dem Bruder von Sultana verheiratet. Deshalb konnte ich Sultana vor der Hochzeit sehen. Wir haben aber nicht miteinander gesprochen. Ich habe der Familie die Verwandtschaft vorgeschlagen und der Vater hat zugestimmt. Das ist nicht selbstverständlich. Niemand will gerne seine Tochter als zweite Frau verheiraten.

Aber ich war damals sehr bekannt als Kommandant, hatte in Deutschland studiert, er sah viele Vorteile. Deshalb war er einverstanden mit mir als Schwiegersohn, und Sultana war einverstanden mit mir als Mann. Die Familie war arm, und alle haben sich gefreut, dass ich Sultana heirate.

Danach wurde alles einfacher, Hekmat war sehr zufrieden. Sultana hat viele Brüder, die oft zu Besuch bei uns waren und aufgepasst haben. Sie konnten bei uns im Haus wohnen. Verheiratet ist bei uns auch verwandt, und vor Verwandten gibt es keine Verschleierung, ein Kopftuch genügt.

Meine Freunde in Deutschland, vor allem die afghanischen Freunde, haben mich stark dafür kritisiert, dass ich noch eine Frau heirate. Das wurde nicht gerne gesehen. Aber für uns war es in dieser Situation das einzig Richtige.«

Es ist spät geworden. Heiner, Sidigullah und Khazan Gul begleiten Helga, Lars und Nic zu ihrem Gästehaus, das einige Querstraßen entfernt ist. Khazan Gul und wir beide übernachten bei Sidigullah. Am nächsten Morgen brechen wir früh zum Flughafen auf. Khazan Gul setzt uns dort ab und ist bei der Verabschiedung zuversichtlich: »Wir werden, inschallah, genug Zeit dafür haben, dass ich euch mein Leben zu Ende erzähle, nachdem ich nun doch nicht an Tuberkulose gestorben bin.«

»Auch wenn das wirklich knapp war!«, ergänzt Heiner fröhlich. Inzwischen kennen wir den Humor von Khazan Gul und lachen zusammen mit ihm darüber, dass er dem Tuberkulosetod gerade noch mal von der Schippe springen konnte. »Und das Beste daran ist, dass ich euch jetzt umarmen kann, ohne euch anzustecken!«

Wer plant, sollte vorangehen

von Heiner

Die Landschaft ist tief verschneit, die Luft klar und der Himmel wolkenlos. Das afghanische Hochland scheint nur noch aus den Farben weiß und blau zu bestehen. Es ist Dezember 2006, kurz vor dem Jahreswechsel. Khazan Gul hat mich mit seinem Sohn Mirwais zusammen in Kabul am Flughafen abgeholt, und wir fahren über die Berge nach Khost. Mein Besuch soll eine Woche dauern. Monika ist in Deutschland geblieben, sie ist schwanger. Auf der Fahrt erzähle ich Khazan Gul davon. Er freut sich: »Dann hat das Amulett geholfen.« Ich schaue ihn fragend an, und er erklärt: »Nach unserem Treffen in Kabul vor ein paar Monaten hatten mich meine Frauen gefragt, ob Monika inzwischen schwanger geworden sei. Ich habe gesagt: ›Nein, ich glaube nicht‹. Da waren sie sehr besorgt. Sie meinten, dass Monika jetzt endlich ein Kind bekommen muss, und dass wohl bei euch etwas nicht stimmt. Sie haben mich dazu gezwungen, ein Amulett anzufertigen. Und sie haben für euch gebetet.« »Was ist das für ein Amulett?«, will ich nun wissen. »Ich mache das öfter für Verheiratete, die sich ein Kind wünschen. Meistens hilft es. Das Paar kommt zu mir. Die Frau sitzt unter einer Burka neben ihrem Mann. Ich frage nach der Arbeit des Mannes. Vor allem will ich damit herausfinden, wie oft er zu Hause schläft. Häufig ist der Mann Mullah in einem anderen Dorf. Oder er arbeitet in Kabul oder sogar im Ausland. Ich male auf einen Zettel vierzehn Striche und erkläre der Frau: Ab Beginn der Blutung muss sie jeden Tag einen durchstreichen. Wenn nur noch wenige Striche übrig sind, soll der Mann nach Hause kommen. Dem Mann sage ich, dass er von da an eine Woche lang daheim schlafen soll. Außerdem beschreibe ich ein Amulett mit Koranversen, das soll die Frau tragen. Auf die Frage, was ich dafür verlange, antworte ich: ›Erst einmal gar nichts, aber wenn ein Kind geboren wird, hätte ich gerne eine Kuh.‹ Eine Kuh kostet mindestens fünfhundert Euro, für diese Summe müssen viele ein Jahr lang arbeiten. Aber ein Kind ist so wichtig, dass das schon angemessen ist. Wird die Frau schwanger, dann ist die ganze Großfamilie in der Pflicht zusammenzulegen, um die Schuld bei mir zu tilgen. Wenn sie mir die Kuh bringen, gebe ich sie den jungen Eltern und bestimme: ›Die Milch der Kuh ist für die stillende Mutter, sie braucht viel Energie, damit sie genug Milch hat für das Kind.‹« Khazan Gul dreht sich zu mir um und schaut mich fast etwas unsicher lächelnd an: »Dann denken die Leute manchmal wirklich, ich sei ein Heiliger. Für euch habe ich auch so ein Amulett gemacht, weil meine Frauen darauf bestanden haben. Und jetzt bin ich überrascht: Es hat funktioniert, sogar ohne die vierzehn Striche, und ohne, dass Monika es getragen hat.« Wir lachen beide.

Als wir etwa eine Stunde unterwegs sind, läuft der Motor heiß. Nach einer kurzen Inspektion, die keine Erkenntnisse bringt, bricht Mirwais einen Schneeblock aus dem Schneewall am Fahrbahnrand heraus und legt ihn auf die Motorhaube. Das beschleunigt die Abkühlung und bald können wir weiterfahren.

Dieses Mal bin ich gekommen, um die Baufortschritte an den verschiedenen Schulen zu dokumentieren und mit Khazan Gul Abrechnungen durchzugehen. Für Erzählungen aus seinem Leben wird nicht viel Zeit sein. Aber Monika und ich hatten die Idee, Khazan Gul nach Deutschland einzuladen. Die notwendigen Unterlagen haben wir in Deutschland vorbereitet und ich habe sie mitgebracht. Er freut sich, ist allerdings etwas skeptisch: »Es ist schwierig, ein deutsches Visum zu bekommen, aber ich werde es versuchen. Im Frühling hat der Freundeskreis Afghanistan sein Jahrestreffen, da wäre ich gerne dabei. Kennt ihr den Freundeskreis? Das ist ein Verein, und viele der Mitglieder sind meine Freunde. Johanna und unser Sohn sind auch Mitglied, mein bester Freund ebenfalls, Winfried Stamm heißt er. Mit ihm müsst ihr reden, er kann euch viel erzählen. Während des Krieges gegen die Sowjetunion war er mehrmals bei mir. Vielleicht werde ich auch in die Schweiz reisen. Schweizer Freunde wollten mich ebenfalls einladen.«

An einem Nachmittag fahren wir hinauf ins »Himmelsdorf«. Die spärlich bewaldeten Hügel sind dünn mit Schnee bedeckt. Die Sonne scheint vom dunkelblauen Himmel. Es ist Mittag, als wir an dem großen eingeebneten Platz aussteigen, den wir vor zwei Jahren schon besucht hatten. Inzwischen ist der Rohbau des Schulgebäudes fertig. Im Moment sind Winterferien. Einige Kinder haben unsere Ankunft bemerkt und kommen näher. Khazan Gul redet kurz mit ihnen, dann laufen zwei Jungen in Richtung des Dorfes los, die anderen bleiben bei uns. Khazan Gul erklärt: »Ich wollte uns nicht ankündigen. Deswegen müssen wir jetzt etwas warten, bis der Oberlehrer kommt.« Wir schauen uns das Gebäude von außen an, ich fotografiere. Im Schatten ist der Schnee hart gefroren. Nach Norden blickt man über niedrigere Hügel auf die Ebene von Khost hinunter, am Horizont ragt ein schneebedeckter Gebirgszug in den Himmel. Das müssen die fast fünftausend Meter hohen Spin Ghar, die Weißen Berge südlich von Jalalabad sein. In der Winterluft scheinen sie nah, obwohl sie sicherlich hundert Kilometer entfernt sind. Diese wundervollen Spin Ghar, die wir so oft sehnsüchtig von Jalalabad aus betrachtet hatten, lassen mich jedes Mal davon träumen, irgendwann durch die afghanischen Berge und Dörfer wandern zu können. Auf der anderen Seite des Gebäudes ist der Schnee bereits weggetaut, in der Sonne wird es richtig warm. Hier stehen einige Plastikstühle und auf dem Boden liegt ein Webteppich aus Kunstfaser, wie er für den Schulunterricht unter den Bäumen verwendet wird. Wir setzen uns, die Kinder gesellen sich dazu. Ich stelle mir vor, wie Khazan Gul während des Krieges gegen die Sowjetunion hier oben in den Bergen gelebt hat und frage ihn: »Habt ihr damals auch im Winter gekämpft?« Er erzählt: »Ja, aber weniger als im Sommer. Das Leben hier ist sehr hart, und im Winter ist alles noch beschwerlicher. Daneben zusätzlich Kraft für den Kampf aufzubringen war nicht leicht. Bei unseren Aktionen mussten wir weit laufen, von den Bergen bis nach Khost. Viele meiner Freunde wohnten im Flachland. Wir haben uns dort mit ihnen getroffen und um Khost herum angegriffen, in den von den Russen besetzten Gebieten. Dazu gehörten auch Dragai und die Nachbarbezirke. Die Regierungstruppen waren wesentlich stärker als wir, und wir wussten, dass wir nicht viel ausrichten können. Wir wollten ihnen aber Angst machen, damit sie zumindest in dieser Nacht nicht schlafen. Meistens haben wir es so geplant, dass der Mond während des Angriffs unterging. Zu Beginn einer Aktion rechnete ja noch niemand mit uns, und im Mondschein konnten wir schneller laufen, uns besser orientieren und unsere Ziele sehen. Doch für unsere Flucht brauchten wir den Schutz der Dunkelheit. So haben wir oft Erfolg gehabt und konnten mit wenigen Männern großen Schaden anrichten.

Ich war bekannt dafür, dass ich extrem nahe an den Feind herangehe. Viele haben gesagt: Es ist Selbstmord, sich Khazan Gul anzuschließen. Trotzdem habe ich nach einiger Zeit Männer gefunden, die sagten: ›Es ist egal, was passiert. Wir wollen kämpfen!‹ Sie waren alle bereit zu sterben. Wer damit nicht rechnet, der ist zu ängstlich und kämpft nicht gut. Was passiert, das passiert. Ich war vorsichtig, aber nur in dem Maße, wie es unsere Pläne nicht behindert hat. Während des ganzen Krieges sind aus meiner Gruppe drei Männer umgekommen. Unsere Aktionen habe ich zuvor genau durchdacht, und bei der Ausführung bin ich vorneweg gegangen. Ich glaube, wenn derjenige, der den Angriff plant, weiß, dass er selbst vorange- hen wird, dann überlegt er sorgfältiger und realistischer.

Ich war überzeugt davon, dass es sicherer ist, dicht heranzu- gehen. Wenn wir nahe genug waren, konnten die Regierungs- truppen nur mit Gewehren schießen und keine Granatwerfer oder Kanonen einsetzen. Das Risiko, ihre eigenen Leute zu treffen, wäre zu hoch gewesen. Einmal schlichen wir uns gerade an. Plötzlich hat es unter mir gehustet und ich habe gemerkt, dass ich auf einer hölzernen Abdeckung stand, direkt auf ei- nem unterirdischen Versteck der Regierungssoldaten. Das war schrecklich. Ganz langsam habe ich mich entfernt. Die Solda- ten waren sich wahrscheinlich nicht sicher, wer ich bin, und haben deshalb nicht geschossen. Um die Militärbasis herum gab es mehrere solche versteckte Wachposten.

Wir haben in kleinen Gruppen gekämpft. Zwar ist es psy- chisch leichter, wenn die Gruppe größer ist, der einzelne hat dann weniger Angst. Aber viele Leute machen auch viele Feh- ler, gerade wenn sie keine Angst haben. Daher ist es letztlich gefährlicher. Kleine Einheiten sind wirkungsvoller, erfordern aber mehr Mut. Die Selbstmordattentäter heute sind ganz al- leine. Die amerikanische Armee ist so übermächtig, dass oft die einzige Möglichkeit sie zu treffen darin besteht, sich selbst um- zubringen. Die Leute, die das bei uns machen, sind meist sehr jung. Sie haben nichts zu verlieren, nicht einmal eine Zukunft. Man müsste ihnen etwas zu verlieren geben, dann würden sie das nicht tun, glaube ich. Fast alle von ihnen leben in großer Sorge, in Hoffnungslosigkeit und Resignation.

Wann und wo wir angreifen, hielt ich geheim. Selbst mei- nen Kämpfern habe ich erst kurz vorher Bescheid gesagt: ›Jetzt machen wir etwas!‹ Wir sind zusammen von den Bergen ins Flachland gelaufen. Dabei habe ich genau zugehört, was sie untereinander reden. Wenn einer Angst hatte und sagte: ›Das ist zu gefährlich, das ist Selbstmord!‹, dann habe ich ein Stück weiter alle angehalten und erklärt: ›Wir brauchen einen besonders treuen und tapferen Menschen, der hierbleibt und auf den Weg achtet. Falls Khalki kommen und uns den Weg abschneiden, muss er in die Luft schießen. Danach kann er fliehen. Wenn nichts passiert, soll er auf uns warten.‹ Ich habe natürlich den ausgewählt, der Angst hatte: ›Das ist der richtige Mann für diese wichtige Aufgabe!‹ So habe ich verhindert, dass er die anderen mit seiner Furcht ansteckt, und er konnte sein Gesicht wahren: Er war der tapfere Mann, der ganz alleine Wache gehalten hat.

Mit unseren Treffpunkten war ich vorsichtig. Schon tagsüber habe ich jemanden zu dem Ort hingeschickt, an dem wir uns versammeln wollten. Derjenige hat aufgepasst, dass niemand das Gelände besetzt oder einen Hinterhalt vorbereitet. In der Dunkelheit haben wir uns dort mit den Männern aus dem Flachland getroffen. Viele wollten nicht erkannt werden und waren vermummt. Wir hatten ein System von Kettenbeziehungen, jeder kannte nur zwei Leute. Ich habe einem gesagt, wann und wo wir uns treffen. Der hat es seinen beiden Kontaktpersonen weitergesagt, die dann ihren beiden, und so weiter. Der Einzige, der alle kannte, war ich.

Einige der Männer hatten Feindschaften untereinander. Deshalb mussten sie vor jedem Angriff schwören, nicht aufeinander zu schießen. Und das ist auch nie passiert, die Angst vor Gott war zu groß. Sie waren bereit, beim Angriff zu sterben, da konnten sie nicht kurz zuvor noch einen Schwur brechen.

Immer musste ich damit rechnen, einen Spion in der Gruppe zu haben, der mit einem Funkgerät weitergibt, was wir vorhaben. Kurz vor dem Angriff ließ ich alle einen Kreis bilden. Zuerst durchsuchte einer mich, anschließend ich alle anderen. Erst danach habe ich meinen Plan bekannt gegeben und jedem seine Aufgabe zugewiesen: ›Du sitzt da!‹, ›Du greifst da an!‹, ›Nach dem Kampf sammeln wir uns dort!‹ Wir alle kannten das Gelände gut, wir waren dort zu Hause.

Einen hatte ich ständig im Verdacht, ein Spion zu sein. Ich habe ihn besonders gut im Auge behalten und kontrolliert. Mehrmals habe ich ihm absichtlich etwas Falsches mitgeteilt, zum Beispiel, dass ich in zwei Tagen an einem bestimmten Ort angreifen würde. Ich wollte herausfinden, ob er diese Nachricht weitergibt und habe beobachtet, ob die Regierungstruppen dort aktiv werden. Doch das geschah nie, er hat wohl nichts verraten. Bei einem anderen weiß ich sicher, dass er Informationen an die Regierung weitergegeben hat. Aber ich habe ihn nicht damit konfrontiert, dass er ein Spion ist. Ich habe ihm einfach nichts Wichtiges mehr erzählt.«

Die Kinder, die während der ganzen Zeit neben uns saßen, springen auf. Khazan Gul erhebt sich ebenfalls und schaut zum Weg. Der Oberlehrer und einige Männer aus dem Dorf kommen heran. Voller Stolz führen sie uns durch ihre neue Schule. Im Frühling, zu Beginn des Schuljahres, soll sie eingeweiht werden.

Am Abend sind wir zurück bei Khazan Gul zu Hause, in seinem Gästehaus ist es ruhig. Wir sind die letzten Abrechnungen und Quittungen durchgegangen. Jetzt sitzen wir, in bunte Plüschdecken eingewickelt, auf Matten und wärmen unsere Finger an einer Tasse Tee. Ich frage Khazan Gul: »Heute Mittag hast du geschildert, wie du bei euren Angriffen auf die Sowjets und die Regierungssoldaten vorgegangen bist. Erinnerst du dich an eine Aktion im Winter?« Er antwortet: »Ja, einmal gab es einen wirklich schlimmen Tag. Wir hatten mit einer anderen Mujahedingruppe zusammen einen Angriff auf Khost geplant. Am Nachmittag bin ich mit Kämpfern unserer Gruppe von einem Dorf in den Bergen zu Fuß losgegangen. Bis zur Stadt waren es etwa fünfzig Kilometer. Im Flachland sind weitere Männer dazugestoßen. Am Ende waren wir vierzehn, die besten vierzehn. Der Plan war: Wir gehen in die Stadt hinein, greifen eine Wache an und verstecken uns. Die Soldaten aus der Umgebung werden kommen, um uns zu suchen. Wenn sie da sind, zünden wir im Bazar Öllager an. Die Soldaten sollten das Gefühl bekommen, um sie herum brennt die ganze Stadt. Sobald die Flammen zu sehen sind, startet die zweite Mujahedingruppe mit etwa vierzig Kämpfern einen großen Angriff aus einer anderen Richtung. Die Verwirrung nutzen wir und verlassen die Stadt. So war es vereinbart.

Außerhalb von Khost, nicht weit vom Stadtrand entfernt, begann vor einem Haus ein Hund zu bellen und hörte nicht mehr auf. Plötzlich leuchtete vom Hausdach aus eine starke Lampe in unsere Richtung. Ein Mann rief herunter: ›Stehen bleiben!‹, und begann, uns zu zählen. Er war von der Regierung. Ich habe entgegnet: ›Hör auf zu schreien! Wir haben nichts mit dir zu tun.‹ Dann sind wir einfach weitergegangen. Er schoss einmal auf uns, traf aber niemanden. Kurz darauf wurde der Himmel rot, er hatte eine Leuchtpatrone in die Luft gefeuert. Jetzt waren sämtliche Stützpunkte alarmiert. Von allen Seiten kamen Soldaten und haben uns beschossen. Das war furchtbar, wir waren eingekesselt. Ein extrem starker Strahler wurde angeschaltet. Er stand auf einem Hügel und konnte aus vielen Kilometern Entfernung ein ganzes Dorf ausleuchten, sein Schein war bis nach Miran Schah in Pakistan zu sehen. Es wurde taghell. Sofort haben wir uns flach auf den Boden geworfen. Doch die Soldaten kamen ständig näher und ich habe den anderen zugerufen: »Wir müssen weg!« Auf mein Kommando sind wir gleichzeitig aufgesprungen und in Richtung Bazar gerannt, das waren zwei oder drei Kilometer. Die Regierungssoldaten haben weiter auf uns geschossen, bis wir zwischen den ersten Häusern verschwanden. Zum Glück waren alle vierzehn da. Keiner ist gefallen. Keiner wurde getroffen.

In der Stadt haben uns Leute von Hausdächern aus gesehen. Sie haben gerufen: ›Stehen bleiben, oder wir schießen!‹ Viele normale Leute waren von der Regierung bewaffnet worden. Sie hatten keine Uniform, aber ein Gewehr, und sollten bei Angriffen von ihrem Haus aus kämpfen. Dafür wurden sie von den Russen bezahlt. Wir sind stehen geblieben und ich habe mit ihnen gesprochen: ›Wir wollen nichts von euch, lasst uns einfach weitergehen. Wenn ihr auf uns schießt, dann werden wir Raketen[1] auf euer Haus abfeuern. Wir wollen euren Kindern keine Angst machen, aber wenn ihr schießt, seid ihr selbst schuld.‹ Schon öfter hatte ich in den Dörfern im Flachland und in Khost Flugblätter verteilen lassen. Darauf stand: ›Wir wollen nur die Regierung angreifen und nicht die Leute in ihren Häusern. Wir wollen nicht, dass die Kinder Angst haben müssen. Damit wir das einhalten können, darf niemand aus seinem Haus auf uns schießen.‹ Das hat meistens gewirkt. Auch dieses Mal sind die Leute ruhig geblieben und haben uns nicht mehr aufgehalten. Als wir im Bazar angekommen waren, konnten wir uns etwas ausruhen. In der Nacht ist er verlassen, fast niemand wohnt dort. Wir haben besprochen, was wir jetzt machen, nachdem der Plan fehlgeschlagen war. Meine Männer meinten: ›Alle wissen, dass wir hier sind. Sie verfolgen uns, wir können nicht länger bleiben. Sie werden kommen.‹ Ich habe versucht, sie zu motivieren, trotzdem zu kämpfen. Mein Vorschlag war, die Panzer anzugreifen, die gekommen waren, um nach uns zu suchen. In der Stadt ist ein Panzer verwundbar. Wenn man sich versteckt, sieht er einen nicht. Im besetzten Gebiet kann er auch nicht einfach auf die Häuser schießen, dort wohnen ja Leute, die auf seiner Seite sind. Wenn er nahe genug ist, kommt man aus der Deckung und schießt mit einer Rakete auf ihn, oder bewirft ihn mit der klebrigen Spezialmischung und zündet ihn an. Im Schutz der Häuser kann man schnell wieder verschwinden. Aber meine Freunde wollten nicht. Einer von ihnen sagte: ›Stellt euch vor, ich werde hier getötet. Was macht ihr dann? Überall sind Soldaten. Wie könnt ihr mich mit nach Hause nehmen?‹ Das ging tatsächlich nicht, es hätte die Lebenden zu sehr gefährdet. Wer stirbt, bleibt da, das war klar, aber ich konnte es nicht sagen. Denn es ist eine wichtige Regel, dass jeder Tote nach Hause gebracht werden muss. Also

---

1 Mit »Rakete« bezeichnet Khazan Gul eine raketengetriebene Granate. In Deutschland wird diese Waffe umgangssprachlich »Panzerfaust« genannt.

habe ich keine Antwort gegeben. Die anderen haben gesagt: ›Das ist zu gefährlich, wir können keine Toten transportieren. Auch Verletzte bleiben in der Stadt, wir bringen sie zu einem Haus, zu irgendjemandem, der sie versorgt.‹ Danach wollten die meisten erst recht nicht mehr kämpfen. Sie haben mir nicht einmal erlaubt, alleine anzugreifen, sie wollten nur noch zurück. Aber selbst das war nicht so einfach. Alle Wege schienen von Soldaten versperrt, und die andere Gruppe würde sicher nicht wie geplant angreifen, um unsere Flucht zu ermöglichen. Zum Glück hatte Najim Gul, mein Stellvertreter, in Khost als Gesundheitshelfer gearbeitet. Er sagte: ›Wir nummerieren sehr genau die Türen der Häuser, in denen wir geimpft haben. Ich kenne jedes Haus und sogar die Leute, die darin wohnen. Ich denke, ich kann einen Weg finden.‹ Sofort habe ich ihm das Kommando übertragen und er ist vorausgegangen. Zuerst hat er uns auf Schleichwegen zu einer Schule geführt, dem Gharg-hascht-Lisee. Heute ist das eine Mädchenschule, ich habe sie einrichten lassen, als ich Erziehungsminister war. Dort hielt ein Mann Wache. Wir haben ihn vor die Wahl gestellt: ›Wir sind Kämpfer, willst du gegen uns kämpfen oder einfach ruhig bleiben?‹ Er ist ruhig geblieben. Bevor wir weitergingen, haben wir ihm eingeschärft: ›Du hast uns nicht gesehen!‹ Lange Zeit sind wir in einem Bewässerungskanal gelaufen. Das Wasser war an einigen Stellen vereist, an anderen nicht. Man konnte kaum sehen, wo es nass war, ständig haben wir im Matsch gestanden. Es ging uns sehr schlecht und wir waren enttäuscht. So viel Mühen hatten wir auf uns genommen, waren so weit gelaufen und mussten nun ohne Erfolg zurückgehen, obendrein voller Schlamm, durchnässt und durchgefroren, und das alles für nichts. Außerhalb von Khost, noch im Regierungsgebiet, haben wir an eine Tür geklopft, bei einem Freund, der heimlich mit uns zusammengearbeitet hat. Ich habe leise gesagt: »Wir sind nass und frieren. Essen brauchen wir nicht, aber ein Feuer, um uns zu wärmen.« Die Leute haben uns eingelassen und Feuer gemacht. Wir konnten unsere Sachen etwas trocknen und sind dann weitergegangen. Die ganze Nacht waren wir unterwegs. Erst gegen Morgen haben wir das von der Regierung besetzte Gebiet hinter uns gelassen. Wir waren müde und hungrig. Die Müdigkeit war größer als der Hunger, und so haben wir uns im Freien auf den Boden gelegt und bis zum Mittag geschlafen. Jemand hat uns gesehen und, während wir schliefen, Reis mit Butteröl gekocht. Als wir aufstanden kam er und sagte: ›Ich habe etwas für euch vorbereitet.‹ Das war eine Freude! Langsam sind wir wieder munter geworden. Wir waren glücklich, dass wir so gutes Essen bekamen, glücklich, dass wir alle lebendig herausgekommen waren. Doch für mich blieb es eine große Niederlage. Ich hatte den Anspruch an mich, dass das, was ich plane auch funktioniert. Bis dahin war das für mich der schlimmste Tag des Krieges.«

Am letzten Tag meines Besuches treffen wir alte Freunde von Khazan Gul. Ich sitze im Kreis mit den weißbärtigen Männern. Einer von ihnen erzählt mir etwas auf Paschtu. Ich verstehe noch, dass er aus demselben Dorf stammt wie Khazan Gul und über Kommunismus und Freundschaft redet. Schließlich übersetzt und erklärt mir Khazan Gul: »Als Kinder waren wir beide sehr arm. Ich habe euch doch erzählt, dass ich in Pakistan zusammen mit einem anderen Jungen um Essen gebettelt habe. Er war dieser andere Junge. Später war er Kommunist und bei den Khalki. Damals hat er mir einen Brief nach Deutschland geschrieben, in dem stand, dass wir nicht mehr befreundet sein können, weil ich jetzt ein Faschist und Kapitalist sei. Ich habe geantwortet: ›Es ist egal, was ich bin. Wir werden immer Freunde bleiben, weil meine und deine Mutter zusammen gebettelt haben.‹ Danach dachte er erst recht, er könne nie mehr mein Freund sein. Das über seine Mutter zu behaupten, war eine große Beleidigung. Es stimmte ja auch nicht ganz, denn nur wir beiden Kinder hatten gebettelt. Aber ich habe das absichtlich so geschrieben, als Provokation. Gerade hat er dir erklärt, dass ich am Ende doch recht hatte.« Der Mann legt seinen Arm um Khazan Gul und bekräftigt: »Wir sind Freunde.«
    Auf dem Rückweg nach Hause erklärt mir Khazan Gul

noch einmal: »Für mich ist das keine Schande zu erzählen, dass ich gebettelt habe. Es gibt auch heute viele Kinder, die genauso arm sind wie ich damals. Das ist nicht ihre Schuld. Ich fühle mich mit allen armen Menschen sehr verbunden. Die meisten Leute schauen immer nur nach oben, zu denen, die reicher sind als sie und wollen dort Anschluss finden. Für mich ist das nicht erstrebenswert. Ich bin stolz, wenn die Armen mich akzeptieren als Freund oder Mitbürger. Lange habe ich darunter gelitten, dass ich so arm war und andere so reich. Jetzt möchte ich nicht, dass arme Menschen sich davon unterdrückt fühlen, dass ich etwas habe und sie nicht. Ganz lässt sich das nicht vermeiden, dafür geht es mir jetzt zu gut. Vieles brauche ich auch, weil ich etwas bewegen möchte. Ohne Auto zum Beispiel könnte ich keine Schulen in den Bergen bauen, aber ein armer Mensch hat natürlich kein Auto.«

Khazan Guls Frauen lassen mir die besten Wünsche für Monikas Schwangerschaft und die Geburt ausrichten. Khazan Gul berichtet mir, wie sehr sie sich für Monika gefreut haben und wie stolz sie waren, dass das von ihnen in Auftrag gegebene Amulett gewirkt hat. Beim Abschied in Kabul umarmt mich Khazan Gul zwei Mal und bittet mich, eine Umarmung an Monika weiterzugeben.

Deutschland – eine andere Welt

von Monika

Es ist März 2007. Wir sitzen um einen großen Holztisch in einem schön renovierten Nebengebäude eines alten Bauernhofs in der Schweiz. Nur durch unermüdlichen Einsatz von Johanna und Interventionen einiger Politiker hat Khazan Gul überhaupt ein deutsches Visum erhalten. Doch obwohl wir vier Wochen beantragt hatten, wurde es auf fünf Tage begrenzt. Nur für zwei Vorträge und das Jahrestreffen des Freundeskreises Afghanistan darf er nach Deutschland kommen. Für die Schweiz dagegen hat er ein längeres Visum erhalten. Netterweise haben uns seine Schweizer Freunde eingeladen, mit Khazan Gul hier bei ihnen weiter zu arbeiten. Johanna ist eigens aus Frankfurt angereist. Wir hatten sie nach der Rückkehr von unserer großen Reise im Sommer 2005 besucht und ihr von unseren Erlebnissen bei Khazan Gul erzählt. Natürlich hatten wir nicht vergessen, das Gästehaus zu erwähnen, das Khazan Gul hauptsächlich in der Hoffnung auf einen Besuch von Johanna neu gebaut hatte. Im Herbst 2005, dreißig Jahre nach ihrem ersten und bis dahin einzigen Aufenthalt in Afghanistan, war sie dann tatsächlich einige Wochen lang dort gewesen.

Draußen regnet es aus einem nebelverhangenen Himmel auf die saftigen Frühlingswiesen. Auf dem Tisch steht eine Kanne mit grünem Tee. Ich setzte mich bequem auf den Stuhl und lege die Hände auf meinen immer dicker werdenden Bauch. »Es ist schön, dass ihr uns heute zusammen aus der Zeit erzählen könnt, als Khazan Gul in Deutschland gelebt hat«, sagt Heiner. Khazan Gul macht eine einladende Handbewegung zu Johanna, doch sie wehrt ab: »Nein mein Lieber, ich glaube es ist besser, du fängst an. In den ersten Jahren kannte ich dich ja noch gar nicht.«

Khazan Gul nickt und beginnt: »Am Anfang habe ich einen Deutschkurs besucht. Ich wohnte in der Nähe von Rosenheim bei einer sehr netten Gastfamilie mit einer Tochter. Sie hatten einen Vertrag mit dem Goethe-Institut und haben ausländische Studenten aufgenommen. Am Morgen nach meiner Ankunft wollte ich mich waschen. Es gab eine Dusche mit warmem Wasser und Handtüchern. Aber ich konnte das Badezimmer nicht benutzen, das war unmöglich. Der Grund dafür ist nicht leicht zu erklären: Bei uns gibt es verschiedene Waschungen, die vom Koran vorgeschrieben sind. Normalerweise geschieht das draußen oder in einem Hamam, einem Badehaus. Nur auf eine bestimmte Art, also an bestimmten Stellen, wäscht man sich zu Hause, allein in einem Raum, sodass es niemand sieht. Das ist die Waschung nach dem Geschlechtsverkehr. Auch nach einem derartigen Traum ist es notwendig, sich am nächsten Morgen auf diese Art zu reinigen. Allerdings muss man das unbedingt verschieben nach einer Übernachtung bei jemandem, der kein Gästehaus hat. Früher hatten viele Familien in Afghanistan keinen abgetrennten Raum für männliche Gäste, sodass man die Frauen des Hauses sehen konnte. In so einem Haus wäre es lebensgefährlich, sich auf diese Art zu waschen. Der Mann des Hauses würde annehmen, der Gast habe etwas mit seiner Frau gemacht, und müsste beide, also den Gast und die Frau, töten.

Das war jetzt mein Problem: Ich war in einem Haus, in dem ich die Frauen der Familie gesehen hatte und hielt es für sehr gefährlich, alleine ins Badezimmer zu gehen. Der Vater würde sicherlich denken, dass ich etwas mit seiner Tochter gemacht habe. Die Mädchen sind doch die Ehre des Hauses. Er könnte mich und das Mädchen umbringen. Deshalb bin ich hinausgegangen und zu einem Fluss gelaufen. Obwohl es geschneit hat, habe ich mich ausgezogen und mit dem eiskalten Wasser des Flusses gewaschen, nicht freiwillig, sondern weil ich von meiner Kultur dazu gezwungen war. So konnte jeder sehen, dass ich keine Waschung der anderen Art nötig hatte.«

Der fünfjährige Sohn unserer Schweizer Gastgeber kommt herein, begrüßt uns alle mit Handschlag und setzt sich auf einen Stuhl. Sein Gesicht reicht nur knapp über die Tischplatte, aber er blickt aufmerksam in die Runde. Khazan Gul sagt zu uns: »Das ist ein besonderer Junge! Ich habe ihm versprochen, dass er bei uns sitzen und zuhören darf, wenn er nach Hause kommt.« Khazan Gul erklärt dem Jungen, wovon er gerade erzählt hat, und fährt dann fort: »Etwas später wohnte ich bei einer anderen Familie in einem Dorf, sie hatten zwei Töchter. Die beiden haben versucht, mit mir Kontakt aufzunehmen, damit ich Deutsch lerne. Zum Beispiel haben sie im Garten vor meinem Fenster Federball gespielt und mir zugewinkt: Ich sollte mitspielen. Schnell habe ich den Vorhang zugezogen. Das war doch unmoralisch, Mädchen beim Federballspielen zuzusehen, das konnte ich nicht. Mit ihnen spielen konnte ich noch viel weniger. Leider war mein Deutsch zu schlecht dafür, ihnen das zu erklären. Nach einigen Tagen hatte die Mutter eine Idee. Sie schlug mir vor, mit ihren Töchtern als männlicher Begleiter ins Kino zu gehen. Ich dachte mir, gut, das mache ich, wenn sie unbedingt will. Auf dem Weg zum Kino haben sich die beiden Töchter bei mir eingehängt. Noch nie hatte ich ein fremdes Mädchen berührt, nicht einmal eine Hand, und plötzlich waren rechts und links zwei junge Frauen so nah bei mir. Ich wurde ganz starr. Das Kino war nur ein paar hundert Meter entfernt. Aber ich hatte mich nicht mehr unter Kontrolle, musste wild mit den Armen schütteln, mich befreien, und bin weggerannt. Die Mädchen haben geschimpft und geweint. Sie waren beleidigt, dass ein Junge sie vor den Leuten stehen ließ. Was sollte ich tun? Auf Deutsch konnte ich nicht ausdrücken, dass so etwas bei uns unmöglich ist, dass ich diesen Körperkontakt falsch fand. Ich bin in mein Zimmer gegangen und habe mich eingeschlossen.

Mit der Zeit wurde mein Deutsch besser, doch ich musste noch viel mehr lernen. Alles Mögliche musste ich nachholen. Deutsche Kinder spielen mit Autos, Radios und technischen Geräten. Das ist so wie bei uns mit der Religion, man wächst damit auf. Ich dagegen kannte nicht einmal Fernsehen, nur im Kino war ich schon gewesen, in Pakistan. Das Interessante am Fernsehen war anfangs für mich, dass ich dort Mädchen beobachten konnte, das war in Afghanistan nirgends möglich gewesen. Zum Glück habe ich nicht oft alleine ferngesehen, und die anderen Studenten wollten nicht nur Mädchen anschauen. Trotzdem habe ich viel Zeit an den Fernseher verloren.

Sehr gewundert habe ich mich über die Automaten auf der Straße, in die man Geld hineinwirft und Zigaretten herauszieht. Das fand ich seltsam. Bei uns würden Kinder den Automaten in der Nacht kaputt machen und das Geld herausholen. Hier machten sie das nicht. Ich habe mich immer gefragt, warum unsere Kinder nicht so gut erzogen sind.

Zu Beginn habe ich Physik auf Diplom studiert. Das war schwer, mir fehlten viele Grundlagen. Im ersten Jahr stellte der Professor uns die Aufgabe, Bewegungsenergie in Wärmeenergie umzurechnen und dies in einem Versuch nachzumessen. Die deutschen Studenten kannten das dafür nötige Gerät aus der Schule: eine Holztrommel mit einem Lederband drum herum. Als der Professor mich fragte, was ich herausgefunden habe, antwortete ich: ›Nichts, ich wusste nicht, welches Gerät ich benutzen sollte.‹ Da hat er vor allen Studenten zu mir gesagt: ›Also, mit soviel Dummheit kann man in Deutschland nicht studieren.‹ Das war ein harter Schlag für mich. Es hat mich geärgert und traurig gemacht und ich habe geantwortet: ›Darf ich Ihnen eine Frage stellen?‹ ›Ja natürlich!‹, meinte er und ich begann: ›Nach wie vielen Tagen schlüpft ein Küken aus einem Ei?‹ Er fragte zurück: ›Warum sollte ich das wissen?‹ Ich habe gekontert: ›Bei uns weiß ein zehnjähriges Kind, dass ein Küken nach genau drei Wochen, also einundzwanzig Tagen schlüpft. Aber Sie wissen das nicht, weil Sie es nicht gesehen haben. Und ich habe noch nie so eine Trommel gesehen. Was hat das mit Dummheit zu tun, dass ich dieses Gerät nicht kannte? Wenn das Dummheit ist, dann wissen Sie jetzt, wer ebenfalls dumm ist.‹ Er hat sich entschuldigt und einen Studenten gebeten mir zu helfen, wenn wir Versuche machen.

Ich war fleißig und bin oft in die Vorlesungen gegangen. Doch nach kurzer Zeit sind meine Gedanken nach Afghanistan gewandert. So saß ich noch oft allein im Vorlesungssaal, als die anderen schon gegangen waren, und habe darüber nachgedacht, wie wir das gerade Gelernte zu Hause einsetzen können. Als wir zum Beispiel etwas über Flaschenzüge gelernt haben, habe ich sofort an unsere Berge gedacht. Viele Terrassenfelder liegen tiefer als der Stall mit den Tieren. Man könnte oben an einem Baum eine Rolle anbringen und so den Dung nach unten und die Ernte nach oben bringen. Oder man könnte Wasser von einer Quelle hochziehen. Solche Dinge habe ich mir überlegt. Ich habe mir vorgestellt, Seilbahnen zu bauen, mit denen man von einem Dorf zum anderen fahren kann, ohne ins Tal hinunter zu müssen. Dafür musste ich mir auch Gedanken darüber machen, mit welchem Material das zu bauen und wie es anzutreiben wäre. Motoren, Diesel, Strom, nichts davon hatten wir. Ich wollte Tiere nutzen, Esel und Ochsen. Nach zwei Jahren hatte ich Prüfungen für das Vordiplom und bin durchgefallen. Daraufhin habe ich entschieden, Mathematik und Physik auf Lehramt zu studieren.

Langsam habe ich mich an das Leben in Deutschland gewöhnt. Einiges habe ich noch sehr lange als falsch empfunden. Wenn ich Mädchen und Jungen sah, die sich auf der Straße küssten, dachte ich: ›Die sind wild! Das machen doch nur Tiere so öffentlich, aber keine Menschen.‹ Vielleicht hätte ich in

Wirklichkeit auch gerne Mädchen geküsst, und fand es deshalb so schrecklich, weil ich nie die Möglichkeit dazu hatte. Ich bin fast krank geworden. Obwohl ich gut für mich gekocht habe, konnte ich nichts essen. Wenn das Essen auf dem Tisch stand, war ich satt. Schließlich bin ich zu einer Ärztin gegangen. Am Empfang hat mir eine Arzthelferin gesagt, dass ich vierzig Mark bezahlen muss. ›So viel!‹, dachte ich, und habe das schnell im Kopf in Afghani umgerechnet. Davon konnte man in Afghanistan zwei oder drei Monate lang leben. Aber ich habe bezahlt und bin hineingegangen. Die Ärztin war eine ältere Frau. Sie hat mich ausgefragt: wo meine Eltern sind, wie ich nach Deutschland gekommen bin, was ich studiere. Am Schluss sagte sie: ›Kommen Sie morgen wieder.‹ Am nächsten Tag musste ich wieder bezahlen, und sie hat mir erneut Fragen gestellt. Drei Mal habe ich vierzig Mark bezahlt. Ich habe mich geärgert und fühlte mich betrogen, weil sie nur Informationen wollte und mir keine Medizin verschrieb. Am dritten Tag gab sie mir einen Brief und nannte eine Adresse, zu der ich ihn bringen sollte. Dort saß eine Frau an einem Empfang. Sie hat den Brief gelesen und mich gebeten vierzig Mark zu bezahlen. ›Schon wieder!‹, dachte ich. Aber sonst war alles anders. Sie sagte, ich solle mich schön anziehen und am Abend wiederkommen. ›Gut!‹, habe ich geantwortet, bin zum Studentenwohnheim zurück, habe geduscht und mich hergerichtet. Ich hatte schöne Haare damals. Mit meinen besten Kleidern und geputzten Schuhen war ich am Abend dort. Die Frau hat mich zu einem Saal geführt, in dem dreißig, vierzig junge Frauen und genauso viele junge Männer waren. Dann kam ein Paar, Lehrer und Lehrerin. Es war eine Tanzschule! Die Frau ist zu den Mädchen gegangen. Der Mann kam zu uns. Er hat uns erklärt, wie man sich beim Tanzen richtig verhält und uns dann aufgefordert: ›Jetzt gehen Sie und laden die Mädchen zum Tanz ein!‹ Aber ich, Khazan Gul, konnte das doch nicht machen: ein fremdes Mädchen ansprechen, das ich noch nie in meinem Leben gesehen hatte. Die anderen Jungen flitzten los. Jeder wollte mit der Schönsten tanzen. Ich saß da und schaute zu. Aber die

Anzahl der Mädchen und Jungen war gleich, eine blieb übrig. Der Lehrer kam und wollte wissen, warum ich sie nicht frage. Ich habe geantwortet: ›Ich darf das nicht!‹ ›Warum bist du hier, wenn du das nicht darfst?‹, wunderte er sich und nahm mich an der Hand mit zu dem Mädchen: ›Komm, jetzt frag mal!‹ So konnte ich nicht mehr anders. Das Mädchen war sehr unglücklich darüber, dass sie mit einem tanzen musste, der sie gar nicht einladen wollte.

Obwohl es mich viel Überwindung kostete, besuchte ich den Kurs weiter. Es half mir, dass ich als Schüler in Kabul die Kulturabteilung geleitet hatte, in der auch getanzt wurde. Damals hatte ich sogar vorgetanzt. Ich konnte meine Füße gut kontrollieren und lernte schnell. Bald wollte jedes Mädchen mit mir tanzen. Nach zwanzig Tagen war der Kurs zu Ende und die Lehrerin sagte zu mir: ›Die Ärztin hat angerufen, du sollst morgen zu ihr kommen.‹ Da erinnerte ich mich plötzlich, dass ich krank war, das hatte ich vergessen. Ich habe wieder richtig gegessen und war gesund. Die Ärztin erklärte mir: ›Sie waren isoliert, allein, und das hat Sie krank gemacht. Sie brauchten mehr Kontakt! Der Grund für Ihre Isolation war, dass Sie vieles hier empört, zum Beispiel der freie Umgang von Frauen und Männern, oder dass so viele Nahrungsmittel weggeworfen werden. Es ist aber nicht Ihre Aufgabe, unsere Gesellschaft zu verbessern, das kann jeder nur mit seiner eigenen Gesellschaft. Sie können Afghanistan verbessern, wenn Sie nach Ihrem Studium zurückgehen. Hier brauchen Sie niemanden zu verändern. Suchen Sie sich Freunde und verbringen Sie Zeit mit ihnen, das wird auch Ihrem Deutsch guttun!‹ Diesen Rat habe ich ernst genommen, so ernst, dass ich mich zeitweise nicht genug auf mein Studium konzentriert habe. Wahrscheinlich musste ich diese Erfahrungen sammeln. Als ich durch das Vordiplom gefallen war, beschloss ich, nicht mehr so viel Zeit damit zu verbringen, Leute zu treffen. An Silvester nach diesem Beschluss habe ich Johanna kennengelernt. Das habe ich euch schon einmal erzählt, aber Johanna hat es vielleicht anders in Erinnerung.«

Johanna lächelt: »Dann will ich das mal erzählen; es ging also ungefähr so zu: Freunde von mir wohnten damals im Dietrich-Bonhoeffer-Haus, einem Wohnheim der evangelischen Studentengemeinde. Sie hatten mich dorthin zu einer Silvesterfeier eingeladen. Da haben wir uns kennengelernt, das heißt: Khazan Gul saß auf einmal neben mir an der Bar, wohin ich mich vor der sehr laut aufspielenden Life-Band geflüchtet und mir gerade ein Bier bestellt hatte. Er fing gleich ein Gespräch mit mir an.

Von seinem Leben sprach er, von seiner Kindheit und von seinen Plänen; dass er aus Afghanistan stammt, vom Land und von sehr armen Leuten; dass er der Jüngste ist von fünf Geschwistern, dass sein Vater schon starb, als er drei Jahre alt war, und dass seine Mutter die Familie kümmerlichst hatte durchbringen müssen. Die Mutter hatte ihn, auch das erfuhr ich gleich bei dieser Gelegenheit, schon früh mit Hekmat verheiratet, aber sie hatten noch nicht miteinander gelebt. Er studiere auf Lehramt mit den Fächern Physik und Mathematik. Rechenbücher für die Kinder von Afghanistan wolle er machen und sie unterrichten, denn dass er nach dem Studium in sein Land zurückkehren würde, daran gab es für ihn keinen Zweifel. War ich begeistert? Jedenfalls war ich verblüfft und beeindruckt. Solche Offenheit und Direktheit in privaten und öffentlichen Dingen ist selten, dergleichen war mir so noch nicht untergekommen. Afghanistan, diese ›ferne Welt‹, rückte auf einmal ganz nahe heran.

Schließlich will der Mensch mit mir tanzen, aber ich habe noch ein Fünfmarkstück in der Hand, habe mein Bier noch nicht bezahlt. Unschlüssig schaue ich auf das Fünfmarkstück und überlege, was ich jetzt mache. Denn nach dem Bezahlen hätte ich das ganze Kleingeld in der Hand. Khazan Gul schlägt vor, ich solle ihm das Geld geben. Das finde ich frech, zögere: ›Der nimmt dir schon dein Geld ab‹, schießt es mir durch den Kopf. Doch Khazan Gul hat es gleich gemerkt, lacht, wie er so lacht, und verhandelt: Er wird den ganzen Abend hindurch alles bezahlen, was ich trinke. Trinke ich mehr, habe ich ein

Geschäft gemacht; wenn ich aber weniger trinke, macht er das Geschäft. Ein faires Angebot? Ich bin einverstanden.

Ich will das jetzt abkürzen, ihr habt es ja schon von ihm gehört. Wir haben dann sehr viel getanzt an diesem Abend, und«, sie wendet sich direkt an Khazan Gul, »ich weiß nicht, ob du das weißt: In meinem ganzen Leben hatte ich noch nie an einem einzigen Abend so viel gelacht wie an diesem Abend mit dir. Aber trotz allem Spaß und Witz kamen wir doch immer wieder auf die Kinder in Afghanistan und auf die Rechenbücher zurück.« Johanna sieht uns an: »Mein Eindruck war: Der ist zwar wohl etwas verrückt, aber ein besonderer Mensch ist er schon auch. Das hat mich hingerissen, naja, vielleicht schon etwas begeistert.

Als ich ihn einmal in den achtziger Jahren, nach langer Zeit, in der wir uns nicht hatten sehen können – inzwischen war der sowjetisch-afghanische Krieg im Gange – während eines Vortrags in Fulda hören und beobachten konnte, wie er dort über die Situation sprach, war ich froh und dachte: ›Ein Glück, du hattest dich nicht getäuscht. Der Mensch ist: eben wie ein Mensch sein soll.«

»Wart ihr nach dem Abend gleich ein Paar?«, frage ich. Khazan Gul antwortet: »Sie hat gesagt: ›Ich koche auf kleiner Flamme.‹ Das heißt, sie hatte keine Eile, wollte mich aber wohl auch nicht verlieren.« Johanna erläutert: »Ich war erst etwas ratlos, wusste nicht recht, was ich von der Situation halten und was das mit uns werden sollte. Ich war zwar schon Lehrerin, war aber zu dieser Zeit für ein zweijähriges Aufbaustudium Sonder- und Heilpädagogik an der Universität Marburg beurlaubt, sodass ich die Woche über meist in Marburg war. Ich war sehr vielfältig beschäftigt, weil wir seinerzeit intensiv studierten und mindestens ebenso intensiv mit Universitätspolitik befasst waren. Ich wohnte im Frankfurter Westend in einer Altbauwohnung in der ersten Etage mit hohen Räumen, Stuckdecken und einem kleinen Balkon zur Straße hin. Die Wohnung lag zentral, fast am Opernplatz und war daher auch ein Treffpunkt für die Freundinnen und Freunde aus verschiedenen Aktivitätsgruppen im weiten Achtundsechziger-Umfeld, mit denen ich auf die eine oder andere Weise zu tun hatte. Khazan Gul hat auch ab und an hereingeschaut, oder ich ging mal abends auf ein Bier ins Bonhoeffer-Haus, das ja ganz in der Nähe liegt. Und dann ist er eines Tages in meiner Wohnung aufgetaucht, darin herumspaziert, hat sich umgesehen und dann gemeint: ›So eine große Wohnung, da kann ja eine ganze Familie darin leben! Du hast so viel Platz, eine Küche, geräumige Zimmer, alles im Überfluss, und ich wohne in diesem winzigen Zimmer im Wohnheim. Wir könnten doch besser hier zusammenleben?‹ Ich hatte mir immer gedacht: In dieser Wohnung könnte ich nur mit jemandem wohnen, den ich sehr gern habe. Als er das gesagt hat, habe ich mich gefreut und ihn als Mitbewohner zugelassen.« Khazan Gul erklärt: »Als ich ihre Wohnung genauer ansah, dachte ich, das ist jetzt der richtige Moment Johanna vorzuschlagen, dass wir zusammenziehen. Als Mann musste ich das tun, nicht sie. Für mich war Johanna dann auch meine Frau. Bei uns geht heiraten sehr leicht. Wenn ein Mädchen vor den Leuten sagt, diesen Mann will ich heiraten und der Mann akzeptiert das, dann sind sie verheiratet. Im Islam sind bis zu vier Frauen erlaubt. Es war nie mein Wunsch gewesen, mehr als eine Frau zu haben, doch jetzt hatte ich schon zwei! Irgendwann haben wir überlegt, ob wir in Deutschland standesamtlich heiraten. Aber die wollten so viele Papiere und es wäre wohl ein Problem gewesen, dass ich schon mit Hekmat verheiratet war. Wir haben das dann gelassen. Mir war es nicht wichtig, denn für mich waren wir sowieso verheiratet, und Johanna sah es ähnlich. Vielleicht hat sie auch nicht geglaubt, dass ich verheiratet bin, denn das steht nicht in meinem Pass.« Johanna widerspricht: »Natürlich habe ich das geglaubt! Denn wie hätte sich unsere Beziehung überhaupt so entwickeln können, wenn ich deinem Wort nicht vertraut hätte?«

Khazan Gul lächelt Johanna an und fährt dann fort: »Johanna hat mir geholfen, mein Deutsch zu verbessern. Im Lehramtsstudium musste ich mich mit deutscher Literatur, Philosophie, Psychologie, Marx und Engels beschäftigen. Es hat mir sehr genützt, dass sie Lehrerin war.« Johanna wendet sich an uns: »Da musste ich jetzt ein bisschen lachen, als er von ›nutzen‹ sprach. Er tickt anders als ich. Und zwar nicht nur als Mann im Gegensatz zu mir als Frau, sondern auch als Angehöriger einer anderen Kultur. Ich kenne das, es ist einfach so. Bei uns in Europa hat es die Phase der romantischen Liebe gegeben, wo ich wirklich des Anderen wegen da bin und er für mich. Das ist für mich etwas ganz Wichtiges, den Anderen um seiner selbst Willen zu lieben und nicht, weil man Nutzen daraus zieht. Ich weiß, dass du, Khazan Gul, in anderen Kategorien denkst. Das war für mich nicht immer leicht, aber ich kann es respektieren. Ich kann das achten, ohne es zu teilen.« Khazan Gul versucht, uns das verständlich zu machen: »Bei uns ist das einfach anders, wir haben ständig Schwierigkeiten, bei denen es um Leben oder Tod geht. Wir sind es gewöhnt, alles danach zu beurteilen, ob es dem Lebenserhalt und der Verbesserung unserer Situation nützt. Etwas anderes könnten wir auch vor unserer Familie, vor denen, die von uns abhängig sind, gar nicht rechtfertigen. Ich glaube, diese Liebe, von der du gesprochen hast, kann man erst so wichtig nehmen, wenn es selbstverständlich ist, dass man überlebt.«

Johanna schildert: »Nachdem er eingezogen war, rannte er trotzdem abends oft ins Bonhoeffer-Haus, um die Tagesschau und Wildwestfilme zu sehen.« »Ja, das schaue ich bis heute gerne an«, wirft Khazan Gul ein. Johanna lacht: »Ich konnte das nicht verstehen und habe ihn gefragt, was er an Wildwestfilmen fände, und er meinte: ›So werden wir eines Tages in den Bergen kämpfen!‹ Ich rechnete nicht mit Krieg in Afghanistan. Er dagegen durchaus!« Khazan Gul nickt: »Ich war fest entschlossen, eine Revolution zu machen! Natürlich dachte ich, dass wir kämpfen müssen, um den König abzusetzen. Das war für mich Realität. Durch die Filme habe ich einiges gelernt.« Johanna erzählt weiter: »Ich kam zu dem Schluss, vielleicht wäre es doch gut, einen eigenen Fernseher zu haben. Er schlug vor, dafür nicht viel auszugeben und bei einem Altwarenhändler einen Gebrauchten zu kaufen. Aber ich wollte, wenn schon, dann einen Moderneren, der nicht sofort wieder kaputt geht. So haben wir uns gleich zu Beginn über Geldfragen gestritten.« Khazan Gul rechtfertigt sich: »Johanna hat gut verdient, aber sie hat auch nicht wenig Geld ausgegeben. Sie hat schöne Sachen gekauft, gute Möbel für ihre Wohnung, die hat sie heute noch. Ich habe Johanna gefragt, wie viel sie verdient. Das fand sie erst unverschämt, aber ich wollte ausrechnen, wie viel Geld wir monatlich zusammen zur Verfügung haben und wie viel wir tatsächlich ausgeben. Ich hatte mein Stipendium und etwas Kleidergeld, das hat mir zum Leben gereicht und sie hatte ihr Lehrergehalt. Mein Ergebnis war, dass Johanna leicht jeden Monat tausend Mark sparen kann. Das war viel Geld damals. Sie war überrascht.« Khazan Gul grinst: »Da musste erst ich als Mathematikstudent kommen, um ihr das auszurechnen.« Johanna lacht und gibt zu: »Das war ja sehr vernünftig. Wir haben dann tatsächlich gespart und konnten bald unser erstes Auto und später ein Häuschen im Vogelsberggebiet kaufen.«

Der Junge hat ruhig und konzentriert zugehört, ohne ein einziges Mal zu unterbrechen. Jetzt steht er auf und schaltet das Licht für uns ein. »Das ist eine gute Idee«, lobt Johanna, »es ist wirklich düster heute!«

Khazan Gul setzt seine Erzählung fort: »In Deutschland lasen zu dieser Zeit viele Studenten Marx, Lenin und Mao Zedong. Auch ich habe mich als ›linken Studenten‹ gesehen und wollte von ihnen lernen. Bei Marx und Lenin konnte ich einiges nicht nachvollziehen, aber Mao interessierte mich, weil ich viele seiner Ideen für Afghanistan anwendbar fand. Mao ging nicht von einer entwickelten kapitalistischen Gesellschaft aus, sondern von einer Agrargesellschaft. Das entsprach der Situation in Afghanistan. Fabriken und Arbeiter gab es bei uns kaum, fast die ganze Bevölkerung bestand aus Bauern. Oft haben mich die anderen afghanischen Studenten ausgelacht, wenn ich Marx, Engels, Lenin und Mao kritisiert oder gesagt habe, das können wir so nicht direkt für Afghanistan übernehmen. Ich habe große Hochachtung vor diesen Theoretikern. Aber man muss doch selbst denken!

Am Ende meines Studiums hatte ich ein Treffen mit einem meiner Professoren, sein Name war Heydorn. Er meinte:
›Eine hervorragende Arbeit haben Sie geschrieben. Sie haben in
Deutschland viel gelernt, Herr Tani. Ich bin sicher, dass Sie ein
sehr guter Lehrer sein werden in Afghanistan.‹ Darauf antwortete ich: ›Ich habe viel gelernt, aber für deutsche Kinder, nicht
für afghanische.‹ Er fragte: ›Was ist der Unterschied? Können
Sie mir ein Beispiel nennen?‹ Das konnte ich natürlich: ›Das
afghanische Kind sitzt am Abend zu Hause, das wenige Essen
wird unter den Geschwistern verteilt. Die Schwierigkeiten sind
so groß, dass der Vater und die Mutter sich streiten. Der Vater nimmt einen Stock und schlägt die Mutter, bis sie blutet.
In der Nacht weint die Mutter, das Kind kann nicht schlafen.
Am nächsten Morgen ist es müde. Die Mutter sagt, es soll vor
der Schule die Lämmer zum Weiden bringen. Das Kind hat
keine Schuhe und kommt mit unzähligen Dornen in den Füßen nach Hause. Es gibt kein Frühstück, keine Milch, nur ein
Stück trockenes Gerstenbrot für die Schule. Auf dem Schulweg
sind Größere, die das Kind bedrohen: ›Warte nur, was passiert,
wenn du aus der Schule kommst!‹ Dieses Kind sitzt jetzt im
Unterricht. In seinen Füßen stecken die Dornen. Es denkt an
die weinende Mutter und daran, dass die Großen es nach der

Schule schlagen werden. Nun, Herr Professor Heydorn, wie kann ich die Aufmerksamkeit dieses Kindes für meinen Unterricht gewinnen? Die Methoden, die ich hier gelernt habe, funktionieren unter solchen Umständen nicht.‹ Der Professor antwortete: ›Ja, Herr Tani, da haben Sie recht. Aber wenn Sie nicht hier studiert hätten, dann hätten Sie diese Analyse so nicht machen können. Das ist doch das Wichtigste: Sie haben gelernt, ihre eigene Gesellschaft zu analysieren und auf ein Kind einzugehen.‹

So, wie Professor Heydorn es meinte, habe ich auch Mao, Lenin, Marx und Engels gelesen. Ihre Gedanken haben mich befähigt, meine Gesellschaft genauer zu beobachten und zu verstehen. All diese Ideologien gingen von anderen Gesellschaftsstrukturen aus, als sie in Afghanistan bestehen. Vor allem ist bei uns die Religion sehr stark. Schon allein deshalb wollen wir in Afghanistan keine Theorien, die den Vorrang des Islam nicht anerkennen. Aber einzelne Gedanken können wir für uns nutzen. Allerdings glaube ich, dass viele Afghanen diese Ideologien zu weitgehend umsetzen wollten. Die meisten Menschen sind nicht geduldig genug zu sagen: ›In meinem Leben ist das nicht zu erreichen. Ich kann nur den ersten Schritt tun und muss für die folgenden Generationen arbeiten.‹

Politisch habe ich mit Johanna viel diskutiert und auch gestritten. Sie hatte andere Ansichten als ich und oft hatte ich das Gefühl, dass sie mich wie ein Kind betrachtet und meine Ideen nicht ernst nimmt. Manchmal dachte ich, sie mag mich nicht wegen meiner Gedanken, sondern nur, weil ich ein schöner junger Mann bin. Heute weiß ich, dass das nicht so war, und wir streiten inzwischen sehr selten. Es bleibt uns nicht mehr viel Zeit im Leben und wir haben akzeptiert, dass wir uns nicht gegenseitig verbessern können.«

Ich schenke neuen Tee ein und frage: »Wie war das, als ihr euch entschieden habt, ein Kind zu wollen?« Johanna antwortet: »Es war nicht so, dass ich unbedingt ein Kind wollte. Aber wenn ich jemanden liebe, dann will ich das nicht ausschließen. Er ist ein ganzer Mensch und ich auch. Also riskierten wir das.

Allerdings haben wir vorher darüber gesprochen.« »Ja«, ergänzt Khazan Gul, »ich wollte erst nicht. Es gefiel mit nicht, ein Kind zu haben und dann wegzugehen. Deshalb habe ich mit afghanischen Freunden eine Jirga gemacht. Wir haben lange geredet und sie haben beschlossen, dass wir kein Kind bekommen sollten. Sie meinten: ›Die Frau wird dich zwingen, das Kind zu finanzieren. Dann kannst du nicht mehr nach Afghanistan zurück.‹ Als ich das Johanna erzählt habe, wurde sie richtig böse: ›Warum glaubst du mir nicht, dass ich für ein Kind selbst sorgen würde? Ich bin Lehrerin, ich verdiene genug.‹ Johanna bestätigt: »Ich weiß nicht, woher das kommt, aber das war bei mir schon als junges Mädchen so. Die Vorstellung, dass man ein Kind bekommt und der Mann einen deshalb heiraten muss, war mir unerträglich. Mir war immer klar, dass ich für meine Kinder, wenn ich denn welche hätte, was ich sehr wünschte, selbst geradestehen würde. Das ist für mich eine Frage von Stolz und Ehre.« Khazan Gul führt aus: »Als Johanna das so gesagt hat, war ich überzeugt. Mit ihrem Wort war das für mich kein Problem mehr. Wir haben trotzdem einen schriftlichen Vertrag geschlossen. Darin stand, dass ich zurückgehe nach Afghanistan und dass sie, falls wir ein Kind bekommen, für das Kind sorgt, und ich keine Verantwortung habe. So haben wir glücklich zusammengelebt.« Johanna erklärt: »Für mich war das gar kein Thema! Ich wusste, er will zurück. Ich wollte auch nach Afghanistan. Mich hat das überzeugt, wie entschlossen er war, das Leben der armen Leute dort zu verbessern. Da wollte ich auch helfen. Viele sind damals als Entwicklungshelfer nach Afghanistan gegangen, es war ja relativ stabil und frei, vor allem in Kabul. Ich bin nicht davon ausgegangen, dass wir uns irgendwann trennen. Eine Beziehung auf Zeit wollte ich nicht, sondern ihn selbst, den ganzen Menschen. Gleichzeitig wollte ich ihn keinesfalls seiner Frau wegnehmen. Ich konnte mir das vorstellen, dass er noch eine weitere Frau hat. Er meinte ja auch, dass das im Islam nicht das Problem sei. Allerdings war dieses Afghanistan für mich damals noch weit weg. Er musste ja erst einmal studieren. Für ihn war das alles viel näher. Als ich dann schwanger war, haben wir uns beide sehr gefreut. Khazan Gul, du warst rührend zu dem Kind in meinem Bauch. Du hast immer gesagt: ›Nun komm doch raus, da drin ist es so dunkel!‹«

Als ich mir das vorstelle, treiben mir die Schwangerschaftshormone Tränen in die Augen und ich muss schlucken. Khazan Gul erzählt: »Gegen Ende der Schwangerschaft habe ich immer mehr Angst bekommen, dass das Kind behindert sein könnte, dass es keine Nase hat oder keine Augen. Nach der Geburt hat mich eine Krankenschwester an der Schule angerufen, an der ich gerade Praktikum machte. Meine erste Frage war, ob es gesund ist. Es war mir nicht wichtig, ob es ein Junge ist oder ein Mädchen. In Deutschland ist das doch nicht wichtig. Aber ich war so überglücklich, dass wir ein gesundes Kind bekommen haben, dass ich laut geschrien habe im Lehrerzimmer. Danach habe ich eine halbe Stunde lang nur da gesessen, vor Freude! Eine Lehrerin ist auf mich zugekommen und hat gefragt: ›Du hast einen Sohn? Da musst du doch hin!‹ Ich hätte mich nicht getraut, einfach so vom Praktikum wegzugehen. Aber dann bin ich gerannt und gerannt, bis zum Krankenhaus.« Johanna fügt hinzu: »Vor der Geburt gab es eine Jirga. Die Afghanen wollten wissen, was wir uns wünschen. Für sie war natürlich ein Sohn besser. Wir hatten aber ausgemacht, dass wir uns ein Mädchen wünschen. Wenn wir dann ein Mädchen bekommen, können wir sagen: Super, genau das haben wir uns gewünscht! Und wenn wir einen Jungen bekommen, sagen wir: Na gut, den nehmen wir auch.« »Kurz nach der Geburt haben wir, wie das bei uns Brauch ist, ein Kuk gebacken, das Brot, das man an der Decke aufhängt, und haben gefeiert, dass wir einen Sohn bekommen haben«, erinnert sich Khazan Gul. »Es war das erste Kind von einem Afghanen, das in Frankfurt geboren wurde. Direkt nach der Geburt gab es eine Jirga, in der alle Afghanen zusammenkamen, die Generalunion afghanischer Studenten in Frankfurt. Wir haben beraten und uns zwei afghanische Namen ausgesucht, aus denen Johanna wählen durfte. Mirwais und Akbar. Johanna hat Akbar gewählt. Er bekam auch einen deutschen Namen: Bertolt, nach Bertolt Brecht. Er heißt: Bertolt Akbar. Wir sind dann auf das Standesamt gegangen und ich habe die Vaterschaft anerkannt.«

Johanna fährt fort: »Akbar ist im Herbst geboren. Nach den Weihnachtsferien musste ich wieder arbeiten, ich hatte eine volle Stelle. Am ersten Morgen habe ich Akbar zu Khazan Gul ins Bett gelegt. Er hatte bis dahin nicht viel mit dem Jungen gemacht. Jetzt mussten sie irgendwie zusammen zurechtkommen.« Khazan Gul erklärt: »Für einen Afghanen ist es sehr schwierig, sein Kind anzusehen, vor allem das erste Kind. Es ist der Beweis für sexuelles Handeln und deshalb nicht rein. Ein Afghane feiert die Geburt und freut sich, aber er schaut sein Kind nicht an. Ich habe für Akbar eine Flasche gemacht, als er Hunger hatte, aber ich konnte ihn auf keinen Fall wickeln, dafür hätte ich ja ganz genau hinsehen müssen. Als Johanna mittags nach Hause kam war sie sehr erschrocken, dass ich die nasse und schmutzige Windel nicht gewechselt hatte. Ich erklärte ihr: ›So etwas kann ein afghanischer Mann nicht machen.‹ Auch die Kleider waren nass und schmutzig und sie meinte, sein Hintern sei ganz wund. Sie hat mich gezwungen, mir das anzusehen und gefragt, ob mir der Junge nicht leid tut. Daraufhin habe ich entschieden, dass ich die Windeln wechseln muss, wenn Johanna beim Arbeiten ist. Eine Nacht hat Johanna die Flasche gemacht, die andere Nacht ich. So haben wir uns die Arbeit mit Akbar geteilt. Vielleicht habe ich sogar etwas mehr gemacht, weil Johanna ja vormittags nicht da war. Schwierig war das für mich nicht, ich hatte ja schon viel Erfahrung, zum Beispiel durch die kleinen Kinder meiner Schwester und anderer Verwandter. Für Johanna war Vieles neu und in einigen Dingen war sie noch etwas unsicher. Nach dem Essen habe ich Akbar getragen, damit er aufstoßen kann, das hat er sehr gern gehabt.« Johanna ergänzt: »Wenn er geschrien hat, hast du oft gesagt: ›Er darf auch etwas weinen. Wir werden uns jetzt nicht verrückt machen.‹ Diese Ruhe fand ich gut. Das hat mich wirklich gestärkt, und ich habe es nicht vergessen. Noch etwas hat mich sehr beeindruckt: Einmal hatte Akbar eine

Lungenentzündung. Ich war traurig und besorgt, aber du hast einfach weiter Späße gemacht mit ihm. Das habe ich nicht verstanden, doch du meintest, du hättest schon viele schwer kranke Kinder erlebt, und selbst wenn sie todkrank waren, wollten sie noch lachen und Spaß haben.« Khazan Gul fügt an: »Ja, ich glaube, das wirkt sogar gegen die Krankheit. In Deutschland macht man das umgekehrt: ›Du bist krank, du musst im Bett bleiben und darfst nicht spielen.‹ Aber das ist zu schwer für ein Kind. Man muss das Zimmer warm machen, damit das Kind spielen kann, Freude hat und die Krankheit vergisst. Ich erinnere mich intensiv an meine frühe Kindheit. Wenn ich mit Kindern umgehe, überlege ich: Wie habe ich damals gedacht und gefühlt? Es kam vor, dass ich geweint habe, damit meine Mutter mich tröstet, aber ich habe trotzdem nicht aufgehört. Andere Frauen sind gekommen und haben versucht, mich zu beruhigen. Jedes Mal habe ich gedacht, bei der nächsten Frau höre ich auf. Aber es hat zu viel Spaß gemacht, ich wollte dieses Spiel immer weiter treiben und habe geheult, bis alle müde waren. Ich hatte nichts und wollte nur Aufmerksamkeit bekommen. Kinder können das Weinen als Waffe benutzen, sie haben keine anderen Waffen. Dann sage ich: ›Du kannst ein bisschen weinen. Wenn du müde bist, hörst du auf.‹«

Johanna berichtet weiter: »Akbar war keine zwei Jahre alt, als Hajo, ein Freund und Kollege von mir, gefragt hat, ob wir nicht ein Häuschen in seinem Heimatdorf im Vogelsbergge-biet kaufen wollten. Er hatte den Verkäufer schon auf acht-zehntausend Mark heruntergehandelt. Das war sehr günstig, aber er wollte es jetzt doch nicht haben. Hajo hoffte, dass wir das Häuschen kaufen, damit wir als seine Freunde in der Nähe wohnen. Ich hatte das Geld nicht, dachte aber: Schauen kostet ja nichts. Wir sind mit Hajos Auto hingefahren, Hajo, Khazan Gul, Akbar und ich. Unterwegs sagte Hajo: ›Möglicherweise ist es doch keine gute Idee. Wenn die Leute Khazan Guls dunkle Haare sehen, verprügeln sie ihn vielleicht.‹ Wir kamen in dem Ort an, Eschenrod. Das Auto haben wir vor dem Haus geparkt und sind ausgestiegen. Gegenüber saß ein Mann auf dem Dach und reparierte etwas. Khazan Gul hat zu ihm hinaufgerufen: ›Guten Tag! Wir interessieren uns für dieses Haus. Haben Sie etwas gegen Ausländer?‹ Ich habe gedacht, ich versinke im Boden. Der Mann schaute auf Khazan Gul hinunter und meinte: ›Nee, woher kommste denn?‹ ›Ich komme aus Afghanistan.‹ ›So. Nee, ich hab nichts dagegen, ich weiß auch nicht, warum ich von hier bin.‹ Das war Willi. Später hat er eine philippinische Frau geheiratet, er hatte also wirklich nichts gegen Ausländer. Ich habe die Tragweite dieser kleinen Begegnung erst viel später verstanden. Khazan Gul stammte vom Land. Er wusste, dass man sich nicht so einfach in eine Nachbarschaft setzt, ohne zu fragen. Und der Willi hat gemerkt: Das ist ein offener Mensch, der gut Deutsch kann und ihn nach seiner Meinung fragt. Willi konnte danach allen Leuten über uns erzählen, dass wir normale Menschen waren. Das war wirklich genial von Khazan Gul. Wir haben uns dann das Haus angeschaut. Es war ein altes Bauernhaus, ein Lehmhaus mit kleinem Garten, sehr alt, aber man konnte einziehen. Wir sind durch den Garten gegangen, einige Erdbeeren waren reif. Akbar konnte gerade laufen und ein wenig reden. Ich habe ihn angeschaut und gefragt: ›Akbarli, willst du hier leben?‹ ›Ja!‹, hat er gesagt. Da wurde ich schwach. ›Mensch!‹, habe ich gedacht, ›mach nicht rum, manche Leute geben so viel Geld für einen Wohnwagen aus. Es wäre doch schön für so ein Kind, wenn es einen Platz hat, wo es hingehört.‹ Wir sind noch am selben Tag zu einem Notar gefahren und haben alles festgemacht. Ich hatte das Geld nicht, nur zweitausend Mark konnte ich gleich zahlen, den Rest habe ich von afghanischen Freunden geliehen. Einer hat mir achttausend Mark gegeben, die hatte er mit Arbeit neben seinem Studium verdient. Ich musste kein Papier unterschreiben, er hat uns das einfach so anvertraut. Wir haben ausgemacht, er bekommt etwas mehr Zinsen als bei der Bank und ich habe es ihm Stück für Stück zurückbezahlt. Als wir eingezogen waren, kamen am Wochenende oft Afghanen von der Generalunion afghanischer Studenten zu uns zu Besuch. Sie haben viel gearbeitet. Den ganzen Garten haben sie umgegraben. Er war klein und abschüssig, wir wollten Terrassen anlegen, eine für eine Wiese und eine für Gemüse. Dadurch, dass ich an der Uni arbeitete, musste ich nicht jeden Tag nach Frankfurt, Khazan Gul auch nicht. Er hat oft zu Hause an seiner Abschlussarbeit geschrieben. Nach dem Studium hat er eine Doktorarbeit angefangen, aber ich merkte, dass er damit nur noch die Rückkehr nach Afghanistan hinausschob. Es war schwer für ihn, sich hier loszureißen.«

Nachdenklich sagt Khazan Gul: »Du hast alles versucht, es mir so schön wie möglich zu machen bei dir, mit Akbar, dem Auto und dem Haus. Natürlich hattest du recht, das so zu machen. Wenn man jemanden liebt, ist es normal, dass man versucht, ihn zu halten. Wer will das nicht? Deshalb war es für mich ja so schwer.« Johanna erinnert sich: »Immer wieder hattest du dann diese Träume und bist mitten in der Nacht aufgewacht. Du standest in einem innerlichen Konflikt, dass du nach Afghanistan wolltest und dich doch an uns gebunden fühltest. Jedes Mal, wenn Post aus Afghanistan kam, warst du danach richtig traurig und kaum mehr ansprechbar.« Johanna wendet sich uns zu: »Das habe ich eine Weile mit angesehen und dann zu ihm gesagt: ›Das geht nicht, dein Platz ist in Afghanistan. Ich kann keinen gefangenen Vogel ertragen, schon gar nicht, wenn ich ihn womöglich selbst gefangen habe. Der Vogel gefällt mir nur, wenn er frei ist. Wie wäre es, wenn du jetzt nach so vielen Jahren zurückgehst? Wir bleiben erst mal hier und kommen später nach.‹ Ich hatte bereits eine Vorstellung, was ich in Afghanistan machen würde. Auf keinen Fall wollte ich einfach als seine Frau mitgehen und hinter der Burka und hohen Mauern verschwinden. Ich wollte selbst etwas tun. Meine Idee war, eine Stelle als Entwicklungshelferin beim DED, dem Deutschen Entwicklungsdienst anzunehmen. Er wollte das nicht hören. Viele Male hatte er mir schon prophezeit, dass ich nicht in Afghanistan leben könne.«

Khazan Gul bestätigt: »Ja, das habe ich Johanna von Anfang an gesagt. Zu den allgemeinen Schwierigkeiten kamen ja meine persönlichen noch dazu. Ich habe ihr erklärt: ›Ich bin ein armer Mensch! In Afghanistan habe ich kein Haus und keinen Platz für dich und Akbar. Ich lebe nicht für dich oder für meine Familie, ich lebe auch nicht für mich, ich lebe für mein Land. Möglicherweise lebe ich auch nicht lange.‹« Er sieht Johanna an: »Du hast mir nicht geglaubt. Wie es in Afghanistan zugeht, kann man in Deutschland einfach kaum begreiflich machen. Vielleicht konntest du dir auch nicht vorstellen, wie arm ich war, dass ich wirklich gar nichts hatte. Die meisten Afghanen, die nach Deutschland kamen, waren aus reichen Familien. Und diejenigen, die aus einer armen Familie waren, haben das nicht zugegeben. Immer wieder habe ich Afghanen gehört, die Sachen gesagt haben wie: ›Wir haben in Afghanistan auch Straßenbahnen und Züge.‹ Dabei gab es in ganz Afghanistan keinen einzigen Zug. Sie haben einfach gelogen, weil sie nicht zugeben konnten, wie rückschrittlich wir waren.«

Johanna antwortet: »Dass deine Familie nichts hatte in Afghanistan, das habe ich sehr wohl geglaubt. Aber wie schwierig es sein würde, in Afghanistan zu leben, konnte ich mir tatsächlich kaum vorstellen. Nachdem du entschieden hattest zu gehen, ging es dir besser. Du wurdest aktiv, hast deine Rückreise vorbereitet und in Frankfurt beim Straßenbau gearbeitet, das war im Frühjahr 1973.«

Khazan Gul erklärt: »Für die Fahrt und die erste Zeit in Afghanistan brauchte ich Geld. Mit einem Afghanen zusammen wollte ich zurückreisen, Mohsen hieß er. Für dreihundert Mark haben wir einen alten Opel gekauft. Ein paar Tage lang haben wir an ihm geschraubt und geölt, bis wir schließlich starten konnten. Akbar war damals knapp drei Jahre alt. Ihr habt uns mit deinem alten R4 ein Stück begleitet, bis zur Gederner Kreuzung. Dort sind wir alle noch einmal ausgestiegen, haben uns umarmt, und dann bin ich endgültig losgefahren.«

Wieder Afghane werden

von Heiner

»Wir waren auf dem Weg nach Afghanistan, als im Radio von
einer Revolution in Kabul gesprochen wurde. In diesem Teil
der Welt nennen Putschisten ihre Regierungsübernahme gerne ›Revolution‹, das klingt, als ob sich wirklich etwas ändern
würde. Daoud hatte mithilfe des Militärs den König abgesetzt
und nannte sich nun Präsident der Republik Afghanistan. Er
war der Vetter und Schwiegersohn des Königs und unter diesem schon früher Regierungschef gewesen[1]. Die Bevölkerung
unterstützte ihn, und vor allem bekam er Hilfe von der Sowjetunion. Als ich von dem Putsch hörte, war ich nicht glücklich
darüber. Ich hatte doch selbst eine Revolution anführen und
den König absetzen wollen, und jetzt war mir Daoud zuvorge-
kommen. Nun wollte ich so schnell wie möglich zurück nach

---

1   Dies war von 1953 bis 1963.

216

Afghanistan. Meine Idee war, zusammen mit den Königsfreun-
den gegen Daoud zu kämpfen und ihn wieder abzusetzen.
Danach würde ich, anstatt den König an die Macht zu lassen,
selbst eine Republik ausrufen. In Daoud und seine Republik
hatte ich kein Vertrauen. Ich muss zugeben, damals war ich
schrecklich egoistisch: Eine Revolution, die nicht meine eigene
war, interessierte mich nicht. Ich war kein wirklicher Revolutionär, sondern nur ein Egoist.

Fünfzehn Tage nach dem Putsch kam ich in Afghanistan
an. Ich hatte mich sehr auf Kabul gefreut. Gleich nach meiner
Rückkehr wollte ich zu meinem Lieblingsteelokal, in der Nähe
des Rahman-Baba-Lisee. Als Schüler hatte ich dort manchmal
Tee getrunken, es wurde indische Musik gespielt und ich habe
Bücher gelesen. Diese Besuche waren für mich etwas ganz Besonderes gewesen, ich hatte ja nicht viel Geld gehabt. Als ich
nun hinkam, sah alles noch genauso aus wie zu meiner Schul-
zeit. Der Tisch, an den ich mich setzte, war schmutzig und
voller Fliegen. Mit dem Tee brachte der Mann einen Ventilator,
um sie zu vertreiben. Trotzdem sind sie wiedergekommen, und
nach wenigen Sekunden krabbelten sie in Scharen über meine
Teetasse und den Zucker. Mir wurde schlecht. Ich habe den Tee
stehen lassen, bin aufgestanden und hinausgegangen. In der
Nähe war der Zoo. Dort habe ich mich auf eine Bank gesetzt,
lange nachgedacht und schließlich zu mir selbst gesagt: ›Khazan Gul, du bist kein Afghane mehr. Afghanistan ist so, hier
willst du leben. Wenn du das nicht aushältst, kannst du gleich
nach Deutschland zurückgehen. Wie willst du mit den Leuten
arbeiten, wenn du nicht mit ihnen essen und trinken kannst?
Du musst wieder ein richtiger Afghane werden!‹

Bei anderen Leuten habe ich immer kritisiert, wenn sie nur
reden und nichts tun. In Deutschland hatte ich viel darüber
gesprochen, in Afghanistan eine Revolution zu organisieren,
daran wollte ich mich nun halten. Deshalb habe ich versucht,
Königsfreunde zu finden, die gegen Daoud vorgehen wollten. Nach dem Putsch kamen an der Universität Professoren,
Lehrer und Studenten zusammen. Es wurde die Frage gestellt:

›Gibt es einen Besseren als Daoud?‹ Es gab eine lange Reihe von Leuten, die anstanden und reden wollten. Alle haben Daoud gelobt: Er verstehe viel, habe Regierungserfahrung und sei gut für Afghanistan. Sie zogen den Schluss, dass es keinen Besseren gebe, das war offenbar der Zweck der Versammlung. Mein Redebeitrag wich davon ab: ‚Die Frage muss anders gestellt werden: Warum haben wir keinen Besseren als Daoud? Was sind die Gründe dafür?‹ Die Zuhörer wussten alle, dass in der Vergangenheit viele kluge Leute durch die Königsfamilie getötet worden waren, zu der ja Daoud auch gehörte. Außerdem zeigten meine Fragen deutlich, dass ich Daoud nicht gut für Afghanistan fand. Mein Beitrag hat eingeschlagen wie eine Bombe. Ich durfte nicht weiterreden, und es wurde so getan, als hätte es meine Rede nicht gegeben. Danach habe ich Probleme bekommen, meine Doktorarbeit wurde nicht genehmigt. Ich wollte etwas zur Erwachsenenbildung machen und dafür in alle Provinzen Afghanistans gehen. In Wirklichkeit war mein Ziel nicht die Doktorarbeit, sondern die Revolution. Mit möglichst vielen Menschen wollte ich über Politik diskutieren und es erschien mir nützlich, überall im Land jemanden zu kennen, bei dem man unterkommen kann.

In ganz Kabul fand ich niemanden, der etwas gegen Daoud unternehmen wollte. Ich habe lange nachgedacht: ›Was kann man mit einer Bevölkerung anfangen, die jeden begrüßt, der an die Macht kommt, egal ob er schlecht oder gut ist?‹ Meine Schlussfolgerung war, dass man mit solchen Menschen keine Revolution beginnen kann. Am Ende zerschlug ich meine Pläne. Ich wollte es anders angehen, ganz klein, mit dem, was ich gelernt hatte: als Lehrer, mit den Leuten leben, mit ihnen reden und von ihnen lernen.

So ging ich in unser Dorf Dragai zurück, um mich wieder daran zu gewöhnen, unter einfachen Bedingungen zu leben, um wieder richtiger Afghane zu werden. In den Bergen hoffte ich auch eher Männer zu finden, die kämpfen wollten. Anfangs habe ich bei der Familie meiner ältesten Schwester in Dragai gewohnt. Wie vor meiner Abreise nach Deutschland waren meine Brüder in Pakistan. Sie konnten immer noch nicht zurückkommen, weil die Regierung sie eingesperrt hätte, wegen des Familienkrieges. Die Familie meiner Schwester war arm. Sie hatte in ihrem Haus zwei Zimmer, eins für die Menschen und eins für die Tiere. Das Essen war schlecht und es gab nicht viel, alles war schmutzig, ein ganz normales Leben in einem Dorf in Afghanistan. Der Schmutz war für mich das Schlimmste. Die Leute waren dreckig, stanken, hatten Läuse und Flöhe, trotzdem wollte ich sie mögen. Es gab keine Toiletten, in der Nacht ist man auf den Misthaufen gestiegen. Bei Tag haben die Männer irgendwo draußen einen Platz gesucht, die Frauen sind im Haus in eine Ecke gegangen. Jeden Morgen war Mist von den Tieren in meinem Bett. In der ersten Zeit konnte ich fast nichts essen und bin abgemagert.

Nach einigen Monaten haben Verwandte und Freunde von Johannas Schwester mich benachrichtigt, dass sie mich besuchen wollen. Sie reisten zu fünft mit einem VW-Bus durch Asien. Ich habe ihnen geantwortet, sie sollen nicht kommen, denn ich hatte ja kein eigenes Haus und wollte ihnen diese Schwierigkeiten, diesen Schmutz nicht zumuten. Aber sie wollten trotzdem und haben mir gesagt, wann sie in Kabul sein werden. Ich bin dann einfach nicht hingefahren, um sie abzuholen.

Einen Monat später bin ich mit meinem ältesten Bruder nach Kabul gereist. Ich wollte meine Familie aus Pakistan nach Khost zurückbringen. Mein Bruder durfte eigentlich nicht in Afghanistan sein, doch wir wollten ein Anklageschreiben bei der Regierung abgeben und erklären, wer aus unserer Familie nicht am Krieg beteiligt war. So wollten wir verhindern, dass die Regierung sie einsperrt, wenn sie wieder in Afghanistan leben. In Kabul trafen wir auf der Straße plötzlich auf die fünf Reisenden, ein unglaublicher Zufall! Sie waren gerade in Kabul angekommen. In Indien hatten sie einige Schwierigkeiten gehabt und waren deshalb später als geplant nach Afghanistan eingereist. Wir haben so getan, als ob wir die ganze Zeit auf sie gewartet hätten. Ich habe gesagt: ›Ich möchte euch gerne zum Essen einladen, aber ich kann mir nur ein einfaches Lokal leisten. Wenn ihr in ein teures Restaurant gehen wollt, dann müsst ihr selbst bezahlen.‹ Wir sind teuer essen gegangen zu einem Afghanen, der in Deutschland studiert hatte. Sie haben ihren Wunsch wiederholt: ›Wir möchten zu dir nach Hause und sehen, wie du lebst, auch wenn es ärmlich ist.‹ Ich war einverstanden. Da Ausländer damals nicht in unsere Gegend durften, mussten wir unauffällig reisen, eine Fahrt mit ihrem VW-Bus kam nicht infrage. An einem Taxistand habe ich mich erkundigt, was es kostet, uns nach Khost zu fahren, dort zwei oder drei Tage bei uns zu bleiben und uns am Schluss wieder zurück nach Kabul zu bringen. Noch am Nachmittag sind wir aufgebrochen. Wir konnten in die Nacht hineinfahren, es war damals viel sicherer als heute. Trotzdem hätte es für Fremde ohne afghanischen Gastgeber gefährlich werden können. Am späten Abend sind wir in Khost angekommen und gleich weiter nach Dragai gefahren. Ein oder zwei Kilometer vor Dragai ließ ich den Fahrer anhalten. Ich habe gesagt: ›Falls ihr nochmal müsst, könnt ihr das jetzt hier noch machen.‹ Sie haben mich verwundert angeschaut und geantwortet: ›Wir müssen nicht!‹ Ich habe erklärt: ›Bei meiner Schwester gibt es keinen Ort dafür.‹ Doch sie meinten: ›Wir können im Moment nicht, das ist nicht in unserer Macht.‹

Meine Schwester hat für uns alle Essen gekocht, Reis mit Butter und Honig. Danach hat eine der Besucherinnen gemeint: ›Jetzt muss ich doch.‹ Ich habe erwidert: ›Das geht nicht!‹ Aber sie jammerte: ›Es ist wirklich dringend.‹ Ich musste erst meine Schwester fragen, wo die Frauen dafür hingehen und habe übersetzt: ›Es gibt im Stall einen Esel, du kannst vor ihn hinmachen und er macht das dann weg.‹ Mit einer Öllampe sind wir in den Stall gegangen und ich habe ihr den Platz und den Esel gezeigt. Nach fünf Minuten ist sie lachend zurückgekommen und hat uns ihre schmutzigen Handflächen entgegengestreckt. Wir haben gefragt: ›Was ist los?‹ Sie hat gelacht und gelacht und schließlich erzählt: ›Der Esel hatte keine Geduld. Er ist von hinten zu mir hergekommen und hat mich mit seiner Schnauze am Hintern geschubst. Ich bin nach vorne gefallen und habe mich mit den Händen am Boden abgefangen.‹ Während der ganzen Reise hat sie immer wieder plötzlich angefangen zu lachen, und wenn jemand wissen wollte, was los ist, meinte sie nur kopfschüttelnd: ›Der Esel!‹, und kicherte.

Am nächsten Tag sind wir zu einem Dorf in die Berge gefahren. Wir haben eine Ziege zum Schlachten mitgebracht und es wurde richtig gefeiert. Außerdem habe ich ihnen eine Quelle gezeigt, die ich für ein Bewässerungsprojekt benutzen wollte. Mein Räuberbruder war sehr nett zu ihnen, damals war er kein Dieb mehr. Eine der Frauen war ganz begeistert von ihm, er hatte schöne dunkle Haare und blaue Augen. Alle fünf waren zufrieden mit der Reise, obwohl sie sich Flöhe geholt haben.

Nachdem ich einige Monate in Dragai gelebt hatte, ist Hekmat mit zu meiner Schwester gezogen. Sie war davor in Pakistan. Ich habe zu ihr gesagt: ›Wir haben jetzt ein gemeinsames Leben. Wir können zusammen herumlaufen, miteinander diskutieren.‹ Gerne hätte ich mit ihr so gelebt, wie ich es in Europa gesehen hatte. Aber sie hat sich geweigert und erklärte: ›Nein, ich gehe nicht hinaus. Das machen nur arme Frauen. Meine Freundinnen bleiben alle zu Hause.‹ Ich habe sie nicht mehr dazu gezwungen, wie ich es am Anfang versucht hatte. Bis heute geht sie höchstens auf unsere Felder direkt am Haus, um Futter für die Tiere oder Gemüse zu holen. Meine zweite Frau und meine Töchter wollen gar nicht hinaus. Hekmat hatte recht. Das gehörte auch zum Afghane werden. Ich hatte ja vor, politisch etwas zu erreichen, und das konnte ich nur mit den Leuten zusammen. Da durfte es mir nicht gleichgültig sein, was sie von mir denken. Ich habe gemerkt, dass ich einiges tun muss, weil es den Leuten gefällt und nicht, weil es mir gefällt. Das ist manchmal schwer, aber ich muss im selben Rahmen leben wie die anderen, damit ich Freunde haben kann, damit die Leute auf mich hören. Das ist in Afghanistan anders als in Europa. Wir sind nicht frei.«

Monika fragt: »Hast du von Anfang an gesagt, dass du in Deutschland eine Frau hast und einen Sohn?« Khazan Gul nickt: »Ja, das habe ich nie verheimlicht. Ich wollte die Beziehung zu Johanna und meinem Sohn auf keinen Fall abbrechen.« Johanna bestätigt: »Alle, die ihn besucht haben, erzählten mir, dass er bekannt war als derjenige mit der Frau und dem Sohn in Deutschland.« Khazan Gul fügt hinzu: »Viele politische Gegner haben es gegen mich benutzt. Aber ich habe mir gedacht, das ist egal, sie können reden, irgendwann wird das Thema alt und ist nicht mehr so wichtig. Es hat mir andererseits sehr genutzt, dass ich nicht gelogen habe. So konnte ich immer wieder nach Deutschland und habe viel Unterstützung bekommen.« »Ab wann wusste Hekmat von Johanna?«, fragt Monika weiter. Khazan Gul antwortet: »Von Beginn an, lange bevor Johanna schwanger war. Sie hat es nicht schlecht gefunden, sondern akzeptiert.« »Hat dir der Sohn in Deutschland als Schutz vor der Blutrache aus dem Familienkrieg geholfen?«, möchte Monika wissen. Khazan Gul schüttelt den Kopf: »Nein, die Leute wussten, er würde nicht nach Afghanistan kommen. Aber die Gefahr war über die Jahre schwächer geworden. Zum Glück haben Hekmat und ich bald einen Sohn bekommen: Mirwais. Durch ihn konnte ich relativ ruhig leben. Auch viele Familienmitglieder kehrten nach Afghanistan zurück. Wir haben außerhalb von Dragai gelebt. Abends habe ich Hekmat manchmal von Deutschland erzählt und sie hat mir erzählt, wie schwierig es für sie war, ohne mich zu leben.«

Nach etwa einem Jahr habe ich angefangen, in Khost als Lehrer zu arbeiten. Der damalige Minister hat mir eine Stelle an der deutschen Schule in Kabul, dem Armani-Gymnasium angeboten. Es ist bis heute eines der besten Gymnasien in ganz Afghanistan, viele Reiche schicken ihre Kinder dorthin. Als ich das abgelehnt habe, hat der Minister sicher geglaubt, ich sei psychisch nicht normal. Niemand wollte freiwillig nach Khost, erst recht niemand, der im Ausland studiert hatte. Armani-Lehrer zu sein ist besser als jede Professur. Mir war das gleichgültig. Die Kinder an der Armani-Schule hatten sowieso gute

Lehrer, nur auf dem Land konnte ich etwas für die armen Leute, die armen Mütter in Afghanistan tun, so wie ich es meiner Mutter versprochen hatte.

Später haben wir doch in Kabul gelebt, ich habe am National-Science-Center Lehrer ausgebildet. Einmal bin ich mit Hekmat ins Kino gegangen, um ihr das zu zeigen. Vielleicht wollte ich, dass sie die Mädchen im Kino mit ihren schön frisierten Haaren sieht, damit sie das auch so macht. Ich habe zu ihr gesagt: ›Schau mal, das Mädchen hat schöne Haare.‹ Da hat sie erwidert: ›Es gibt auch sehr schöne Jungen hier!‹ Ich habe verstanden, dass sie das verletzt hat und sagte: ›Ja, du weißt, wie du mir antworten musst.‹«

Johanna ergänzt: »Als Akbar, Uschi und ich im Herbst 1975 kamen, hat Khazan Gul in Kabul gewohnt. Uschi war eine gemeinsame Freundin, sie hat mich begleitet. Akbar war fünf Jahre alt.« An Khazan Gul gewandt fährt sie fort: »Ich erinnere mich gut, wie wir damals an deinem Haus in Kabul ankamen. Du warst gerade dabei, das Dach mit Lehm abzudecken und standest mit schmutzigen Händen ganz oben auf der Mauer. Wir haben uns so begrüßt, du oben, wir unten. Einige Männer haben mit dir gearbeitet und mir etwas zugerufen, du hast übersetzt: ich solle mehr Geld schicken, damit du als studierter Mann nicht so schwere Arbeit machen müssest. Ich habe darauf geantwortet: ›Sag ihnen: das ist schon in Ordnung, wir müssen in Deutschland auch hart arbeiten, um Geld zu verdienen.‹« Khazan Gul erklärt: »Ein angesehener Mann macht in Afghanistan bestimmte Dinge nicht, dazu gehören vor allem körperlich schwere Arbeiten. Ich zeige den Leuten gerne, dass ich mir dafür nicht zu schade bin, obwohl ich studiert habe.

Für Johanna wollte ich ein Hotelzimmer suchen, aber sie meinte: ›Ich will doch sehen, wie du lebst, ich möchte mit dir und mit deiner Frau wohnen.‹ Sie ist dann mit Akbar in einem ganz ähnlichen Haus direkt neben unserem eingezogen. Es waren sehr schlechte Häuser. Wir haben Ausflüge nach Bamian und Band-e Amir unternommen, damit Johanna etwas von Afghanistan sieht.«

Johanna erzählt: »Meine Absicht war ja nicht nur, Khazan Gul zu besuchen, ich hatte durchaus im Kopf, in Afghanistan zu bleiben. Ich dachte mir, ich könnte eine Wohnung mieten, und Khazan Gul kommt immer mal wieder zu uns. Beim DED, dem Deutschen Entwicklungsdienst, hatte ich mich um eine Stelle beworben, allerdings hatten sie mir dort keine großen Hoffnungen gemacht. Sie meinten, dass die Pädagogik, die wir in Europa lehren, hier wenig nutzen würde, und dass viele Mitarbeiter in Kabul resigniert hätten, weil sie nicht recht wüssten, wie sie helfen könnten. Das war natürlich keine erfreuliche Perspektive für mich, aber ich wollte mir Zeit lassen und alles anschauen. Ich wusste, dass du, Khazan Gul, mit Hekmat lebst und dass ihr Mirwais hattet. Ich hatte gehört, dass er viel krank war, oft Durchfall hatte. Mit meiner Freundin Uschi hatte ich überlegt, dass ihm Haferflockensüppchen guttun könnten, und wir hatten etliche Pakete Haferflocken im Gepäck. Ich bat Uschi, die Zubereitung zu übernehmen, denn ich wollte nicht Hekmats Platz an der Kochstelle einnehmen. Die Beziehung zwischen Hekmat und mir war von Anfang an sehr herzlich und freundlich. Und das war jetzt immer noch so, als wir uns bei meinem Besuch in Khost nach dreißig Jahren wiedergesehen haben. Ich habe schnell gesehen, Khazan Gul, was für eine gute und intelligente Frau du hast. Kurz nach unserer Ankunft hat Hekmat Frauen aus der Nachbarschaft eingeladen zu einem Nachmittag mit Uschi und mir. Sie zeigte alles, was wir mitgebracht hatten. Und ich sah, wie klug sie mit den anderen Frauen umging.

Nach kurzer Zeit änderte ich meine Vorstellungen. Dass ich in einem anderen Haus in Kabul wohne und du mal hier und mal dort schlafen würdest, erschien mir unrealistisch. Ich merkte, dass ich nie Hekmats Mann für mich hätte beanspruchen wollen. Als wir zusammen nach Bamian und Band-e Amir fuhren, war das eine andere Realität, da warst du ganz bei uns. Aber das war nicht das wirkliche Leben. Einmal standen wir in Kabul an der Straße, Hekmat mit ihrer Burka, sie hatte den kleinen, zarten Mirwais auf dem Arm, daneben du, ihr habt etwas zu essen gekauft. Da wurde mir bewusst: Sie brauchen uns nicht. Das ist alles gut so, und es soll bleiben, wie es ist.

Dazu kam, dass ich in Deutschland lange Politik gemacht hatte. Es ist meine Überzeugung: Wo immer du bist, musst du das dir Mögliche versuchen. In Afghanistan hätte ich nicht politisch tätig sein können. Außerdem wären alle meine Fehler Khazan Gul angelastet worden, und ich hätte laufend Fehler begangen, außer ich wäre hinter der Burka verschwunden. Einmal habe ich meine Arme nicht genügend bedeckt, weil es sehr heiß war, und ich nicht wusste, welch hohen Stellenwert das hat. Selbst wenn man das gesagt bekommt, ist es schwierig, das in seiner ganzen Tragweite zu realisieren und in jeder Situation umzusetzen. Dieser eine Fehler hatte furchtbare Auswirkungen, alle haben darüber geredet. Ich verstand, dass Khazan Gul ständig zwischen mir und den Forderungen seiner Gesellschaft stehen würde. Hinzu kamen meine Gefühle, wenn ich mit ihm durch Kabul lief. Ich sah, wie er mit vielen Leuten sprach und scherzte, so wie ich in Deutschland in meiner Sprache. Nie würde ich Paschtu und Dari so gut lernen und nie als Frau so frei herumlaufen und Kontakte knüpfen können wie er. Ein derartiges Ungleichgewicht aber würde auf Dauer unsere Beziehung zerstören. Jeder von uns hatte seinen Platz: er in Afghanistan und ich in Deutschland.

Khazan Gul, weißt du noch, einige Jahre später am Flughafen, da hast du mir diesen blauen Ring mitgebracht und zu mir gesagt: ›Wir haben es richtig gemacht!‹« Khazan Gul nickt Johanna zu: »Ja, und wir machen es auch jetzt noch richtig.« Johanna lächelt: »Ich hoffe das!« Nach einer kurzen Pause fährt sie fort: »Also für mich gilt: Man darf nie einen Menschen nur benutzen. Man muss sich ganz auf ihn einlassen. Das kann bedeuten, dass man an verschiedenen Orten lebt. Das heißt nicht, dass man den anderen aufgibt, im Gegenteil. Es gibt Fälle, in denen das ›Immer-Zusammensein‹ alles zerstören würde.« Johanna schaut Monika und mich an und ergänzt: »Man gerät manchmal in etwas hinein, dessen Tragweite man am Anfang nicht absieht.« Sie wendet sich wieder an Khazan Gul: »Nach diesem Besuch in Kabul wusste ich noch besser als zuvor, dass alles, was du mir erzählt hattest, stimmte, und wie wichtig dir die Arbeit für Afghanistan ist. Von Beginn an wollte ich dir dabei helfen. Jetzt war mir klar geworden, dass ich am besten in Deutschland bleibe und dich, die Familie und deine Arbeit von hier aus unterstütze.«

»Das Geld, das Johanna mir geschickt hat, hat uns viel geholfen«, gesteht Khazan Gul ein. »Aber es war sehr schwierig für mich, das anzunehmen. Ich habe es überhaupt nicht von ihr erwartet. Jedes Mal, wenn ich etwas abgehoben habe, fühlte ich mich wirklich schlecht. Ich habe mich dadurch unterdrückt gefühlt, unterdrückt von dem Gedanken, dass Johanna glauben könnte, ich brauche ihr Geld. Ich weiß jetzt, dass das nicht so gemeint war, aber das ist bis heute ein Problem, wenn ich mich mit Johanna streite. Ich bin dann äußerst empfindlich, weil ich immer denke, sie fühlt sich überlegen, weil sie mir Geld gegeben hat. Ich werde es ja nie zurückgeben können, aber ich werde mir auch niemals deswegen etwas sagen lassen.« Johanna erklärt: »Ich habe euch als Teil meiner Familie angesehen und habe mich mitverantwortlich gefühlt. Ich dachte nie, dass du von mir Geld erwartest oder benötigst.« »Das verstehe ich, trotzdem ist es für meine Gefühle nicht leicht, damit umzugehen«, sagt Khazan Gul.

Nach einer Pause fragt Monika: »Johanna, wie war das bei deinem Besuch, als du Hekmat jetzt nach dreißig Jahren wiedergesehen hast?« »Sie hat mich in den Arm genommen«, erinnert sich Johanna, »da war eine innere Solidarität zwischen uns, wir haben eine gemeinsame Geschichte. Sie weiß, dass ich ihr den Mann nicht hatte wegnehmen wollen. Und die Kinder haben mich alle sehr respektvoll behandelt und ›Mutter‹ zu mir gesagt. Ich war richtig aufgenommen in die Familie. Am Schluss, bevor ich ging, standen alle im Kreis. Ich hatte mich verabschiedet und musste weinen. Ich konnte nicht aufhören. Da kam eine ältere Tochter, die in Kabul lebt, und hat mich noch mal ganz fest umarmt. Das hat mir wirklich gutgetan. Wir haben uns auf einer Ebene verstanden, die eine Sprache hat, aber keine verbale Sprache. Es war wichtig, dass ich nach Khost gekommen bin.«

Draußen ist es längst dunkel. Wir haben die Zeit völlig vergessen. Unsere Gastgeber öffnen die Tür und kündigen an, dass wir in einer halben Stunde Lasagne essen können. Sie setzen sich zu uns und Monika erzählt kurz, worüber wir bisher gesprochen haben, danach fragt er Khazan Gul: »Wie war es für dich, nachdem Johanna zurück nach Deutschland gegangen war? Es gab ja dann noch einen Putsch.« Khazan Gul bestätigt: »Ja, das war ein paar Jahre später. Daoud wurde weggeputscht und getötet von der DVPA, der ›Demokratischen Volkspartei Afghanistans‹[2], die aus zwei Fraktionen bestand: den ›Khalki‹, ›Khalk‹ heißt Volk, und den ›Parchami‹, ›Parcham‹ heißt Flagge. Beide bekamen Unterstützung aus der Sowjetunion. Daoud hatte in den Jahren zuvor immer weniger mit den Russen und der DVPA zusammengearbeitet. Deshalb wollten sie ihn stürzen.

Die Khalki hatten damals lange Haare und Schnurrbärte, die wie ein ›M‹ aussahen. Das sollte ›Marxist‹ bedeuten. Vielen Afghanen hat das überhaupt nicht gefallen. Manche Stämme haben beschlossen, dass die Eltern ihren Kindern zwangsweise Haare und Bärte abschneiden müssen. Sie fanden das unislamisch und meinten, dass es nicht zu unserer Kultur passt. Ich glaube, unter den Khalki waren viele KGB-Agenten. Nur wer mit dem KGB zusammenarbeitete, konnte eine höhere Stelle in der Regierung bekommen.

Die Sowjetunion hatte vor allem unter den Studenten und Lehrern zahlreiche Freunde, es gab eine große kommunistische Bewegung in Afghanistan. So viele Freunde, die sie aus ideologischen Gründen unterstützen, haben die Amerikaner heute lange nicht. Sie kaufen sich viele Afghanen, auch in der Regierung. Aber das ist bei weitem nicht so wirksam wie ideologische Freundschaft. Die meisten Afghanen versuchen hauptsächlich,

---

2   Dieser Putsch fand im April 1978 statt.

an das Geld der Ausländer zu kommen. Das war bei den Khal-ki anders, sie haben damals aus innerer Überzeugung für die Sowjetunion gearbeitet, viele sind sogar freiwillig aufs Land gegangen. Trotzdem konnten sie sich in der Bevölkerung nicht durchsetzen, auch weil sie gegen die Religion waren.« Monika fragt: »Wie fandest du die kommunistischen Parteien?« »Ich hatte zwar auch linke Ideen«, räumt Khazan Gul ein, »aber ich wollte ein eigenes System für Afghanistan, ohne Einmischung von außen. Khalki und Parchami waren überzeugt davon, dass es ohne ausländische Unterstützung nicht geht, so wurde der Kommunismus als Rechtfertigung für die sowjetische Einmi-schung benutzt. Man hat den Leuten gesagt, die Sowjetunion bringt Kommunismus, doch außerhalb der Städte haben die Menschen nur Panzer, Bomben, Leid und Verderben gesehen. Das hat dazu beigetragen, den Kommunismus als Idee überall auf der Welt zu zerstören. Dasselbe machen die Amerikaner und Europäer jetzt mit der Idee der Demokratie in Afghanis-tan. Viele Afghanen sagen inzwischen: ›Die Amerikaner und Europäer erklären, sie bringen uns Demokratie. Seitdem ist al-les käuflich, es regiert das Geld anstatt das Recht, ständig wer-den willkürlich Menschen durch ausländische Bomben getötet. Wenn das Demokratie ist, dann wollen wir keine Demokratie!‹ Unter den Taliban gab es, vor allem am Anfang, kaum Korrup-tion. Aber jetzt, unter den Amerikanern und Europäern, kann man wirklich alles kaufen, sogar Gerichtsurteile, und täglich gibt es viele Tote.

Weil mir einige Ideen von Mao Zedong gefielen, sagten da-mals manche, ich würde zu den Maoisten gehören. Die hatten in Afghanistan eine Partei, die Schola-ye Jawed. Sie waren fa-natisch und abhängig von China. Ich fand sie überhaupt nicht gut. Ein hohes Parteimitglied hat mich einmal zu sich einge-laden, er wollte mich für seine Partei gewinnen. Er wohnte in einer teuren Gegend, an der Grenze zwischen den Stadtvierteln Schar-e Now und Wazir Akbar Khan. Dort hatte er eine große Villa in einem wunderschönen Garten mit Obstbäumen und Rosen. So schöne Häuser sieht man selbst in Europa selten.

Es gab sehr gutes Essen: Pilau, das ist gewürzter Reis mit Rosinen und Nüssen, und dazu Guscht, Fleisch. Er hat mir seine Theorie erklärt, die recht einfach war: Man müsse die Paschtunen bekämpfen, denn sie seien die herrschende Klasse und unterdrückten die anderen Volksgruppen. Nach dem Essen hat er mich nach Hause begleitet. Bei mir gab es kein fließendes Wasser, keinen Strom und nur einen Sisalteppich auf dem Boden. Mein Bruder saß da und rauchte Wasserpfeife. Ich habe den Mann genötigt, für eine Tasse Tee zu bleiben, obwohl er nicht wollte. Weil wir nur ein Zimmer hatten, mussten wir im Rauch sitzen. Danach brachte ich ihn zur Tür und sagte zu ihm: ›Du brauchst nicht wiederkommen. Ich habe bei dir die unterdrückte Klasse gesehen, und du hast jetzt hier bei mir die herrschende Klasse der Paschtunen gesehen. Ich glaube, wir können nicht zusammenarbeiten.‹ Bis heute verstehe ich nicht, was er gedacht hat. Er konnte doch nicht gegen alle Paschtunen sein. Eine internationale Idee kann nicht gegen eine bestimmte Volksgruppe gerichtet sein. Ob er dachte, ich bin ein Unterdrücker? Er hätte sagen müssen: Der König oder seine Familie oder die reichen Paschtunen sind die Unterdrücker. Aber er war selbst reich und hat vielleicht deshalb die Paschtunen als Volksgruppe zu Unterdrückern erklärt. So konnte er selbst keiner sein, denn er war ja kein Paschtune. Ich glaube, er hatte von Maos Theorie nicht viel verstanden.

Nach dem Putsch gegen Daoud merkte ich immer mehr, dass ich gefährdet war. Ich wusste, dass mich die Khalki früher oder später ins Gefängnis werfen würden. Aber ich habe es nicht über mich gebracht wegzugehen, ich wollte nicht einfach klein beigeben. Schließlich haben sie mich abgeholt und eingesperrt, sie wollten mich töten. Davon muss ich ein anderes Mal erzählen, das würde jetzt zu lange dauern.«

Wir stehen auf und laufen das kurze Stück durch den strömenden Regen zum Haupthaus. Nach dem Essen brechen Monika und ich auf. Wir wollen am nächsten Tag arbeiten und Khazan Gul hält in der kommenden Woche eine Reihe von Vorträgen an Schulen in der Schweiz.

Im Kreislauf der Kriege

von Heiner

Wenige Monate später, im Juni 2007, bin ich wieder in Afghanistan. Der für das ZDF seit vielen Jahren in Iran, Irak und Afghanistan als Korrespondent tätige Journalist Ulrich Tilgner war von Dr. Erös auf Khazan Gul aufmerksam gemacht worden. Ich hatte Khazan Gul angerufen, und er hatte sich bereit erklärt, Ulrich Tilgner und mich in Kabul abzuholen. Der Widerstand gegen die ausländischen Soldaten wird jedes Jahr stärker, die Reise ist auch für uns nicht ohne Risiko. Ein Freund von Khazan Gul hat am Sammelplatz der Taxis und Kleinbusse, die in Richtung Khost fahren, ein Taxi organisiert und lotst es weg von dem belebten Platz zu einem vereinbarten Treffpunkt. Dort steigen wir zusammen mit Khazan Gul aus einem Stadttaxi zu, sodass möglichst geheim bleibt, dass wir auf der Strecke unterwegs sind. Gleich bei der Begrüßung hatte mich Khazan Gul gefragt, ob Monikas Schwangerschaft gut verlaufe. Ich solle ihr erzählen, dass Sultana ebenfalls schwanger sei.

Während der Fahrt nach Khost berichtet uns Khazan Gul, dass die Bevölkerung besonders unter Bombardierungen und nächtlichen Einsätzen der US-Armee leide, und sich gleichzeitig vor Repressalien und Bombenanschlägen der Taliban fürchte. »Die einen sagen: ›Dein Bart ist zu lang!‹ und bombardieren uns. Die anderen sagen: ›Dein Bart ist zu kurz!‹ und greifen uns an. Was sollen wir machen?« Ulrich Tilgner, den ich in den nächsten Tagen als kenntnisreichen, unerschrockenen Journalisten und noch dazu sehr freundlichen und angenehmen Menschen kennenlerne, möchte über beides mehr erfahren. Er bittet Khazan Gul darum, Interviewpartner zu suchen, die eigene Erlebnisse schildern können.

In Khost angekommen benötigt Khazan Gul nur ein paar kurze Telefonate, um eine Familie zu finden, die bereit ist, vor der Kamera über eine Nachtaktion der US-Truppen zu sprechen. Von Khazan Guls Haus aus fahren wir eine Viertelstunde zu einem Anwesen etwas außerhalb der Stadt Khost. Ein etwa siebzig Jahre alter Mann, mittelgroß, mit grauem Bart, begrüßt uns und beginnt zu erzählen. Er berichtet, dass er bei seinem Bruder übernachtet habe. Mitten in der Nacht seien plötzlich Schritte auf dem Dach des Hauses zu hören gewesen, in die Schlafzimmer seien Gasgranaten geflogen gekommen. In der beißenden Luft habe man vor Tränen kaum mehr etwas sehen können, alle hätten gehustet und gekeucht. Sein Neffe und dessen Frau seien in Panik auf den Innenhof hinausgestürzt und hätten gerufen: »Wir sind unbewaffnet, in unserem Zimmer sind nur unsere Kinder!« Aber die amerikanischen Soldaten hätten nicht zugehört, nur geschossen. Die beiden hätten von mehreren Kugeln getroffen im Hof gelegen und geschrien. Dann seien sie verblutet, wenige Meter entfernt von ihren Kindern, die zitternd im Zimmer sitzen geblieben waren. Auch er, sein Bruder und dessen andere Söhne hätten nicht gewagt, sich zu bewegen. Während der letzten Sätze sind ihm Tränen über die Wangen gelaufen. Einige Momente lang kann er nicht weiterreden. Schließlich ergänzt er: »Eine Woche später ist die amerikanische Armee tagsüber erschienen. Sie haben sich entschuldigt und viertausend Dollar gebracht.« Er wird wütend: »Ein Missverständnis sei das gewesen. Ein Missverständnis! Drei kleine Kinder haben keine Eltern mehr. Wir können nichts tun, um so etwas zu verhindern. Unsere Regierung ist völlig machtlos!«

Wir treffen uns mit anderen, die von ähnlichen Vorfällen erzählen. Ich wundere mich, dass die Menschen trotz ihrer Angst vor der US-Armee so offen sprechen. Anscheinend hoffen sie, dass ein Medienbericht eine Veränderung des Vorgehens der westlichen Truppen bewirkt.

Im Stadtzentrum von Khost macht Ulrich Tilgner Aufnahmen von einem Polizisten, der auf einer Kreuzung steht und den Verkehr regelt. Khazan Gul möchte nicht, dass wir uns länger hier aufhalten. Ein kurzes Gespräch mit einem Obsthändler ergibt, dass die beiden Vorgänger des Polizisten bei Bombenanschlägen der Taliban, die gegen Konvois der US-Armee oder der afghanischen Nationalarmee gerichtet waren, getötet wurden. Ulrich Tilgner erzählt mir, dass das Monatsgehalt einfacher Polizisten 65 Dollar beträgt.

Nach dem Abendessen kommt Khazan Gul in den Raum, in dem Ulrich Tilgner und ich übernachten, in den Händen einen Stapel alter Zeitschriften und ausgeschnittener Zeitungsartikel: »Hier sind einige Berichte von Journalisten, die ich während des Jihad von Peschawar nach Afghanistan geschmuggelt habe. Es war ja so, dass nur die sieben großen Parteien offiziell Ausländer mitnehmen durften, darum mussten wir das illegal machen.« »Warst du oft in Peschawar?«, frage ich. »Nein, so selten wie möglich. In Peschawar sind zahlreiche Afghanen umgebracht worden, die frei gedacht haben. Mich hätten viele Leute gerne getötet, deshalb musste ich vorsichtig sein. In Afghanistan war es schwierig, mich anzugreifen. Ständig hatte ich Freunde um mich, jemand hätte den Täter erkannt. Und ich war beliebt, sodass es für den Mörder gefährlich geworden wäre. Außerdem war ich in Afghanistan bewaffnet. In Pakistan dagegen durfte ich keine Waffe tragen, ein Attentäter hätte es leicht gehabt. Nie habe ich in einem Hotel geschlafen, das war zu unsicher. Als Afghane hätte ich das ohnehin nur mit einem Ausweis von einer der sieben Parteien gedurft. Zum Glück kannte ich Leute im österreichischen Hilfskomitee. Mohsen, der Afghane, mit dem ich aus Deutschland nach Afghanistan zurückgereist bin, arbeitete für sie. Er hat mich zu Beginn des Krieges gesucht und war dann zusammen mit einem Österreicher bei mir in Tani. Sie haben die ganze Zeit überlegt, wie sie mich unterstützen könnten. Eine unschätzbare Hilfe war schon, dass ich von da an in ihrem Büro einen sicheren Platz hatte. Wenn ich nach Peschawar kam, ging ich direkt zu ihnen und blieb möglichst kurz. Niemand wusste, wann ich komme und wann ich wieder gehe. Nur wenn ich etwas organisieren wollte, bin ich auf die Straße hinausgegangen. Ich musste auch nach Peschawar, um das Geld zu holen, das mir Johanna und andere deutsche Freunde schickten, später bekam ich zusätzlich Unterstützung aus Österreich und Norwegen. Von unserer Basis in Tani aus sind wir fünf Stunden lang zu Fuß gegangen. Dann sind wir mit dem Auto nach Miran Schah in Pakistan gefahren. Bis dorthin haben mich meine Freunde begleitet. Nach Peschawar bin ich alleine mit dem Linienbus weiter, das war unauffälliger.«

Während Khazan Gul und Ulrich Tilgner besprechen, wo wir am nächsten Tag für weitere Interviews hinfahren könnten, lese ich in den alten Zeitungsartikeln. Einen finde ich besonders interessant und wende mich an Khazan Gul: »Dieses Interview im ›Falter‹ ist von 1984[1], das war mitten im Krieg gegen die Sowjets! Khazan, hier sagst du: ›Ich bin fest davon überzeugt, dass die Sowjetunion nicht einfach spontan nach Afghanistan gekommen ist. Sie hat Pläne hier und sie will nicht zurück. Es gibt ja inzwischen eine Bahnlinie bis in die Gegend

1 Das Interview von Prof. Dr. Christian Reder mit Khazan Gul wurde im Januar 1984 in Peschawar geführt, in der österreichischen Wochenzeitung Falter, Ausgabe Nr. 7/1984, veröffentlicht und ist (Stand: Herbst 2013) nachzulesen unter: http://www.christianreder.net/archiv/p_84_7_1_falt.html

von Mazar-i-Sharif im Norden, damit sie ständig Soldaten und Material hereinbringen können, ohne dass das jeder auf der Straße oder in der Luft sieht. Es ist doch keine Frage, wir haben jetzt keine Grenze mehr mit der Sowjetunion. Unser Land ist nicht mehr afghanisch, es ist ein Sowjetisch-Afghanistan. Es gibt eigentlich keine Karmal-Regierung mehr. Die Sowjetunion regiert ja praktisch selbst. Da ist die Frage überflüssig, wie viele Soldaten sie hier haben, wer kann das so genau wissen? Sie schicken ja auch ihre Flugzeuge oft direkt aus der Sowjetunion zum Angriff. Die Sowjetunion kann uns natürlich auf Dauer mit Gewalt regieren, auch wenn wir uns 20 oder 30 Jahre lang wehren. Militärisch besiegen können wir sie nicht, das ist ja klar. Aber wenn uns endlich materiell wirklich geholfen würde, dann würde auch der Aufwand für die Sowjetunion so steigen, dass sie ihn nicht mehr leisten kann.‹«

»So ist es dann ja auch gekommen«, wirft Khazan Gul ein und beginnt zu erzählen: »Ich war während des Krieges mehrmals in Deutschland und habe versucht, Unterstützung für meine Projekte zu bekommen. Immer habe ich gesagt: ›Ich bettle nicht, ich fühle mich als Partner.‹ Europäer und Amerikaner hatten Interesse daran, dass die Russen ihr Gebiet nicht vergrößern können. Wir Afghanen haben gekämpft, Europäer und Amerikaner haben uns unterstützt. Das war gut, wir waren Freunde, zumindest hatten wir ähnliche Interessen. In Deutschland habe ich mit vielen Politikern, darunter mindestens zwanzig Abgeordneten, gesprochen und habe ihnen erklärt: ›Man muss den Afghanen in Afghanistan helfen, nicht nur den Flüchtlingen in Pakistan. Die von den Russen zerstörten Häuser müssen wir sofort wieder aufbauen. Die Leute brauchen eine Lebensgrundlage, also muss die Landwirtschaft gefördert werden. Sonst fliehen alle nach Pakistan. Dann können Widerstandsgruppen wie wir uns kaum noch im Land bewegen, und die Russen haben gewonnen.‹ Ich habe natürlich erzählt, dass ich mit meinen Kämpfern neue Terrassen und Bewässerungsgräben anlege. Aber die deutschen Politiker sahen nicht, warum sie mich als Unabhängigen unterstützen sollten.

Sie meinten, ich könne doch einfach für eine der großen Parteien arbeiten und kämpfen. Von meinem Konzept für die Zeit danach, wenn die Russen weg sein würden, wollten sie erst recht nichts hören. Alle dachten, die Sowjetunion wird niemals aus Afghanistan abziehen. Zum Schluss war ich sogar bei der chinesischen Botschaft. Die Chinesen haben sich alles angehört und schließlich gesagt, sie würden das prüfen. Bescheid gegeben haben sie nie. Ich glaube, sie prüfen noch immer.«

Khazan Gul lacht: »Es gab eine lustige Begegnung mit einem Mann von der Friedrich-Ebert-Stiftung. Als ich ihn fragte, ob die Stiftung meine Projekte unterstützen könnte, fragte er zurück: ›Gibt es eine Gewerkschaftsbewegung bei Ihnen?‹ Ich war verwundert und meinte nur: ›Nein, bei uns in den Bergen doch nicht!‹ Damit war das für ihn schon erledigt: ›Dann geht es nicht. Wir geben Unterstützung nur dahin, wo es eine Gewerkschaftsbewegung gibt.‹ Es war nicht leicht. Afghanistan interessierte die Leute in Deutschland kaum. Johanna hat mir damals berichtet, dass viele linke Gruppen sagten, alle Mujahedin seien von der CIA bezahlte Banditen. Im Vietnamkrieg haben die Linken gegen den Krieg der Amerikaner protestiert. Aber in Afghanistan war die Sowjetunion der Angreifer, eine in ihren Augen linke Macht, deshalb blieben sie ruhig.«

Ich frage: »Du hast vorhin von deinem Konzept für die Zeit nach der sowjetischen Besatzung gesprochen, wie sah das aus?« »Ich glaube, im Falter-Interview von Christian Reder habe ich dazu auch etwas gesagt«, antwortet Khazan Gul. Ich finde die Stelle und lese vor: »Afghanistan braucht ein föderalistisches Regierungssystem, in dem jede Region oder Volksgruppe eine eigene Regierung hat und sie so für die wirtschaftliche und kulturelle Entwicklung selbstständig verantwortlich sein kann. Von diesen Regionen soll dann eine Zentralregierung getragen werden. In der darf keine bestimmte Volksgruppe dominieren, auch nicht die Paschtunen, und ich bin selbst einer. Die Bevölkerung ist aber jetzt bewaffnet und sie wird weder eine neue Herrschaft von Paschtunen oder bestimmten anderen akzeptieren. Eine gemeinsame Zentralregierung über sehr autonomen Stammesgebieten ist die einzige Möglichkeit, da sich sonst auch in Zukunft ein Bürgerkrieg nicht vermeiden lässt.«

Bedrückt lasse ich das Papier sinken. Offenbar hat Khazan Gul schon 1984 vorausgesehen, dass nach dem Abzug der Sowjetunion ein Bürgerkrieg droht, ebenso wie jetzt nach dem Abzug der NATO. Er seufzt: »Der Bürgerkrieg war schrecklich. Ein Problem war, dass die Amerikaner und Europäer in der Zeit unseres Widerstandes gegen die Sowjetunion hauptsächlich die besonders fanatischen oder brutalen Führer unterstützt haben. Das versprach sichtbare militärische Erfolge, aber auf dem Rücken der afghanischen Bevölkerung, auch weil deswegen der Krieg von den Russen immer rücksichtsloser geführt wurde. Übrigens waren fast alle afghanischen Parteien, die zu dieser Zeit vom Westen finanziert und bewaffnet wurden, ›islamistisch‹, wie ihr heute dazu sagt. Ich habe damals schon davor gewarnt, dass die Amerikaner uns ein fanatisch islamisches Regime bringen, da gibt es auch Zeitungsartikel darüber. Ich glaube, die Amerikaner haben gedacht, die Sowjetunion ist mit einer Ideologie, dem Kommunismus, nach Afghanistan gekommen, und muss mit einer anderen Ideologie bekämpft werden. Den Islam haben sie als eine solche ›andere Ideologie‹ angesehen und versucht, unsere Religiosität für ihre Zwecke zu instrumentalisieren. Die Afghanen sind von den Amerikanern und ihren Verbündeten sozusagen ›islamistisch‹ gemacht und radikalisiert worden. Zum Beispiel hat Gulbuddin Hekmatyar den größten Anteil der amerikanischen Hilfe bekommen. Heute verfolgen ihn die Amerikaner, weil er gefährlich und fanatisch sei. Doch er hat sich überhaupt nicht geändert, nicht im Mindesten, er kämpft weiterhin gegen ausländische Besatzer. Damals haben sie ihn Freiheitskämpfer genannt, heute nennen sie ihn Terrorist. Durch diese Politik und mit Unterstützung der Amerikaner und ihrer Verbündeten sind auch die Taliban mächtig geworden. Aber wir sind es, die nun dafür bezahlen müssen, unsere Dörfer und Häuser werden bombardiert, weil Taliban darin sein könnten. Wir wissen nicht, was die Amerikaner vorhaben. Die Afghanen werden auf keinen Fall dulden, dass die Amerikaner für immer hierbleiben, sie sind jetzt schon ungeduldig.

Das, was ich im Interview gesagt habe, so ein föderalistisches System, fände ich bis heute das Beste für Afghanistan. Jede Volksgruppe möchte regieren, deshalb ist es gut, wenn alle für ihre Sprache, ihre Kultur, ihre Wirtschaft selbst verantwortlich sind und trotzdem eine gemeinsame Regierung bilden. Manche Gesetze können in einer Gegend anders sein als in einer anderen. Diese Einheiten dürfen so klein oder groß sein, wie die Leute es wollen, sodass auch kleinere Volksgruppen oder Teile von Stämmen sich selbstständig verwalten können. Manchmal sind es vielleicht nur drei, vier Dörfer, woanders hundert, die sich zusammenschließen. So können sich alle entwickeln, ohne sich unterdrückt zu fühlen. Ich glaube, je mehr man den Afghanen die Freiheit lässt, selbstständig zu leben, desto besser. Sie werden sich dann freiwillig zusammentun, weil sie die Vorteile einer Zusammenarbeit sehen werden. Die Regierung sollte von unten nach oben kontrolliert werden, und nicht, so wie jetzt, nur von oben nach unten Macht ausüben wollen. Die kleinsten Einheiten, ich nenne sie mal Bezirke, sollten Vertreter aus den Dörfern und Familien haben, die eine Bezirksvertretung bilden. Dieses Bezirksparlament kontrolliert den Chef der Bezirksregierung, den Ulus Wal. Aus allen Bezirken werden Vertreter in ein Provinzparlament geschickt und die Provinzen wiederum entsenden Vertreter ins nationale Parlament. Im Moment gibt es in den Provinzen zwar Parlamente, aber sie haben nicht viel Macht und bestimmen nicht einmal den Chef der Provinzregierung, das macht die Regierung in Kabul. Auf allen Ebenen müsste das jeweilige Parlament die größte Macht haben, und der Regierungschef müsste von ihm abhängig sein. Unter dem König hatten wir ein ähnliches System. Jedes Gebiet hatte einen Stammesvertreter. Er hat gleichzeitig den König gegenüber dem Stamm repräsentiert, war also auch Regierungsvertreter. Wir müssen dieses damalige, über viele Generationen gewachsene System wieder nutzen und weiterentwickeln. In Deutschland ist es fast so, wie ich mir das für Afghanistan vorstelle. Die Leute sollen sich verantwortlich fühlen für ihre Region. Leider erleben die Afghanen seit vielen Jahren, dass sie in ihrem Land nichts zu entscheiden haben, dass sie nicht die Herrscher ihres eigenen Landes sind. Sie müssen das aber sein, damit sie sich um Afghanistan, um ihre Region kümmern. Wenn sie in kleinen Einheiten die Freiheit haben, selbst zu bestimmen, dann werden sie sich sagen: ›Das ist unser Land, unsere Region, hier werden unsere Kinder leben: Wir müssen etwas dafür tun!‹ Für meine Idee gibt es noch keine Partei oder jemanden, der das durchzusetzen versucht. Die Mächtigen wollen ihre Macht nicht nach unten und in die Regionen abgeben. Sie haben mehr Interesse an einem zentralistischen System.«

Am nächsten Tag fahren wir in ein Dorf bei Dragai, Ulrich Tilgner filmt beim Bau einer Moschee. Es interessiert ihn, wie die Arbeiten finanziert werden. Die Leute berichten, dass Söhne, Väter oder Brüder in Pakistan oder Dubai Geld verdienten und nach Hause sendeten. Der Lebensunterhalt vieler Familien und auch der Moscheebau werde davon bestritten. Von den Entwicklungshilfe-Milliarden hätten sie keinerlei Nutzen gehabt, im Gegenteil, fast alles sei in Afghanistan dadurch teurer geworden. In einem anderen Dorf stehen Straßenlaternen am Wegesrand. Ein Dorfbewohner deutet verärgert auf eine Laterne und erklärt, dass eine große US-amerikanische Hilfsorganisation diese mit Solarzellen betriebenen Lampen aufgestellt habe, obwohl bei Dunkelheit niemand auf der Straße unterwegs sei und das Licht sinnlos leuchte. Khazan Gul ist durchaus etwas Stolz anzumerken, als er Ulrich Tilgner in diesem Dorf hunderte von Bäumen zeigt, die er mit Mitteln der Kinderhilfe Afghanistan gekauft und an verschiedene Familien verteilt hat, und die inzwischen gut angewachsen sind.

Bei einem Besuch der technischen Schule von Khost führt uns Khazan Gul zu einem großen Zelt, in dem Studenten auf Stühlen sitzend an einer Klausur arbeiten. Die Zeltwand ist hochgeschlagen, das Innere von außen einzusehen. Niemand

238

hat etwas dagegen, dass Ulrich Tilgner die Studenten filmt. Um noch eine andere Perspektive einzufangen, betritt er das Zelt und löst damit unbeabsichtigt einen Proteststurm der Studenten und Lehrer aus. Nach hiesiger Sitte hätte er zuvor fragen müssen, ob er das Zelt betreten darf. Khazan Gul kann die Gemüter nach einer Weile wieder besänftigen. Mir zeigt dieser Vorfall, dass auch jemand, der in der Region seit Jahrzehnten erfahren ist, immer noch dazulernt und sich nie wie ein Einheimischer wird bewegen können. Wie strikt die Unverletzlichkeit des privaten Bereiches eingehalten wird, können wir am selben Tag nochmals beobachten: Auf der Fahrt zu einem Dorf möchte Khazan Gul auf halbem Weg bei Verwandten Station machen, weil es extrem heiß ist und wir Durst haben. Auf das Klopfen von Khazan Gul hin bleibt es ruhig, offenbar ist niemand zu Hause. Doch obwohl die Tür zum Hof einen Spalt breit offensteht und wir den Brunnen wenige Schritte entfernt sehen können, geht Khazan Gul nicht hinein und wir fahren durstig weiter. Diese Erlebnisse führen uns nochmals vor Augen, wie stark die Nachtaktionen, bei denen Soldaten in die Häuser afghanischer Familien eindringen, das Rechtsempfinden der Afghanen verletzen.

Nach fünf Tagen bereiten wir unsere Abreise vor. Im Morgengrauen brechen wir auf und fahren kurz nach Sonnenaufgang durch ein von den Taliban kontrolliertes Gebiet, das wir auf dem Weg zurück nach Kabul so schnell wie möglich passieren wollen. Mirwais verlangt dem alten Toyota Corolla viel ab, ständig bremst er scharf, um langsam durch Schlaglöcher oder über große Steine zu rollen, und beschleunigt dann wieder mit Vollgas. Plötzlich hören wir ein hässliches, metallisches Geräusch von unten. Mirwais hält an, die Staubwolke um uns herum legt sich etwas, und er steigt aus. Sein Gesicht lässt nichts Gutes erahnen. Die Ölwanne wurde von einem Stein aufgeschlitzt und der Motor verliert gerade sein Öl. Khazan Gul fackelt nicht lange: »Wir steigen aus!« Er zeigt auf Ulrich Tilgner und mich: »Ihr lauft mit mir weiter, den Pass hinauf. Die anderen müssen versuchen, das Auto zu reparieren. Vielleicht gehen sie dafür in das letzte Dorf zurück, aber dort könnt ihr als Ausländer nicht hin.« Wir folgen seiner Anweisung. Es mag ein seltsames Bild sein: Khazan Gul, daneben ich, zwar mit einem mehrere Monate lang gewachsenen Bart und afghanischer Kleidung, aber doch ziemlich weißer Haut und Ulrich Tilgner, der von »Verkleidung in Landestracht«, wie er es genannt hatte, wenig hält, in Hose, Hemd und Weste. Zu dritt marschieren wir auf der noch recht einsamen Passstraße bergan. Ich frage Khazan Gul, ob es nicht besser wäre, Ulrich Tilgner und ich würden uns abseits der Piste irgendwo verstecken. Schließlich sieht man uns schon aus hunderten Metern Entfernung an, dass wir Ausländer sind. Aber Khazan Gul erklärt: »Wenn jetzt die zweite Hälfte der Zeit der sowjetischen Besatzung wäre, müsstet ihr euch wirklich sofort verstecken, und selbst dann wäre es extrem gefährlich. So wie ihr heute als Amerikaner angesehen werdet, hätte man euch damals für Russen gehalten, und jeder Hirte hätte euch ohne Vorwarnung angegriffen, um euch zu töten. Wenn es so weitergeht wie während der letzten Jahre, kann dieser Zustand bald wieder erreicht werden. Noch ist der Hass der Bevölkerung und der Widerstand nicht ganz so groß, wie er damals war. Wahrscheinlich würde jemand, der euch zufällig sieht, nicht einfach angreifen. Und selbst wenn wir jetzt von Leuten aus dem Widerstand beobachtet werden: Sie sind nicht ständig vorbereitet, zuerst müssen sie etwas organisieren. Wir haben also mindestens ein oder zwei Stunden Zeit, um euch von hier wegzubringen.« Ich sehe zu Ulrich Tilgner, der stoisch und ohne Hast bergauf schreitet. Wenn er verärgert sein oder Angst haben sollte, so lässt er es sich jedenfalls in keiner Weise anmerken. Immer wieder überholen uns Taxis, zum Bersten voll beladen. Ausgeschlossen, dass eines von ihnen drei weitere Personen mitnehmen könnte. Khazan Gul fährt fort: »Wenn jemand auftauchen sollte, der uns bedroht oder auf uns schießt, dann solltet ihr losrennen, möglichst bergab, da seid ihr schneller. Die meisten Gewehre der Leute hier treffen schon auf zwanzig oder dreißig Meter nicht mehr

so gut. Ich werde mein Leben geben, um die Angreifer aufzu-
halten, aber ihr dürft nicht stehen bleiben. Beim ersten Haus,
das ihr seht, solltet ihr um Asyl bitten, ›Nanawatey‹, müsst ihr
sagen. Sie werden euch einlassen und beschützen, dieses Recht
ist bei uns heilig!« Die Sonne sticht zunehmend heißer und
das bergauf Gehen auf zweieinhalbtausend Metern Höhe ist
anstrengend. Wir erreichen ein einsam am Straßenrand liegen-
des Teehaus. Erfreut über die Aussicht auf eine Pause betreten Ulrich Tilgner und ich den Gastraum. Dort hält sich eine
Gruppe von sieben Bewaffneten auf, alle tragen lange Bärte.
Wir sind überrascht, weil vor dem Teehaus weit und breit kein
Fahrzeug zu sehen war, offenbar sind die Männer zu Fuß hier.
Daraus schließen wir, dass sie wahrscheinlich dem Widerstand
angehören. Ohne uns abzusprechen oder auch nur anzusehen
reagieren Ulrich Tilgner und ich genau gleich: Wir gehen auf
die Männer zu und begrüßen sie freundlich. Zwei von ihnen
unterhalten sich mit uns, die anderen haben sich abgewandt
oder in einen entfernteren Bereich des Raumes zurückgezogen,
von wo aus sie uns nicht gerade wohlwollend mustern. Wir be-
eilen uns zu erklären, dass wir aus Deutschland kommen, was
zumindest bei denen, die mit uns sprechen, ein freundliches
Kopfnicken hervorruft. Weil das Verhalten der anderen Grup-
penmitglieder ablehnend bleibt, verabschieden wir uns höflich
und treten wieder auf die Straße hinaus. Dort steht Khazan
Gul neben einem Geländewagen der Afghanischen National-
polizei mit drei Polizisten. Sie müssen gerade angekommen
sein. Minutenlang spricht Khazan Gul mit ihnen durch das
heruntergelassene Autofenster. Dann winkt er uns heran und
erklärt: »Sie haben angeboten, euch nach Gardez zu fahren. Ich
weiß, aus welcher Familie zwei von ihnen stammen. Ihr solltet
mit ihnen mitfahren, das ist jetzt wohl die beste Möglichkeit.
Ich werde hierbleiben. Wenn ich auch mitkomme, dann könnten die Polizisten uns alle drei an einem einsameren Ort töten,
und niemand weiß Bescheid. Aber wenn ihr alleine mitfahrt,
wissen sie, dass ich lebe und sie finden werde, wenn euch etwas
passiert. Ich werde versuchen nachzukommen.« Angesichts der

Alternative, in Reichweite der Bewaffneten im Teehaus zu bleiben, steigen Ulrich Tilgner und ich ein. Der Pass kommt nun schnell näher, doch nach Gardez ist es noch weit. Ich führe mit den Polizisten ein Gespräch und sie freuen sich darüber, dass ich mich bemüht habe, Paschtu zu lernen. Von der Passhöhe haben wir einen guten Blick auf die nächsten Kilometer der Piste, die sich nun wieder nach unten schlängelt. Dabei wird mir bewusst, dass umgekehrt jeder von weitem sehen kann, dass sich ein Polizeiauto nähert. Zum ersten Mal seitdem ich anfing durch Afghanistan zu reisen, komme ich mir wie auf einer Zielscheibe vor: kein schönes Gefühl. Ich frage die Polizisten, ob sie nicht Angst haben, hier von den Taliban angegriffen zu werden, zum Beispiel mit einer am Straßenrand versteckten Bombe. Sie lachen: Nein, da hätten sie keine Bedenken. Sie seien ja nicht fremd in dieser Gegend und wüssten schon, mit wem sie wie reden müssten. Sie berichten, dass hier während der letzten Tage zwei Angriffe auf Konvois der US-Armee verübt wurden. Es liegt nahe, dass die Männer, die wir im Teehaus getroffen haben, an diesen Angriffen beteiligt waren. Von ihnen hatten die Polizisten aber offenbar nichts zu befürchten. Also kennt man sich wohl zumindest und lässt sich in Ruhe, oder steckt sogar unter einer Decke. Ich möchte das Thema nicht vertiefen und ziehe es vor, weiter aus Deutschland zu erzählen, was die drei durchaus interessiert.

Trotz seiner bewundernswerten Gelassenheit scheint Ulrich Tilgner ebenso erleichtert wie ich, als wir in Gardez ankommen. Die Polizisten bringen uns in ein Restaurant, wo wir uns erst einmal zu einem ausgedehnten Essen niederlassen. Ulrich Tilgner erzählt mir, dass die US-Armee im Jahr 2006 eine Reihe von Ford Ranger-Pickups an die Polizei in Khost übergeben habe. Die Fahrzeuge seien inzwischen fast alle an die Taliban verkauft worden und würden von ihnen hauptsächlich auf der anderen Seite der Grenze in Nord-Waziristan eingesetzt. Wir waren wohl mit einem der letzten Ford Rangers von Khost unterwegs, bevor wahrscheinlich auch dieser von den Taliban übernommen wurde.

Als wir unsere Mahlzeit beendet haben, klingelt mein Telefon: Khazan Gul berichtet kurz, dass nach einigen Schwierigkeiten die Ölwanne im Dorf repariert werden konnte und fragt, wo wir sind. Eine halbe Stunde später stehen Mirwais und Khazan Gul vor uns, und gegen Abend erreichen wir Kabul.

Dunkle Schatten auf der Frühlingssonne

von Monika

Im Garten blühen Osterglocken, die ersten Knospen an den
Bäumen werden von der Frühlingssonne verführt, sich zu öffnen. Es ist April 2009. Ich habe Anne, unsere Tochter, auf dem
Arm. Fasziniert schaut sie den Mann mit dem weißen Bart
an. Wir haben Khazan Gul vom Bahnhof in Ulm abgeholt.
Seit fast zwei Jahren haben wir uns nicht gesehen. Zwar hat
er nur ein Schweizer Visum bekommen, aber glücklicherweise ist die Schweiz vor Kurzem dem Schengener Abkommen
beigetreten, sodass er auch nach Deutschland einreisen kann.
Morgen werden zwei weitere Gäste eintreffen: Johanna und
Merajudin – Johanna und Khazan Gul nennen ihn »Meraj«
– ein alter afghanischer Freund von Khazan Gul, der ebenfalls
in Deutschland studiert hat und hier lebt. Meine Mutter hat
Hefezopf gebacken, Khazan Gul bekommt wie immer grünen
Tee dazu. Unser Wohnzimmer ist voll, meine Eltern, die im
gleichen Haus wohnen und meine Schwester, die über Ostern

zu Besuch ist, sitzen bei uns. Wir erzählen, dass Khazan Gul für uns Amulette gemacht hat, und dass wir ihm jetzt nach Annes Geburt eine Kuh schulden. Er wehrt ab: Er gebe doch die Kuh ohnehin an die Familie zurück. Das lässt Heiner nicht gelten: »Bei uns musst du die Kuh annehmen, oder sie einer Familie in Afghanistan schenken. Wir wollen gerne ein weiteres Kind, und dass wir noch keins bekommen haben, liegt bestimmt daran, dass wir dir die Kuh bisher nicht bezahlt haben!« »Ja, wenn das so ist, dann muss ich für euch natürlich ein neues Amulett machen. Ich dachte, ihr könnt das jetzt ohne!«, ruft Khazan Gul zur Erheiterung der Runde. Nach dem Tee nimmt meine Mutter Anne mit, damit wir mehr Ruhe haben für die Gespräche.

Khazan Gul hat auf dem Sofa Platz genommen und fordert uns auf: »Ihr müsst mir sagen, wovon ich erzählen soll.« In den Monaten der Schwangerschaft durfte ich nicht als Tier-ärztin arbeiten und habe die Zeit genutzt, alle Aufnahmen von unseren Gesprächen in den Computer zu tippen und zu ord-nen. Ich schlage vor: »Du wolltest uns noch aus der Zeit im Gefängnis nach dem kommunistischen Putsch erzählen, und wie du wieder herausgekommen bist.« Khazan Guls Gesicht wird ernst: »Ja.« Er macht eine Pause und fährt fort: »Das war schrecklich, eigentlich war ich schon tot.« Er hört auf zu spre-chen und blickt an die Wand, die von der Sonne angestrahlt wird. Ich bereue, davon angefangen zu haben: »Wir können das auch weglassen.« Khazan Gul schüttelt den Kopf: »Nein, ich möchte, dass ihr wirklich mein ganzes Leben kennenlernt. Es war etwa ein Jahr nachdem Khalki und Parchami gegen Da-oud geputscht hatten und Nur Muhammad Taraki Präsident geworden war[1], noch vor dem Einmarsch der Russen. Damals habe ich in Kabul im National Science Center Lehrer ausgebil-det. Ich wurde zum Präsidenten des Centers gerufen, bei ihm

---

1 Dieser Putsch war im April 1978, er wird auch als »Saurrevolution« bezeichnet.

warteten zwei Männer auf mich. Er sagte: ›Die beiden wollen etwas von dir. Geh mit ihnen mit.‹ Sie waren vom Geheimdienst. Ich rechnete damit, dass sie mich ins Gefängnis bringen werden und dass ich dort umgebracht werde. Sie hatten einen Jeep und boten an, kurz bei mir zu Hause vorbeizufahren. Das habe ich abgelehnt, weil ich dachte, es ist besser, wenn Hekmat erst einmal nicht weiß, dass ich im Gefängnis bin.

Es war bekannt, dass ich Khalki und Parchami vorwarf, sich zu sehr von der Sowjetunion beeinflussen zu lassen. Schon seit einiger Zeit wusste ich, dass ich gefährdet war, aber freiwillig wollte ich nicht weggehen. Immerhin hatte ich nicht gekämpft, sondern nur meine Meinung geäußert. Als der Einfluss der Sowjetunion stärker wurde, dachte ich sogar: Das ist jetzt so. Wir müssen damit leben und das Bestehende weiterentwickeln. Trotzdem haben sie mich eingesperrt.

Ich war in drei verschiedenen Gefängnissen, insgesamt vielleicht acht Monate, ohne Gerichtsverfahren. Zuerst wurde ich in ein Untersuchungsgefängnis gebracht, es hieß Sedarat. Dort wurden die Leute gefoltert. In der Zelle hat mir ein Mann weinend erzählt: ›Sie haben mich geschlagen, bis ich bewusstlos geworden bin. Dann haben sie mich in kaltes Wasser getaucht, damit ich aufwache und danach wieder geschlagen, bis ich bewusstlos wurde. Drei Mal haben sie das gemacht, bis ich nicht mehr durchhielt und einfach Namen von unschuldigen Leuten nannte. Ich weine, weil sie jetzt diese Leute auch verhaften und genauso schlagen werden.‹

Mich haben sie nicht gefoltert, meine Strafe war, dass ich zusehen musste. Sie wussten, dass das für mich noch schlimmer war. Einige Gefangene haben sie mehrmals so heftig geschlagen, dass sie ganz schwarze Stellen hatten. Sie haben Leuten Strom in den Unterleib gejagt und viele andere schreckliche Sachen gemacht, manche sind durch die Folter gestorben.« Khazan Gul macht eine Pause und ergänzt: »Ich kann das nicht alles erzählen, es ist zu grausam. Sie haben mir Papier und Stift gebracht und erklärt, ich soll alles aufschreiben, was ich zu sagen habe. Da ich ohnehin davon ausging, dass sie mich umbringen und es nichts nützt, mich zu wehren, habe ich mich selbst beschuldigt: Ich habe geschrieben, dass ich gegen sie bin, dass ich Leute gegen sie mobilisieren wollte und so weiter. Das stimmte nicht, aber ich wollte ihnen genügend Gründe geben, mich schnell zu töten. Anschließend wurde ich in ein Gefängnis gebracht, in dem alle getötet wurden, die hineinkamen. Doch wir waren zu viele und ich war noch nicht gleich an der Reihe. Ich weiß nicht, wie lange ich dort war. Irgendwann wurde ich in das dritte Gefängnis verlegt, es hieß Pul-e Charkhi. Fast jeden Abend zwischen elf Uhr und Mitternacht wurden fünfzig bis sechzig Leute aus unserem Gebäude herausgeholt, angeblich sollten sie freigelassen werden. Aber in den Tagen danach kamen trotzdem Verwandte, um Essen oder Kleidung zu bringen. So wussten wir, dass sie nicht frei waren, sondern tot. Jeden Abend dachte ich, jetzt bin ich dran. Ich war in einem dreistöckigen Gebäude, in jedem Stockwerk gingen rechts und links von einem langen Gang die Zellen ab. Sie waren für eine Person gebaut, wir lebten zu fünft darin. In der Nacht schliefen wir am Boden eng nebeneinander. Wenn einer sich umdrehen wollte, wachten die anderen auf. Zur Toilette durften wir nur zu bestimmten Uhrzeiten, ansonsten mussten wir in eine Tüte machen.

Dieses Gefängnis bestand aus vier solchen Blöcken, in jeden waren drei- bis viertausend Leute hineingepfercht. Insgesamt waren es in Kabul mindestens dreißigtausend Gefangene. Man sagt, sie haben zwischen fünfzig- und hunderttausend Menschen umgebracht. Die Gefängnisse waren besetzt bis die Mujahedin Kabul einnahmen[2]. Damals sind viele Gefängniswärter einfach abgehauen. Man wusste gar nicht, wo überall Gefangene waren. Viele sind gestorben, weil niemand die Gefängnisse öffnete. Es ist nicht nur traurig für jeden Einzelnen, es ist auch traurig für Afghanistan. So viele gut ausgebildete und politisch aktive Menschen sind getötet worden.

---

2 Dies war im April 1992.

In einem der Gefängnisblöcke gab es einen Kommandanten, der die Gefangenen besonders oft und brutal geschlagen hat. Einer hat die Wächter bestochen und sich ein Messer bringen lassen, ein ganz kleines nur. Aber damit hat er den Gefängniskommandanten umgebracht. Er wurde natürlich sofort selbst von den Wärtern erschlagen. Aber er hat uns mit seiner Tat geholfen, denn von da an wurden wir besser behandelt. Wir wurden nicht mehr geschlagen, durften jeden Tag zwei bis drei Stunden lang herumlaufen und miteinander reden. Wir fingen an, Schach zu spielen. Die Figuren haben wir aus Brot geformt. Einmal am Tag durften wir in den Gefängnishof. In unserem Block waren politische Gefangene, daneben war ein Block mit normalen Verbrechern. Sie wurden nicht getötet, sondern nach einer Weile zum Militär geschickt. Sie hatten Radio, wir nicht. Dort war ein Mann aus Tani, der wohl beschuldigt wurde gestohlen zu haben. Er hat immer die neuesten Nachrichten aus dem Radio für mich auf einen Zettel geschrieben und ihn bei seinem Hofgang unter einen bestimmten Stein gelegt. Wenn wir in den Hof durften, nahm ich den Zettel unter dem Stein heraus und erfuhr auf diese Weise etwas von draußen. Ich bin bis heute befreundet mit diesem Mann, er lebt noch.

Anfangs haben Khalki und Parchami zusammen regiert. Dann haben die Khalki alleine die Macht übernommen und viele Parchami zu uns ins Gefängnis geworfen. Die Parchami wollten Fernsehen haben, um Nachrichten sehen zu können. Sie haben heftig protestiert und tatsächlich haben wir einen bekommen. Immer abends wurde er eingeschaltet. Es gab viel Streit um den einen Fernseher für so viele Menschen. Obwohl die Parchami eingesperrt waren, gingen die Machtkämpfe weiter. Nun rangen die beiden einflussreichsten Khalki um die Macht: Präsident Taraki und der Chef der Geheimpolizei, Hafizullah Amin. Eines Abends wurde vom Tod Tarakis berichtet[3]. Es wurde behauptet, er sei an einer Krankheit gestorben.

---

3 Das war im Oktober 1979.

In Wirklichkeit haben sie Taraki auf seinem Bett festgehalten und ihn mit einem Kissen erstickt, sehr wahrscheinlich auf Befehl von Hafizullah Amin. Für uns war es egal, wie und warum Taraki gestorben war, wir haben uns gefreut. Hafizullah Amin hat einen Innenminister aus Tani eingesetzt. Das war großes Glück für mich, aber das wusste ich zu diesem Zeitpunkt noch nicht.

Kurze Zeit später gab es einen missglückten Putschversuch gegen Hafizullah Amin. Danach kamen Khalki ins Gefängnis. Ich habe mich sehr gewundert und mit ihnen diskutiert: ›Warum seid ihr hier?‹ Sie haben gesagt: ›Das wissen wir auch nicht.‹ Ich habe begonnen, lauthals auf sie zu schimpfen: auf die Khalki, auf Hafizulah Amin, auf Taraki, auf alle. Ich hatte genug vom Gefängnis. Ich wollte, dass sie mich für gefährlich halten und endlich umbringen. In diesem Moment rief jemand: ›Khazan Gul!‹ Ich habe so geschimpft, dass ich ihn gar nicht hörte. Wir waren draußen im Hof. Der Mann rief weiter: ›Khazan Gul, Khazan Gul!‹ Ich habe das nicht auf mich bezogen, bis ein anderer Gefangener mich fragte: ›Ja bist du denn nicht Khazan Gul?‹ ›Doch, natürlich!‹, habe ich geantwortet, bin aufgestanden und hingegangen. Der Mann hat zu mir gesagt: ›Sie sind frei! Kommen Sie mit!‹ Ich bin kurz zurück in die Zelle gegangen und habe meine Kleider und meine Decke einem Gefangenen geschenkt, der große Angst hatte im Winter zu sterben. Sie hatten ihn so geschlagen, dass seine Nieren nicht mehr in Ordnung waren. Dann bin ich mit dem Mann, der mich gesucht hatte, mitgegangen. Bis zum Schluss war ich überzeugt davon, dass ich jetzt getötet werde. Und plötzlich stand ich auf der Straße und war völlig verwirrt. Ich war frei, dabei sollte ich tot sein. Seit Monaten hatte ich jeden Tag damit gerechnet, am Abend umgebracht zu werden. Und gerade eben hatte ich noch dafür gekämpft, dass es endlich passiert. Jetzt war ich immer noch am Leben und sogar frei. Ich konnte mich nicht freuen, ich konnte niemanden hassen. Ich hatte keine Gefühle mehr.

Langsam bin ich dorthin gelaufen, wo ich mit Hekmat gewohnt hatte. Ich wusste, dass sie da nicht sein würde, sondern wahrscheinlich bei meinem Schwager in Khost. Aber in diesem Stadtviertel wohnten Verwandte und Freunde von mir. Zuerst bin ich zu einem Friseur gegangen. Im Gefängnis hatte ich mich nicht rasiert und sah wild aus. Ich sagte ihm nur: ›Ich habe kein Geld.‹ Auch ohne, dass ich es ihm erzählte, konnte er sehen, dass ich aus dem Gefängnis kam. Kein normaler Mensch sah so aus wie ich: Lange Haare, langer Bart, schmutzig. Er sagte: ›Sie brauchen bei mir kein Geld.‹ Dann hat er mich rasiert, sehr sorgfältig und mit viel Liebe. Diese Hilfsbereitschaft und diese Liebe des Friseurs – ich werde das nie vergessen.«

Einen Moment lang ist es still, dann zerreißt es Khazan Gul förmlich, seine Stimme versagt ihm den Dienst und er wird von lautlosem Weinen geschüttelt. So haben wir ihn noch nie erlebt. Ich glaube zu spüren, dass ihn das Erzählen in die Härte und Gefühllosigkeit gegen sich selbst zurückgebracht hat, die ihn die furchtbare Zeit im Gefängnis überstehen ließen. Erst der Gedanke an die Mitmenschlichkeit des Friseurs brach den Panzer wieder auf und ließ die tief verschütteten Gefühle von Verzweiflung, Todesangst und Lebenswillen hervorbrechen.

Durch die geöffnete Balkontür sind zwitschernde Vögel zu hören. Der Kontrast dieses sonnigen Frühlingstages in Deutschland zur Grausamkeit, die so viele Menschen in Afghanistan erleben, und die sie wie ein dunkler Schatten ihr Leben lang begleitet, könnte nicht größer sein. Mich schaudert, als ich daran denke, was uns afghanische Freunde und Bekannte bei unseren Reisen durch Afghanistan berichtet haben: In den Gefängnissen sei Folter an der Tagesordnung[4], auch unter der NATO, deren Soldaten viele Männer festnehmen und an die afghanische Polizei oder den afghanischen Geheimdienst zur »Befragung« übergeben. Junge Männer, die verhaftet worden waren und nach einigen Monaten wieder auftauchen, seien oft

---

4 Untersuchungen der UNO, die im Oktober 2011 veröffentlicht wurden (als 74-seitiger Bericht »Treatment of Conflict-Related Detainees in Afghan Custody«), ergaben, dass in Afghanistan Folter systematisch angewandt wird.

psychisch zerstört und so terrorisiert, dass sie kein Wort über ihre Erlebnisse erzählen.

Erst nach einer ganzen Weile kann Khazan Gul weitererzählen: »Ich wusste anfangs nicht, warum ich freigekommen war. Später habe ich erfahren, dass mein ältester Bruder die Familie des neuen Innenministers, der auch aus Tani stammte, mit Krieg bedroht hatte. Er hatte sie aufgesucht und angekündigt: ›Wenn Khazan Gul im Gefängnis getötet wird, werden wir an eurer Familie die Rache nehmen.‹ Wenn bei uns jemand so spricht, dann steht die ganze Familie dahinter und wird kämpfen. Der Innenminister wusste also: Mein Bruder würde sein eigenes Leben riskieren, um mich zu rächen. Weil er sehr bekannt war als gefährlicher Kämpfer und viele treue Verwandte und Freunde hatte, bekamen der Innenminister und seine Familie Angst. Er veranlasste, dass ich freigelassen werde. Bei uns ist das so: Wer tapfer ist und gut kämpft, hat mehr Wert. Meine beiden Brüder sind zwar nicht zur Schule gegangen, waren aber gute Kämpfer. Lehrer sind viel weniger angesehen. Damals war ich also nicht so wertvoll, und trotzdem hat mir mein Bruder das Leben gerettet.

Damit sie mich nicht gleich wieder einsperren, musste ich mich möglichst unauffällig verhalten. Deshalb habe ich Arbeit gesucht. Ein Freund von mir hatte ein Baugeschäft und ich durfte seine Arbeiter überwachen. Ich habe an das Ministerium geschrieben, dass ich wieder als Lehrer arbeiten möchte. So haben sie gesehen, dass ich vorhabe, weiter in Kabul zu leben. In Wirklichkeit hatte ich vor zu kämpfen, in den Widerstand zu gehen. Ich konnte nicht für eine Regierung arbeiten, die mich ins Gefängnis geworfen hatte und mich fast getötet hätte, obwohl ich gar nichts gegen sie unternommen hatte. Ich hatte damals sogar das Gefühl, dass meine Gedanken von ihren weniger weit entfernt waren, als das bei den meisten anderen Afghanen der Fall war. Zum Beispiel war ein wichtiges Ziel der Khalki Bildung für die Landbevölkerung. Wenn sie nun sogar mich umbringen wollten anstatt mit mir zusammenzuarbeiten, dann mussten sie bereit dazu sein, fast alle Afghanen zu töten. Dann gab es für diese Regierung keine Zukunft in Afghanistan. Dann musste ich gegen sie kämpfen.

Ich wusste nicht recht, wie ich aus Kabul hinaus und zu meiner Familie nach Khost kommen sollte, ohne dass sie mich dabei festnehmen. Nach einigen Wochen hat mir ein Bekannter erzählt, dass im Krankenhaus ein Tani aus einer einflussreichen Familie gestorben sei. Da habe ich gedacht: ›Das ist meine Gelegenheit!‹ Am nächsten Morgen bin ich ins Krankenhaus gegangen und habe geholfen, den Verstorbenen einzubinden und dafür zu sorgen, dass er nach Hause gebracht wird. Ich habe gesagt: ›Das ist mein Verwandter, ich muss mit ihm nach Khost fahren!‹ Der Verstorbene war sehr mächtig, sein Onkelsohn war Stellvertreter des Ministerpräsidenten. Jeder im Krankenhaus hatte plötzlich Angst vor mir. Wenn jemand so einen Verwandten hat, stellt man sich besser nicht gegen ihn, sonst kann etwas Schlimmes passieren. Sie haben mich mit dem Toten nach Khost geschickt. Dort bin ich gleich zu meiner Schwester gegangen, wo auch meine Frau und die Kinder waren. Der Mann meiner Schwester hatte sie, wie ich vermutet hatte, nach meiner Verhaftung aus Kabul zu sich geholt.

Noch in der Nacht nach meiner Ankunft sind wir nach Pakistan geflohen. Ich hatte nichts. Alles war in Kabul geblieben, leider auch das Buch über mein Leben, das Karin geschrieben hatte. Drei oder vier Monate waren wir in Pakistan, in Waziristan. Es war Winter, in dieser Zeit ist die Sowjetunion in Afghanistan einmarschiert. Hafizullah Amin wurde getötet und Babrak Karmal, der einflussreichste Parchami, wurde neuer Präsident. Er blieb im Amt, bis die Russen Najibullah als Präsident eingesetzt haben[5]. Im Frühling sind wir von Pakistan aus über die Berge zurück nach Afghanistan gezogen, in das Tani-Gebiet.

---

5 Dies geschah im Mai 1986.

Als ich aus dem Gefängnis herauskam, war in meinem Kopf alles weiß. Ich wusste nicht, wie lange ich eingesperrt gewesen war, ich erinnerte mich an kaum einen Namen, selbst von engen Freunden. Sie waren aus meinem Gedächtnis gelöscht, vielleicht durch die Angst vor dem Tod, vielleicht auch, weil ich bei den Verhören auf keinen Fall Namen nennen wollte. Bis heute habe ich große Schwierigkeiten, mir Namen zu merken. Das war davor nicht so.

Sobald ich konnte, habe ich Johanna einen Brief geschrieben. Zum Glück wusste ich noch, wie sie heißt. Aber an unsere Adresse in Deutschland konnte ich mich nicht mehr erinnern, nur an einen größeren Ort in der Nähe. Doch der Brief kam tatsächlich an. Als ich im Gefängnis war, hatte Johanna aufgehört, Geld zu überweisen, weil es nicht mehr abgeholt wurde. Auf meinen Brief hin hat sie mir hundert Mark in einem Briefumschlag geschickt. Das war die Grundlage für unser weiteres Leben. Von diesem Moment an habe ich mich immer reich gefühlt, sogar wenn wir fast nichts hatten.«

Heiner und ich fühlen uns nach Khazan Guls Schilderungen so leer, dass wir vorschlagen, in der letzten Nachmittagssonne noch etwas hinauszugehen. Wir setzen Anne in ihren Kinderwagen und spazieren zu einem nahegelegenen kleinen See. Heiner fragt nach den afghanischen Präsidentschaftswahlen, die im Herbst stattfinden werden. Erfreut fängt Khazan Gul zu erzählen an: »Es gibt einen Kandidaten, den ich gut finde. Er heißt Ramazan Baschardost und ist Hazara. Baschardost bedeutet Menschenfreund. Er ist gebildet, hat gute Gedanken und kämpft für Gerechtigkeit. Für ihn spielt es keine Rolle, ob jemand Hazara, Tajike, Paschtune oder von einer anderen Volksgruppe ist, er will für ganz Afghanistan arbeiten. Leider habe ich ihn noch nicht persönlich getroffen. Ich glaube nicht, dass er gewinnen wird, aber ich habe ihn angerufen und gefragt, ob ich in Khost Wahlkampf für ihn machen darf. Wir haben auf Paschtu miteinander geredet, er spricht es sehr gut. Das ist ungewöhnlich, denn Paschtu ist schwierig für Afghanen, die es nicht als Muttersprache gelernt haben. Er hat gesagt: ›Ja, warum denn nicht, wir sind doch alle Afghanen. Fangen Sie an!‹ ›Ich habe schon angefangen und werde jetzt erst recht weitermachen!‹, habe ich geantwortet. Ich habe ihn nach Khost eingeladen und hoffe, dass wir dann zusammen herumlaufen[6] und mit den Leuten sprechen. Was er im Fernsehen und im Parlament gesagt hat, hat mich begeistert. Obwohl er in Frankreich studiert und lange Zeit im Ausland verbracht hat, lebt er in Afghanistan wie ein armer Mann unter einfachen Bedingungen. Zwar wohnt er in Kabul und hat nicht dieselben Probleme wie die Hazara in den Bergen, aber ich glaube, er fühlt mit ihnen, jedenfalls setzt er sich sehr für sie ein. Deswegen ist es für mich auch nicht wichtig, von welcher Volksgruppe er ist. Es ist gut, mit den Leuten zu leben und nicht über ihnen.

Hazarajat, die Heimat der Hazara, liegt in den kargen Bergregionen von Zentralafghanistan. Dort sind viele sehr arm, oft wurden sie von den anderen Volksgruppen unterdrückt, vor allem zu Zeiten des Königs. Ich fühle mich schon wegen meiner Kindheit mit den Armen und Unterdrückten verbunden. Viele Hazara sind sehr fleißig und Bildung ist ihnen heute extrem wichtig. Mit meinem Freund Winfried und Margret, seiner Frau, war ich vor einigen Jahren im Hazarajat, in Jaghori. Mehrere Tage lang haben wir Schulen besucht. Am Anfang hatten die Leute wohl etwas Angst vor mir, Paschtunen haben im Hazarajat viele schlimme Dinge getan. Aber ich habe an jeder Schule mit den Lehrern und Schülern gesprochen, ihnen erzählt, woher ich komme, dass ich zum ersten Mal da bin und mich freue zu sehen, wie fleißig sie sind und wie sie ihre Dörfer hergerichtet haben. Der hygienische Standard ist besser als bei uns in den Bergen, es gibt sogar Toiletten und Duschen. Mit der Zeit habe ich ihr Vertrauen gewonnen. Ich habe gesehen,

---

6 Dies bedeutet auf Paschtu viel mehr als auf Deutsch. Denn die Wortbedeutung von »Malgirey«, eines der stärksten paschtunischen Wörter für »Freund«, beinhaltet genau das: »zusammen Herumlaufen«.

dass fast alle Jungen und Mädchen in die Schule gehen. Sie lernen viel, die Schulen sind hervorragend. Nicht wenige studieren danach in Kabul oder Mazar-e Scharif. Seitdem ich dort war denke ich, dass die Hazara es verdient haben, dass einer von ihnen regiert. Früher oder später wird das wohl auch so kommen.

Ramazan Baschardost ist im Parlament in Kabul. Vor einigen Jahren war er Minister für Planung und dabei für die NGOs, die Nichtregierungsorganisationen, zuständig. In der Zeit davor wurden jede Menge NGOs gegründet. Als er das Ministerium übernahm, gab es ungefähr zweitausend. Sie haben für irgendwelche Projekte Geld kassiert, und das meiste davon ist in private Taschen von Afghanen und Ausländern verschwunden. Er hat die Korruption in den NGOs angeprangert und wollte ihnen die Erlaubnis entziehen, wenn sie ihre Finanzen nicht offenlegen. Daraufhin haben ihm die westlichen Ausländer und die afghanische Regierung große Probleme bereitet. Aber er ließ sich nicht beirren und meinte: ›Es kann doch nicht sein, dass ich als Minister NGOs zulasse, aber keine verbieten darf!‹ Besonders hat ihn gestört, was ich euch auch schon beschrieben habe: Dass Afghanen und Ausländer bei den Hilfsorganisationen so viel Geld verdienen, dass das ganze soziale Gefüge gesprengt und die Motivation, selbst etwas aufzubauen, zerstört wird. Schließlich musste er die Regierung verlassen. Aber er hat bewiesen, dass er sich nicht einschüchtern lässt und nicht bestechlich ist.« Heiner unterbricht: »Das klingt ja ganz ähnlich wie das Ende deiner Zeit als Erziehungsminister von Khost!« Khazan Gul lächelt und fährt fort: »Aus den Fehlern der Vergangenheit hat Ramazan Baschardost gelernt und erkannt, dass wir in Afghanistan keine Parteien erlauben sollten. Das ist genau meine Meinung. Wir Afghanen können noch nicht politisch zusammenarbeiten, ohne dass innerhalb einer Partei einzelne Gruppen um die Macht kämpfen. Die Loyalitäten zu Sippen, Stämmen und Volksgruppen sind bei uns stärker als ideologische Freundschaften. Jede Gruppe will in ihrer Partei nach vorne, und ist dafür sogar bereit, andere aus der gleichen Partei zu töten.

Ich glaube, ich habe euch schon einmal erklärt, dass ich ein zentralistisches System für Afghanistan nicht gut finde. Wenn Ramazan Baschardost Präsident wird, kann er als Hazara kaum so stark werden, dass er die Kontrolle der nationalen Jirga ausschalten kann. Er muss gut arbeiten, um an der Regierung zu bleiben. Ein Paschtune dagegen könnte sich leichter von der Jirga unabhängig machen und ohne sie regieren. Aber das ist bei Weitem nicht das Einzige, was für Ramazan Baschardost spricht. Den Leuten in Khost habe ich erklärt: Er ist so arm und unterdrückt wie wir, er hat dieselben Probleme, deshalb ist er für uns viel besser als Karzai. Natürlich haben viele gesagt: ›Wir können doch keinen Hazara wählen.‹ Da habe ich geantwortet: ›Das war bisher unser Fehler, dass wir Paschtunen denken, wir müssten Paschtunen wählen. Wir müssen den besseren Menschen wählen!‹ Möglicherweise ist es noch zu neu, dass ein Paschtune Wahlkampf für einen Hazara macht, aber ich möchte wenigstens ein Zeichen setzen. Und immerhin haben viele daraufhin seine Reden im Fernsehen mit mehr Aufmerksamkeit verfolgt und festgestellt, dass ihnen seine Forderungen gefallen. Vielleicht werden ihn ja doch einige wählen, zumindest in der Stadt. Auf dem Land ist es besonders schwierig: die Leute sind sehr konservativ, außerdem können sie sich ohne Fernsehen und Radio kein Bild von ihm machen. Aber weil sie noch ärmer und unterdrückter als alle anderen sind, finde ich es wichtig, gerade bei ihnen über Ramazan Baschardost und seine politischen Ideen zu sprechen. Denn sie würden am meisten davon profitieren, wenn seine Forderungen umgesetzt würden.«

Zu Hause kochen wir Abendessen und sehen im Internet Berichte zu Ramazan Baschardost an. Es gibt Fotos von einem Zelt, das an verschiedenen Orten auf der Straße steht. So ist er in Afghanistan unterwegs, um Wahlkampf zu machen. »Er muss ein mutiger Mensch sein«, bemerkt Heiner. »Wie ich gehört habe, trauen sich andere Kandidaten nicht ohne mehrere gepanzerte Fahrzeuge mit getönten Scheiben auf die Straße.« »Ja, das ist bei uns wirklich etwas Besonderes«, bestätigt Khazan Gul. »Habe ich euch schon von meinem Treffen mit dem Finanzminister vor einigen Jahren erzählt? Nein? Das war, nachdem die Taliban weg waren, also während des jetzigen Regimes. Ein Afghane, der lange in Deutschland gelebt hat, hatte mich zu einem Empfang in Kabul eingeladen, ebenso den damaligen Finanzminister. Als ich ankam, standen etwa ein Dutzend bewaffnete Männer vor der Tür des Anwesens. Ich sagte: ›Ich möchte da rein!‹ Sie haben geantwortet: ›Das geht nicht. Unser Chef, der Minister ist da drinnen.‹ ›Das verstehe ich nicht‹, habe ich erwidert. ›Das ist ein privates Haus. Der Mann, der hier wohnt, hat mich eingeladen. Ich werde jetzt hineingehen.‹ Sie haben gemerkt, dass sie mich nicht abhalten können und haben mich durchgelassen. Das Haus war schön eingerichtet, es gab gerade Essen. Ich habe mich dazugesetzt und unwissend getan: ›Ich verstehe das nicht, da waren so viele Soldaten vor der Tür.‹ Der Gastgeber hat mir Zeichen gegeben, dass ich nicht weiterreden soll, aber ich habe nicht aufgehört: ›Die wollten mich nicht hereinlassen! Was ist da los? Was sind das für Soldaten?‹ Der Finanzminister hat geantwortet: ›Das ist meine Wache!‹ Daraufhin habe ich ganz unschuldig gefragt:

›Was haben Sie denn Schreckliches gemacht, dass Sie so viel Angst haben müssen?‹ Er sagte: ›Ich bin Finanzminister, und Landesfeinde wollen mich vielleicht töten.‹ Da habe ich weiter gefragt: ›Welche guten Taten haben Sie denn für unser Land vollbracht, dass Sie vor Landesfeinden Angst haben müssen?‹ Er war nicht in der Lage, darauf zu antworten. Ich habe weitergeredet: ›So viele Soldaten, die nichts anderes machen, als Sie und alle anderen Politiker zu begleiten: Das kostet viel Geld! Sie sind der Finanzminister, da müssten Sie doch wissen, dass wir uns das nicht leisten können.‹ Er war gekränkt und hat gesagt: ›Sie sprechen sehr gut, aber wir können es uns erst recht nicht leisten, alleine zu laufen, das ist zu gefährlich.‹

Genau da liegt das Problem! Die Reichen und Mächtigen haben Angst um ihr schönes Leben. Niemand, der eine bestimmte Position erreicht hat, will von dieser freiwillig zurücktreten, fast alle unsere Präsidenten und Regierungschefs wurden getötet. Wir haben noch nicht gelernt, dass ein Vertreter nur für bestimmte Zeit gewählt ist, und danach zum Beispiel wieder als Bauer arbeitet.

Ich glaube, dass der Finanzminister durchaus verstanden hat, was ich sagen wollte: Unsere jetzigen Behörden, Polizei, Armee und Regierung mit ihren vielen Soldaten, die sie schützen, kann Afghanistan nicht einmal zu einem kleinen Teil aus eigenen Mitteln finanzieren. Wie sollen sie dann den Interessen der afghanischen Bevölkerung dienen? Wie soll das je unsere eigene Regierung, unser eigener Staat werden?«

Vom Minenkäfig zur Panzerfaust

von Heiner

»Am Anfang war ich alleine. Ich wollte kämpfen, hatte aber kein Gewehr, keine Pistole, nichts. Deshalb habe ich Minen ausgegraben, und sie in einen Vogelkäfig gelegt. Mit diesem Käfig in der Hand habe ich immer wieder vor vielen Leuten gesprochen und dabei die kommunistische Regierung und die Sowjetunion angegriffen. Oft haben auch Khalki und Parchami zugehört. Vor jeder Rede habe ich gesagt: ›Vorsicht! Wenn mich jemand angreift, dann werfe ich den Käfig, sodass er explodiert.‹«

Wir sitzen bei uns im Wohnzimmer, Johanna und Meraj sind heute Vormittag eingetroffen. Auf dem Tisch steht eine Schale mit Pistazien und getrockneten Maulbeeren, die Meraj vor kurzem aus Afghanistan mitgebracht hat, daneben ein Kasten mit Dias von seinen zwei Besuchen in den Jahren 1985 und 1987 bei Khazan Gul in Tani.

Nach seinen ersten Sätzen sehe ich Khazan Gul ungläubig

an. Soll das ein Scherz sein? Wir haben ihn gebeten zu erzählen, wie er seinen Kampf gegen die sowjetische Besatzung begonnen hat. Mit einem minenbestückten Vogelkäfig als erster Bewaffnung hatten wir jedoch nicht gerechnet und ich traue Khazan Gul zu, dass er uns mit einer absurden Geschichte zum Narren halten will. Aber Meraj nickt: »Ich erinnere mich gut daran, wie du und ein anderer Freund mir von diesem Käfig erzählt habt. Du wolltest Mitstreiter finden und den Leuten zeigen, dass man fast nichts braucht, um zu kämpfen, wenn man nur entschlossen genug ist.« Khazan Gul bestätigt: »Ja, und ich wollte nicht wieder ins Gefängnis und hätte es vorgezogen, bei der Explosion des Käfigs zu sterben. Zwei, drei Monate lang bin ich so von einem Dorf zum anderen gezogen. Natürlich bin ich überraschend aufgetaucht, damit niemand einen Angriff auf mich vorbereiten konnte, und ebenso schnell wieder verschwunden. Ich habe versucht, die Leute davon zu überzeugen, dass die Sowjetunion nicht nach Afghanistan gekommen ist, um uns in unserer Entwicklung voranzubringen, sondern um uns zu besetzen: ›Warum kommen sie mit ihrer Armee? Für eine Verbesserung unserer Lebenssituation benötigt man keine Soldaten. Sie müssen größere Ziele verfolgen. Sie wollen aus uns eine Sowjetrepublik machen und in Richtung des eisfreien Meeres, zum Indischen Ozean vordringen. Nach Afghanistan fehlt dafür nur noch Pakistan.‹ Ich wusste, dass in Turkmenistan, Tadschikistan oder Usbekistan die einheimische Bevölkerung viel schlechter dran war als die Russen, die dort lebten, dass ein General viel mehr hatte als ein Bauer. Das war weder Kommunismus noch Sozialismus, sondern Imperialismus. Ich wollte die Russen nicht in Afghanistan.

Die Tani waren damals nicht im Kampf, und die Russen sind nicht in unser Gebiet gekommen. Einige Tani waren sogar in der kommunistischen Regierung. Zuerst hatte ich versucht, meine Verwandten dafür zu gewinnen, mit mir zu kämpfen. Aber die meisten haben gesagt: ›Nein, das ist zu gefährlich, wir haben Familie und Kinder, die bringen wir damit in Gefahr.‹ Das hat mich geärgert und auch gekränkt. Weil ihnen meine

Ideen nicht gefielen, habe ich gedacht, sie haben mich nicht gern. Erst später habe ich mich innerlich wieder mit ihnen versöhnt. Ich habe erkannt, dass ich zu viel erwartet habe. Die Menschen sind nicht alle gleich. Jeder hat unterschiedliche Lebensumstände, Erfahrungen und Fähigkeiten, deshalb kann ich von anderen nicht so viel verlangen wie von mir selbst. Man muss die Menschen annehmen wie sie sind und das schätzen, was sie können. Was jemand nicht leisten kann, sollte man auch nicht von ihm fordern. Seitdem lebe ich ruhiger und gelassener.

Auch mein ältester Bruder, der damals im Gebiet des Nachbarstammes Gorbaz lebte, wollte nicht nach Tani kommen und mit mir in den Kampf ziehen. So habe ich mir das mit dem Minenkäfig überlegt und alleine begonnen. Mir war bewusst, dass ich nur in Tani arbeiten und politisch etwas erreichen konnte. Meine Idee war, bei uns eine eigenständige Regierung aufzubauen, um Erfahrungen für eine Struktur für ganz Afghanistan zu sammeln. Wenn man gegen das Bestehende kämpft, muss man eine Vorstellung davon haben, wie es danach besser werden könnte. Ansonsten ist es ein Fehler, die Regierung abzusetzen, selbst wenn sie schlecht ist.

Das Dorf meiner Sippe heißt Landi, das ist in den Bergen. Von dort aus waren meine Vorfahren nach Dragai in die Ebene gezogen. In Landi war es für mich viel sicherer als in Dragai. Meine Sippe hat mir ein Stück Land gegeben, das stand mir zu. Ich wollte keinen Streit, deshalb habe ich kein fruchtbares Land beansprucht, obwohl sie mir sogar das gegeben hätten. Zuerst haben wir in Zelten gewohnt, dann habe ich ein Haus direkt an einen steilen Hang gebaut.

Bald merkte ich, dass meine Idee, einen nationalen Staat ohne sowjetische Einmischung herzustellen, die Leute nicht dazu bewegen konnte, sich gegen die Besatzung zu erheben. Viel wirksamer war das Argument, dass die Russen unsere Kultur und Religion zerstörten. Ich habe gesagt: ›Unser Land ist besetzt! Unser zukünftiges Leben wird ein Leben ohne Religion und ohne Gott sein. Ihr werdet nicht einmal mehr zu Hause beten können! Wollt ihr das?‹ Die Religion ist für die Leute das Wichtigste. Die anderen Mujahedin versuchten ebenfalls, die Leute über die Religion zu gewinnen. Heute wird dasselbe über die Amerikaner erzählt: dass sie unsere Religion vernichten wollen und unsere Häuser durchsuchen, um unsere schönen Frauen sehen zu können. Religion und Frauen, das sind bei uns die stärksten Argumente, um die Menschen zu mobilisieren. Mit diesen Hausdurchsuchungen haben die Amerikaner unsere Kultur angegriffen. Damit haben sie die Bevölkerung von Anfang an gegen sich aufgebracht.

Schließlich habe ich weiter unten im Flachland bei Khost Freunde gefunden. Dort waren die Khalki und ihr Druck auf die Bevölkerung wesentlich stärker. Viele Unschuldige wurden ins Gefängnis geworfen, so wie ich in Kabul. Deshalb gab es dort Leute, die bereit waren, gegen die Regierung zu kämpfen. Jemand hat mir ein Jagdgewehr gegeben, einige andere hatten alte Gewehre von ihren Vätern oder Großvätern, etwas Besseres hatten wir anfangs nicht. Dann hörten wir, dass die Amerikaner und Pakistaner gute Waffen und sogar Kalaschnikows verteilen, und ich wollte versuchen, in Pakistan einige für uns zu organisieren. Eigentlich hätte ich lieber den Regierungstruppen und den Russen ihre Waffen weggenommen, aber meinen Freunden war das zu gefährlich. So bin ich im zweiten Jahr nach dem Einmarsch der Russen zum ersten Mal während des Krieges nach Peschawar gegangen. Zu diesem Zeitpunkt waren wir vielleicht zehn Männer.

Es gab noch einen anderen Grund für meine Reise: Ich hatte gehört, dass Hakim Taniwal aus Kabul zusammen mit einem Freund, Rasul Amin, nach Peschawar geflüchtet war und wollte ihn treffen. Ich hatte Pläne, in die ich ihn unbedingt einbeziehen wollte.« Johanna erläutert Monika und mir: »Hakim Taniwal hatte auch in Deutschland studiert.« Khazan Gul ergänzt: »Und wir waren schon zusammen auf dem Rahman-Baba-Lisee gewesen. Leider lebt er nicht mehr. Nach dem Ende der Talibanherrschaft war er etwa zwei Jahre lang Gouverneur von Khost. In dieser Zeit haben wir uns zerstritten, weil wir unterschiedlicher Meinung über verschiedene politische Fragen waren. Vor bald drei Jahren wurde er bei einem Bombenanschlag getötet, kurz nachdem er Gouverneur der Provinz Paktia geworden war.« Khazan Gul macht eine Pause und taucht dann wieder in die achtziger Jahre ein: »Vor ihrer Flucht aus Kabul hatten Hakim Taniwal und Rasul Amin an der Universität unterrichtet. Nun suchte ich Hakim in Peschawar auf und wollte ihn für meine Pläne gewinnen: ›Ich möchte in den Bergen eine Regierung aufbauen, dafür brauche ich dich! Für deine Sicherheit werde ich sorgen. Deine Aufgabe wäre es, zusammen mit einigen anderen Leuten darüber nachzudenken, wie wir Tani, und wie wir später ganz Afghanistan gut verwalten können. Überall in den befreiten Gebieten müssen wir Regierungen aufbauen. Tani ist frei, dort können wir anfangen, das soll ein Modell werden. Meinen Vater kennen nicht genug Leute, mich erst recht nicht. Aber deinen Vater kennen alle Tani!‹ Sein Vater war der Oberste von einem der vier Tani-Stämme und saß in der Ältestenversammlung aller Tani. Dadurch war auch Hakim Taniwal bekannt. Ich habe versucht ihn zu überzeugen: ›Nur wenn du dabei bist, wird so eine Regierung von der Bevölkerung anerkannt. Ich laufe herum und mache überall Propaganda für dich!‹ Aber er wollte nicht, sondern hat umgekehrt auf mich eingeredet: Ich solle in Pakistan bleiben, Afghanistan sei im Moment nicht der richtige Ort für einen Intellektuellen. Er plante, in Pakistan zusammen mit anderen Intellektuellen eine Exilregierung für Afghanistan aufzubauen, dabei sollte ich mitmachen. Wir haben viel diskutiert, auf Deutsch, weil ein Deutscher dabei war: Dirk Schürmaier. Er hörte uns interessiert zu.

Hakim sagte zu mir: ›Dein Wissen, alles was du gelernt hast, kannst du hier in Pakistan viel besser einsetzen. Warum willst du kämpfen? Dein Bruder, der Analphabet, kann sowieso viel besser schießen als du. Lass doch ihn kämpfen.‹ Ich entgegnete: ›Das ist nicht gerecht! Wir durften im Ausland studieren, hatten ein schönes Leben. Unser Land, diese Bauern und Analphabeten haben in uns investiert. Haben sie oder wir bisher von unserem Land mehr profitiert? Sollen sie Afghanistan jetzt ohne uns von der Besatzung befreien und dafür sterben? Wie kann ich sie damit alleine lassen? Bin ich mehr wert als sie?

Außerdem werden die Leute in den Flüchtlingslagern in Pakistan abhängig von ausländischer Hilfe und möchten bald gar nicht mehr zurück. Vor dem Krieg haben sie trotz Arbeit in ihrem eigenen Land gehungert, und jetzt bekommen sie ohne Arbeit genug zu essen. Wenn aber die Afghanen zu bequem werden und verlernen, von ihrem Land zu leben, werden sie es verlieren. Ich will den Leuten dabei helfen, in Afghanistan zu überleben. Von Peschawar aus geht das nicht. Ich muss dafür mit ihnen zusammen leben und kämpfen.‹

Dirk hat sich meine Argumentation angehört und nach dem Gespräch gesagt: ›Du kannst immer zu mir kommen, wenn du in Pakistan bist. Ich will dich unterstützen. Hier habe ich dreißigtausend Rupien.[1] Von diesem Geld sollte ich eigentlich Reis und andere Nahrungsmittel kaufen und an Flüchtlinge verteilen. Aber was du machst, ist viel sinnvoller und wichtiger! Nutze das Geld für die Menschen, die in Afghanistan leben.‹ Das war eine große Tat von Dirk. Er hat getan, was er für richtig gehalten hat und dabei einiges riskiert.

Hakim Taniwal und Rasul Amin hatten Kontakt zu Gailani, das war der Chef einer der afghanischen Exilparteien in Peschawar. Sie haben mich zu ihm mitgenommen und vorgestellt: ›Hier ist ein Verrückter! Er heißt Khazan Gul. Zusammen haben wir in Deutschland studiert. Wir wollten ihn überzeugen, mit uns in Peschawar zu arbeiten, aber er will in Afghanistan kämpfen. Nur hat er nichts, womit er kämpfen kann.‹ Gailani hat einen Zettel geschrieben, mit dem ich dann in Miran Schah zwei Kalaschnikows bekam. Mit diesen beiden guten Waffen und den dreißigtausend Rupien bin ich nach Tani zurückgekommen.

Kurz danach haben wir eine dritte gute Waffe bekommen:

---

1 Dies entsprach 1981 etwa 5.814 DM (in Preisen des Jahres 2011: 5.347 Euro).

das Gewehr eines Bekannten, der in Dragai lebte. Er war im Parlament. Trotzdem unterstützte er den Widerstand. Als ein Freund ihn darum bat, hatte er erst abgelehnt: ›Khazan Gul ist alleine. Wenn ich ihm das Gewehr gebe, hilft das nichts, er ist zu schwach. Am Ende bekommen es die Regierungsleute in die Hand und finden heraus, dass es von mir ist.‹ Mein Freund hat geantwortet: ›Das stimmt nicht! Wir sind viele und wir sind stark. Alles, was uns fehlt, sind mehr gute Waffen.‹ Da versprach der Mann: ›Ich gebe euch mein Gewehr, wenn ihr heute Nacht an drei Stellen angreift: in Gorbaz, in Nader Schah Kot und in Dragai.‹ Mit dieser Botschaft kam der Freund zu uns zurück. Doch die drei Orte liegen weit voneinander entfernt, das konnten wir nicht schaffen. Es war ein ruhiger Sommerabend, wir saßen draußen vor dem Haus des Freundes und hörten Radio. Als die Sonne gerade untergegangen war, wurde berichtet, dass die Mujahedin in Gorbaz angegriffen hätten. Kurz darauf kam eine neue Meldung: auch in Nader Schah Kot gebe es einen Angriff der Mujahedin. Da haben wir alle fast gleichzeitig gerufen: ›Und wir greifen jetzt in Dragai an!‹ Zu dritt sind wir mit den zwei neuen Kalaschnikows losgelaufen. Die Soldaten im Regierungsgebäude von Dragai haben überhaupt nicht damit gerechnet, bis dahin hatte es dort noch nie einen Angriff gegeben. Wir sind ganz nahe herangeschlichen und haben einige Schüsse abgefeuert, die Soldaten haben zurückgeschossen. Schon vorher hatten wir eine Mulde gesucht, in der wir uns verstecken konnten. Dort sind wir liegen geblieben. Lange haben sie vergeblich nach uns gesucht und immer wieder geschossen, einfach auf gut Glück in die Nacht hinein. Als sie aufgehört haben, sind wir durch die Dunkelheit weggelaufen. Nach dieser Aktion musste uns der Bekannte sein Gewehr geben.

Ähnliche Angriffe haben wir öfter gemacht. Es war für uns schon ein Erfolg, Unruhe zu stiften. Ich wollte kein Gebiet besetzen. Mein Ziel war, die Regierungssoldaten zu beschäftigen, dass sie nicht schlafen können, dass der Aufwand und die Ausgaben der Russen steigen. Manchmal haben wir wirklich in einer Nacht nacheinander oder gleichzeitig an zwei oder drei Stellen angegriffen. Das war schockierend für die Regierungssoldaten. Sie bekamen den Eindruck, dass viele Mujahedin gegen sie kämpfen, dabei waren wir oft nur zu zweit oder zu dritt.

Meinen Männern konnte ich natürlich kein Geld bezahlen, sie haben aus Überzeugung gekämpft. Mit dem Geld von Dirk konnte ich aber immerhin Essen für sie kaufen. Das machte es ihnen leichter und zeigte Wirkung, unsere Gruppe wuchs auf zwanzig, fünfundzwanzig Kämpfer. Als ich das nächste Mal nach Peschawar ging, habe ich für alle ganz einfache braune Turnschuhe gekauft. Nur meine Schuhe waren weiß, damit man sie im Dunkeln besser sah. Sonst waren alle gleich und hatten auch dieselbe Sohle. Das war nützlich. So konnte man unsere Spuren im Sand nicht unterscheiden. Es sah so aus, als sei ein Einzelner überall herumgelaufen.

Als die Khalki anfingen, an den Schulen und Universitäten offen gegen die Religion Propaganda zu machen, haben auch die Mullahs und die Stämme gegen die Regierung Stellung bezogen. Bald war ganz Tani im Kampf, ebenso unser Nachbarstamm Gorbaz. Es gab viele verschiedene Mujahedingruppen. Unabhängige Gruppen wie meine gab es aber sehr wenige, fast alle haben für eine der sieben Parteien gekämpft. Viele haben zu den Leuten gesagt, sie sollen aus den besetzten Gebieten fliehen. Dort zu leben galt für sie als Zusammenarbeit mit den Russen. Die Taliban verwenden heute oft eine ähnliche Taktik. Alle, die mit den Amerikanern oder ihren Verbündeten in irgendeiner Weise zusammenarbeiten, egal ob als Übersetzer oder Putzer, werden bedroht, und viele sind schon getötet worden. Ich dagegen habe die Leute gebeten, im besetzten Gebiet wohnen zu bleiben und nicht auf uns zu schießen, sondern uns wenn nötig zu schützen. Das ist eine wertvolle Unterstützung. Ich hatte in den besetzten Gebieten hunderte von Freunden. Viele von ihnen haben sogar für Khalki und Parchami gearbeitet, im Geheimen aber uns unterstützt.«

»Hast du dann trotzdem versucht, eine Regierung im befreiten Gebiet zu errichten, auch ohne Hakim Taniwal?«, frage ich Khazan Gul und er führt aus: »Wir haben eine ständige Jirga mit elf Männern gebildet, jede Sippe hat einen Vertreter gewählt. Diese Jirga hat für ganz Tani entschieden, ihre Beschlüsse wurden wie Gerichtsurteile und Gesetze respektiert. Sie hat Stammesprobleme gelöst und in alten Feindschaften vermittelt. Zudem hat sie bestimmt, dass die Blutrache ausgesetzt war, solange die Russen da sind. Auch eine Art Polizei hatten wir, sie hieß ›Arbaki‹, das bedeutet Miliz. Man wurde für einige Tage eingeteilt, danach war wieder jemand anderer dran. Geführt wurde sie von einem Kommandanten, der nicht wechselte. Das alles hat wesentlich besser funktioniert als die heutige Regierung.«

Johanna kommt nun auf die Begegnung mit Dirk Schürmaier zurück: »Nach diesem ersten Treffen in Peschawar hat Dirk in Deutschland Freunde gesucht, die etwas für Afghanistan unternehmen wollten. Einer der ersten, die sich anschlossen, war Winfried Stamm. Sie haben dann auch mich aufgesucht. Daraus ist der ›Freundeskreis Afghanistan‹ entstanden. Die meisten Gründungsmitglieder waren Entwicklungshelfer, die für den Deutschen Entwicklungsdienst in Afghanistan gearbeitet haben, bevor die Sowjets einmarschiert sind. Wie war das, Khazan Gul? Bald darauf hast du doch Winfried nach Afghanistan mitgenommen?« Khazan Gul beginnt zu erzählen: »Ja, ich kam wieder nach Peschawar und Hakim Taniwal hat mir mitgeteilt: ›Seit zwei Wochen sind Deutsche hier, die dich treffen wollen.‹ Ich habe sie in der Stadt gesucht, ein deutsches Auto entdeckt und daneben gewartet. Als zwei Männer kamen, habe ich sie auf Deutsch begrüßt: ›Sind Sie Deutsche?‹ Sie haben zurückgefragt: ›Sind Sie Khazan Gul?‹ Das war Winfried, zusammen mit einem Freund. Beide wollten mit nach Afghanistan. Ich habe ihnen afghanische Kleidung besorgt, und gegen Mitternacht saßen wir im öffentlichen Bus nach Miran Schah. Als es hell wurde, hat der Bus für das Morgengebet gehalten. Alle stiegen aus und haben gebetet, nur die beiden Deutschen wussten nicht wie. Da haben alle gewusst: Das sind Ausländer. Die

Leute haben mich gewarnt: ›Es ist verboten, Ausländer mitzunehmen.‹ Ich habe gesagt: ›Nein, wir fahren nur bis Bannu.‹
Bis dorthin durften auch Ausländer reisen. Eigentlich wollten
wir weiter nach Miran Schah und dann über die afghanische
Grenze, doch nachdem die beiden Deutschen erkannt worden
waren, erschien mir das zu gefährlich. Sie sind nach Peschawar
zurückgekehrt und ich bin alleine nach Tani gereist. Aber ich
habe versprochen, etwas zu organisieren. Wenige Tage später
bin ich mit zwölf Männern nach Peschawar gekommen. Jetzt
konnte aber nur noch Winfried mit nach Afghanistan, der
andere Mann musste nach Deutschland zurück. Stattdessen
waren noch zwei junge Journalistinnen dazugekommen: eine
Schweizerin und eine Italienerin. Für die beiden Frauen habe
ich ebenfalls afghanische Kleidung vorbereitet. Winfried hat
einen Turban bekommen, von dem er ein Stück in den Mund
stecken und so tun sollte, als ob er Zahnschmerzen hätte. So
musste er nicht antworten, falls ihn jemand ansprechen sollte.
Auf der Fahrt haben meine zwölf Männer auf der Ladefläche
um die Frauen und Winfried herum gesessen und hätten jeden
geschlagen, der die Frauen näher betrachtet hätte. So haben
wir die erste Strecke zurückgelegt. In der Dunkelheit ließen
wir uns von dem Auto absetzen, durchquerten zu Fuß den
Fluss Kurram und übernachteten dann bei Verwandten von
mir. Von da an waren wir illegal in den paschtunischen Stammesgebieten unterwegs. Am nächsten Tag sind wir mit einem
anderen Auto weitergefahren, doch niemand hat uns angehalten. Wir waren nicht bewaffnet, aber meine Freunde sahen sehr
gefährlich aus. Von der afghanischen Grenze an mussten wir
laufen. Als wir nach Tani kamen, planten einige Mujahedingruppen, am nächsten Morgen Khost anzugreifen. Winfried
und die beiden Frauen haben wir auf dem Weg in einem Dorf
bei einer Familie zurückgelassen. Wir sind in die Stadt einge-
drungen und haben die Regierungsposten angegriffen. Es kam
zu heftigen Straßenkämpfen. Als wir schließlich zurückkamen,
haben sich die Kämpfer hingelegt und sofort geschlafen. Zu
den Ausländern habe ich gesagt: ›Wir müssen hier weg!‹ Da ha-

ben die Frauen geweint: ›Wir sind auch müde! Warum können wir nicht auch hier schlafen?‹ Ich musste sehr deutlich werden: ›Morgen ist hier Krieg! Wenn wir jetzt schlafen, muss ich euch morgen tot von hier wegtragen!‹ Sie haben mir nicht geglaubt und mich als grausam beschimpft, aber das war mir egal. Wir sind noch sehr weit gelaufen. Am nächsten Tag konnten wir von einem Hügel aus beobachten, wie in dem Dorf, in dem wir uns am Abend zuvor noch aufgehalten hatten, geschossen und gekämpft wurde. Plötzlich war ich nicht mehr grausam und die beiden Frauen haben mich umarmt und mir gedankt.

Kurz danach sind sie noch einmal mitgekommen zu einer Aktion. Mit meinen Kämpfern habe ich eine andere Mudjahedingruppe dabei unterstützt, aus großer Distanz mit Granatwerfern anzugreifen. Getroffen haben wir nichts. Aber die Regierungssoldaten schossen zurück, und sie konnten das besser als wir. Eine Granate flog über uns Kämpfer hinweg und explodierte in einem Baum, unter dem die beiden Frauen saßen und auf uns warteten. Danach hat die Italienerin eine Woche lang nur im Bett gelegen. Sie war nicht verletzt, aber die Angst hat sie krank gemacht. Es war überhaupt schwierig, auf diese jungen Frauen aufzupassen. Ich musste ja auch darauf achten, dass die anderen Mujahedin sie nicht belästigten. Nachts habe ich mich immer zwischen sie und die anderen Männer gelegt.

Ich bin viel mit Winfried zusammen gelaufen, dabei habe ich ihm alles erzählt, was ich in meinem Kopf hatte, meine ganzen Ideen für die nächsten dreißig Jahre. Meine Pläne für Landwirtschafts- und Viehzuchtprojekte, für Schulen und für ein Nähprojekt für Frauen habe ich ihm geschildert. Wir haben uns sehr gut verstanden. Er hat mir danach viel geholfen, auch zusammen mit dem Freundeskreis. Gemeinsam haben wir zum Beispiel Nähmaschinen für Frauen gekauft und ein Ziegenprojekt begonnen. Arme Familien haben eine kleine Herde Ziegen bekommen und mussten später die Jungen an eine andere Familie abgeben. So haben über die Jahre viele Familien von diesen Ziegen profitiert.

Leider ist Winfried vor Kurzem gestorben, aber für mich

wird er immer mein Freund sein. Oft ist er zu mir nach Afghanistan gekommen, auch mit seiner Frau Margret. Sie haben bei diesen Besuchen viele Schwierigkeiten gemeistert, es war manchmal sehr gefährlich. Über seinen Tod bin ich sehr traurig. Ich habe keinen anderen solchen Freund gehabt in Europa.« Johanna fragt: »War er wie ein Bruder?« Khazan Gul denkt kurz nach: »So einen Bruder hätte ich mir gewünscht.« Johanna sieht ihn liebevoll an: »Ich habe beobachtet, wie du mit ihm durch Berlin gelaufen bist. Du hast ihm Sachen anvertraut, die du nicht einmal mir erzählt hast.« Khazan Gul nickt: »Mein Vertrauen in ihn war unbegrenzt. Ich wusste, dass er mich wirklich liebt.«

Ich hole eine Kanne grünen Tee aus der Küche, und nachdem ich allen eingeschenkt habe, frage ich Khazan Gul: »Wie war denn dein typischer Tagesablauf?« Er erzählt: »Nachdem ich frühmorgens aufgestanden war, bin ich zuerst zu einem meiner Landwirtschafts- und Viehzuchtprojekte gegangen. In etwa zwanzig Dörfern hatte ich Projekte. Nicht alle Leute aus diesen Dörfern haben mit mir gekämpft, manche kämpften auch für andere Gruppen oder gar nicht. Das war für mich nicht wichtig. Meistens habe ich in unserer Basis, dort wo die Höhlen sind, geschlafen und gegessen. Wenn ich einen Angriff geplant hatte, sind wir meist nach dem Abendessen aufgebrochen. Ich bin sehr viel gelaufen in dieser Zeit. Meine Schuhe hielten oft nur ein oder zwei Monate, selbst gute Schuhe aus Norwegen.«

Meraj erinnert Khazan Gul: »Als ich dich zum ersten Mal besuchte, hattest du große Rückenprobleme. Du hast dann ein Pferd gekauft, für dreitausend Rupien[2], glaube ich.« Khazan Gul bestätigt: »Ja, davor war ich in Peschawar gewesen. Hakim Taniwal, Rasul Amin und andere Leute mit viel Geld hatten mich zum Essen eingeladen. Sie wollten mich wieder einmal überzeugen, in Pakistan zu bleiben. Aber gleichzeitig hatten

---

2   Dies entsprach 1985 etwa 592 DM (in Preisen des Jahres 2011: 479 Euro).

sie große Achtung vor mir, weil ich gekämpft habe. Vielleicht hatten sie auch ein schlechtes Gewissen, dass sie selbst nicht in den Kampf gezogen waren. Ich habe zu ihnen gesagt: ›Ihr Menschen, ich laufe zu viel und bin sehr müde. Gerne würde ich ein Pferd kaufen.‹ Sie haben zusammengelegt und mir dreitausend Rupien übergeben. Ich habe fast geweint: ›Früher habe ich in Pakistan gebettelt, musste zwanzig, dreißig Mal fragen, damit ich ein wenig Brot bekam. Jetzt habe ich nur einmal gefragt, und schon habe ich das Geld für ein Pferd.‹ Ich habe mir eine weiße Stute gekauft. Bald war ich berühmt in Khost als der Kämpfer mit dem weißen Pferd. Es wurden Geschichten von mir erzählt, was ich alles gemacht haben soll, wo ich überall aufgetaucht sei. Vieles davon stimmte gar nicht. Manchmal wurde berichtet, dass ich in Dragai die Straße hinunter- und wieder heraufgeritten sei, obwohl ich gar nicht da gewesen war. Ich glaube, viele Leute hatten Angst vor mir. Bei Angriffen habe ich das Pferd irgendwo stehen gelassen. Das letzte Stück bin ich zu Fuß gegangen, bis dorthin, wo ich dann geschossen habe. Manchmal war ich ganz alleine. Ich war viel mit der Stute unterwegs, sie war wie ein Freund. Später hatten wir zwölf Pferde. So konnten viele Kämpfer schnell von einem Gebiet zum anderen wechseln.

Oft war ich sehr müde. Einmal wollte ich Freunde im besetzten Gebiet besuchen. Ich bin in der Nacht losgeritten, nur im Dunkeln konnte ich mich sicher bewegen. Doch unterwegs konnte ich mich nicht mehr auf dem Pferd halten, ich wollte nur noch schlafen. Als ich aufwachte, bin ich zu Tode erschrocken: Die Sonne stand hoch am Himmel! Ich war im für mich unglaublich gefährlichen besetzten Gebiet, lag auf einer steinigen Ebene, und neben mir stand weit sichtbar mein Pferd. In der Nacht hatte ich es einfach nur an meinem Fuß festgebunden, weil kein Busch in der Nähe gewesen war. Wenn es irgendwann erschrocken wäre, hätte es mich über die ganze Ebene nachgezogen oder gleich zertrampelt. Schnell bin ich aufgesprungen und zurück in die Berge geritten.

Vielleicht klingt es seltsam, aber ich habe damals oft großes

Glück empfunden. Ich liebe diese Berge und dieses Land. Es hat mich glücklich gemacht, nicht nur für mich, meine Familie und meinen Stamm zu kämpfen, sondern für ganz Afghanistan, für mein Land und unsere Freiheit. Auch wenn ich hungrig oder müde war, hat mich dieser Gedanke froh gemacht.

Von Anfang an hatte ich mit der Bevölkerung zusammen für ein besseres Afghanistan arbeiten wollen. Nun waren die Leute endlich bereit, etwas zu tun. Wir hatten ein gemeinsames Ziel: Afghanistan von den Russen zu befreien. Heute mache ich das Gleiche, nur will ich Afghanistan nicht mehr mit Waffen, sondern durch Landwirtschaft und Bildung befreien. Das ist viel schwieriger. Schießen ist leichter als Lehrer auszubilden. Ich habe gelernt, wie mühsam es ist, etwas zu verändern. Einer allein kann das nicht, das ist die Sache des ganzen Volkes. Man muss dafür arbeiten, dass die Menschen die Veränderung selbst wollen.

Hin und wieder war ich in Europa. Die Norweger haben mich sehr unterstützt. Oft hatte ich ein norwegisches Visum und konnte damit reisen. In Deutschland und Österreich habe ich Vorträge gehalten und auch versucht, Unterstützung zu bekommen, aber das war nicht so einfach. Eine Zeit lang hat mich das deutsche Auswärtige Amt unterstützt. Sie wollten mir einen Geländewagen zur Verfügung stellen. Ich habe ihnen geantwortet: ›Ich arbeite in den Bergen. Ein Geländewagen nutzt mir hier nichts, ich brauche Kamele.‹ Sie haben dann tatsächlich Geld geschickt. Davon konnte ich zwölf Kamele kaufen und habe jedes einer anderen Familie gegeben. Ein Kamel kann eine Familie ernähren, und die Familie ernährt das Kamel. Nun konnten wir wesentlich leichter Lebensmittel, Waffen und Munition aus Pakistan über die Berge zu uns bringen. Die Familien haben umgekehrt Holz nach Pakistan transportiert und damit Geld verdient. Manche der Kamele leben heute noch. Ich glaube, wenn sie nicht krank werden, leben sie unendlich!« Wir lachen, dann ergreift Meraj das Wort: »Ich kannte Khazan Gul und wollte ihm helfen Unterstützer zu finden. Zusammen sind wir in Deutschland zu vielen in Frage kommenden Geldgebern gegangen. Die Welthungerhilfe konnte sich schließlich vorstellen, einige Projekte zu fördern, das Geld sollte vom Außenministerium kommen.« Khazan Gul unterbricht: »Meraj hat sich wirklich sehr eingesetzt, aber nicht nur in Deutschland. Er hatte auch den Mut, mich in Tani zu besuchen und war sogar mit mir im Kampfgebiet!« Meraj wehrt das Lob ab und spricht weiter: »Mein Ziel war, die Leute von der Welthungerhilfe zu überzeugen, und dafür schien es mir nötig, selbst anzusehen, was genau Khazan Gul in Afghanistan macht. Deshalb habe ich ihn einige Monate später in Tani besucht. Ich wollte ihn bei seinen Plänen für die Anlage von Terrassen unterstützen. Zusätzlich planten wir den Bau von Schutzhöhlen in drei oder vier Dörfern. Außerdem wollte Khazan Gul neue Gemüsesorten bekannt machen. Er hatte angefangen Kartoffeln anzubauen.« »Ja, ich wollte zeigen, dass man mit Kartoffeln auf einer kleinen Fläche großen Ertrag erzielen kann. Aber am Anfang wollte niemand welche pflanzen. Also habe ich selbst ein Stück Land gepachtet, damit die Leute sehen, wie viel ich ernte«, erläutert Khazan Gul. Meraj freut sich: »Und das hat funktioniert! Als ich zwei Jahre später wiederkam, habe ich auf vielen Feldern Kartoffeln gesehen.« »Noch heute sind Kartoffeln dort sehr beliebt.«, ergänzt Khazan Gul, bevor Meraj fortfährt: »Bei meinem zweiten Besuch gab es in Tani viele Flüchtlinge aus Dörfern, die von den Russen bombardiert worden waren. Sie hatten überhaupt nichts, und wir haben Nothilfe organisiert: Zelte, Decken und Nahrungsmittel.«

Am Abend zeigt uns Meraj Dias von seinen Aufenthalten bei Khazan Gul. Wir sehen die Berge von Tani, Terrassenprojekte, Rauchwolken von Bombeneinschlägen und Khazan Gul, über zwanzig Jahre jünger, mit Schnauzbart und Kalaschnikow. Meraj beschreibt die Lebensumstände: »Bei meinem ersten Besuch, im Jahr 1985, war ich vier Wochen lang bei Khazan Gul. Damals hatte er nur ein einziges Zimmer für seine ganze Familie. Es gab zwar zusätzlich ein Gästezimmer, das war aber noch nicht fertig hergerichtet und so staubig, dass man sich

273

dort fast nicht aufhalten konnte.« Khazan Gul erzählt weiter: »Anfangs hatte ich für Gäste ein Zelt, bis wir einmal bombardiert wurden. Unser Haus stand an einer steilen Stelle, die Bombe schlug darüber in den Berg ein. Ein großer Felsbrocken hat sich gelöst und ist auf das Haus gestürzt. Hekmat, meine Schwiegermutter und die Kinder waren zu Hause. Zum Glück wurde niemand getötet, doch sie waren sehr verängstigt, als ich kam. Das Gästezelt war verbrannt und Hekmats Gewehr war kaputtgegangen. Wir haben das Haus repariert und begonnen, dieses kleine Gästezimmer zu bauen.«

Meraj berichtet von Gesprächen: »Deine Leute haben zu mir gesagt: ›Er nennt sich Kommandant, aber schau dir an, in welchem Elend er wohnt! Er ist verrückt, verteilt Essen und Schuhe an seine Kämpfer, gibt Familien Geld dafür, dass sie Terrassen auf ihrem Land anlegen, aber sein eigenes Haus macht er nicht schöner.‹« Khazan Gul verteidigt sich: »Das Geld, das ich für Projekte bekam, habe ich sehr sparsam eingesetzt, hart verhandelt mit den Leuten, und ihnen für die Arbeit nicht zu viel bezahlt. Außerdem habe ich immer gesagt: ›Das ist nur ein Kredit! Ihr müsst das in zehn, elf Jahren wieder zurückzahlen.‹ Letztlich habe ich nie mit einer Rückzahlung gerechnet, aber so waren sie noch motivierter gut zu arbeiten und haben nicht mehr gefordert als nötig. Auf diese Weise konnte ich mit relativ wenig Geld viel bewirken und mehr Leuten helfen. Wenn Freunde aus Deutschland kamen, um meine Arbeit zu kontrollieren, waren sie jedes Mal überrascht, wie viel wir bewegt hatten. Natürlich kam es für mich gar nicht infrage, Geld von den Projekten für uns abzuzweigen, doch selbst meine Familie konnte das kaum nachvollziehen. Es gab manchmal sogar Streit deswegen. Bis heute habe ich oft das Gefühl, dass viele mich nicht verstehen.« Johanna bestätigt: »Ich erinnere mich, dass dein mittlerer Bruder sehr unzufrieden mit dir war, als wir dich 1975 besuchten. Er war verwitwet und lebte mit seinen zwei Kindern bei dir. Da er meinte, du hättest viel Geld und seiest nur geizig, erwartete er von dir, ihm eine Frau zu kaufen. Er hat sich geweigert zu arbeiten, solange du ihm nicht das Geld für eine Frau gibst. Ich hatte dir damals tausend Mark mitgebracht. Als ich von der Sache erfahren hatte, schlug ich vor: ›Nimm das Geld und besorg ihm eine Frau.‹ Danach hat er wieder angefangen zu arbeiten.«

Meraj wiegt den Kopf: »Die Leute haben wirklich nicht verstanden, dass das Geld nur für die Projekte war. Sie haben sich gefragt: Warum verwendet er kein Geld für sich, wenn er so viel davon hat? Ich habe das mit dir besprochen. Du wolltest nicht, dass es heißt, dass du mit dem für die Projekte bestimmten Geld dein Haus vergrößerst. Ich habe zu dir gesagt: ›Gerade für deine Projekte brauchst du einen weiteren Raum in deinem Haus. Dafür übernehme ich die Verantwortung gegenüber den Geldgebern!‹ Und dann habe ich veranlasst, dass ein Zimmer gebaut wird. Zusammen mit Freunden und Dorfbewohnern haben wir uns an die Arbeit gemacht und hatten viel Spaß, denn es waren immer eine Menge junger Leute da.« Khazan Gul lächelt: »Ja, wenn es ging, waren wir fröhlich. Wir haben später noch ein weiteres Gästezimmer und zusätzlich einen zweiten Raum für meine Familie gebaut. Den brauchte ich für meine zweite Frau. Jede Frau hat das Recht, gleich behandelt zu werden. Wenn man es irgendwie machen kann, ist es gut, für jede ein Zimmer zu haben. Das zweite Gästezimmer habe ich meistens als Lager für Essen, Medizin und andere Hilfsgüter benutzt. Die Gästezimmer waren unten, unsere Zimmer oben.« Meraj hebt den Zeigefinger: »Aber das Problem mit dem Zimmer war nicht das einzige. Hekmat hat mir furchtbar leidgetan! Morgens um vier Uhr ist sie aufgestanden, hat Teig gemacht, Brot gebacken, das Frühstück vorbereitet, Tee gemacht, und das jeden Tag für mindestens zehn, fünfzehn Leute. Dann hat sie Mittagessen gekocht, dazwischen Wäsche gewaschen, Geschirr sauber gemacht, das Wasser musste man mindestens hundert Meter den Berg hochtragen, und dann schon wieder das Abendessen! Bis weit in die Nacht hinein hat sie durchgehend gearbeitet. Eines Abends ist deine Schwiegermutter zu mir gekommen und wollte mit mir reden. Ausnahmsweise waren einmal keine Gäste da. Sie hat zu mir gesagt: ›Meine Tochter kann nicht mehr. Khazan Gul soll endlich eine zweite Frau heiraten.‹ Ich war schockiert. ›Das geht doch nicht!‹, dachte ich. Für mich gehörte sich das nicht, mehrere Frauen zu haben. Aber nachdem ich Hekmat arbeiten gesehen hatte, musste ich deiner Schwiegermutter zustimmen.«

Meraj macht eine Pause, dann wendet er sich an Monika und mich: »Natürlich gibt man so etwas nicht gerne zu: Aber in diesen vier Wochen in Tani habe ich gemerkt, dass ich eine völlig falsche Vorstellung von meinem Land hatte und es nicht wirklich kannte. Ich hatte in Kabul und im Norden gelebt, aber das Leben der Menschen in Tani war ein ganz anderes. Die Traditionen und Gesetze der Paschtunen! Davon hatte ich zwar gehört, aber ich hatte das nie praktisch gesehen. Als ich bei Khazan Gul war, gab es ein großes Problem: Ein Mann hat den Mord an seinem Vater gerächt, der zehn oder zwölf Jahre zuvor umgebracht worden war. Er hat damit gegen den Stammesbeschluss verstoßen, wonach die Blutrache während des Krieges ausgesetzt war. Aber noch schlimmer war, dass der Mörder sein Gast war, als er ihn tötete. Dadurch hat er die Ehre seines eigenen Hauses und die Ehre seiner Sippe verletzt.« Khazan Gul erklärt das noch genauer: »Es war ein riesiges Problem. Die Blutrache war getilgt, aber das Problem für den Mann war seine eigene Sippe. Er hätte den Mörder auf keinen Fall in seinem Gästehaus töten dürfen. Stattdessen hätte er ihn wegschicken und ihm sagen müssen, dass er nicht mehr wiederkommen soll. Das ist bei uns so. Wenn zum Beispiel mein Bruder getötet wird, und der Mörder sucht in meinem Haus Schutz, weil er nicht weiß, dass ich der Bruder bin, dann darf ich ihn nicht töten. Ich muss ihn sogar zu einem von ihm gewählten Ort begleiten. Dort sage ich dann, dass er sich ab jetzt vor mir schützen soll, denn das nächste Mal, wenn ich ihn sehe, werde ich ihn töten. Und wenn der Mann in meinem Haus zum Beispiel von meinem Sohn getötet werden würde, dann müsste ich danach meinen eigenen Sohn töten. Das ist auch schon öfter tatsächlich geschehen.« Meraj fährt fort: »Ich habe selbst gesehen, was diese Blutrache für gesellschaftliche Auswirkungen hatte.

In unzähligen Jirgas versuchte man herauszufinden, wie es dazu kam, und es wurde diskutiert, wie der Mann bestraft werden muss. Mindestens eine Woche lang war das ganze Dorf nur mit dieser Angelegenheit beschäftigt, wahrscheinlich noch viel länger. Ich musste dann zurück nach Deutschland.« Khazan Gul erzählt weiter: »Der Mann behauptete, der Mörder seines Vaters habe ihn bedroht, und er habe ihn deshalb umgebracht, in Notwehr also. Die Familie des Mörders dagegen hat behauptet, er sei zu diesem Mann gegangen, um sich zu entschuldigen. Schließlich wurde von der Jirga entschieden, dass der Mann, der den Mörder seines Vaters umgebracht hatte, für die Familie des nun Getöteten zwei Hammel schlachten muss. Damit konnte er die Sache bereinigen. Aber diese Lösung wurde nur mit großen Schwierigkeiten so akzeptiert und nur deshalb, weil man dem Mann geglaubt hat, dass er sich verteidigen musste. Ein wesentlicher Grund dafür war, dass man für eine Entschuldigung üblicherweise einen Hammel mitbringt und auch nicht alleine kommt, so wie es der getötete Mörder getan hatte, sondern zusammen mit einigen Dorfältesten und Frauen, um zu zeigen, dass man friedliche Absichten hat.«

Meraj erinnert sich noch an einen weiteren Vorfall: »Bei meinem zweiten Besuch war die Jirga wieder wochenlang beschäftigt. Ein Mann war verschwunden. Zwei andere Männer wollten ihn suchen, aber sie sind auch nicht wiedergekommen. Der zuerst Verschwundene war mit dir verwandt, habe ich das richtig in Erinnerung, Khazan Gul?« Khazan Gul nickt: »Ja. Er war Schreiner und hatte bei einem Kommandanten von Jalaluddin gearbeitet. Ihr wisst ja, Jalaluddin war in der Provinz Khost sehr stark. Der ganze Stamm hat die drei gesucht, insgesamt vielleicht dreihundert Männer. Auch ich bin mit einigen zusammen losgezogen. Eine Woche lang haben wir gesucht, aber wie alle anderen hatten auch wir nichts gefunden. Daraufhin bin ich mit meinen Leuten noch einmal aufgebrochen und habe einen Platz entdeckt, wo viele Spuren am Boden waren, auch Zigarettenkippen und frischer Pferdemist. Wir sind den Spuren gefolgt und haben eine Gruppe von Kämpfern gefunden. Ich habe sie gefragt, wo sie herkommen. Sie meinten: ›Nirgendwoher, wir sind schon lange hier.‹ Da habe ich weiter gefragt: ›Und wo ist eure Feuerstelle?‹ Es gab keine, sie mussten zugeben, dass sie gerade erst gekommen waren. Wir haben sie gezwungen uns zu zeigen, wo sie vorher gelagert hatten. Sie führten uns zu dem Platz, den wir schon entdeckt hatten. Ich habe mich gefragt, warum sie wohl zuerst gelogen hatten und bekam das Gefühl, dass wir hier suchen müssen. Alle dreihundert Männer kamen und wir haben jeden Stein umgedreht, zum Glück gab es in dieser Gegend keine Minen. Und tatsächlich haben wir die Leichen der drei Vermissten gefunden.« Ich frage: »Habt ihr dann gegen den Kommandanten von Jalaluddin gekämpft?« Khazan Gul schüttelt den Kopf: »Nein, wir wollten nicht kämpfen. Wir wollten nur wissen, was mit dem Schreiner und den beiden anderen Männern passiert ist. Jetzt wussten wir es: Sie waren tot. Warum, haben wir nicht herausgefunden.« Monika wundert sich: »Musste da niemand die Blutrache nehmen?« Khazan Gul erklärt: »Eigentlich schon, aber das ist schwer, dieser Kommandant ist sehr stark. Der Vater von den zwei Männern, die den Schreiner gesucht hatten und umgebracht wurden, war sehr traurig, als wir ihm die beiden Leichen gebracht haben. Die Rache wurde bis jetzt nicht genommen. Einer der Ermordeten hat einen Sohn, er ist Mullah. Der wäre dafür verantwortlich, aber er macht das nicht, weil er sehr religiös ist. Nach islamischem Recht gibt es zwar auch die Todesstrafe, doch dafür muss der Mörder von einem islamischen Gericht verurteilt werden. Paschtunen akzeptieren das normalerweise nicht, bei uns ist es sehr schlimm, wenn jemand sagt, er nimmt die Blutrache nicht.«

Meraj führt aus: »Diese Gesetze und Traditionen und die Abwesenheit des Staates in ihren praktischen Konsequenzen zu erleben, war wirklich neu für mich, ebenso wie diese extreme Armut. Im Norden waren die Menschen auch arm, aber was ich in den Bergen von Khost sah, war viel schlimmer. Ich wusste zuvor nicht, wie rückschrittlich und in welch schrecklicher Armut viele Menschen in Afghanistan leben. Wir wurden oft eingeladen und ich habe gesehen, wie die Leute hausten, die meisten hatten nur einen Raum. Wenn Gäste da waren, haben die Frauen die ganze Zeit über in einer Ecke gesessen. Sie haben gekocht und dann gewartet, bis wir Männer gegessen hatten. Sie selbst und die Kinder haben nur das bekommen, was übrig war.

Natürlich würde ich ihnen das niemals vorwerfen, denn es ist ja nicht ihre Schuld: Aber es war schrecklich, dass die Leute so ungebildet waren und nichts von Hygiene verstanden. Sie haben ständig Naswar gekaut. Das ist eine Mischung aus gemahlenem Tabak, Kalk, Asche, und ich möchte nicht wissen, was sonst noch. Am Ende haben sie es irgendwo hingespuckt, an die Wand oder zur Türe hinaus. Vor der Türe standen aber die Schuhe. Die wurden im Haus nicht getragen, auch wenn es drinnen schmutzig war. Einmal saß ich mit einigen Kämpfern von Khazan Gul in einer Höhle ihrer Basis und musste dringend raus. Ich bin in meine Schuhe geschlüpft und dabei in etwas Feuchtes getreten. Aus Höflichkeit wollte ich nichts sagen und habe nur meinen Schuh ausgezogen und ihn mit etwas Zeitungspapier sauber gemacht. Als ich zurückkam, habe ich schon vor der Höhle gehört, wie Khazan Gul erklärte, dass sich das nicht gehöre, und dass sie nicht einfach überall herumspucken könnten. Er hatte eigens für das Naswar kleine blecherne Munitionskisten mit Sand aufgestellt, in die sie hätten hineinspucken sollen. Aber daran hat sich kaum jemand gehalten.

Ein anderes Beispiel für die Armut war ein junger Mann, der mit mir zusammen an Khazan Guls Zimmer gebaut hat. Er erzählte mir, dass er seit zwei Jahren verlobt sei. Ich habe ihn gefragt, warum sich das so lange hinziehe, und er meinte, dass er das Geld für die Braut nicht bezahlen könne. Es hatte einen Stammesbeschluss gegeben, achtzehntausend Rupien[3] sollte er bezahlen. Aber das Land seiner Familie war zu klein, sie konn-

---

3   Dies entsprach 1985 etwa 3.553 DM (in Preisen des Jahres 2011: 2.876 Euro).

ten sich nicht einmal selbst davon ernähren, geschweige denn etwas verkaufen. Und als Kämpfer verdiente er auch nichts. Er hatte keine Hoffnung, das Geld jemals zusammenzubekommen. Im Norden, wo meine Verwandten wohnten, wurde für die Braut auch Geld bezahlt, aber die Leute waren nicht ganz so arm und konnten sich das eher leisten. In den Bergen von Khost sind die Felder winzig. Auch deshalb wurden die Terrassenbauprojekte, die Khazan durchführte, sehr gut angenommen. Als ich das zweite Mal da war, kamen jeden Tag vier, fünf neue Familien, die ebenfalls ihr Land vergrößern wollten.« Johanna wirft ein: »Ein anderer Freund, der dich damals besucht hat, sagte zu mir: ›Der Khazan Gul versetzt Berge.‹ Damit meinte er euer Terrassenprojekt.«

Meraj gesteht ein: »Andere Projekte haben nicht so gut funktioniert. Wir hätten zum Beispiel gerne Schulen gebaut, aber die Leute wollten das nicht. Sie haben gesagt, Schulen machen unsere Kinder ungläubig. Das hing natürlich damit zusammen, dass in den Schulen, die die Kommunisten eingerichtet hatten, viel gegen die Religion gewettert wurde.« Khazan Gul berichtet: »Heute wollen die Leute in denselben Dörfern, die es damals ablehnten, Schulen haben. Das musste sich entwickeln, man braucht Geduld. Wenn ich etwas erreichen möchte, dann versuche ich, so lange mit den Leuten zu sprechen, bis die Idee zu ihrer eigenen geworden ist. Manchmal hat sich das über Jahrzehnte erstreckt. Nur wenn es das eigene Projekt der Leute ist, bin ich bereit, ihnen dabei zu helfen. Ich glaube, das ist die einzige Möglichkeit, dass wirklich etwas Gutes entsteht.«

Khazan Gul lehnt sich zurück: »Ich habe damals unter großen Schwierigkeiten und in einfachsten Verhältnissen gelebt. Aber ich habe das nicht als schlimm empfunden. Das war nichts gegen die Schwierigkeit, im Krieg zu töten, und ständig mit der Gefahr zu leben, getötet zu werden.«

Monika erinnert sich: »Du hast Heiner einmal erzählt, dass nur drei der Männer, die mit dir gekämpft haben, umgekommen sind.« Khazan Gul schaut uns länger an: »Ja. Aber trotzdem war das Sterben ständig um uns. Von den anderen Leuten, die nicht gekämpft haben, Frauen, Kindern und alten Leuten, sind unzählige gestorben. Und drei waren vielleicht relativ gesehen nicht viele, aber immer noch drei zu viel.« Er macht eine längere Pause, in der er immer wieder einen Schluck Tee trinkt, und fängt dann wieder an zu sprechen: »Einer war mein Stellvertreter, mein Freund, wir haben viel zusammen gekämpft. Sein Name war Najim Gul, ich habe euch schon von ihm erzählt, wie er uns nach einem misslungenen Angriff im Winter sicher aus der Stadt Khost herausgeführt hat. Er kannte sich in vielen Dingen aus. Sowohl bei den Projekten als auch bei den Kämpfen hat er mir geholfen. Eine seiner Aufgaben war, zu kontrollieren, ob die Leute die Terrassen gebaut haben, und die Gehälter für diese Arbeiten auszuzahlen. Er ist durch eine Mine gestorben. Ich habe kurz vorher noch gesagt: ›Geh nicht da hin, da können Minen sein!‹ Normalerweise bin ich immer vorausgegangen, gerade dort, wo ich Minen vermutete. Meist wurden sie an Stellen vergraben, von denen aus wir öfter Raketen abgeschossen hatten. Wenn wir an so eine Stelle kamen, habe ich den Boden untersucht. Wo er weicher war, konnten Minen sein. Schwierig war es nach Regenfällen, dann war der Boden überall gleich hart. Die Minen muss man geduldig von unten frei graben. Wenn man von oben kommt, explodieren sie leichter. In dieser Nacht hatten wir ein Regierungsgebäude angegriffen und waren auf dem Weg zurück in die Berge. In der Morgendämmerung kamen wir an einem Regierungsposten vorbei. Wir wollten schauen, wie wir bei einem zukünftigen Angriff am Besten vorgehen könnten. Ich habe mir das Gelände auf der einen Seite angesehen und er auf der anderen. Dann habe ich die Explosion einer Mine gehört. Ich bin sofort hingerannt, die anderen Männer auch. Najim Gul war schwer verwundet, ein zweiter Mann weniger schwer. Wir haben die beiden zu unserer Basis getragen. Dort haben wir den anderen auf ein Kamel geladen, doch Najim Gul war so schwer verletzt, dass wir ihn weiter auf unseren Schultern tragen mussten.

Nach zwei Tagen waren wir in Jawar, im großen Zentrum aller Mujahedin, direkt an der pakistanischen Grenze. Von dort konnten die beiden mit dem Auto nach Bannu transportiert werden und dann weiter nach Peschawar, wo sie behandelt wurden. Dort ist Najim Gul nach einer Woche gestorben. Der andere Mann hat überlebt, er hat ein Bein verloren.«

Die Teekanne ist leer, und während das Wasser für einen neuen Aufguss heiß wird, ist es still. Wie oft habe ich in den letzten Jahren beeindruckt erzählt, dass Khazan Gul in zehn Jahren Guerillakrieg als Anführer von zweihundert Bewaffneten nur drei Männer verloren hat, leichthin, wie es mir nun erscheint. Jetzt hallen seine Worte in mir nach: »Frauen, Kinder und alte Leute sind unzählige gestorben.« Und: »Drei zu viel.« Für den Krieg der Sowjetunion in Afghanistan werden immer wieder Schätzungen von ein bis zwei Millionen direkt und indirekt durch den Krieg getötete Menschen genannt[4]. Angesichts dieser Zahlen waren mir drei getötete Kämpfer sehr wenig vorgekommen, aber jetzt merke ich, wie vermessen dieser Gedanke ist, und wie schwer der Verlust jedes einzelnen Menschen auch über zwanzig Jahre später noch wiegt.

Der Tee wird eingeschenkt, Khazan Gul rührt etwas Honig hinein und fährt schließlich fort: »Einer ist bei einem großen Angriff umgekommen. Das war später im Krieg. Mit vielen anderen Mujahedin zusammen haben wir Khost angegriffen. Der Mann war ein Verwandter von mir und ein Freund. Sein Bruder war damals mein Stellvertreter. An diesem Tag war er für seinen Bruder, der zu Hause bleiben musste, mitgekommen. Er war anfangs ziemlich wild, immer wollte er vorne gehen. Ich

---

4   Für den Krieg der NATO in Afghanistan schätzt die Studie »Body Count« der Organisation IPPNW vom März 2013 die Zahl der direkt durch Kriegseinwirkungen getöteten Menschen auf zwischen etwa 71 Tausend und 173 Tausend. Darin ist jedoch die Zahl der durch indirekte Folgen des Krieges Getöteten (die in vielen Kriegen deutlich höher liegt als die der direkten Gewaltopfer) nicht enthalten, weil ihre Schätzung in Afghanistan äußerst schwierig ist.

habe ihn gebremst. Keiner durfte vor mir gehen! Bei dieser Aktion hatte ich die Aufgabe übernommen, mit etwa zweihundert Männern einen Regierungsposten bei Dragai anzugreifen. Nur ein kleinerer Teil dieser Kämpfer war von unserer Gruppe, die anderen waren aus Zadran. Es war schwierig, ein gutes Versteck für alle zu finden, und auf einmal haben viele von ihnen Angst bekommen. Sie waren es nicht gewohnt, mit mir zu kämpfen und so nahe an den Gegner heranzugehen. Deshalb habe ich sie zu einem leeren Haus gebracht und gesagt: ›Wir bleiben hier. Morgen schauen wir, wo wir uns besser verstecken können.‹ Ich fürchtete, dass sie die Aktion abbrechen würden. Den Freund habe ich zum Nachbarhaus geschickt, das in einiger Entfernung lag und noch bewohnt war. Er sollte den Leuten mitteilen, dass wir hier kämpfen würden und ihnen helfen zu fliehen. Einige Männer haben ihn begleitet, und zusammen haben sie in dem anderen Haus geschlafen. Am nächsten Morgen wollte ich nach ihnen schauen, aber sie waren nicht mehr da. Ohne meine Erlaubnis waren sie schon vorgegangen zu dem Regierungsposten, den wir angreifen wollten. Ich konnte nicht gleich hinterher, weil ich zuerst zu den anderen Männern in dem leer stehenden Haus zurückmusste. Sie hätten sonst glauben können, ich als ihr Kommandant sei geflüchtet, und wären vielleicht aus Angst selbst weggelaufen. Schon in der Nacht hatten immer wieder einige abhauen wollen. Plötzlich sah ich von Khost aus Panzer auf uns zurollen. Das war schrecklich, denn wir hatten damals noch keine Panzerabwehrwaffen. Erst später haben wir Nachbildungen des russischen 6G3 bekommen, auf Deutsch sagt man wohl Panzerfaust dazu. Ein einzelner kann diese Waffe leicht tragen und von der Schulter aus abfeuern. Von da an waren für die Russen ihre Panzer fast nutzlos. Aber jetzt hatten wir kein Mittel gegen sie und viele der Kämpfer waren voller Angst. In der Nacht hatten wir den Regierungsposten immer wieder mit Kanonen beschossen und so wussten sie, wo wir sind. Schnell kamen die Panzer näher. Ich habe gerufen: ›Wir müssen sofort raus! Sie werden das Haus zerstören, dann sind wir tot. Wir müssen jetzt gegen die Panzer kämpfen, es bleibt uns nichts anderes übrig.‹ Alle zusammen sind wir hinausgestürmt, zweihundert Mann, das sieht nach sehr viel aus. Die Panzerbesatzungen haben Angst bekommen und sind umgekehrt. Nachdem sie weggefahren waren, haben wir den Regierungsposten angegriffen, die Soldaten mussten von dort fliehen. Leider hatte sich mein Freund, der mit einigen Männern vorausgegangen war, genau dort versteckt, wohin die Regierungssoldaten flüchteten. An dieser Stelle waren noch weitere Mujahedin von anderen Gruppen, aber die meisten sind geflohen. Mein Freund dagegen hat sich den Soldaten in den Weg gestellt und gekämpft. So schnell wir konnten, sind wir dorthin gelaufen, doch wir kamen zu spät, das Gefecht war vorbei, mein Freund war im Kampf gestorben. Drei verletzte Regierungssoldaten saßen noch dort, die anderen waren tot oder geflohen. Es waren Afghanen aus dem Norden, Hazara und Uzbeken. Einige Männer wollten sie sofort erschießen. Aber ich habe gesagt: ›Nein, wir werden sie nach Miran Schah bringen.‹ Den Männern, die ich mit den Verletzten losschickte, drohte ich: ›Die Gefangenen sind meine Gäste. Wenn sie tot sind, werde ich an euch die Rache nehmen!‹ Alle drei sind wieder gesund geworden. Bei diesem Angriff haben wir es geschafft, Dragai einzunehmen, es war von da an ein großes von den Russen befreites Gebiet.

Meinen toten Freund wollte ich selbst zu seiner Familie bringen, in ein Dorf, direkt hinter der Grenze in Pakistan. Das war sehr schwer für mich. Ich habe an seine Mutter gedacht: Was sollte sie denken? Sie hat ihn sehr lieb gehabt. Mitten in der Nacht war ich vor seinem Haus. Ich habe es nicht geschafft zu klopfen, sondern habe ihn nur hingelegt und bin zu einer benachbarten Familie gegangen, um ihnen zu sagen, dass er da liegt. Sie haben geweint und geschrien, und ich bin schnell weggelaufen. Ich konnte nicht mit ansehen, wie seine Mutter weint. An diesem Tag konnte ich nicht aufhören zu weinen, heimlich natürlich, denn als Mann darf man das bei uns nicht. Ich habe ihn sehr gern gehabt. Heute weine ich sehr leicht, wie ihr seht. Aber damals hatte ich normalerweise keine Tränen.«

Khazan Gul wischt sich einige Tränen aus dem Gesicht und sitzt einen Moment still da. »Obwohl ich weinen musste, hat mich sein Tod nicht so sehr belastet, wie man glauben könnte. Ich denke für Leute, die eigentlich gar nicht kämpfen wollen, ist der Krieg psychisch schwerer auszuhalten. Bei mir war das anders. Ich hatte mich ganz bewusst dafür entschieden zu kämpfen und fand das wichtig und richtig. Bei meinen ersten Angriffen hatte ich große Angst. Einmal war sie so stark, dass ich nicht mehr weitergehen konnte. Ich habe mich auf einen Stein gesetzt und mich gefragt: ›Willst du jetzt doch nach Deutschland zurück?‹ Johanna hatte mir geschrieben, dass ich mit meiner Familie jederzeit kommen kann, es würde sicher akzeptiert werden, dass ich in Gefahr bin. Aber mein nächster Gedanke war: ›Nein! Dann kannst du nie mehr in Afghanistan mit den Leuten zusammen leben, die gekämpft haben, die ihren Vater, ihre Mutter, ihr Bein, ihr Auge, ihr Kind verloren haben. Was würdest du zu ihnen sagen: Ja, schlimm. Ich habe davon im Radio gehört? – Nein!‹ In diesem Moment habe ich beschlossen zu kämpfen, bis zum Ende. Und in diesem Moment habe ich auch meine Angst verloren. Bis heute habe ich keine Angst. Ich bin bereit zu sterben.

Wenn damals andere gestorben sind, dann war das normal für mich, ich rechnete damit, am nächsten Tag selbst tot zu sein. Ich glaube, wenn man sich oft genug damit auseinandergesetzt hat, dass man im Kampf stirbt und sich trotzdem dafür entschieden hat zu kämpfen, dann hat der Tod eines anderen Kämpfers keine Wirkung, er ändert nichts.«

Es ist Khazan Gul sichtlich schwer gefallen, über die getöteten Freunde zu sprechen und so verzichte ich darauf, ihn nach dem dritten Mann zu fragen. Es ist ohnehin schon spät. Wir trinken unsere Teetassen aus und gehen schlafen.

Mordanschlag

von Heiner

»Khazan Gul ist im Fernsehen!« Monikas Mutter kommt aufgeregt zu uns ins Zimmer gestürzt. Khazan Gul im Fernsehen?
Sie muss sich täuschen! Allenfalls könnte das die Aufzeichnung
einer Phoenix-Sendung[1] vom April 2009 sein, die vielleicht
heute – es ist der 20. Juli 2009 – wiederholt wird. Denn vor
Kurzem hat uns Johanna angerufen und berichtet, dass Khazan
Gul bei einem Mordanschlag angeschossen und im Brustbe-
reich schwer verletzt wurde, und dass unklar ist, ob er überleben wird. Mehr wussten wir nicht, bis es uns vor einigen Tagen
gelang, am Telefon kurz mit ihm zu sprechen. Er hörte sich
überraschend kräftig an, als er erzählte, dass eine Kugel seine

---

1   Khazan Gul war am 01.04.2009 in der Diskussionssendung »Phoenix-
    Runde« (u. a. mit Peter Scholl-Latour), die Sendung kann (Stand Herbst
    2013) auf der Webseite von Phoenix angesehen werden.

Brust knapp über dem Herzen durchschlagen habe, dass er in einem amerikanischen Militärkrankenhaus operiert worden sei und es ihm schon etwas besser gehe.

Trotz unserer Zweifel rennen Monika und ich natürlich sofort hinterher zum Fernseher. Es ist tatsächlich Khazan Gul! Er liegt auf einem Operationstisch, umgeben von amerikanischen Pflegern und Ärzten in Militäruniform. Ein Journalist, der nicht im Bild zu sehen ist, fragt Khazan Gul auf Deutsch[2], ob er wisse, warum er angegriffen wurde. Er antwortet: »Es gibt keine Erklärung. In Afghanistan gibt es doch täglich viele Tote, für die es keine Erklärung gibt.« Unter einem blauen Operationstuch liegend, mit Sauerstoffmaske auf der Stirn und einem Lächeln im Gesicht erklärt er: »Erziehungswesen und Bildung sind meine Heimat. Ich will Afghanistan befreien. Und das kann nur durch Erziehung und Bildung befreit werden. Für mich sind Landwirtschaft und Erziehungswesen die wichtigsten Gründe und Mittel, Afghanistan zu befreien.« Man hört, wie ein Mann Khazan Gul auf Englisch auffordert, sich nicht so viel zu bewegen. Doch er lässt sich nicht beirren und setzt das Interview fort: »Meine Schulen sind bis jetzt nicht angegriffen worden. Ich wollte auch nicht berühmt werden, einfach arbeiten. Ich habe Geld gesammelt in Deutschland und es hierher gebracht. Ich habe mit Regierungen nichts zu tun. Der Freundeskreis Afghanistan Schweiz hat mich eingeladen, sie wollen ein Landwirtschaftsprojekt hier finanzieren.« Wir können kaum glauben, was wir sehen. Ich habe das Gefühl, dass diese Szene anderen Fernsehzuschauern noch unwahrscheinlicher erscheinen muss als uns, und dass sie denken könnten: ›Wie egoistisch von dem Reporter, das so auszunutzen!‹ Aber

---

2 Der Beitrag des auf den Mittleren Osten spezialisierten Journalisten und Kameramanns Gianluca Grossi und seiner Produktionsfirma (www. weastproductions.com) lief in der Sendung »10vor10« am 20. Juli 2009 unter dem Titel »Ein Blick hinter die Kulissen im Krieg gegen die Taliban« im Schweizer Fernsehen. Er kann (Stand Herbst 2013) auf der Webseite srf.ch angesehen werden.

wir kennen Khazan Gul gut genug um zu wissen: Es ist eher umgekehrt. Khazan Gul nutzt die Situation, um seine Gedanken und Überzeugungen dazu, wie Afghanistan befreit und aufgebaut werden kann, weiterzugeben, »Propaganda zu machen«, wie er es nennt.

Ein weiterer schwerverletzter Afghane wird eingeliefert, die Kommandantin des Militärkrankenhauses wird befragt, schließlich wird wieder Khazan Gul gezeigt, der erläutert: »Ich warte nicht, dass die Lage verbessert wird, ich arbeite weiter. Das muss man auch: unter allen Bedingungen arbeiten. Das ist egal. Wir können nicht warten, bis zuerst die Sicherheit kommt, und dann arbeiten.« In einer kurzen Sequenz ist ein aus der US-Basis aufgenommener Kampfhubschrauber zu sehen, wie er Angriffe fliegt. Der Sprecher erklärt dazu, dass er wahrscheinlich Talibankämpfer beschieße und ergänzt, dass auch Khazan Gul sich als Kämpfer sehe, als einen für den Wiederaufbau des Landes. Dann wird das Interview mit dem liegenden Khazan Gul fortgesetzt, und der Journalist stellt fest: »Sie sind ein Kämpfer!« Khazan Gul widerspricht nicht, präzisiert aber: »Nicht mit Waffen, mit anderen Mitteln. Und ich will bis zum Ende kämpfen.« Auf die Frage des Journalisten, »Haben Sie Angst jetzt?«, antwortet Khazan Gul ohne zu zögern: »Nein, überhaupt nicht. Ich habe beschlossen, bis zum Ende zu kämpfen.«

Am nächsten Morgen versuchen wir Khazan Gul anzurufen, doch wie so oft scheint die Telefonverbindung nach Afghanistan gestört. Einige Tage später erreichen wir ihn endlich. Es geht ihm inzwischen noch einmal besser, und er kann uns erzählen, was passiert war: »Nach einer Jirga in Dragai wollte ich mit einem Freund nach Khost zurückfahren. Wir waren zu zweit, beide unbewaffnet, er hat das Auto gesteuert. Wir waren noch im Dorf, an einer Stelle, wo man wegen der Schlaglöcher langsam fahren muss: Plötzlich habe ich Schüsse gehört und einen Mann gesehen, der mit einer Pistole von vorne durch die Windschutzscheibe auf mich gefeuert hat, er war ganz nah, etwa fünf Meter. Ich glaube, es haben noch andere geschossen, aber wie viele, wo sie standen und welche Waffen sie hatten, weiß ich nicht. Wir sind beide getroffen worden. Das Auto hatte noch etwas Schwung und ist ungesteuert weitergerollt, bis wir nicht mehr so nahe bei den Schützen waren. Sie haben wohl gedacht, dass wir nach ihren Schüssen tot sein müssen. Aber ich war nur verletzt, habe die Autotüre geöffnet und bin ausgestiegen, da sind sie weggerannt. Vielleicht waren sie überrascht, dass ich noch lebe und haben befürchtet, dass ich bewaffnet bin und gleich zurückschieße. Außerdem sind andere Leute nähergekommen, um zu sehen, was los ist, und viele der Bewohner von Dragai sind meine Freunde. Jemand hat mich notdürftig verbunden, mein Freund war leider sofort tot. Die Leute haben geholfen, ihn auf die Rücksitze zu legen. Ein anderer Freund, der zufällig vorbeikam, hat uns mit dem zerschossenen Auto in die Stadt Khost zum Krankenhaus gefahren. Die Ärzte dort haben gesagt, dass sie nichts für mich tun können, das Krankenhaus ist für solche Operationen nicht ausgestattet. Da habe ich schon gewusst, dass ich wahrscheinlich sterben werde. Aber irgendjemand im Krankenhaus hat es geschafft, einen Kontakt in die amerikanische Basis herzustellen. Wer das war, weiß ich nicht. Mich kennt fast jeder in Khost, aber ich kenne nicht alle meine Freunde. Jedenfalls hat jemand erreicht, dass mich die Amerikaner in ihre Basis hineinlassen und in ihrem Krankenhaus untersuchen. Sie haben mich dort dann auch operiert.« »Wir haben das unglaubliche Interview mit dir auf dem Operationstisch im Schweizer Fernsehen gesehen!«, platzt es aus mir heraus. Khazan Gul lacht: »Das war ein toller Zufall, dass gerade der Reporter da war, und er sogar Deutsch sprach! Ich spreche ja kein Englisch. Für mich war das sehr gut. Ich wusste ja nicht, ob ich weiterlebe oder bald tot bin, und da konnte ich auf jeden Fall vorher noch etwas für Afghanistan arbeiten.« So ähnlich hatten wir uns das vorgestellt.

»Kurze Zeit nach der Operation kam ein Amerikaner vom Geheimdienst, auch er hat Deutsch gesprochen mit mir. Ich habe gedacht: ›Jetzt sage ich ihm alles, was ich denke. Ich sterbe vielleicht sowieso, und wenigstens der eine hat dann die Wahrheit gehört.‹ Ich habe ihm erklärt: ›Ihr größter Fehler ist: Sie kommen aus Amerika und denken, dass Sie dieses Land, das ich seit meiner Kindheit kenne, besser verstehen als ich. Das verursacht viele Schwierigkeiten. Außerdem töten Sie uns und nennen das Hilfe, das ist doch nicht richtig! Sie verdrehen die Begriffe! Sie behaupten, Sie seien da, um uns zu schützen, für Sicherheit zu sorgen, und trotzdem sterben täglich viele Leute, ich vielleicht jetzt auch. Sie schützen doch nur sich selbst. Ich kann nicht zu Ihnen in die Basis hinein, Sie können kaum herauskommen, und wenn, sind Sie in einem gepanzerten Fahrzeug unterwegs. Wie können Sie mich da schützen? Wie kann man das Sicherheit nennen, wenn man nur im Panzer oder hinter Mauern aus dicken Sandsäcken sitzen kann? Wie sollen wir Afghanen bei einer solchen ›Sicherheit‹ zum Arbeiten oder Einkaufen gehen?

Sie sagen Terrorist und meinen die Selbstmordattentäter. Aber jemand, der sich selbst umbringt, kann doch kein Terrorist sein. Ein Terrorist hat ein politisches Ziel und möchte die anderen vernichten, damit er an die Macht kommt. So einer ist Terrorist, und nicht der, der stirbt. Sie sagen, ein Selbstmordattentäter sei feige. Aber es ist doch nicht feige, wenn man bereit ist, selbst zu sterben. Das ist nicht leicht, das ist sehr tapfer. Finden Sie es mutig, wenn man aus vielen hundert oder aus tausenden Metern Höhe Bomben abwirft? Sie sagen, Sie bringen Demokratie nach Afghanistan. Aber gleichzeitig wollen Sie bestimmen, wer bei uns an der Regierung ist. Das ist doch keine Demokratie! Sie denken, wir sind dumm, aber wir verstehen durchaus, dass Sie die Begriffe falsch verwenden.‹

So habe ich richtig geschimpft mit ihm. Er hat zu mir gesagt: ›Sie sind ein besonderer Mensch, so reden Afghanen normalerweise nicht mit uns.‹ Ich habe geantwortet: ›Die Afghanen, die mit Ihnen zusammenarbeiten, sagen alles, was Ihnen Freude macht, die wollen nur Ihr Geld. Sie glauben, dass die Amerikaner gekommen sind, um Afghanistan zu besetzen, und dass sie das jetzt nutzen müssen. Jeder von denen will Afghanistan verkaufen. Jeder versucht zu zeigen, dass er der bessere Untertan ist, und hofft, dafür noch ein bisschen mehr Geld zu bekommen. Sie schaffen das Geld ins Ausland, nach Dubai oder Europa, legen es dort an oder bauen in Kabul schöne Häuser. Das sind für mich keine Afghanen, sie haben aufgegeben, Afghanistan selbst besitzen zu wollen!‹ Der Mensch vom Geheimdienst hat sich das tatsächlich angehört. Vielleicht hat er etwas verstanden.«

Trotz seiner robusten Konstitution und seines ungebrochenen Willens, weiter für Afghanistan zu arbeiten, dauert es fast ein Jahr, bis Khazan Gul sich erholt hat.

Zwischen Anfang 2010 und Anfang 2012 unternehmen verschiedene deutsche Freunde immer wieder neue Anläufe, Khazan Gul nach Deutschland einzuladen. Doch die förmlichen Schreiben, Verpflichtungserklärungen und abgeschlossenen Versicherungen, allesamt notwendige Voraussetzungen für ein Visum, sind vergebens: Khazan Guls Anträge werden von der deutschen Botschaft in Kabul jedes Mal ohne Begründung abgelehnt. Im März 2012 erhält Khazan Gul durch die Hilfe eines bekannten deutschen Politikers, der sich sehr für Afghanistan einsetzt, überraschend ein Visum, das ab dem nächsten Tag für vier Wochen gültig ist. Wir freuen uns, Khazan Gul wenige Tage später beim Jahrestreffen des Freundeskreises Afghanistan wiederzusehen, so kräftig und lebendig wie wir ihn in Erinnerung haben. Fünfhundert Euro für eine Kuh haben wir mitgebracht, denn sein Amulett hat wieder geholfen: Unsere zweite Tochter Lotte ist inzwischen gut ein Jahr alt und Khazan Gul freut sich unbändig, sie zu sehen.

Eine Reihe von Freunden und auch wir beginnen sofort damit, Veranstaltungen zu organisieren. Einige Tage wird Khazan Gul bei uns verbringen und im Raum Ulm und im Allgäu Vorträge halten, an Schulen und für die Öffentlichkeit. Diese Gelegenheit möchten wir dazu nutzen, um das bisher Geschriebene mit ihm zu besprechen und noch mehr über seinen Guerillakampf und die Zeit danach zu erfahren.

Guerillakrieg aus der Nähe

von Monika

Es ist Ende März 2012, seit zwei Wochen ist Khazan Gul nun in Deutschland. Heute ist er mit dem Zug in Ulm angekommen und hat am Nachmittag schon einen Vortrag gehalten. Jetzt sitzen wir bei uns zu Hause auf dem Sofa und ich frage ihn: »Als wir vor drei Jahren hier mit Johanna und Meraj zusammengesessen haben, hast du uns einiges über die Zeit des Guerillakrieges gegen die Sowjetunion erzählt, aber kaum von militärischen Aktionen eurer Gruppe. Kannst du dich an einzelne Angriffe oder Kämpfe erinnern?«

»Natürlich!«, antwortet Khazan Gul und beginnt zu erzählen: »Einmal haben wir das Haus des Ulus Wal, des Chefs der Bezirksregierung, angegriffen, als Rache für eine Ohrfeige, die er einem unserer politischen Freunde gegeben hatte. Dieser Freund arbeitete bei der Regierung, es war streng geheim, dass er mit uns befreundet war. Er war kein Tani, aber vom gleichen Stamm wie der Ulus Wal. Für uns war dieser Freund sehr wichtig, weil er uns Nachrichten geliefert hat. Zum Beispiel wusste er viel darüber, wo Soldaten stationiert waren. Eines Abends kam er zu uns und war traurig. Er berichtete: ›Wir hatten eine Jirga, da wurde behauptet, die meisten Tani seien Kämpfer oder Spione. Es wurde uns deshalb verboten, zu den Tani zu gehen oder ihnen zu erlauben, uns zu besuchen. Ich habe vorgebracht, dass viele aus unserem Stamm Verwandte in Tani haben, dass unsere Töchter dort verheiratet sind und umgekehrt. Ich wollte mir nicht verbieten lassen hierherzukommen. Daraufhin stellte sich der Ulus Wal direkt vor mich hin und gab mir vor allen Leuten eine Ohrfeige!‹ Das war eine enorme Beleidigung, unser Freund war ein angesehener Mann. Er hoffte, dass wir etwas dafür tun konnten, seine Ehre wiederherzustellen. Nachdem wir uns beraten hatten, ging er zurück nach Khost, und ich plante einen Angriff.

Zunächst habe ich mir das Haus des Ulus Wal genau angesehen. Ich musste wissen, wo die Leute schlafen und wo die Tiere sind. Einige Tage später bin ich abends mit fünf Männern losgezogen. Wir haben Sprengstoff mitgenommen, einen Zünder und eine Handgranate. Vor dem Haus habe ich zu den Männern gesagt: ›Bleibt hier sitzen. Ich gehe auf die andere Seite. Sobald ihr meine Handgranate hört, beginnt ihr zu schießen. Die Wache wird dann auf eure Seite gehen und ich kann zurückkommen.‹ Bevor ich die Handgranate zündete, habe ich außen an der Mauer Sprengstoff angebracht, direkt an der Stelle, wo auf der Innenseite der Mauer die Schlafzimmer waren. Dazu habe ich einen vorbereiteten Brief gelegt, in dem ich den Ulus Wal bedrohte. Er solle weggehen. Wir wollten seiner Familie nicht schaden, aber wenn er nicht gehe, werde der Sprengstoff beim nächsten Mal gezündet. Anschließend habe ich die Handgranate über die Mauer geworfen, irgendwohin, wo ich dachte, dass niemand zu Schaden kommt.

Der Ulus Wal ist nicht gegangen. Im Gegenteil, er hat Regierungsmilizen als zusätzliche Wachen eingesetzt. Als wir das gehört haben, stand fest, dass wir ihn nochmals angreifen. Dieses Mal waren wir zehn Männer. An einer geschützten Stelle habe ich gesagt: ›Bleibt hier sitzen, schießt nur, wenn sie auf euch schießen. Ich werde von einer anderen Stelle aus angreifen.‹ Dort habe ich ein Maschinengewehr auf das Haus gerichtet, hundert Schuss mit der Automatik abgefeuert und bin danach schnell zurückgerannt. Die Wachen haben das Feuer erwidert, aber da war ich schon wieder weg. Währenddessen haben wir von der anderen Seite überraschend angegriffen und uns dann schnell zurückgezogen. Bei dieser Aktion haben wir viel zerstört. Der Ulus Wal wusste jetzt, dass er nicht mehr regieren kann und verließ die Gegend.

Diese Aktion hat mir später noch viel genützt. Ich konnte Drohbriefe schreiben und es war bekannt: Was Khazan Gul androht, das passiert auch! Unser Freund war glücklich. Er hat zu seinen Freunden gesagt: ›Seht! Man gibt mir nicht einfach eine Ohrfeige.‹ Es war sehr gefährlich für ihn, das zu sagen. Dadurch gab er schon fast zu, dass er etwas mit den Mujahedin zu tun hatte. Aber die Khalki hatten keinen Beweis. Er war auf unserer Seite, lebte und arbeitete aber beim Feind. Das ist sehr schwer, ich hätte das nicht gekonnt. Ständig schwebte er in Gefahr. Später wurde er von Regierungsmilizen umgebracht.

Es gab viele Leute wie ihn, die für die Regierung arbeiteten, aber eigentlich unsere Freunde waren. Einigen Regierungssoldaten haben wir verschossene Hülsen gegeben. Sie konnten diese gegen neue Munition eintauschen. Wer das für uns machte, war streng geheim. Das wusste nur ich. Für mich waren alle afghanischen Regierungssoldaten unsere Freunde, auch die, zu denen wir keinen Kontakt hatten, und ich wollte nie auf sie schießen. Leider haben das nicht alle Mujahedin so gesehen. Deshalb wurden am Schluss viele Freunde, die gleichzeitig für die Khalki und für uns gearbeitet hatten, getötet.

Ich habe mit meinen Männern Gebäude angegriffen, nicht Menschen. Vor allem wollten wir keine Afghanen töten, bei Russen war das etwas anderes. Sie waren für uns allein durch ihre Anwesenheit eine Gefahr, die wir beseitigen wollten. Aber oft gab es nur wenige Russen in Khost. Sie waren Berater, keine Kämpfer.

Einmal haben wir zufällig vier Russen getötet. Nachts haben wir ein Regierungsgebäude im Zentrum von Khost angegriffen, ein rundes Gebäude, das mitten in der Straße Richtung Kabul steht. Mit einer Rakete bin ich näher als fünfzig Meter an das Gebäude herangegangen und habe sie abgefeuert. Ich hörte kein Einschlaggeräusch, das hat mich gewundert, denn aus so kurzer Entfernung muss man normalerweise treffen. Enttäuscht bin ich zu den anderen zurück. Sie wollten sich schon davonschleichen, aber ich habe ihnen leise zugerufen: ›Bleibt stehen, ich will noch mal Munition haben.‹ Beim nächsten Versuch habe ich etwas tiefer geschossen und das Gebäude getroffen. Am nächsten Tag haben wir im Radio gehört, dass in der Nacht vier Russen von einer Rakete getötet worden waren. Sie sei durch die Fenster eines Gebäudes hindurchgeflogen und auf der anderen Seite in einen Geländewagen eingeschlagen, in dem vier Russen saßen. Das war ein Zufall! Ich hatte mit dem ersten Schuss also das Fahrzeug der Russen getroffen.

Gegen Ende des Krieges bekamen die sieben in Pakistan registrierten afghanischen Parteien immer bessere Bewaffnung. Meine Kämpfer waren unglücklich und meinten: ›Wir kämpfen viel besser als alle anderen, aber unsere Waffen sind die schlechtesten.‹ Ich war genötigt, enger mit einer dieser Parteien zusammenzuarbeiten, um ebenfalls an gute Waffen zu kommen.

Zuerst bin ich zu Gailani gegangen, der mir die ersten Kalaschnikows gegeben hatte. Ich habe ihm gesagt, dass ich eine kleine Organisation mit zweihundert Männern habe, aber nicht genug gute Waffen. Er wollte uns nur helfen, wenn ich meine Organisation aufgebe und für ihn kämpfe. Aber das wollte ich nicht. Er meinte dann: ›Mit meiner großen Mühle kann ich keine kleine Mühle neben mir dulden.‹ Ich habe daraus geschlossen, dass er mich umbringen lassen würde, wenn er die Möglichkeit dazu hat. Von da an war ich noch vorsichtiger, wenn ich nach Pakistan ging. Auch die anderen Parteien hat es gestört, dass ich unabhängig war. Einige ihrer Führer wollten mich ebenfalls töten. Als Grund haben sie vorgeschoben, dass ich ungläubig sei, weil ich in Europa war. Dabei bin ich in Wirklichkeit mindestens so gläubig wie sie oder sogar gläubiger. Aber ich musste ständig beweisen, dass ich ein besonders guter Muslim bin, immer bete und mich islamischer verhalte als die anderen.

Maulavi Mohammad Yunus Khales war schließlich der einzige Parteiführer, der bereit war, mich als Unabhängigen zu unterstützen. Aber auch er forderte immer wieder, dass wir nicht mehr unter unserem eigenen Namen ›Muslimische Freiheitskämpfer für Afghanistan‹, sondern unter dem Namen seiner Partei, der ›Hizb-e Islami Khales‹, kämpfen. Ich wusste, dass auch Leute von Khales mich gerne getötet hätten. Aber ich hatte in der Partei einen Freund, Natiullah, er hat bei Khales für mich gesprochen und verhandelt. Dadurch musste ich selbst nicht so oft zu Khales und es war nicht ganz so gefährlich für mich. Natiullah war ein sehr guter Mensch, vor dem Krieg war er Lehrer gewesen.

Bei unserem größten Kampf habe ich auch mit Khales zusammengearbeitet, das war im Jawar-Krieg[1]. Dort in den Bergen an der Grenze zu Pakistan war die wichtigste Mujahedin-Basis der Region, mit vielen Höhlen und einem großen Waffen- und Munitionslager. Sie wurde von Mujahedin aller Parteien genutzt. Von Miran Schah in Pakistan aus führte eine Straße nach Jawar und endete dort. Unsere Basis in Tani war vier oder fünf Stunden zu Fuß entfernt.

Die Russen und die afghanische Regierung hatten beschlossen, diese wichtige Basis in Jawar zu erobern. Zu dieser Zeit war ein Verwandter von mir in Thal, einer kleinen Stadt in Pakistan westlich von Khost, an einer Krankheit verstorben. Ich war mit einigen meiner Männer dort bei der Beerdigung. Der Mullah hat über das Paradies gesprochen, über die Schönheit und all

---

1 Wie wir anhand von Zeitungsberichten herausfinden konnten, fanden die Kämpfe, die als »Jawar-Krieg« bekannt wurden, im Frühjahr 1986 statt.

das Gute, was auf den Toten dort wartet. Nach seiner Rede habe ich zu den Leuten gesagt: ›Das hat sich doch schön angehört, das Paradies. Wer dorthin möchte, kann mich morgen begleiten. Ich bezahle die Fahrt und das Essen. Unsere Basis in Jawar wird von Regierungstruppen angegriffen, wir müssen sie verteidigen. Ich gehe morgen zum Heiligen Krieg.‹ Es war ein großes Begräbnis. Achthundert Männer haben sich bereit erklärt mitzukommen. Am nächsten Morgen waren allerdings nicht alle da, nur etwa zwanzig, die meisten von ihnen meine Kämpfer. Wir sind mit dem Sammeltaxi nach Miran Schah gefahren und von dort aus weiter bis nach Jawar. Es war Nacht als wir ankamen. Sofort wurden etwa vierhundert Kämpfer unter mein Kommando gestellt. Die Angriffe der Regierungstruppen waren verheerend, wir mussten in der gleichen Nacht noch aufbrechen, um kämpfende Mudjahedingruppen zu unterstützen. Es hat ein wenig geregnet und es war stockdunkel. Man konnte die Hand vor den Augen nicht sehen. Die Flugzeuge der Russen haben immer wieder Leuchtraketen über dem Gebiet gezündet. Wir dagegen durften keine Taschenlampe benutzen, sie hätten uns gesehen und sofort bombardiert. Bald waren wir vom Weg abgekommen und hatten große Angst, dem Feind in die Arme zu laufen. Die Regierungstruppen waren nah. Auf einmal kam uns ein Mann entgegen. Wir haben ihn bedroht, er solle stehen bleiben. Er hat Angst bekommen und sich nicht mehr bewegt. Da erkannten wir erst, dass er auch ein Mujahed war, einer von uns. Eigentlich hatte er flüchten wollen, aber sich dabei verirrt. Er meinte: ›In diese Richtung geht es nicht weiter, nach einem Kilometer kommen die Russen.‹ Wir drehten um und versuchten einen anderen Weg. Das Gelände war sehr steil, einige sind im Dunkeln gestürzt und den Berg hinuntergerollt. Vielleicht wollten sie auch einfach nicht weitergehen. Einer nach dem anderen ist verschwunden, viele wortlos, manche haben noch gesagt: ›Ich bin verletzt und drehe um.‹ Als wir den Platz gefunden hatten, an dem die kämpfenden Mujahedin lagerten, waren wir nur noch zwanzig Männer, alle von ihnen meine Freunde. Dort befand sich auch Natiullah, mein Freund aus der Partei von Khales. Er war bei dieser Aktion mein Chef und sollte mir sagen, wo wir kämpfen werden. Gerade kam er von einer Versammlung der verschiedenen Gruppen. Er zeigte mir eine Karte: ›Der kürzeste Weg nach Jawar führt über einen Pass, die Russen werden dort durchkommen. Bis jetzt hat sich niemand gemeldet, diese Schlüsselstelle zu verteidigen.‹ Ich schaute mir die Karte an und stellte fest: ›Das liegt ja in Tani! Dann müssen wir die Stelle verteidigen.‹ Er war glücklich, dass er jemanden gefunden hatte. Am nächsten Abend, als es dunkel wurde, bin ich mit meinen Männern losgelaufen. Weil die Regierungstruppen unten im Tal waren, mussten wir uns oben am steilen Hang entlang bewegen, das war anstrengend. Schließlich sind wir den Regierungstruppen so nahe gekommen, dass wir sie sogar husten hörten. Ich habe zu meinen Männern gesagt: ›Heute Nacht müssen wir arbeiten: Schweiß oder Blut. Wenn wir nicht bis morgen früh ein Versteck gebaut haben, sind wir alle tot.‹ Wir haben Bäume gefällt, Gräben gezogen und mit den Bäumen und Ästen abgedeckt. Am Schluss kam Erde darauf. Die Regierungstruppen konnten hören, wie wir arbeiteten. Aber sie konnten in der Nacht nichts tun, wir waren im Steilgelände hoch über ihnen. Als es hell wurde, haben wir geschaut, welche Farbe die Regierungstruppen zeigen. Es war Rot. Jeden Tag legten sie Stoffstücke in einer anderen Farbe aus. Dort, wo die richtige Farbe hing, wurde nicht bombardiert. Wir kannten das, hatten Stoffstücke verschiedener Farben dabei und haben schnell die roten ausgelegt. So musste man aus der Luft annehmen, dass wir noch zu den Regierungstruppen gehören. Luftlinie waren wir keine hundert Meter von ihren Stellungen entfernt. Immer wieder flogen Flugzeuge dicht über uns hinweg und warfen Bomben ab. Das war schrecklich laut. Jedes Mal dachte ich, jetzt sind wir tot. Aber wie durch ein Wunder haben alle überlebt, es wurde nicht einmal jemand verletzt. Alle Bomben hatten hinter uns eingeschlagen, unsere Taktik war aufgegangen. Nach der Bombardierung kamen wir aus unserem Unterschlupf heraus und positionierten uns so schnell wie möglich an einer günstigen, geschützten Stelle, von der aus wir den Zugang zum Pass überblicken konnten. Als die Russen und die Regierungssoldaten versuchten, zum Pass vorzudringen, mussten sie über eine freie Fläche. Von unserem Beschuss mit Gewehren und einer Kanone waren sie völlig überrascht und hatten Verluste. Sie hatten nicht damit gerechnet, dass wir noch leben. Schnell sind sie wieder umgekehrt. Anschließend haben wir auch dort, wo wir geschossen hatten, Stellungen für uns gebaut und sogar Gräben bis zu unserem Unterschlupf gezogen. So konnten wir uns geschützt bewegen.

Bis zur nächsten Bombardierung aus der Luft dauerte es nicht sehr lange. Es war grauenvoll. Aber wir haben, so wie beim ersten Mal, in unserem Unterschlupf ganz nahe an den Regierungstruppen überlebt. Danach sind wir in unsere anderen Stellungen zurück. Sie waren durch die Bomben zerstört. Überlebt hätten wir dort nicht, aber wir konnten sie schnell wieder nutzbar machen. Ich glaube, die Russen und die Regierungssoldaten waren schockiert, dass wir immer noch lebten und sie wieder von oben beschossen, als sie erneut zum Pass hochkommen wollten.

Mehrmals ging das so, bis sie merkten, dass wir diese Schlüsselstelle bis zum Tod halten würden, und dass wir nicht leicht zu töten waren. Sie griffen dann nicht mehr an. Trotzdem haben wir zwei oder drei Mal am Tag auf sie geschossen, damit sie wussten, wir sind noch da, auch wenn sie uns wieder aus der Luft bombardiert hatten. Öfter konnten wir nicht schießen, wir hatten nicht so viel Munition. Weil wir erwarteten, dass sie nachts kommen, haben wir tagsüber geschlafen, bis auf die Wache natürlich. Schlimm war, dass wir kein Wasser hatten. Jedes Mal haben wir gelost, wer Wasser holen muss, denn wir haben damit gerechnet, dabei zu sterben. Zum Glück ging es immer gut. Vierzehn Tage lang haben wir den Pass verteidigt. So lange konnten wir nicht beten, denn vor dem Beten muss man sich waschen. Doch das Wasser hat nicht einmal zum Trinken ausgereicht, immer hatten wir Durst. Am Anfang hatte ich eine Kuh gekauft, die haben wir mitgebracht, dort geschlachtet und das Fleisch gegrillt. In den letzten drei Tagen hatten wir nichts mehr zu essen. Diese zwei Wochen waren wie die Hölle.

Dann kam Natiullah, um nachzusehen, ob wir noch leben. Er hatte einige getrocknete Maulbeeren in seiner Tasche und steckte sie sich vor unseren Augen in den Mund. Das hat mich sehr geärgert. Warum bot er uns nichts an? Er ging wieder, um Essen für uns zu organisieren. Nach einem halben Tag kam er mit Trockenobst zurück. Das habe ich unter meinen Männern aufgeteilt. Er saß bei uns, aber ich habe ihm kein einziges Stück angeboten. Da hat er gefragt: ›Warum gibst du mir nichts?‹ Ich habe geantwortet: ›Du hattest vorhin getrocknete Maulbeeren dabei und hast uns auch nichts abgegeben.‹ Da hat er gelacht: ›Das war doch so wenig, nicht einmal eine Beere für jeden.‹ Ich habe auch gelacht und gesagt: ›Das ist egal, wir hatten Hunger.‹ Am Ende habe ich ihm doch etwas gegeben.

Von unseren Stellungen aus konnten wir die ganze Gegend überblicken. Auf der einen Seite des Passes war Jawar, auf der anderen Seite waren die Russen und die Regierungstruppen. Aus der Ferne haben wir beobachtet, wie sie schließlich anfingen, Jawar über einen anderen, viel weiteren Weg anzugreifen, leider erfolgreich. Sie haben das Waffenlager gesprengt, es gab eine große Explosion. Ich bin schnell zu einem Mudjahedinstützpunkt in unserer Nähe gelaufen. Von dort habe ich mit Leuten in Miran Schah gefunkt. Die konnten kaum glauben, dass wir noch leben. Sie wussten schon, dass Jawar eingenommen und gesprengt worden war und ihnen war bekannt, dass wir versucht hatten, eine sehr gefährliche Stelle zu verteidigen. Ich habe ins Funkgerät gesagt: ›Wir konnten den Pass halten, sie sind nicht an uns vorbei gekommen. Aber jetzt können sie uns den Rückweg abschneiden, wenn wir uns nicht schnell zurückziehen.‹ Da hat der Parteichef, also Khales selbst, gesagt, wir sollen unsere Stellung sofort aufgeben. Khales war sehr glücklich darüber, dass wir alle am Leben waren und niemand verletzt war. Er war kein schlechter Mensch, bescheiden, ein Gelehrter des Islam, vor dem Krieg war er Dichter gewesen. In Königszeiten hatte er als Chef einer Zeitung gearbeitet. Khales stammte aus Khugyani, bei Jalalabad. Er und seine Leute haben sehr mutig gekämpft. Deswegen wollte ich zu ihm, als es unmöglich wurde, völlig unabhängig zu bleiben. Einige der anderen Parteien haben nicht so viel gekämpft, obwohl sie, besonders von den westlichen Ländern, viel Geld dafür bekommen haben. Viele der Waffen, die sie erhalten haben, haben sie verkauft. Nach dem Jawar-Krieg haben uns alle bewundert, dass wir so tapfer waren und so nahe an den Feind herangegangen sind. Aber das habe ich nicht aus Tapferkeit gemacht, sondern aus Taktik. Es war viel sicherer. Von uns ist niemand gestorben, aber die anderen, die weiter weg waren, hatten große Verluste. Die Russen konnten Jawar nicht halten. Sie waren nur drei oder vier Tage lang dort und haben so viel zerstört, wie sie konnten. Dann haben die Mujahedin die Basis zurückerobert. Ein Grund dafür war sicherlich, dass es von der afghanischen Seite her keine Straße dorthin gab.

»Hast du immer mit den gleichen Männern gekämpft?«, frage ich. Khazan Gul antwortet: »Nein. Ich habe euch ja erzählt, dass meine Männer immer abwechselnd auch für die Landwirtschaftsprojekte und den Wiederaufbau nach Bombardierungen gearbeitet haben. Und viele der Freunde, die am Anfang bei mir waren, sind später selbst Kommandant geworden. Ich fand das gut. Auch hier habe ich mich als Lehrer gesehen, sie sollten ihr Wissen verbreiten. Für mich war es egal wo sie hingingen, ich wusste, sie würden gut kämpfen. Manche haben für Jalaluddin oder für eine der sieben Parteien gearbeitet, andere waren unabhängige Kommandanten so wie ich. Es ist meine Überzeugung, dass ein Anführer ersetzbar bleiben muss, damit er auch Gefahr auf sich nehmen und vorausgehen kann. Wenn er stirbt, müssen die anderen weitermachen können. Auch deshalb wollte ich meine Gruppe nicht weiter vergrößern, Zweihundert waren genug. Außerdem war ich als Anführer einer kleineren Gruppe weniger gefährdet, getötet zu werden. Ich war nicht so wichtig und es brachte nicht so viel, mich umzubringen.

Ich selbst wollte eigentlich nur Guerillataktik anwenden.

Aber gegen Ende des Krieges wollten immer mehr Mujahedin einen offenen Krieg führen, vor allem Kämpfer, die frisch aus Pakistan kamen. Sie meinten, wenn wir viele Verluste hätten, dann würde uns die Welt wenigstens ernst nehmen und vielleicht etwas unternehmen. Ich wollte keine Toten oder Verletzten. Aber ich musste bei diesen Angriffen trotzdem mitmachen.

Einmal haben wir bei einer solchen großen Aktion mit Männern von Khales zusammen eine Regierungskaserne beschossen. Ich war an der Kanone. Ein Mann saß mit einem Fernrohr und einem Funkgerät auf einem Berg, hat die Einschläge beobachtet und mir Anweisungen gegeben: Mehr rechts oder links, weiter weg oder näher. Dann hat er durchgegeben: ›Jetzt ist es richtig! Wir haben getroffen! Da kommen Frauen und Kinder aus dem Gebäude.‹ Ich bin in Tränen ausgebrochen. Ich wollte keine Unschuldigen treffen – Frauen und Kinder! Sofort habe ich aufgehört. Für die anderen war das ein Schock, dass ein Mujahed plötzlich weint und nicht mehr schießt. Ich musste danach zu Khales, vor eine Art Gericht. Sie haben mir vorgeworfen, ich sei Kommunist, weil ich geweint hätte. Ich habe geantwortet: ›Die Frauen und Kinder tun uns nichts. Es ist unmenschlich, sie zu töten. Ich möchte keinen Menschen töten, der keine Gefahr für mich ist.‹« Khazan Gul rinnen Tränen aus den Augen, trotzdem fährt er mit leiser, aber fester Stimme fort: ›Entschuldigt, ich bin gerade nicht mehr hier, ich bin dort. Im Krieg. Immer werden Unschuldige getötet, das haben die Russen gemacht, das machen die Amerikaner, das habe sogar ich gemacht, obwohl ich es nicht wollte. Diese Bombardierungen, wenn die Amerikaner jetzt Dörfer bombardieren, das ist schrecklich. Wenn ich das höre, könnte ich weinen, weinen, weinen.« Ich gebe Khazan Gul ein Taschentuch, er wischt sein Gesicht trocken und erzählt weiter: »Die Russen haben damals immer wieder aus der Luft angegriffen, am Anfang hauptsächlich dort, wo Mujahedin waren. Aber bald war jeder Afghane, der auf dem Land lebte, Mujahed. Es wurden auch Überschallflugzeuge eingesetzt. Noch bevor wir sie hörten, fielen schon die Bomben. Einmal wurden in einem Nachbardorf drei Häuser bombardiert, die etwas abseits standen. Danach konnte man sich nicht vorstellen, dass dort je Häuser waren. Man sah nichts mehr. Keiner hat überlebt. Von vielen Menschen haben wir gar nichts mehr gefunden. Wer nicht direkt getroffen wurde, wurde weggeschleudert, zum Teil mehrere hundert Meter. Eines dieser Häuser hatte einem Mullah gehört, der sich öffentlich gegen die Regierung gestellt hatte. Das ganze Dorf war sehr traurig. Am nächsten Tag wollten fast alle Männer gegen die Regierung kämpfen. Ich habe zu ihnen geredet: ›Seht her, sie sagen, sie wollen uns helfen, wollen dem Volk Essen, Kleidung und ein Haus bringen. Hier sehen wir ihre Kleidung: das Totentuch, und ihr Haus: das Grab.‹ Ich wollte aufzeigen, dass sie nicht machen, was sie versprechen. Das haben die Leute in diesem Fall leicht verstanden. Später haben wir herausgefunden, dass wir den Funk der Piloten abhören konnten, mit ganz normalen Radios. Die meisten Piloten waren Afghanen, die Ziele wurden vom Stützpunkt in Khost auf Paschtu durchgegeben. So wussten wir, wo bombardiert wird. Viele haben den ganzen Tag am Radio gesessen, in der Nacht konnten die Flugzeuge nicht fliegen, bei dichter Bewölkung auch nicht. Nach einiger Zeit waren die meisten Dörfer mindestens einmal bombardiert worden, fast jeder hatte Verwandte verloren. Bald waren alle echte Feinde der Russen, nicht aus politischen Gründen, sondern aufgrund der Blutrache. Es gab keine Möglichkeit mehr, dass die Russen in Afghanistan bleiben. Wenn die Amerikaner heute bombardieren oder mit Drohnen angreifen, bewirkt es dasselbe.

Ich erinnere mich noch an einen anderen Angriff zusammen mit verschiedenen Mujahedingruppen aus unserer Gegend. Sie planten eine große Offensive auf die westlichen Stadtteile von Khost, dort waren die Regierungstruppen sehr stark. Ich war dagegen. Alle haben sich gewundert: Ausgerechnet ich, der so gut kämpft und nie Angst hat. Ich habe argumentiert: ›Das ist kein guter Plan. Im direkten Kampf sind die Regierungstruppen viel stärker als wir. Wir sollten besser kleine Gruppen von zwanzig oder dreißig Leuten bilden, sie an möglichst vielen verschiedenen Stellen mit Raketen beschießen und uns danach sofort zurückziehen. Am nächsten Tag machen wir dasselbe mit anderen Gruppen. Das wiederholen wir so lange und intensiv, bis sie irgendwann herauskommen und uns angreifen, damit wir aufhören. Dafür müssen wir Gräben und Verstecke vorbereiten, aus denen wir sie dann beschießen und ihnen großen Schaden zufügen können. Wenn wir aber jetzt alle gleichzeitig angreifen, werden wir viele Tote haben und dabei kaum etwas ausrichten. Wir kennen die Gegend nicht genau genug und wissen nicht, wo wir uns verstecken können.‹ Aber es hat nichts genützt, die Mehrheit hat entschieden: Wir greifen an. Ich musste mitmachen. Wenn man als Afghane sagt, ›Ich kämpfe nicht!‹, dann ist man nichts wert. Es war nicht leicht zu kämpfen, ohne von dem Plan überzeugt zu sein. Solche Situationen gab es leider immer wieder.

Am nächsten Nachmittag sind wir losgegangen und die ganze Nacht hindurch gelaufen. Kurz vor Sonnenaufgang waren wir in verlassenen Dörfern im Westen von Khost. Dort haben wir uns verteilt. Meine Aufgabe war, die Regierungstruppen mit meinen Männern von einem Dorf aus anzugreifen. In einem verlassenen Haus haben wir Tee gekocht. Auf einmal kamen Flugzeuge direkt auf das Haus zu. Wir sind aufgesprungen, ich habe gerufen: ›Wir müssen raus, legt euch in die Bewässerungsgräben.‹ Aber wir waren nicht schnell genug, sie haben das Haus getroffen, noch bevor wir draußen waren. Ein Mann war schwer verletzt. Wir haben ihn zu einem Bewässerungsgraben geschleppt und uns hineingelegt. Sie haben weiter bombardiert, aber es wurde niemand mehr getroffen. Im Graben waren wir vor Splittern geschützt. Langsam sind wir weggerobbt. Wir waren sechzehn Kämpfer, alles meine Freunde. Die Flugzeuge sind abgezogen, wir konnten den Graben verlassen und uns etwas schneller fortbewegen. Doch kurz darauf kamen zwei Hubschrauber, sie haben uns gesucht und auch gefunden. Wieder haben wir uns in einen Bewässerungsgraben geflüchtet. Er führte kein Wasser, war aber voller Maulbeeren. Ein Maulbeerbaum kann sehr viele Früchte tragen. Sie enthalten viel Zucker und verderben schnell. Die faulige Masse unter uns war schmierig und hat vergoren gestunken, sie sah aus und hat sich angefühlt wie Scheiße. Gleichzeitig haben von oben die Hubschrauber mit Raketen auf uns geschossen, wir mussten uns hineinwerfen. Es war schrecklich! Über eine Stunde lang haben wir so dagelegen. Wir versuchten, ein besseres Versteck zu finden, aber es gab keines. Überall am Körper hatten wir diesen braunen Maulbeerdreck. Ich hörte einen Freund beten: ›Lieber Gott, mach, wie du denkst, lass sie uns alle töten. Aber lass wenigstens einen am Leben, der den Leuten sagen kann, dass das nicht unsere Scheiße ist, dass wir nicht vor Angst in die Hose gemacht haben, sondern dass das Maulbeeren sind.‹ Alle, die ihn hören konnten, haben laut losgelacht. Auf einmal wurden wir von der anderen Seite aus heftig beschossen. Wir wollten weiter flüchten. Doch plötzlich ging nichts mehr vorwärts, weil der vorderste Mann von stacheligen Brombeerranken gestoppt wurde, die den Bewässerungsgraben überwucherten. Ich rief: ›Weiter, hier können wir nicht bleiben!‹, und bin nach vorne: ›Komm her, ich reiß die raus!‹ Da meinte er: ›Wenn du das machst, dann mache ich das auch!‹ Mit bloßen Händen haben wir beide die Brombeerranken herausgerissen und uns kriechend durch die Dornen vorgearbeitet. Selten hat sich etwas so weich angefühlt, wie diese Stacheln. Unsere Angst war so groß, dass der Schmerz nicht wichtig war. Die beiden Hubschrauber haben sich abgewechselt: Einer hat uns beschossen, der andere flog zum Nachladen, so war immer einer da. Bis zum späten Nachmittag hielten sie uns unter Feuer, dann haben sie sich zurückgezogen. In der Nacht haben wir uns mit den anderen Mujahedin getroffen. Von meiner Gruppe war zum Glück niemand gestorben, von den anderen hingegen sehr viele. Sie wollten nicht mehr kämpfen. Ich war der Einzige, der gesagt hat: ›Wir können doch jetzt nicht aufhören. Wir haben so viele Verluste, jetzt müssen wir das Erreichte auch verteidigen, damit nicht alles umsonst war.‹ Aber ich konnte niemanden überzeugen. Alleine wollte meine Gruppe auch nicht weiterkämpfen. Der Tag war zu anstrengend gewesen.

Am Ende hatten die Mujahedin das ganze Land um die Stadt Khost herum eingenommen. Irgendwann haben die Russen Afghanistan verlassen. Die kommunistische Regierung hat noch eine Weile lang versucht, die Städte zu halten. Aber der Kreis wurde immer enger gezogen und eines Tages ist Khost dann gefallen. Psychisch waren die Khalki und die Soldaten alle kaputt. Am Ende haben sie nur noch darauf gewartet, dass wir angreifen. Viele sind geflohen oder zu uns übergelaufen. Khost war die erste Stadt in Afghanistan, die von den Mujahedin befreit wurde. Ich selbst habe aufgehört zu kämpfen, als die Sowjetunion abgezogen war und habe auch meinen Männern verboten weiterzukämpfen. Aber andere Mujahedin haben viel zerstört, als sie die Städte nach und nach eingenommen haben, und viele schreckliche Sachen gemacht, auch normale Leute und Geschäfte ausgeraubt. Was der Regierung gehörte, wurde gestohlen: Teppiche, Geräte, Autos, einfach alles. Zum Teil haben auch Regierungsbeamte selbst wertvolle Dinge mitgenommen, sie kannten ja die Verstecke, und hinterher wurde es den Mujahedin angelastet. In Khost wurde nicht so viel gestohlen, es war einfach kaum etwas da.

Nach der Flucht der Khalki wurde in Khost ein Mullah an die Macht gebracht. Er regierte zusammen mit einem Gouverneur und einem Sicherheitskommandanten in der Stadt, außerhalb hatten sie keinen Einfluss. Der Gouverneur war ein Mann von Jalaluddin, ein Malek, aber er war nicht sehr einflussreich und konnte gegen niemanden etwas unternehmen. Der Mullah war sehr streng. Er wollte islamische Gesetze einführen.

Nach einiger Zeit haben sie mich verhaften lassen. Zwei Wochen lang war ich im Gefängnis. Mein Bruder konnte mich dieses Mal nicht freipressen, denn er ist im Krieg gefallen. Aber mein Stamm hat sich hinter mich gestellt. Einige Männer haben mit dem Mullah und dem Gouverneur verhandelt und gefragt: ›Was hat er gemacht? Warum ist er eingesperrt?‹ Es gab keinen Grund, und schließlich waren sie bereit, mich frei zu lassen, wenn ein Bürge dafür sorgt, dass ich vor Gericht erscheine, wenn sie mich brauchen. Das musste ein Mann sein, der im Bazar ein Geschäft hatte, damit man ihn immer antreffen konnte. Mein Stamm hat jemanden gefunden. Doch als ich draußen war, bin ich trotzdem geflohen, mit meiner ganzen Familie. Dem Geschäftsmann habe ich gesagt: ›Komm mit! Ich muss weg hier und ich will nicht, dass du wegen mir ins Gefängnis musst. Ich bezahle dir, was du in deinem Geschäft verlierst.‹ Das Land, das ich gekauft hatte, haben wir verlassen und sind zurück in die Berge gezogen. Dort hatte der Mullah keine Macht. Ich habe ihm den Krieg erklärt. Da hat er richtig Angst bekommen.

Boten haben versucht, uns zu versöhnen. Wir haben ausgehandelt, dass der Geschäftsmann zurückkommen und sein Geschäft wieder aufnehmen darf. Wenn ihm etwas passierte, würde ich anfangen, gegen den Mullah zu kämpfen. Zu Jalaluddin habe ich auch einen Boten geschickt: Er möge dem Mullah sagen, dass er nicht unschuldige Leute ins Gefängnis werfen kann.

Zu dieser Zeit sind in Kandahar die Taliban an die Macht gekommen. Kurz danach kamen sie auch zu uns nach Khost. Bald war der ganze Süden von den Taliban beherrscht. Der Mullah hatte keine Macht mehr und ich konnte mit meiner Familie auf unser Land zurück. Nur zwei oder drei Monate hatten wir in den Bergen verbracht.

Der Gouverneur und der Mullah hatten viele Leute so wie mich ohne Grund festgenommen. Sie wollten Geld dafür haben, dass sie einen in Ruhe lassen. Bei Streitigkeiten haben sie oft einfach für den entschieden, der am meisten bezahlt hat. Sie haben kaum regiert, sondern hauptsächlich Profit aus ihrer Position herausgeschlagen. Die Bevölkerung war sehr unzufrieden. Als die Taliban auf dem Weg von Kandahar nach Kabul waren, sind Leute losgezogen, um sie zu holen. Mehrere Tausend sind ihnen zum Sate Kandau, dem Pass zwischen Gardez und Khost, entgegengegangen und haben sie begrüßt.

Die Taliban wurden vom pakistanischen Geheimdienst und Militär unterstützt. Die meisten waren Afghanen, die in pakistanischen Flüchtlingslagern in Koranschulen ausgebildet worden waren. Leider konnten viele von ihnen kaum lesen und schreiben. Aber sie waren gute Muslime und wollten in Afghanistan eine islamische Republik errichten. Fast alle waren Paschtunen, es gab aber auch Leute aus dem Panjab, die sich den Taliban aus Idealismus angeschlossen haben. Im Panjab sind nicht alle Leute religiös. Aber diejenigen, die es sind, halten sich streng an alle Gesetze, beten, lesen den Koran, lügen nicht, stehlen nicht und achten die zehn Gebote, dieselben wie im Christentum.

Auch unter den Taliban musste ich ins Gefängnis. Sie dachten, ich sei ein Ungläubiger, weil ich im Ausland studiert hatte. In ihren Augen war ich eine Gefahr. Ich an ihrer Stelle hätte auch Angst gehabt vor jemandem, der im Ausland war, als Lehrer arbeitet und gut kämpft. Dabei war ich gar nicht gegen sie, ich wollte nur nicht für sie arbeiten. Als sie mir das vorschlugen, sagte ich: ›Nein, ich verstehe den Islam nicht gut genug. Am Ende mache ich etwas falsch, weil ich denke, das ist gut, dabei ist es für euch etwas Schlechtes. Dann müsst ihr mich töten.‹ Da haben sie wohl Angst bekommen vor mir, weil sie dachten: ›Wenn er nicht für uns arbeitet, plant er womöglich, gegen uns vorzugehen.‹ Deshalb haben sie mich eingesperrt. Wieder einmal sind viele Leute von meinem Stamm gekommen. Sie haben die Taliban bedroht. Denen war es letztlich zu gefährlich, mit den Tani verfeindet zu sein und sie haben mich freigelassen.

Als die Taliban nach Khost kamen, waren die Regierungsgebäude nur noch Ruinen. Alles, was die Regierung hatte, war kaputt oder gestohlen worden. Die Taliban hatten kein Geld und waren trotzdem nicht korrupt. Wenn es einen Streit gab, haben sie sich beide Seiten angehört. Starke Familien haben versucht, sie zu bestechen oder zu bedrohen. Aber die Taliban haben sich nicht beeinflussen lassen und so gerecht wie möglich geurteilt. Sie haben nicht einmal dort gegessen, wo sie über einen Streit verhandelt haben, um auszuschließen, dass ihnen das als Bestechlichkeit ausgelegt werden könnte. Abends sind sie von Haus zu Haus gegangen und haben um Brot gebettelt. Sie saßen im Regierungsgebäude auf dem Boden und haben das erbettelte Brot gemeinsam gegessen, auch der Gouverneur. Sie haben genauso gelebt wie wir und nicht von oben herab regiert. Sie wussten, dass wir Afghanen das gern haben. Alle haben gesagt: ›Wir hatten noch nie so eine gute Regierung.‹ Unser Leben war sicher. Keiner hatte Angst, auf die Straße zu gehen. Heute leben wir ständig in Angst, täglich passiert etwas. Man konnte damals sogar nachts mit viel Geld quer durchs Land fahren, ohne überfallen zu werden. Es gab Talibangruppen, die Diebe und Räuber gesucht und verhaftet haben. Weil die Taliban mit Pakistan befreundet waren, konnten Verbrecher nicht wie früher nach Pakistan flüchten. Sie wurden auch dort verfolgt.«

Heiner fragt: »Haben die Taliban auch Häuser durchsucht, so wie die Amerikaner, um Verbrecher oder ihre Gegner festzunehmen?« »Nein!«, antwortet Khazan Gul, »Das haben sie nicht einmal dann gemacht, wenn sie wussten, dass sich ein Gesuchter dort aufhält. Sie haben die Ehre unserer Häuser respektiert. Auch haben sie erklärt, dass sie niemals nachts kommen werden und die Leute gewarnt: ›Wenn jemand bei Dunkelheit anklopft und behauptet, er sei ein Talib, dann lügt er!‹ Die Leute durften sich in so einem Fall selbst verteidigen und schießen.

Leider haben die Taliban nach einigen Jahren immer größere Fehler gemacht. Mehr und mehr Leute haben für sie gearbeitet, die sich nicht an den Islam hielten, zum Teil waren sogar Verbrecher dabei. Es gab Regierungsmitarbeiter und Polizisten, die bestechlich waren. Entscheidend ist die Polizei. Wenn sie korrupt ist, wird die Regierung unweigerlich scheitern. Die Polizei hat täglich Kontakt zur Bevölkerung und benötigt Leute, die sich an die Gesetze halten oder an die Religion, oder was auch immer die Regeln vorgibt. Als die Taliban auch in Kabul die Macht übernommen hatten, fühlten sie sich wohl zu stark und dachten, dass sie die Bevölkerung nicht mehr brauchen und auch ohne sie regieren können.«

Heiner wirft ein: »In Deutschland hört man ja immer, dass sie Mädchenschulen verboten haben.« Khazan Gul widerspricht: »Bei uns haben die Taliban nie gesagt, dass Mädchenschulen verboten sind. Die Frage stellte sich nicht. Sie hatten kein Geld, um Lehrer zu bezahlen. Die wenigen Schulen mussten von den Familien der Kinder selbst finanziert werden. Außerdem gab es in Khost für Mädchen auch vor der Talibanzeit keine Schule. Sie hätten wegen der Geschlechtertrennung, die es ebenfalls vor den Taliban schon gab, ein eigenes Schulgelände gebraucht. Männliche Lehrer hätten dort nicht unterrichten können. In Khost hatten wir weder ein Schulgebäude für Mädchen, noch Lehrerinnen, so kam das nie in Betracht.

Am Anfang war die Einhaltung vieler islamischer Regeln Privatsache, aber später haben die Taliban versucht, das mit Gewalt durchzusetzen. Man musste fünf Mal am Tag beten, dafür wurden sogar die Geschäfte geschlossen. Der Bart musste mindestens eine Hand breit lang sein. Man durfte keine Musik machen oder hören und nicht tanzen. Die Bevölkerung wollte ja islamisch leben, aber auf einmal all diese Regeln aufgezwungen zu bekommen, das war zu viel. Bei einem Verstoß musste man bezahlen, wurde geschlagen oder ins Gefängnis geworfen, ohne Gerichtsurteil. Als die Leute auf der Straße geschlagen wurden, wussten alle, das ist nicht islamisch. Denn der Islam verbietet es, jemanden ohne Gerichtsurteil zu bestrafen. So war die Bevölkerung schließlich gegen die Taliban und hat sie nicht unterstützt, als die Amerikaner nach Khost kamen. Bei uns ist damals keine einzige Bombe gefallen, die Taliban sind über Nacht nach Pakistan geflohen. Erst später haben die Amerikaner angefangen, unsere Dörfer zu bombardieren.

Viele Taliban sagen heute selbst, dass sie Fehler gemacht haben. Zu Mohammads Zeiten gab es einen Gouverneur, der eine Stadt regieren sollte. Nach drei Jahren fragte er Mohammad: ›Was soll ich machen? Es gibt seit langer Zeit keine Streitigkeiten mehr, niemand kommt, um sich zu beklagen. Ich habe nichts zu tun!‹ Mohammad antwortete: ›Wenn die Leute zufrieden sind, leistest du beste Arbeit, auch wenn du nicht arbeitest.‹ Dieser Zustand sollte das Ziel sein. Außerdem tun die Regierenden in einer islamischen Regierung nichts für sich selbst, sondern alles für Allah. Sie lügen nicht, betrügen nicht und sind nicht bestechlich. Sie denken nicht an ihren Vorteil, sondern an das Paradies. Aber ich befürchte, solche Menschen gibt es nie genug. Deshalb ist eine islamische Regierung schwer zu verwirklichen.

Ihr wisst ja, dass wir unsere jetzige Regierung nicht selbst finanzieren können, und dass uns das abhängig macht von den Ausländern. Davon, wie die Taliban anfangs regiert haben, können wir für Afghanistan sehr viel lernen. Mit loyalen, gesetzestreuen Leuten und wenig Geld haben sie eine wirklich afghanische Regierung zu Stande gebracht.

Nicht nur die Taliban, viele Regierungen sind am Anfang gut und werden schlechter, wenn sie denken, dass sie die Bevölkerung nicht mehr brauchen. Das ist allgemein ein Problem. Der Mächtige glaubt: Er weiß mehr, kann mehr, versteht mehr. Das funktioniert so lange, bis die vielen schwachen Leute ihn am Hals packen und zudrücken, aber dann ist es zu spät. Dann sterben Menschen und vieles wird zerstört.«

Ich suche Freunde, die ich noch nicht kenne

von Monika

Ein Jahr später, im Frühling 2013, ist Khazan Gul wieder in Deutschland. Einige Freunde haben Vorträge für ihn organisiert. Auch heute Abend steht er im Schalwar Kamiz, auf dem Kopf den Turban, neben einer Leinwand, die eine Karte von Afghanistan zeigt. Gebannt hören ihm die Besucher zu. Er erzählt aus seinem Leben, von seinen Projekten und berichtet über die aktuelle Situation in Afghanistan.

Anschließend bittet er um Fragen, eine Frau meldet sich zu Wort: »Sie sagen, Sie möchten Afghanistan befreien. Wovon?« Khazan Gul erklärt: »Ich möchte, dass wir frei von Armut und Hunger leben können und nicht mehr abhängig sind von fremdem Geld, von fremden Mächten. Mir ist bewusst, dass ich da mit einem Widerspruch lebe: Einerseits sammle ich hier Geld, andererseits sage ich, dass uns die Hilfe abhängig macht. Die westlichen Länder haben unglaubliche Summen für Afghanistan ausgegeben. Mit einem Zehntel davon hätte

man Landwirtschaft und Erziehungswesen so entwickeln können, dass wir schon jetzt kein Geld mehr vom Ausland bräuchten. Aber es wurde nicht richtig verwendet, bis heute nicht.
Ich versuche das, was ich bekomme, so einzusetzen, dass wir in
Zukunft euer Geld nicht mehr brauchen.« Khazan Gul lacht:
»Ich möchte uns also auch von euch befreien«, und fährt dann
ernst fort: »Man sagt euch hier in Deutschland, eure Soldaten
sind in Afghanistan, um das Land aufzubauen und um Mädchenschulen zu schützen. In Wirklichkeit sind sie fast nur damit beschäftigt, für ihre eigene Sicherheit zu sorgen. Außerdem
müsste es jedem einleuchten, dass man für den Aufbau von
Infrastruktur keine Soldaten braucht, sondern Ingenieure. In
Wahrheit wollen die ausländischen Regierungen in Afghanistan bestimmen, uns beherrschen, der Welt aber verkaufen sie
das als Hilfe.«

Ein Zuschauer fragt: »Ich glaube, dass die Deutschen letztlich in Afghanistan sind, weil die USA das so wollen, doch was
wollen die USA dort wirklich? Die Frauen von den Taliban
zu befreien ist ja wohl nur ein Vorwand.« Khazan Gul erwidert: »Das sehe ich auch so. Damit sollten die Menschen in
Europa und Amerika für den Krieg gewonnen werden. Den
meisten Frauen geht es heute nicht besser als vorher, und es
ist schlimm, dass die Unsicherheit, die Kriminalität seit dem
Einmarsch der NATO jedes Jahr zunimmt. Zusätzlich sterben
jeden Tag Menschen durch die ausländischen Soldaten. Es
herrscht Krieg! Krieg ist immer schrecklich, egal wie er begrün-
det wird. Die Amerikaner und Deutschen erzählen, dass in Afghanistan ein Kampf gegen Terroristen geführt wird. Auch das
ist Unsinn, denn fast mit jedem Angriff gegen die sogenannten
Terroristen werden Menschen getötet. Deren Familien zwingt
man mit diesem Vorgehen zur Blutrache, denn in unserem System muss die verletzte Familienehre wieder hergestellt werden.
Wenn eine Familie das selbst nicht kann, muss sie zumindest
den Widerstand unterstützen, und so werden die sogenannten
Terroristen jeden Tag mehr.

Wir gehen davon aus, dass die Amerikaner Afghanistan besetzt haben, um Militärbasen zu errichten, weil sie in Asien militärisch präsent sein möchten. Sie haben große Flughäfen gebaut und vergrößern ihre Basen immer noch weiter, obwohl sie von Abzug sprechen. Wie es uns Afghanen geht, ist dabei egal. Bei uns glauben viele, dass es der amerikanischen Regierung sogar recht ist, wenn es in Afghanistan keine stabile Regierung gibt. Denn die wäre auf die Amerikaner nicht mehr angewiesen und würde keine ausländischen Soldaten im Land dulden, das würden alle Afghanen von ihr fordern. Außerdem kann in Europa und Amerika leichter behauptet werden, dass die NATO in Afghanistan bleiben muss, solange bei uns Krieg ist. Unsere Nachbarländer haben viel Öl und Gas, auch wir selbst haben Bodenschätze. Wenn Afghanistan frei und sicher wäre, könnte man eine Pipeline bauen und Öl und Gas aus Iran nach China transportieren, oder aus Zentralasien nach Indien. All das können die Amerikaner jetzt verhindern, wenn sie wollen. China beherrscht inzwischen die Märkte, überall sind die Geschäfte voll mit chinesischen Produkten. Das ist eine große Gefahr für Amerika und Europa, sie sehen, dass sie nicht konkurrieren können. Wir glauben, dass unser Land strategisch wichtig ist, deshalb sind die Amerikaner mit ihrer Armee gekommen.«

Ein Zuschauer wendet ein: »Die USA sind doch nach Afghanistan gegangen, um al-Qaida zu bekämpfen, weil die Taliban Osama Bin Laden nach den Anschlägen vom 11. September nicht ausgeliefert haben.« Khazan Gul widerspricht: »Das hat bei uns vom ersten Tag an niemand geglaubt! Al-Qaida sind Araber, und nicht wie die Taliban Afghanen. Die Taliban haben im Gegensatz zu al-Qaida keinen internationalen Plan, sie arbeiten nur in Afghanistan und Pakistan. Bin Laden und al-Qaida sind doch von den USA und ihren Verbündeten selbst aufgebaut worden, während des Kampfes gegen die Sowjetunion. Die meisten Leute in Afghanistan halten al-Qaida für einen Teil der Strategie der Amerikaner. Ohne einen Feind kann man eine Armee und die ganzen Waffen nicht benutzen. Außerdem haben die Taliban damals angeboten, Bin Laden an ein neutrales Land auszuliefern, wenn die USA Beweise für seine Schuld vorlegen. Aber das haben die Amerikaner nicht gemacht, sondern Afghanistan sofort angegriffen. Heute wird der Krieg in Afghanistan von den verschiedensten Seiten angeheizt. Viele Länder unterstützen al-Qaida, die Taliban oder andere Gruppen, oder schicken sogar eigene Kämpfer. Wahrscheinlich wollen diese Länder, dass der Krieg in Afghanistan bleibt, dass die Amerikaner dort beschäftigt sind und nicht zu ihnen kommen.«

»Was ist dann Ihrer Meinung nach die Lösung?«, möchte ein Zuschauer wissen, »Ganz abziehen, so wie es jetzt geplant ist?« Khazan Gul antwortet: »Die Amerikaner und auch ihr Deutschen habt nun einmal damit begonnen, euch einzumischen. Wenn ihr das, was ihr in Afghanistan angeblich erreichen wolltet, wirklich ernst meint, müsst ihr eure Truppen jetzt verdoppeln oder verdreifachen, wenn nötig verzehnfachen und endlich selbst regieren, anstatt mit dem Finger auf die Fehler der afghanischen Regierung zu zeigen, die ihr selbst eingesetzt habt! Wenn ihr aber in Afghanistan nicht regieren könnt, dann müsst ihr das zugeben und ganz abziehen. Ein kompletter Abzug ist allerdings momentan gar nicht geplant. Nur ein Teil der Soldaten wird Afghanistan verlassen, die NATO will große Militärstützpunkte behalten. Mit geringen Kräften zu bleiben ist aber die schlechteste Lösung für Afghanistan. Weil die Truppen die Stützpunkte dann kaum mehr verlassen können, müssen sie vermehrt mit Flugzeugen, Hubschraubern und Drohnen aus der Luft bombardieren, viele unbeteiligte Afghanen werden sterben. Der Krieg wird kein Ende finden, und das Land kann sich nicht entwickeln.« Der Zuschauer meldet sich nochmals zu Wort: »Würde es nicht nach einem kompletten Abzug einen Bürgerkrieg geben?« »Ja, den wird es wohl geben«, stimmt Khazan Gul traurig zu, »er hat eigentlich schon längst begonnen, trotz Anwesenheit der ausländischen Truppen, und er wird nach einem Abzug wohl noch schlimmer werden. Aber das alles hättet ihr euch vorher überlegen sollen, bevor ihr eure Armeen nach Afghanistan geschickt habt! Wenn es keine Einmischung von außen gibt, wird der Bürgerkrieg bald vorbei sein, und es wird sich zeigen, wer in Afghanistan wirklich regieren kann. Wir werden eine afghanische Lösung finden. Und mit unseren Nachbarn müssen wir Frieden schließen, das ist sehr wichtig. Denn die Großmächte kommen und gehen, unsere Nachbarn werden bei uns bleiben.« Heiner ergänzt: »Nochmal zu den Fehlern der jetzigen Regierung: Wir haben oft mit anderen afghanischen Freunden über die uferlose Korruption diskutiert. Korruption ist schon fast kein Ausdruck mehr dafür, man kann ja wirklich alles kaufen, sogar Gerichtsurteile. Und das ist auch einer der größten Kritikpunkte vieler Afghanen am jetzigen Regime, sie sagen: ›Die Taliban sind wenigstens nicht so korrupt. Selbst gegen Ende ihrer Herrschaft war die Korruption gering, verglichen mit heute. Und wenn Demokratie bedeutet, dass alles käuflich ist, dann wollen wir keine Demokratie.‹ Sie haben uns vorgehalten: Ihr aus dem Westen habt euch in Afghanistan eine Regierung zusammengekauft. Und jetzt beschwert ihr euch, dass sie korrupt ist?« Viele im Publikum lachen überrascht auf.

Dann spricht Khazan Gul wieder, er wartet gar nicht auf die nächste Wortmeldung: »Ich werde immer wieder gefragt, was ich in Deutschland mache, dann sage ich: Ich suche Freunde! Freunde die ich noch nicht kenne. Das klingt vielleicht seltsam. Aber alle Menschen, die gegen Krieg sind, sind meine Freunde. Und die möchte ich gerne kennenlernen und mit ihnen zusammen für das gemeinsame Ziel arbeiten.

Wir bräuchten in der Welt ein stärkeres Gefühl der Zusammengehörigkeit. In Europa und Amerika werden Leute davon krank, dass sie zu viel essen, bei uns werden viele davon krank, dass sie zu wenig essen. Es könnte allen besser gehen. Und überall beuten wir Menschen die Natur zu sehr aus. So darf es nicht weitergehen, so werden wir nicht überleben. Die wichtigsten Probleme der Zukunft können wir nur alle gemeinsam lösen.

Freundschaft ist für mich der Glaube an ein gemeinsames Ziel. ›Was mir wichtig ist, ist auch dir wichtig? Du möchtest auch keinen Krieg? Dann sind wir Freunde.‹« Ein Zuschauer wirft ein: »Diese Definition von Freundschaft gilt doch nur für so etwas wie politische Freunde.« Khazan Gul erklärt: »Ich unterscheide nicht zwischen privater und politischer Freundschaft. Mein ganzes Leben ist politisch. Auf Paschtu gibt es viele Worte für Freund, das stärkste ist ›Malgirey‹, das bedeutet ›zusammen laufen‹. Wer zusammen läuft, hat ein gemeinsames Ziel. Freundschaft ist bei Paschtunen etwas sehr Bedeutendes. Ich kann Freundschaften nicht einfach beenden. Es gibt viele Menschen, mit denen ich zusammen gekämpft oder gearbeitet habe, mit denen ich gelaufen bin, sie alle sind meine Freunde. Auch wenn jemand später etwas anderes oder sogar schlechte Dinge tut. Es ist für mich fast unmöglich zu sagen: ›Du bist nicht mehr mein Freund.‹ Ich kann höchstens sagen: ›Wir arbeiten im Moment nicht mehr zusammen.‹«

Ein weiterer Punkt ist Khazan Gul wichtig: »In Europa will man nicht, dass in Afghanistan Schlafmohn angebaut wird, weil das Heroin Leute in Europa abhängig macht und sie daran sterben. Natürlich ist das schrecklich. Aber wenn die Amerikaner und Europäer den Mohnanbau in Afghanistan verbieten wollen, dann möchte ich umgekehrt auch die Waffenproduktion in Europa und Amerika verbieten. Denn durch diese Waffen sterben bei uns Menschen. Außerdem sollten alle, die gegen Krieg sind, gemeinsam die Produktion von so gefährlichen Waffen wie der Uranmunition stoppen. Die vergiftet unsere ganze Welt. Das Uran ist in der Luft und kommt überallhin, auch nach Europa. Wo etwas mehr davon ist, werden viele behinderte Kinder geboren, vor allem in Irak und Afghanistan, wo das Uran verschossen wird oder wurde.

Mit den Freunden in Deutschland möchte ich dafür kämpfen, die Waffenproduktion zu beenden. Denn wenn Waffen produziert werden, müssen sie auch verkauft werden. Und verkauft werden sie nur, wenn es Kriege gibt, deshalb ist die Waffenindustrie an Kriegen interessiert.

Ein erster Schritt wäre, dass man damit aufhört, Waffen zu exportieren. Wenn man fordert, die Produktion ganz zu beenden, werden viele Länder sagen: Wir müssen doch Waffen produzieren, zur Selbstverteidigung. Aber Waffen, die zum Beispiel Deutschland in fremde Länder liefert, können nicht mehr der Selbstverteidigung von Deutschland dienen. Und es gibt sogar das Risiko, dass sie von den anderen Ländern gegen euch verwendet werden. Aber ohne Exporte verdient die Waffenindustrie zu wenig.

Es ist doch kein Naturgesetz, dass Waffen von privaten Unternehmen produziert werden müssen. Polizei und Armee arbeiten bei euch ja auch nicht profitorientiert. Selbstverständlich wollen Waffenhersteller möglichst viel verkaufen, wenn sie Privatunternehmen sind, das müssen sie im kapitalistischen System sogar. Was produziert und wohin es verkauft werden darf, bleibt aber eine politische Entscheidung. Und für die ist letztlich die Bevölkerung der waffenproduzierenden Länder verantwortlich.

Überhaupt finde ich es erstaunlich, wie in Europa das Wort Verteidigung benutzt wird. Ihr schickt Soldaten mit Waffen in fremde Länder und nennt das Selbstverteidigung. Warum muss Deutschland in Afghanistan verteidigt werden? Mit dieser Definition von Verteidigung kann man jederzeit überall auf der Welt angreifen. Das ist doch unverschämt! Allein sprachlich ist das unverschämt.«

Einige Tage später sitzen wir zusammen mit Khazan Gul im Auto. Wir kommen von seinem letzten Vortrag, den er vor einer kleinen Gruppe sehr interessierter Menschen gehalten hat. Schon morgen wird er zurück nach Afghanistan fliegen. Er erzählt uns: »Es gab mehrere Leute, die mir einfach so fünfzig oder hundert Euro gegeben haben für die Projekte in Afghanistan. Das ist viel Geld! Und noch dazu hatte ich den Eindruck, dass die meisten von ihnen selbst nicht viel zur Verfügung haben und sparsam leben. Sie haben wirklich großes Vertrauen in mich.« Es ist ihm anzumerken, wie sehr ihn das bewegt.

Schon kurz nach seiner Ankunft hatte uns Khazan Gul erzählt, dass es in dem kleinen Dorf Landi in den Bergen, aus dem seine Sippe ursprünglich stammt und in dem er während

318

des Krieges gegen die Sowjetunion gelebt hat, bis heute keine Schule gibt. Es ist schon seit über dreißig Jahren sein Wunsch, dort eine Schule zu bauen. Die Jirga des Dorfes war jedoch bisher nie einverstanden gewesen und er hatte geduldig gewartet. Überraschend haben ihn kurz vor seiner Reise nach Deutschland einige Dorfbewohner aufgesucht und ihm mitgeteilt, dass es nun in der Jirga einen Konsens für eine Schule gebe, und er hatte sich unbändig darüber gefreut. Jetzt ist er begeistert: »Mit diesem Geld und anderen Spenden können wir in Landi mit dem Schulbau beginnen. Erstmal ein Klassenzimmer, und wenn es neue Spenden gibt, vergrößern wir.«

Wir bewundern das Durchhaltevermögen von Khazan Gul: unter schwierigsten Bedingungen und ständiger Gefahr unermüdlich zu arbeiten für ein Land, in dem man das Gefühl hat, dass es bei jedem Schritt nach vorne gleichzeitig einen zurück geht, mindestens. Ich frage ihn: »Sag mal Khazan, wie schaffst du das, immer weiter zu machen?« Er antwortet: »Man lebt doch davon, dass man hofft. Solange man hofft, kann man sich motivieren etwas zu tun. Man braucht eine Idee, eine Fantasie, eine Hoffnung eben. Ansonsten lebt man nicht wirklich. Für mich sind die Leute, die nur essen und schön leben, aber keine Idee für eine bessere Zukunft haben, schon fast wie tot. Das können Tiere auch: leben, essen, es sich gut gehen lassen.

Das Versprechen an meine Mutter, das Leben aller Mütter in Afghanistan zu verbessern, lässt mich aktiv sein. Das ist nicht leicht. Ich versuche jeden Tag, dem Ziel etwas näher zu kommen. Es liegt nicht in meiner Verantwortung, ob das Ziel erreicht wird. Aber ich muss dafür arbeiten, so gut ich kann. Jeden Abend überlege ich, was ich heute für Afghanistan versucht und geleistet habe. Wenn ich so viel getan habe, wie ich konnte, bin ich zufrieden. Erst wenn ich tot bin, habe ich keine Verantwortung mehr. Dann müssen andere weitermachen. Bis jetzt hatte ich Glück und bin noch nicht gestorben. So kann ich jeden Tag arbeiten und habe auch fast jeden Tag Erfolg. Und das gibt mir Kraft für den nächsten Tag.«

Monika Koch und Heiner Tettenborn
waren mehrmals länger in Afghanistan.
Als sie Khazan Gul kennenlernen, können
sie kaum glauben, dass seine Erlebnisse in
einem einzigen Leben Platz haben. Fasziniert beginnen sie, seine Schilderungen
und ihre Reisen mit ihm aufzuzeichnen.

1. Auflage Dezember 2013
Copyright © 2013 by Kahl Verlag, Dresden
Alle Rechte vorbehalten
Fotos: Koch/Tettenborn (S. 259 Merajudin Amiri, S. 320 Bruno Maul)
Satz und Umschlaggestaltung: Gunhild Röth, www.werkgrafik.de
Druck und Bindung: CPI books GmbH, Ulm
ISBN 978-3-938916-21-6

www.kahl-verlag.de